정의는 어떻게 실현되는가

사회정의와 공정함의 실천에 관한
한 검사의 고뇌

DOING JUSTICE

정의는 어떻게 실현되는가

프릿 바라라 지음 | 김선영 옮김

흐름출판

사랑하는 나의 가족과
뉴욕남부지방검찰청의 용감한 사람들에게
이 책을 바칩니다.

차례
contents

올바른 일을, 올바른 방법으로, 올바른 이유를 위해 하라

이 책은 1년이 넘는 기간 동안, 본의 아니게 내 경력에 변화가 생긴 와중에 집필되었다. 나는 뉴욕남부지방검찰청SDNY에서 7년 반 동안 일했는데, 2016년 제45대 미국 대통령 선거가 끝난 직후인 11월 30일 도널드 트럼프 대통령 당선인에게 개인적인 요청을 받고 통상 임기보다 몇 달 더 재직했다. 그러다가 2017년 3월에 나는 돌연 트럼프 대통령에 의해 해고되었다.

내가 검찰청을 떠나기 전 미국에는 여러 위기가 있었는데, 그 이후로도 위기는 사라지지 않고 자주, 어떤 때는 끊임없이 출몰했다. 그 과정에서 법치주의와 이에 대한 신념, 사법부와 검찰의 독립, 진실의 의미와 그 우선성 같은 문제들이 수면 위로 떠오르면서 여론의

도마 위에 올랐다.

'법치지배' '적법절차' '무죄추정'과 같은 표현 및 개념은 요즘 시대에 기본원칙보다는 정치슬로건으로 쓰이는 듯하다. 또한 다른 훌륭한 원칙들도 본래 의미와는 다르게 쓰이는 것 같다. 요즘에는 경쟁자와 교류하기보다 그들을 악마로 만드는 것을 그리고 비판자들을 설득하기보다 때려눕히는 것을 선호하는 것 같다. 또 진실과 전문성을 점점 경멸하는 분위기다. 어디를 가든 엄밀성이 부족하다. 우리는 거짓에 둘러싸여 있고, 절대로 거짓을 바로잡지 않는다. 또 정의의 개념도 뒤집힌 것 같다. 누군가가 정치적으로 적이냐 동지냐에 따라, 정의의 개념도 달라지고 있는 듯하다.

특정 규범들은 분명 중요한 가치를 담고 있다. 우리의 경쟁 상대는 적이 아니라는 것, 법은 정치적 무기가 아니라는 것, 객관적 진실은 엄연히 존재한다는 것, 공정한 절차는 문명사회에서 필수라는 것 등이다.

결국 우리는 법을 통해 진실과 존엄과 정의를 배운다. 또한 의견 충돌과 논쟁을 해결하되, 조롱과 인신공격이 아닌 이성과 근거로 해결하는 방법을 배운다. 요즘 대중 사이에서 논쟁으로 통하는 것들 중에는 법정에 가면 제대로 된 주장으로 취급받지 못할 만한 것이 많다. 또 정치인과 TV 논평가들의 의견도 법정에서라면 진실을 왜곡하고 노골적인 거짓말을 했다는 이유로 변호사 자격을 박탈당할 만한 것이 적지 않다. 누군가의 말마따나 연방법정은 트위터가 아니기 때문이다.

많은 이들이 이런 현실에 우려를 표한다. 당연히 위기감도 존재한다. 이런 위기의식 속에서 우리는 숨을 한번 깊이 내쉬고 한 발 뒤로 물러나, 정의를 어떤 식으로 실현해야 하는지 이해하려고 노력해야 한다. 그리고 과장되고 분노 섞인 발언과 차분한 사고에서 나온 주장이 어떻게 다른지 비교해봐야 한다. 참된 학습은 이러한 비교 위에서 이뤄진다.

뉴욕남부지검장 부임 초기에, 나는 젊은 검사들을 위한 신선하고 이상적인 일종의 지침서를 만들어보려는 구상을 한 적이 있다. 내 전임자 중 한 사람인 헨리 스팀슨Henry Stimson의 표현을 빌리자면, '희망과 미덕'은 있지만 경험이 없고 훈련도 부족한 초임 검사들을 위한 것이었다. 이 지침서는 사실 법 자체를 다룬다기보다 올바른 일을 하는 올바른 방법에 대한 것으로, 법률교재와 논문에 나오는 내용이 아닌 매일 검사들이 겪는 현실의 인간적 딜레마를 다루려고 했다. 이 주제를 발전시키다 보니, 나는 이것이 법조인들뿐 아니라 일반 가정과 직장에서 공정하고 정의로운 판단을 내리기 위해 애쓰는 사람들에게도 정의 일반에 대한 지침을 제공해줄 수 있겠다는 생각을 했다. 당시에는 여러 이유로 책을 쓰지 않았지만, 그런 구상이 늘 내 머릿속과 가슴 한편에서 떠나지 않았다.

이런 생각과 이야기를 글로 풀어내면서, 나는 요즘 벌어지는 법적 논쟁들보다 시간적으로 앞서는 사건과 논란들로 거슬러 올라갔다. 다시 말해, 더 중요한 기본적인 물음으로 돌아갔다. 공정하고 편견 없는 태도란 무엇인가? 독립성에는 어떤 조건이 필요한가? 진실은 어떻게 밝혀지는가? 정의는 어떻게 실현되는가? 재량권이란 무엇이고 이를 어떻게 현명하게 발휘할 수 있는가? 이는 추상적 세계가 아닌 너저분하고 순조롭지 못한 현실 세계에서, 결함 있는 인간들에 의지해 이상적 가치를 실현해야 하는 이 세상이 던지는 질문들이다. 이 책은 이러한 물음을 다루며, 또 그렇다 보니 현재에 대한 이야기도 상당 부분 포함되어 있다. 현재 진행되는 사건을 다루는 최선의 방법은 때로 기본원칙으로 돌아가는 것에 있다.

나는 오래전부터 정의실현에 관심이 많았고 정의가 무엇인지 알고 싶어 했다. 나는 정의실현이라는 임무와 정의라는 대의명분, 정의의 철학을 다시 정립하는 데 개인적으로, 학술적으로 그리고 직업적으로 내 인생 전부를 바쳤다. 정의란 무엇이고 무엇을 뜻하는지, 정의를 어떻게 달성할 수 있는지, 정의가 어떻게 번성하고 어떻게 소멸하는지를 나는 늘 고민했다.

내가 이 책을 통해 원하는 것이 있다면, 최고의 검찰공무원들을 현장에서 몇 년간 이끌면서 얻은 통찰력을 바탕으로 사람들이 정의의 영역에서 현재의 현실을 이해하고 비판할 수 있도록 돕는 것이다.

정의를 위해 이루어야 할 것

뉴저지주에서 고등학교에 다닐 때 연설대회에 참가한 적이 있다. 당시 경쟁부문 중에 예전에 다른 인물이 했던 연설을 그대로 선보이는 부문이 있었다(요즘 젊은이들 사이에서 유행하는, 일반인의 가수 노래 커버와 비슷하다고 생각하면 된다). 그때 나는 열다섯 살 때 우연히 접했던 헨리 스위트 Henry Sweet 재판의 변호인 최종 변론을 떠올렸다.

사건의 내막은 이렇다. 내과의사 오시언 스위트Ossian Sweet는 가족들을 데리고 디트로이트에 있는 한 동네로 이사를 갔다. 스위트는 흑인이었고, 새로 이사 간 동네의 백인 주민들은 흑인 가족이 자기네 무리에 끼는 것을 원치 않았다. 당시는 1925년이었다. 스위트 가족이 이사를 온 이튿날 밤, 성난 마을주민들이 스위트의 집 주변을 에워싸고 이들 가족에게 위협을 가했다. 주민들은 고함을 지르며 돌멩이를 던졌다. 이 혼란한 와중에 스위트의 남동생 헨리가 집을 방어하다가 마을주민을 향해 총을 쐈다. 이 총격으로 백인 남성 한 명이 사망했다.

헨리 스위트는 자유뿐 아니라 목숨이 걸린 재판에 서게 됐다. 미시간주에서는 그를 사형시키려고 했다. 그렇지만 다행히도 헨리를 변호한 사람은 클래런스 대로Clarence Darrow 변호사였다. 헨리 스위트 사건에서 대로 변호사는 매우 훌륭한 최후변론을 남겼다. 그는 일단 사실관계를 밝힌 다음 이것이 정당방위에 해당한다고 주장했다. 또한 그는 정의 일반에 대해서도 언급했고, 최근에야 노예제에서 공식적으로 해방된 흑인들이 어떤 곤경을 겪으며 사는지를 막힘없이 설명했다. 그는 아프리카계 미국인이 처한 현실에 대해 이렇게 말했다. "법적으로는 그들이 평등해졌지만, 사람들의 인식은 아직 아닙니다. 결국 핵심은 '**인간이** 무엇을 이루었는가'에 있습니다. '법이 무엇을 이루었는가'가 아닙니다."

그로부터 90년이 지난 지금도 이 질문은 여전히 유효하다. 대로는 또 이렇게 말했다. "결국 현실에서 모든 인간의 삶은 불가피하게 다른 이들의 삶과 얽혀 있으므로, 우리가 그 어떤 법을 통과시키고 그 어떤 예방조치를 하더라도, 우리가 만나는 사람들이 호의적이고 품위 있고 인간적이고 자유를 사랑하지 않는다면 자유는 존재하지 않습니다. **자유**는 법과 제도보다는 **인간에게서 나오는 것입니다**."

정의를 추구하는 법조인이 된다는 게 무슨 의미인지에 대해, 지금까지 그 어떤 수업, 그 어떤 교수, 그 어떤 법률서적도 내가 30년도 더 전에 열심히 외웠던 이 문장만큼 그 의미를 강렬하고 설득력 있게 전해주지 못했다. 물론 여드름투성이 10대였던 내가 이 문장의 의미를 온전히 이해한 것은 아니었다. 그렇지만 연방검사로 오래 재직할수록, 이 문장에 담긴 중요한 진리를 더욱더 믿게 되었다. 거짓 혐의, 부당한 유죄판결, 과잉 처벌, 오심은 보통 전적으로 인간의 부족함이 빚어낸 결과이지, 정의라는 비인격적 장치의 결함에서 나오는 게 아니라는 사실이었다.

우리는 훌륭한 법치국가에서 살고 있지만, 정의는 때로 머리 못지않게 가슴에서도 튀어나온다. 그것은 법이 실제 현실보다는 추상적 이론을 부당하게 앞세울 때가 있기 때문이다. 사법제도 안에서는 모두가 하나의 인간이고, 정의가 추상적 개념이라 해도 이를 추구하고 느끼는 것은 현실의 인간들이다.

훌륭한 조리법이 맛있는 음식을 보장하지 못하듯, 현명한 법도 정의를 장담하지는 못한다. 법은 단지 도구에 지나지 않아서 인간의 손길을 타지 않으면 보관함에 담긴 바이올린처럼 아무런 생명력도 없고 아무런 영감도 주지 못한다. 법은 우리가 서로를 사랑하거나 존경하도록 강제하지 못한다. 증오를 없애거나 악을 정복하지도 못한다.

은총을 가르치거나 무관심을 깨뜨리지도 못한다. 매일매일 법의 최고 목표를 달성하는 주체는 잘하든 못하든 인간이다. 정의를 실현하거나 좌절시키는 것도 인간이다. 자비를 베풀거나 거절하는 것도 인간의 몫이다.

나는 정의를 실현하는 법조계의 일원이 되고 싶어서 법대에 갔다. 법대를 졸업한 후에는 여러 직업을 거쳤다. 졸업 후 6년간은 개인변호사로 일하면서 화이트칼라 범죄소송, 증권소송, 국제중재 사건, 여타 기업 관련 소송을 진행했다. 나중에는 영광스럽게도 상원법사위원회에서 척 슈머Chuck Schumer 상원의원의 자문인 역할을 하기도 했다. 그곳에서 나는 형사법 관련 법안을 입안했고, 판사 지명자에 대한 검증 작업을 했으며, (아이러니하게도) 연방검사장의 정치적 해임에 대한 수사를 감독하기도 했다.

이런 굵직한 일들에 참여하면서도, 내가 정말 원했던 것은 뉴욕남부지검에서 연방검사로 일하는 것이었다. 내 생각에 뉴욕남부지검은 전 세계까지는 아니지만, 미국에서는 으뜸가는 검찰청이다. 젊은 시절 법무법인 소속 변호사로 일할 때 가끔 부모님이 뉴욕에 오시면, 나는 남부지검 근처 차이나타운에 있는 딤섬가게로 두 분을 모셨다. 부모님과 뉴욕시청 지하철역에서 식당 쪽으로 걸어갈 때 뉴욕시경 본부 옆에 위치한 육중하고 낮은 콘크리트 건물을 가리키며 나는 이렇게 말하곤 했다. "언젠가는 꼭 저곳에서 일해보고 싶어요." 세인트 앤드루 플라자 1번지One St. Andrew's Plaza, 이곳은 내게 황홀한 주소였다. 마침내 2000년에 나는 당시 뉴욕남부지검장이었던 메리 조

화이트Mary Jo White의 기용으로 신예 연방검사로서 이곳에서 일하게 되었고, 이후의 내 인생은 전과 완전히 달라졌다.

뉴욕시 맨해튼에 본부 청사를 둔 뉴욕남부지검은 명망 높은 기관으로 미국 건국 무렵에 세워졌는데, 이는 미국 법무부보다도 한 세기 앞선 것이었다. 조지 워싱턴 초대 대통령은 상원에 보낸 자필문서에서 토머스 제퍼슨을 초대 국무장관으로 발탁함과 동시에 리처드 해리슨Richard Harrison을 초대 뉴욕연방지검장으로 지명했다. 뉴욕남부지검은 주지사, 시장, 내각장관, 대법관을 다수 배출했다. 수세기 동안 뉴욕남부지검은 반역죄부터 테러사건, 또 공직자 부패 사건부터 조직범죄에 이르기까지 각종 형사사건을 담당했다. 오늘날 뉴욕남부지검에서는 실력이 뛰어난 대부분 젊고 이상주의자적인 연방검사들이 200명 넘게 활동하며, 비슷한 수의 헌신적인 직원들이 열정적으로 근무하고 있다. 다른 92개의 연방검찰청과 더불어 뉴욕남부지검도 미 법무부 산하에 있지만, '황태자 지검Sovereign District'이라는 오랜 별칭이 보여주듯 독립성이 두드러지기로 유명한 곳이다.

과정과 결과의 공정함

내가 2009년에 뉴욕남부지검장을 맡았을 때, 나는 전임자들이 물려준 조직문화를 포용하려고 노력했다. 그것은 변함없이 내려오는 단 하나의 충고였다. 바로 **올바른 일을, 올바른 방법으로, 올바른 이유를 위해 하라**는 것이다. 그리고 오직 여기에 집중하라는 것이다.

나는 이 충고를 나와 함께 일하는 연방검사들에게 가급적 자주 들려주었다. 뉴욕남부지검에서 그들과 함께한 시간 동안 나는 무척 행복했다. 형사사건이라는 속성상 인간의 가장 추악한 면을 보기도 했지만, 그곳은 내가 경험한 가장 고무적이고 희망적인 곳이었다.

그렇지만 우리의 일처리가 늘 환영받은 것은 아니었다. 우리는 그 어떤 오류도 저지르지 않는 완벽한 존재가 아니다. 어떤 이들은 우리가 기소한 사건을 두고 도를 넘었다고 비판했고, 대중의 간절한 바람과 달리 불기소 처분한 사건도 있었다. 그렇지만 우리는 지금 무엇을 하는지, 왜 이것을 하는지, 이것이 정의에 부합하는지를 고민하지 않고 사건에 임했던 적은 없었다.

정의는 포괄적이고 막연한 주제다. 정의는 인류가 아는 매우 모호하고 논쟁적인 주제 중 하나로, 그 의미를 둘러싼 논쟁이 수많은 혁명과 종교와 내전을 낳았다. 내가 이 책에서 뭔가 근사하고 새로운 정의론을 내놓으려는 것은 아니다. 내가 주장하고 싶은 것은, 사람들은 결과에 이르는 과정이 공정하고 그 과정을 책임진 자들의 태도가 공정하다고 여길 때, 그 결과도 정당하다고 믿는다는 점이다.

흔히들 정의는 실현해야 할 뿐 아니라, 그 과정이 눈에 **보여야** 한다고 말한다. 하지만 현재 다수의 미국인은 공정한 절차를 보려고도 이해하려고도 하지 않는다. 미국은 신뢰의 위기를 겪고 있지만, 이것이 늘 법의 실패나 사법절차의 실패에서 오는 것은 아니다. 우리가 갖춘 사법체계는 편협함, 그릇된 선입견, 편파적 태도, 사익으로 정의에 접근하는 사람들 때문에 곧잘 훼손된다. 이들은 사법체계를 진실에 도달하는 방법으로 여기기보다, 남들을 짓누르고 뭔가를 회피하는 수단으로 삼는다.

내가 제시하는 접근법은, 법을 어떻게 해석하고 이를 법정에서 어떻게 실현할 것인가라는 질문의 답에서 그치지 않는다. 이는 동시에 성숙하고 분별력 있는 사람들이 자신이 속한 지역사회, 직장, 가정에서 어떻게 판단해야 하는지도 일러주는 기준이 될 만한 것이다. 이 책은 단지 법만 다루지 않는다. 이 책은 진정성integrity과 리더십, 의사결정 그리고 도덕적 논거를 다룬다. 이 모두가 정의의 의미와 본질에서 결정적이기 때문이다.

공정하고 효과적인 처벌이라는 도덕적 난제는 형사사건을 심리하는 판사만 고민하는 문제가 아니다. 처벌은 많은 사람들에게 익숙한 주제일 것이다. 악덕기업을 처벌해야 하는 감독관, 문제 있는 직원을 징계해야 하는 관리자, 심지어 제멋대로인 아이에게 벌을 줘야 하는 부모들도 이 문제로 고민한다. 어느 정도가 적합한지, 어떤 방식이 효과적인지, 장차 어떻게 해야 특정인뿐 아니라 다른 모든 사람들도 그런 행동을 못하게 막을 수 있는지, 목적은 달성하되 선을 넘지 않는 충분한 조치는 무엇인지 우리는 고민한다.

법에 공백이 있는 만큼 검사에게는 엄청난 재량권이 주어진다. 매일 내리는 온갖 판단을 떠올려보자. 그 무수한 판단들은 물론 모든 법정에서 내려지지만, 직장, 가정, 학교, 인터넷에서도 사건에 대한 판단을 내린다. 후자의 경우 기존 선례에 대한 제대로 된 검토나 구속력 있는 규약, 공개된 절차, 항소권도 **없이** 중대한 판단을 엉터리같이 내린다. 이 모든 일상의 영역에서 불의가 얼마나 많은지, 편협한 태도가 얼마나 많은지, 또 얼마나 성급하게 판단하는지, 처벌은 또 얼마나 부당한지 등등 그러한 판단의 공정성에 대해서도 이 책은 다룬다.

이런 질문들에는 정확하고 확실한 답이 없지만, 질서정연한 사회에서는 그 답을 일상적으로 요구한다. 그리고 한낱 인간인 우리들은 일상적으로 그러한 요구에 최대한 도전한다.

제1부

수사

진실은 정의의 핵심이고, 진실을 밝히려면 철저한 조사가 필요하다. 형사사법에서는 이를 수사라고 하는데, 이는 진실로 통하는 길일 뿐 아니라 죄에 대한 책임을 묻는 (또는 무죄임을 밝히는) 방법이다. 어떤 수사든 공정성, 효율성, 엄밀성, 진정성, 신속성은 형사사건이나 기타 여러 사건에서 정의가 실현될지 여부를 자연스럽게 결정한다.

수사는 고된 활동이다. 사람들은 예술가나 작가, 사업가들이 감성과 이성으로 짜낸 최종 결과물을 볼 때, 보통 그 뒤에 숨은 노력을 과소평가한다. 힘들고 고되며 진척이 더딘 노동과정이 우아한 붓놀림과 명료한 산문, 단순한 비즈니스 모델 속에 언제나 고스란히 드러나지는 않는다. 그래서 소비자들은 최종 결과물이 나오기까지 얼마나 험난한 과정을 거치는지, 즉 출발부터 삐끗하고 종종 막다른 골목에 부딪히며 구불구불한 우회로를 지나올 뿐 아니라 여러 암담한 상황에 빠지기도 한다는 사실을 알지 못한다. 일반인의 눈에는 여정이 아닌 최종 목적지만 보이기 때문이다.

수사라는 영역도 마찬가지다. 수사는 이렇게 하면 된다는 식의 통속적인 문구들이 있는데, 이는 수사가 쉽다는 듯한 암시를 준다. 그

중 하나가 "그냥 점들을 연결하라"이다. 유치원생들에게나 알려줄 법한 이런 추적 기법으로 언제나 진실에 도달할 수 있다고 생각하는 사람들이 있다는 것이 나는 늘 의아했다.

점을 연결할 때는 숫자 세는 법만 알면 그림을 완성할 수 있다. 어린애라도 크레용을 쥐고 1번 점에서 2번 점으로 계속 선을 잇다 보면 소나 외양간, 집, 개 모양의 삐쭉삐쭉한 그림을 그릴 수 있다. 하지만 당연하게도 현실의 수사에서는 그런 행운을 기대할 수 없다. 어떤 확실한 지침이나 일의 순서라는 게 없고, 지금 하는 일—크레용을 쓱쓱 움직이는 게 아니라 온 마을을 헤집고 다니고, 목격자를 인터뷰하고, 소환장을 발부하고, 금융서류를 조사하는 활동—이 분명하고 정확하며 유효한 그림을 내놓는다는 보장이 없다.

"돈을 쫓아라follow the money"라는 말 역시 지나치게 단순한 발상이다. 이 피상적인 문구는 흔히들 워터게이트Watergate 사건의 기사 헤드라인에서 나왔다고 생각하는데, 실은 시나리오 작가인 윌리엄 골드먼William Goldman이, 밥 우드워드Bob Woodward와 칼 번스타인Carl Bernstein이 쓴 논픽션 『모두가 대통령의 사람들All the President's Men』을 영화화하면서 만든 표현이다. 정작 저자들은 그런 표현을 쓴 적이 없다. 할리우드의 뛰어난 시나리오 작가가 만들어낸 이 표현은 대중적인 유행어가 됐지만, 돈을 쫓는다는 건 말처럼 쉽지가 않다.

금융범죄가 등장한 순간부터, 수사관들은 돈이 누구에게서 흘러나와 누구에게 전달됐고 왜 이동했는지 그 흐름을 쫓아야 한다는 사실을 알고 있었다. 따라서 "점을 연결하라"와 "돈을 쫓아라"와 같은 표현은 일반적인 범죄수사가 갖는, 특히 사람들이 흔히 상상하는 범죄수사가 갖는 어려움과 복잡성, 수사기한의 제약 등을 지나치게 과소평가한다는 점에서 문제가 있다.

수사의 어려움은 복잡성에만 있지 않다. 점을 잇는 것보다 한없이 더 복잡한 사례를 살펴보자. 내 둘째아들인 람Rahm은 루빅큐브 Rubik's Cube 맞추기에 빠져 있다. 몇 주 동안 나는 주말이면 람을 데리고 큐브대회에 갔다. 람은 알록달록한 3×3짜리 일반큐브를 평균 11초에 맞춘다. 세계적 수준은 아니어도 매우 놀라운 실력이다. 그렇지만 큐브퍼즐에서 한 가지 기억할 점이 있다. 큐브를 아무리 헝클어놓아도, 수학적으로 예측 가능한 풀이법이 있다는 점이다. 알고리즘을 얼마나 많이 외웠는지에 따라 큐브를 돌리는 횟수에 차이는 나겠지만, 풀이법을 충분히 이해하고 반복해 암기하고 꾸준히 연습하면 큐브는 언제나 풀린다. 게다가 큐브퍼즐에는 사람들이 더 선호하는, 수학공식처럼 맞춰나가는 순서가 있다. 하지만 아쉽게도 범죄수사에는 이런 것이 없다. 물론 명확한 수사지침과 바람직한 관행이 있지만, 미리 정해진 보편적인 순서라는 건 없다. 이보다 더 중요한 사실은 모든 미제 범죄사건이 반드시 풀리지는 않는다는 점이다.

다시 돈 얘기로 돌아가보자. 사람들은 수표를 찾아 누가 작성했는지, 누가 현금화했는지 파악하면 수사는 끝이라고 생각한다. 그렇지만 수사가 그렇게 간단하게 끝나는 경우는 드물다. 치밀한 범죄자들은 자신의 흔적을 숨기기 위해 다수의 계좌와 여러 곳의 중개기관을 이용한다. 이들은 현금을 선호하고 문서를 위조하며 유령회사를 세우고 허위로 증거문서를 만든다. 당연히, 범죄를 입증하기 좋은 거래기록이나 흔적도 전혀 남기지 않는다. 이는 자금세탁의 기본이자 핵심이어서, 범죄입증을 특히 어렵게 한다. 우리는 대개 자기 머릿속 생각을 이해하는 것도 힘들어하기 때문에, 남들 머릿속에서 어떤 부정적인 생각이 불꽃처럼 활활 타오르고 있는지 굳이 캐내려 하지 않는다. 그렇지만 타인의 머릿속을 들여다봐야 한다는 바로 그 사실이 거의 모든 화이트칼라 범죄나 부패사건 수사를 어렵게 한다.

종종 범죄를 구성하는 개인의 행동 중에는 완벽하게 합법적인 데다 사실상 개인의 권한과 업무 범주에 온전히 포함되는 것도 있다. 이를테면 대통령이 FBI 국장을 해고하거나, 자산관리자가 주식거래를 하고, 국회의원이 법률안에 표결하는 행위 등이다. 이런 행위들은 그 직무 범위 내에서 충분히 할 수 있는 일이다. 하지만 그 이면에 **숨겨진 의도**가 있는 경우, 가령 이 행동이 사법 수사를 방해하거나(수사를 차단하기 위해 해고한 경우), 내부자 거래가 되거나(비공개 정보를 토대로 주식거래를 한 경우), 정치적 부패 행위가 되기도 한다(뇌물을 받고 표결한 경우).

열린 자세의 중요성

어떤 범죄사건에서든, 수사관의 성향은 중요한 역할을 한다. 수사관의 태도와 적극성이 수사를 좌우한다. 수사관에게는 진실을 반드시 밝히겠다는 **의지**, 사태를 반드시 바로잡겠다는 **굳은 의지**가 필요하다. 안타깝게도 현실에는 그저 승소만 바랄 뿐, 사실과 진실에는 신경 쓰지 않고 수사하는 이들도 종종 있다. 그렇지만 정의를 목표로 수사에 착수한다면, 특정 결과에 얽매여 어떤 주장을 미리 상정해서는 안 된다. 열린 자세를 보인다는 것은 편견 없이 수사를 진행하는 것이다. 언제나 사실로부터 주장을 끌어내는 것이지, 주장으로부터 사실을 이끌어내서는 안 된다.

이것이 왜 그렇게 중요할까? 일단 어떤 의견이나 주장에 사로잡히면, 거기서 벗어나 새로운 생각을 하기가 힘들기 때문이다. 사람에게는 자신이 본래 믿고 있었던 주장과 충돌하는 사실을 듣지 않으려 하는 경향이 있다. 이들은 반증을 무시할 것이고, 더 심한 경우 새로운 사실이 자신의 믿음을 흔들어놓았다는 것을 인정하려 들지 않을 것이다. 최초의 믿음은 끈덕지고 강하게 머릿속에 남는다. 몸에서 나는 열이 신체를 약하게 만들 듯, 증명되지 않은 최초의 믿음은 생각을 약하게 만들고 판단력을 흐리게 한다. 어떤 수사에 임하든 계속 새로운 가능성과 사실에 열려 있지 않으면, 수사의 첫 번째 명백한 원칙들은 그저 통속적인 문구로 전락해버린다. 그 원칙들은 우리 모두가 아는 내용이다. 열린 자세로 대하라, 예단하지 마라, 넘겨짚지 마라, 속단하지 마라, 편견에 빠지지 마라.

그런데 이렇게 열린 자세로 수사를 하다 보면 어떤 저항에 부딪히게 된다. 열린 자세가 수사의 속도를 늦추기 때문이다. 끔찍한 참사나 폭력 범죄가 발생하면, 세상 사람들은 책임자를 처벌하라고 아우성친다. 하루라도 빨리 범인을 잡아내라는 것이다. 또한 사건의 피해자는 자기 목소리를 내고, 대중은 피해자를 향한 동정과 공감을 흘러넘치게 표현한다. 범죄자의 얼굴을 확인하려는 대중의 심정은 충분히 이해가 간다. 언제나 대중은 범인을 잡기를, 그것도 빨리 잡기를 원한다. 범죄가 터지면 모두가 나스카NASCAR(미국 개조자동차 경주 대회 - 옮긴이)의 팬처럼 돌변한다. 다들 "빨리, 빨리, 빨리!!"라고 외친다.

속도는 수사에 약이자 독이다. 어떤 증거는 햇볕 아래 놓인 물웅덩이처럼 증발하기 때문에 빠른 속도가 약이 된다. 기억력은 약해지고, 목격자는 지나가버리고, 문서는 소실되기 때문이다. 따라서 수사관들은 재빨리 온갖 귀중한 정보를 손에 넣으려고 한다.

그렇지만 수사 속도가 지나치게 빠르면 증거를 놓치거나 잘못 해석할 수 있다. 실수가 생기기도 한다. 로마 원로원 의원이었던 타키투스Tacitus도 이렇게 말한 바 있다. "진실은 조사와 기다림으로 확인된다. 거짓은 성급함과 불확실성으로 확인된다." 늘 앞만 보고 달려 나가는 사람은 한 걸음 뒤로 물러서기가 점점 힘들어진다. 그렇지만 한 발 물러서는 것이 사건 해결에 열쇠가 될 때도 있다. 수사관들은 인내심과 조바심 사이에서 좀처럼 이루기 힘든 균형을 유지해야 한다. 진실을 빨리 찾아내려고 저돌적으로 덤비는 것도 중요하지만, 사건을 제대로 해결하려면 여유롭고 차분한 자세도 필히 유지해야 한다.

물론 어떤 수사의 성공과 완성도는 이를 수행하는 사람들의 경험과 두뇌, 지략, 호기심, 창의성, 용기, 완강함이 좌우한다. 그렇지만 여기에 또 다른 요소도 개입할 것이다. 바로 성품이다. 나는 모든 전문가적 노력에는 성품이 어느 정도 중요한 역할을 한다고 생각한다. 그래서 제빵사나 조종사, 목수가 좋은 성품까지 갖추면 더 좋다고 생각한다. 그렇지만 케이크, 비행술, 서랍장에 전문가적 솜씨 이상의 것이 필요한지는 잘 모르겠다. 반면 진실을 찾고 책임을 묻는 일을 맡은 사람에게는 전문적 기술 이상의 것이 필요하다. 무엇보다도 진정성, 정직, 주체성이 필요하다.

앞으로 나올 내용은 범법행위를 어떻게 수사할 것인지 알려주는 포괄적인 입문서가 아니다. 그보다는 성공사례와 유의할 점을 서술했다고 보는 게 옳을 것이다. 제1부에서 당신은 엉뚱한 사람이 기소되고, 진범들이 꽤 장시간 수사망을 빠져나간 사건들을 접하게 될 것이다. 또 개인적으로 수사 영역에 하나의 이정표를 세웠다고 생각하는 전설적인 마피아 소탕 수사관 케네스 매케이브Kenneth McCabe처럼, 최고의 수사관들이 지닌 인간적 성품을 보게 될 것이다. 또 신문 기법과 그 도덕성을 깊이 파고들 것이고, 일명 밀고자라고도 하는 협조적 증인을 때로 도덕적으로 떳떳하지 못하게 이용하는 사례도 다룰 것이다. 과학의 한계, 오류를 저지르는 인간의 성향, 노고와 전문가정신의 중요성, 정의를 실현하려는(또는 훼방 놓으려는) 단 한 사람의 힘에 대해서도 살필 것이다.

1장   알기 어려운 진실

그 '소년들'에 대한 맹목적 믿음

1989년 대학 4학년 첫 학기를 앞둔 여름에, 나는 뉴저지주 롱브랜치에 있는 삼촌의 작은 보험회사에서 시급제 근무를 하고 있었다. 내가 맡은 일은 보험 홍보용 우편물 발송을 위해 전화번호부에 있는 수천 개의 이름, 주소, 전화번호를 하나하나 타자로 쳐서 데스크톱 컴퓨터에 입력하는, 그야말로 단조로운 업무였다. 이는 화려한 법조계 경력을 쌓기 위한 출발점으로 썩 좋아 보이지는 않았다. 뉴저지의 더운 여름날, 점점 심해지는 손목터널증후군에서 잠시라도 벗어날 수 있게 해준다면 난 어떤 일에든 뛰어들 준비가 되어 있었다.

8월의 어느 오후, 고등학교 때부터 나와 절친했던 제시카가 삼촌의 보험회사로 전화를 걸어왔다. 제시카도 뉴욕주립대 빙햄튼캠퍼스Binghamton의 3학년 첫 학기를 앞두고, 집으로 돌아와 여름방학을 보내고 있었다. 처음으로 전화를 받은 접수원은 공교롭게도 우리 숙

모였는데, 제시카의 전화를 내 책상 근처 전화기로 돌려주었다. 내가 아는 사람 중, 가장 쾌활하고 낙천적 성격의 소유자인 제시카는 늘 웃음이 많고 남들도 곧잘 웃기는 친구였다.

그런데 1989년 8월 20일 오후 걸려온 제시카의 목소리에는 웃음 기가 전혀 없었다. 이날의 통화를 시작으로, 이후 몇 달 동안 나는 제시카로부터 몇 차례 충격적인 전화를 받았다. 첫 번째 통화에서 제시카는 내게 무슨 말을 하려고 했지만 계속 울먹이는 탓에 알아듣기가 힘들었다. 제시카는 그냥 슬퍼서 눈물을 흘리듯이 우는 것이 아니라, 뭔가 비극적인 일이 터졌을 때처럼 오열했다. 제시카가 말하기 힘든 소식을 전하려고 애쓰는 사이, 내 머릿속에 제일 먼저 떠오른 사람은 제시카의 부모님이었다. 어린 시절 추수감사절이 돌아올 때마다 나는 동생과 함께 제시카의 집에 가서 그 부모님이 차려주는 후식을 먹었다. 다음으로 생각난 사람은 제시카의 두 자매로, 나와 고등학교를 같이 다녔다.

몇 분쯤 지나 제시카가 진정됐다. 그 소식은 내 걱정과는 달리, 제시카 부모님이 평생 알고 지낸 부부에 대한 것이었다. "호세 아저씨와 키티 아주머니가 돌아가셨어." 부부는 단순히 사망한 게 아니라 살해당한 것이었다. 그것도 아주 잔혹하게. 산탄총에 맞은 두 사람의 시체가 갈가리 찢어져 거실과 그 주변으로 흩어졌다고 했다. 두 부부는 소파에 앉아 딸기와 아이스크림을 먹으며 「007 나를 사랑한 스파이」 영화를 보다가 변을 당했다. 나중에 안 사실이지만, 총의 폭발력이 얼마나 강했던지 호세 아저씨의 머리가 몸통에서 거의 떨어져나 갔다고 했다.

나는 오래전부터 호세와 키티 부부에 대한 이야기를 제시카를 통해 전해 들었다. 제시카의 부모님은 한때 이들 부부와 가까이에 살았는데, 젊고 가난했던 두 쌍의 부부는 어떻게든 성공해보려고 애썼다. 가까운 거리에 각각 작은 아파트를 빌린 이들은, 더 나은 내일을 위해 열심히 노력하는 젊은 커플의 전형적인 모습이었다. 열심히 일했고 먹고살기 빠듯한 형편에도 큰 꿈을 꾸었다. 매우 친했던 두 쌍의 커플은 휴일과 주말을 같이 보냈고, 함께 테니스도 치고 모노폴리 Monopoly (땅과 집을 사고파는 보드게임의 일종 – 옮긴이)도 했다. 이렇게 시작은 초라했지만 그로부터 몇 년 후, 쿠바 출신의 이민자 호세는 할리우드에서 엄청난 성공을 거두면서 가족을 데리고 부촌인 베버리힐스로 이사를 갔고, 어느 모로 보나 아메리칸드림을 이뤘다. 호세와 키티 부부에게는 아들이 둘 있었다. 나는 형제에 대해서도 제시카에게 들어 알고 있었는데, 제시카가 한때 첫째 아들에게 푹 빠졌었기 때문이다. 부부의 두 아들은 모두 잘 생기고 운동도 잘했다. 하지만 이제 그들은 매우 비극적으로 부모를 잃은 신세가 되었다.

살인이 있던 그날 밤, 경찰은 아들 중 한 명으로부터 매우 격앙된 목소리의 전화를 받았다. 부모의 시체를 발견했다는 신고였다. 경찰은 호세 가족의 저택으로 황급히 출동했다. 그 저택은 500만 달러짜리로, 한때 팝 가수 마이클 잭슨이 살았고, 그 전에는 엘튼 존이 살던 곳이었다. 경찰이 도착했을 때, 앞마당 잔디에 둘째 아들이 태아처럼 몸을 웅크리고 앉아 있었다. 집안에 들어가 보니 그곳은 온통 피바다였다.

나는 이 가족을 만나본 적이 없지만, 몇 년 동안 제시카를 통해 소식을 들어서인지 마치 그들과 잘 아는 사이처럼 느껴졌다. 끔찍한 사망 소식을 듣고 흐느끼는 제시카의 목소리를 듣다 보니, 그 지독한 슬픔이 내게도 전해졌다. 제시카가 어느 정도 진정됐을 때, 나는 겨우 물어봤다. "용의자는 있어?" "아니, 아직 없어." 제시카가 답했다. 경찰은 잔혹한 살해 수법으로 미뤄 마피아의 소행일 것이라고 추측했다. 보복성 살해일 수도 있지만, 제시카는 그런 짓을 할 만한 사람이 누구인지 도무지 떠오르지 않는다고 했다. 한동안 경찰 역시 아무런 실마리를 찾지 못했다.

누군가에 대한 맹목적 믿음

결국 이 미제 살인사건은 1990년대에 세상을 두 번째로 떠들썩하게 만드는 사건이 되었다. 이보다 더 세상을 놀라게 한 사건은 오 제이 심슨O. J. Simpson 재판뿐이었다. 키티와 호세 부부 살인사건의 결론부터 말하자면, 범인은 아들인 라일과 에릭 메넨데즈Lyle and Erik Menendez 형제였다. 이 끔찍한 진실이 알려지기까지 꽤나 오랜 시간이 걸렸다. 그리고 제시카와 그 가족이 이 사실을 받아들이기까지는 더 오랜 시간이 필요했다.

제시카는 프린스턴에서 열린 호세 부부의 추도식에 참석하지 못했다. 새 학기가 시작되었기 때문이다. 제시카의 부모님은 추도식에 참석했는데—신체 훼손이 너무나 심해서 망자의 얼굴을 보여주는 미국 장례식의 전통을 지키지 못하고, 관을 닫은 채 진행해야 했다—특히 둘째 아들인 에릭이 부모님의 죽음으로 상심이 큰 것 같았다고 전해주었다. 또 두 아들 모두 호세와 키티에 대해 감동적이고 애정 어린 추도사를 했다고 당시 분위기를 전했다.

내 기억으로 두 번째 통화 때도 제시카는 울면서 전화했다. 그때가 1990년 3월로, 첫 번째 통화 이후 몇 달이 지난 시점이었다. 그때 나는 대학기숙사의 작은 방에 놓인 딱딱한 트윈 매트리스에 앉아, 제도용 램프를 켜놓고 곧 마감인 졸업논문을 써보려고 끙끙대고 있었다. 제시카의 목소리는 갈라져 있었지만 지난 8월보다는 차분했다. 제시카가 말했다. "경찰이 뭔가 착각했는지 그 '소년들'을 체포해갔어." 제시카는 라일과 에릭을 늘 '소년들'이라고 불렀다. 30년이 지난 지금도 제시카는 이 두 남자—중년을 훌쩍 넘겼고 가석방 없는 종신형을 받은 채 복역 중이다—를 '소년들'이라고 부른다. 그들에 대한 기억이 살인 전에서 멈춘 듯했다.

"경찰이 어떻게 그런 끔찍한 실수를 할 수 있지?" 제시카가 물었다. 순전히 수사적인 질문은 아니었다. 나는 그해 가을 컬럼비아법대로 돌아왔고, 내 짐작에 제시카는 법조인을 꿈꾸는 내게 이를 어떻게 생각하는지, 경찰이 어떻게 그런 심각한 실수를 저지를 수 있는지 (그리고 어떻게 바로 잡을 수 있는지) 답해보라고 호소하듯이 묻고 있었다.

나는 잠시 망설이다가 물어보나 마나 한 질문을 했다. "제시카, 그들이 진짜 살인을 저질렀을 가능성은 없을까?" 제시카의 대답은 단호했다. "없어. 100퍼센트 없어." 내가 다시 물었다. "장담할 수 있어?" 제시카는 더욱더 단호하게 답했다. "걔들은 죽이지 않았어. 난 알아, 난 **안다고**." 나는 그 말에 설득당하고 말았다.

　라일과 에릭 형제가 체포된 지 몇 달 후, 제시카가 다시 전화를 걸어왔다. 소년들의 고모 중 한 명과 방금 이야기를 마쳤다고 했다. 라일과 에릭이 범행을 자백했다는 소식이었다. 그들은 정당방위로 부모를 죽였다고, 수년간 아버지에게 정신적, 신체적, 성적 학대를 받았기 때문에 죽였다고 주장했다고 한다. 그러면 어머니는 왜 죽였을까? 훗날 라일은 정신과 상담내용이 담긴 테이프에서 어머니를 "고통에서 벗어나게 해주려고" 죽였다고 털어놓았다. 형제들의 범행 자백과 유죄 인정이 언론에 공개되기 직전, 두 형제의 고모들은 제시카 가족들에게 먼저 이 소식을 알렸다. 나는 제시카의 아버지가 어떤 반응을 보였는지 물었다. 제시카의 아버지는 "키티와 호세를 잃었을 때보다 더 심란하구나"라고 말했다고 한다.

　그 후로 정신과의사의 상담기록이 증거 능력이 있는지 여부를 둘러싼 기나긴 법정공방, 정당방위 성립요건에 대한 논쟁, 캘리포니아대법원에 제기한 상고, 여러 차례의 미결정심리 등 6년간의 길고 긴 논란 끝에, 1996년 마침내 두 아들은 존속살해 혐의로 유죄평결을 받았다. 이 모든 과정이 언론을 통해 공개되면서 온 국민의 이목도 여기에 집중되었다. 이 극적인 사건은 무수한 서적과 TV시리즈를 양산했다. 제시카는 첫 번째와 세 번째 재판에 증인으로 나서기도 했다.

　두 형제가 범행을 자백했을 무렵 나는 법학도였다. 그렇지만 제시카가 처음으로 진실을 알게 된 그날 저녁, 우리가 토론한 것은 형법도, 정당방위로 인정될 가능성도, 유죄평결이 나올 경우 라일과 에릭

이 받게 될 형량도 아니었다. 제시카가 내게 얘기한 것은 자신이 형제를 너무 쉽게 믿었다는 것, 자신이 오해한 것, 자신이 어떤 사실을 놓쳤다는 것이었다. 그것도 그렇게 오랜 세월 동안 말이다. 제시카가 보지 못했거나 외면한 것은 무엇이었을까? 제시카가 지나쳐버린 고통과 괴로움은 무엇이었을까? 그 총격은 홧김에 벌인 충동적 범행이 아니었다. 그들은 치밀하게 계획한 후에 범죄를 저질렀고, 사건이 은폐되도록 세심하게 설계했다. 하지만 범행 후 라일은 상속받은 유산을 흥청망청 썼다. 포르셰와 롤렉스시계를 구입했고 프린스턴에 식당도 사들였다.

과연 제시카가 무시하고 넘긴 극악무도한 행위의 징후는 무엇이었을까? 호세 부부의 죽음은 비통했고, '소년들'의 살인 행위는 참혹했다. 그렇지만 제시카를 계속 괴롭혔던 것은 자신의 믿음이 잘못됐다는 것, 결국 진실이 밝혀지기 전까지 그 어떤 범죄 가능성조차 의심하지 않았다는 점이었다. 우리는 동이 틀 때까지 밤새도록 대화를 나눴다. 호세 부부의 죽음은 결국 '소년들'의 소행이었고, 제시카는 '소년들'의 결백함을 **안다**고 강하게 믿었지만 아니었다. 제시카는 이 상황을 이해해보려 애썼다. 우리는 함께 이 사건을 이해해보려고 애썼다.

시간이 한참 흐른 후 제시카는 자신의 가족들과 함께, 완벽한 아메리칸드림의 이면에 놓인 호세 가족의 들끓는 갈등을 보여준 괴이하고 때로 끔찍했던 징후들을 떠올려보았다. 호세는 엄격한 아버지로, 아들들을 단호하고 혹독하게 길렀다. 한번은 순전히 아들을 강하게 키우기 위해서 12살이던 에릭을 밤에 공동묘지로 데려가 무덤 사이에서 울게 내버려두기도 했다. 이와 비슷한 일화가 몇 개 더 있었고, 제시카는 사건 이후로 수십 년에 걸쳐 내게 그 이야기들을 들려주었다. 아버지의 잔혹한 양육 방식에도 '소년들'이 잘 자라준 덕분에, 주변에서는 다들 과거의 사건들을 잊거나 무시했다. 살인사건이 벌어지기 전까지, 아니 더 정확히 말하면 그 '소년들'이 살인을 **자백**하기 전까지 그랬다.

전화로 이어진 우리의 밤샘 토론은 그 어떤 통찰도 주지 못했지만, 그럼에도 한 가지 건진 사실이 있었다. **우리는 어떤 사람에 대해 전혀 알 수 없다**는 점이었다. 우리는 남들의 머릿속이나 마음속을 들여다볼 수 없으며, 그들이 어떤 일을 저지를지도 알 수 없다. 그렇다, 우리는 **사실상** 알 수가 없다. 이는 우울하지만 명백한 현실의 한 단면이었다. 그렇지만 아직 세상물정을 모르던 22살의 두 청춘에게는 이런 사실이 제대로 보이지 않았다.

긍정적 편견의 부작용

그때 나는 처음으로 누구나 죄인이 될 수 있다는 사실을 깨달았다. 매우 충격적인 사실이었다. 충격적이지만, 동시에 교훈적이었다. 지금까지도 나는 누가 결백하다는 것을 **안다**고 말하는 사람을 만나면 라일과 에릭을 떠올린다. 서글프지만 특정 분야에서는 이 사실을 반사적으로 떠올릴 필요가 있다. 그 이유는 온갖 믿음과 신념과 직감을 배신하고, 특권층인 백만장자의 아들 둘이 자기 부모를 살해하는 일도 벌어지는 것이 현실이기 때문이다.

어른으로 한 뼘 성장하면서 순수함을 잃어버린 것 외에도, 제시카와 나눈 대화는 내가 연방검사로 활동하던 시절에 깊은 영향을 주었다. 어떤 용의자를 잠재적 유죄로 보는 것에 대해 건전한 의심을 가지게 되었을 뿐 아니라, 정반대로 어떤 사람을 무죄라고 보는 것에 대해서도 의심하는 자세를 갖추게 됐다. 사람들이 법정에서 무죄추정의 원칙—유죄가 확정될 때까지는 형사 피고인을 무죄로 본다는 원칙—이라는 중요한 원칙을 고수하는 것은 보편적으로 옳다. 그러한 신성한 원칙이 있기 때문에 형사재판이 공정하게 진행될 수 있다. 또 이 원칙 덕분에 배심원단이 평결을 내리기 전까지 온갖 증거를 살피고 판단을 유보하게 된다.

그렇지만 수사의 영역은 다르다. 무죄추정의 원칙은 수사관들에게 위험한 잣대일 것이다. 수사관은 모든 사람의 **유죄** 가능성에 대해 열린 자세를 보여야 한다. 피의자가 피해자의 절친한 친구든, 혈연관계든, 부유한 특권층 자제든, 지식인이든 상관없이 유죄 가능성을 염두에 두어야 한다.

사람들이 말하는 편견은 보통 부정적인 편견이다. 이는 특정한 인종, 종족, 성별에 속한 사람에 대한 **부정적** 인식 때문에 특정인이 범죄를 저질렀다고 부당하게 의심하는 상황으로, 이러한 부정적 편견에 대한 우려는 정당하다. 그렇지만 메넨데즈 형제 사건은, 여타 무수한 사건들과 마찬가지로 긍정적 편견 역시 경계해야 할 대상임을 우리에게 일깨워준다. 다시 말해 겉모습만 보고 그가 강직한 시민 혹은 성공한 부자이므로 기만, 사기, 폭행 혹은 존속살해에 가담할 리

없다고 보는 믿음을 경계해야 한다. 수사 요원은 긍정적 편견 때문에 용의자를 놓칠 수 있고, 일반인들은 긍정적 편견에 빠지면 피해자가 될 수 있다.

인종차별주의자인 백인은 밤에 길을 걷다가 후드티를 입은 젊은 아프리카계 미국인이 맞은편에서 걸어오면, 얼른 길 반대편으로 건너가 버릴지도 모른다. 그렇지만 그 인종차별주의자 백인은 유명하고 옷 잘 입고 사교계 명사인 백인 투자상담사, 이를테면 주변 친구들 모두가 무한한 신뢰를 보내지만 알고 보면 사기꾼인 그 백인 투자상담사에게 자신의 전 재산을 자발적으로 맡길지도 모른다.

그렇다면 이런 현실은 무엇을 뜻할까? 우리가 어떤 식으로 살아가야 한다는 걸까? 일반시민이 베이비시터를 구하거나 기존 변호사를 계속 쓸지 고민하거나 투자상담사를 고를 때, 그 사람에 대해 최악의 상황을 가정하거나 그들을 뒷조사하는 데 상당한 시간을 쏟는 것은 합리적이지 않다. 그렇게 하면 우리의 일상과 직장생활은 마비될 것이다. 그렇지만 은행 직원과 교사, 학생 그리고 바쁜 일상을 보내는 우리 모두는 뚜렷하게 나쁜 신호를 감지했을 때 위기 상황임을 다른 이들에게 알릴 정도의 경계심은 지니고 있어야 한다. 그렇지만 안타깝게도 이런 경계심이 늘 존재하지는 않는다.

2장 눈에 보이는 것에 속는 사람들

세련된 사기꾼들

당신의 활동 반경에서 만나는 협잡꾼이나 사기꾼은 몇 명이나 될까? 어떤 사람의 외모, 옷차림, 행동을 보고 위협적으로 느끼거나 만만하게 여기는 사람은 몇 명이나 되는가? 성공, 권력, 부라는 외피 때문에 우러러보고 따라하고 부러워하는 사람은 몇 명이나 되는가? 평소 상식과 검사로서의 경험에 비춰볼 때, 나는 그 어떤 판단적인 극단, 즉 지나치게 의심하는 것도 지나치게 경계를 푸는 것도 합리적이지 않다고 생각한다. 사람들과 교류할 때마다 모두가 날 속이려드는 사기꾼이라고 냉소적으로 보면 인생이 얼마나 고달프겠는가. 그렇다고 겉모습만 보고 잘 알지 못하는 누군가에게 백지신탁blind trust (공직자가 재임기간 동안 재산을 제3의 대리인에게 맡겨 관리하게 하는 제도 – 옮긴이)을 하는 것 또한 어리석고 순진한 일이다. 그렇지만 이러한 양극단 사이 어딘가에 법집행기관의 수사 요원에게 필요한 건전한 의심, 사업가에게 필요한 공정한 거래, 개인에게 필요한 적절한 주의 등 합리적 경계심의 영역이 존재한다. 이는 단지 희망 섞인 이야기를 들려주는 '행운의 쿠키'식 조언이 아니다. 전 세계가 버나드 메이도프Bernard Madoff 사기사건에서 확인했듯이 이러한 합리적 의심은, 아무런 통제 없이 너무 자주 벌어지는 매우 악질적인 행동을 간파하고 단속하는 데 있어 실용적이다. 그렇지만 작은 메이도프들은 잘 알려지지 않았을 뿐 세상 어디에나 있다.

홀로 일하는 리더는 없다

연방지검장으로 부임한 지 열흘 째 된 날은 일요일이었다. 나는 청바지에 티셔츠를 입고 집무실에 앉아 검찰청 수사팀장들이 주기적으로 모아놓은 두툼한 '형사사건 주간동향'을 훑고 있었다. 그때 부지검장 보이드 존슨Boyd Johnson과 사기범죄팀 책임자 중 한 명인 존 힐레브레히트John Hillebrecht가 갑자기 내 집무실에 들어와 이렇게 말했다. "상의할 것이 있는데요. 문제가 좀 생긴 것 같아요."

여기서 잠깐, 먼저 언급할 사실이 있다. 나는 연방지검장으로 재직할 동안 실력이 뛰어난 부지검장들을 곁에 두는 인복을 누렸다. 첫번째 부지검장 보이드는 내 오랜 친구로, 부임 첫날 나는 그를 부패범죄 수사팀장에서 부지검장으로 승진시켰다. 보이드는 훤칠한 키에 운동신경이 좋은 호감형 인물로, 예민하고 직관적인 검사이자 주변에 활력을 불어넣는 활동적인 리더였다. 우리는 전에 두 차례 같이 일한 적이 있는데, 한번은 내가 개인변호사로 일할 때였고, 다른 한 번은 뉴욕남부지검에서 연방검사로 일할 때였다. 나는 형제처럼 그를 믿었다. 내가 지검장으로 부임한 처음 얼마 동안에 보이드는 내게 친절한 안내자 역할을 해주었다.

보이드가 떠난 후 4년간 나와 함께 일한 부지검장은 리처드 자벨 Richard Zabel이었다. 리처드는 기본적으로 우리 본부 청사에서 가장 똑똑한 사람이었다. 그는 지극히 현실적이면서도 학자로서의 면모 또한 갖춘 균형 잡힌 사람이었다. 불어를 잘 했고, 소설을 썼으며, 염소수염을 멋들어지게 길렀고, 문학작품을 인용해 사건의 개요를 이해하기 쉽게 설명했다. 그는 엄격한 상급자이자 정확한 편집장인 동시에 소중하고 막역한 친구였다. 적어도 내게 그는, 일주일이면 평생 알고 지낸 사이처럼 느껴지는 친근한 사람이었다. 게다가 나는 리처드의 송별회 자리에서 난생 처음 사람들 앞에서 듀엣으로 노래를 부르는 잊지 못할 경험을 했는데, 그때 듀엣의 파트너가 리처드였다. 송별회 이야기는 여기까지만 하겠다.

내가 뉴욕남부지검장으로 있던 마지막 두서너 해 동안에는 준 킴 (한국명 김준현. 한국계 검사로서는 최고위직인 뉴욕남부지검 부지검장을 맡아 화제가 됐다─옮긴이)이 부지검장을 맡았다. 준 킴은 명문사립고인 익스터Exeter고등학교와 스탠퍼드대학교를 거쳐 하버드대학교 법학대학원을 졸업한 아주 뛰어난 인재이다. 준은 겸손하고 실력이 뛰어난 검사로, 세계적 로펌인 클리어리 고틀립Cleary Gottlieb에서 수백만 달러의 연봉을 받고 일하고 있었는데, 내가 공직으로 끌어들였다. 준은 유머로 자신의 높은 이상주의를 숨기는 사람이다. 또 준만큼 나를 심하게 웃기는 사람도 드물다. 그는 내가 해임됐을 때도 곁을 지켰고, 뉴욕남부지검장 대행으로서 두드러진 활약을 보였다.

잠시 이야기가 옆으로 샜는데, 내가 말하고 싶은 핵심은 홀로 일하는 리더는 없다는 것이다. 모든 일은 파트너십으로 이뤄지므로, 만약 동료를 제대로 고르지 못하면 하루하루가 암담할 것이다.

사기꾼은 세련될수록 위험하다

다시 아까 나온 문제로 돌아가면 상황은 이랬다. FBI가 최근 하산 네마지Hassan Nemazee라는 이란계 미국인을 대형금융사기 혐의로 수사하기 시작했다. 바로 며칠 전, 씨티은행이 네마지가 허위담보를 제공하고 7490만 달러를 불법으로 대출받은 것 같다고 FBI에 제보한 직후였다. 그렇지만 이는 국가안보가 걸린 중차대한 사안도 아니고, 당장 눈앞에 닥친 위험도 없었다. 그런데 왜 일요일에 비상소집을 했을까?

상황이 급박했던 이유는, 종종 있는 일이지만 용의자가 매우 곤란한 여행 계획을 세웠기 때문이었다. 하산 네마지는 바로 그날 저녁 뉴어크 리버티 국제공항Newark Liberty International Airport에서 출발하는 로마행 비행기를 예약했다. 사건 용의자가 관할구역을 벗어나려고 할 때, 우리는 매번 똑같은 질문을 하게 된다. 이 여행이 다시 돌아올 것이 확실한 합법적인 단기출장일까, 아니면 체포될 것을 눈치챈 용의자의 영리한 도주 계획일까? 용의자가 외국에 나가서 사태를 주시하다가 돌아오지 않으면, 힘들게 도피자를 추적해야 할 뿐 아니라 검찰의 체면도 구기게 된다. 물론 그 반대 상황일 때도 있다. 해외로 도피한 피의자는 당연히 행방불명이 되겠지만, 해외에 있는 덕분에 비밀리에 기소되어 아무런 낌새도 알아차리지 못한 채 **미국으로 돌아오는 순간** 바로 체포될 수도 있다. 이란의 금 거래상 레자 자라브Reza Zarrab가 바로 그런 경우로, 그가 비밀리에 기소되는 바람에 레자의 가족들은 디즈니월드에 놀러가려던 계획을 접어야 했다. 법 집행적 정의에 대한 전반적인 대차대조표(물론 이런 기록은 없지만)를 살펴본다면, 여행이라는 복권이 범죄자의 의도대로 이행될 '당첨확률'은 아마 본전치기 정도일 것이다.

어쨌든 네마지의 도주를 막는 가장 깔끔한 방법은 그를 공항에서 체포하는 것이었다. 그로부터 몇 주 지나지 않아 네마지의 케이스와 놀랄 만큼 비슷한 용의자의 여행문제가 갑자기 발생을 때, 우리는 계획보다 훨씬 서둘러 헤지펀드 CEO인 라지 라자라트남Raj Rajaratnam을 내부자거래 혐의로 체포했다. 당시 우리는 그가 국제선 탑승권을 예약했다는 사실을 알고 있었다. 라자라트남의 경우는 우리가 이미 몇 달간 도청증거를 확보한 데다 명분도 충분했기 때문에 체포에 큰 문제가 없었다. 물론 금요일 아침에 계획에도 없던 긴급체포를 하는 바람에 인력 동원과 작전 수행에 약간의 어려움이 있긴 했지만 말이다.

반면 네마지의 경우는 수사가 초기단계여서 체포를 하는 게 맞는지 확신하기 어려웠다. 씨티은행이 나름 의혹을 품고 있었고(은행관계자들이 최근 네마지에게 재산 증명을 요청했고, 그가 거래하는 다른 은행과 직접 연락하겠다는 뜻을 비쳤다), 당시 우리는 이 유명하고 강직한 시민이 사기꾼일지도 모른다는 씨티은행의 말을 기본적으로 믿고 있었다. 그렇지만 우리는 이를 입증할 최소한의 문서조차 확보하지 못한 상태였다.

게다가 네마지는 일반적인 용의자가 아니었다. 그는 굉장한 부자이자 대중의 존경을 받는 인물이었고, 저명한 사업가이며 이름만 대면 알 만한 전국의 모든 민주당 의원들과 정치적 연줄도 갖고 있는 거물이었다. 그가 과거에 범죄를 저질렀다는 흔적도 없었다. 이 이란계 미국인은 세 자녀를 둔 가장으로, 아메리칸드림을 이룬 기념비적인 인물이었다. 그는 하버드대학을 졸업했고, 기부도 많이 하며 살았다. 그는 100만 달러 이상을 다양한 자선단체와 학교에 기부했는데 하버드대학, 브라운대학, 스펜서스쿨, 휘트니미술관, 미국외교협회 등도 여기에 포함됐다. 그는 민주당 의원들(버락 오바마, 힐러리 클린턴, 빌 클린턴, 조 바이든, 앨 고어, 존 케리, 척 슈머 등 이름만 들어도 알 만한 거물 정치인)에게 거액을 후원했을 뿐 아니라 저명한 공화당 의원들—상원의원 제시 헬름스Jesse Helms, 샘 브라운백Sam Brownback, 알폰스 다마토Alfonse D'Amato—도 후원하고 있었다. 그는 옷을 잘 입었고 정중하며 박식한 데다 파크애비뉴에 있는 2800만 달러짜리 아파트에 살았다.

재계 거물의 체포와 전략적 판단

그렇지만 그가 특정 정당과 정치적 연줄이 있다는 점은 우리에게 사소한 문제였다. 뉴욕남부지검은 근래에 민주당 자금모금책이었던 노만 슈Norman Hsu라는 또 다른 유명 인사를 수사하고 기소를 추진해 유죄평결을 받아낸 경험이 있었다. 우리가 하는 일은 당연히 정치색과 무관했기 때문에, 민주당이든 공화당이든 똑같은 수사 대상일 뿐이었다. 중요한 것은 네마지의 평판에 그간 아무런 흠이 없었다는 점이었다. 저명하고 부유한 사람들이라 해서 결코 법 위에 있는 것은 아니지만, 수사관들은—한편으로 사실관계를 파헤치면서도—단지 용의자라는 이유로 명성에 부당한 피해가 가지 않도록 늘 조심해야 한다. 이는 용의자의 평판에도 중요하지만, FBI와 연방검찰청의 평판과 신뢰에도 큰 영향을 미치기 때문이다. 네마지의 용의점을 밝히기 위해서는 우리에게 세심한 시나리오가 필요했다. 네마지가 자연스럽게 해외로 나갔다가 다시 돌아오게 해야 할까, 아니면 어떤 식으로든 개입해서 출국을 막아야 할까? 이것이 문제였다.

우리는 절충안을 택해 유연하게 접근하기로 했다. 두 명의 뛰어난 수사요원이 뉴어크공항에 가서 출국 준비 중인 네마지를 중간에 가로막았다. 그 목적은 최악의 상황, 즉 네마지가 비행기에 탑승하는 것을 막자는 것이었다. 범죄자일지도 모르는 자가 비행기에 오르도록 내버려두는 것은 모두에게 악몽이었다. 다만, 수사요원들은 정중하고 예의바르게 행동하기로 했다. 여러 경험상 부드럽게 접근하는 것이, 특히 합의의 여지가 있는 경우 가장 성과가 좋았기 때문이다. 당시 요원들은 차분하고 공손하게, 그러면서도 단호한 자세로 우리의 점잖은 용의자와 대화를 나눴다.

우리가 바란 것은 다음 세 가지 중 하나로 사태가 전개되어 최악의 상황을 피하는 것이었다. 네마지가 FBI에 거짓말을 해서 체포가 가능해지거나, 네마지가 혐의를 시인하고 죄를 인정해서 체포가 가능해지는 것, 마지막으로 뉴욕남부지검에서 문제를 깔끔히 해결할 때까지 네마지가 자발적으로 국내에 체류하는 것이었다.

수사요원들은 공항에 몇 시간 전에 도착해 네마지가 검색대를 통과하고 무기소지 검사를 마칠 때까지 기다렸다. 정중하지만 무장한 두 남자가 갑자기 나타나 연방수사국 특수요원이라고 신분을 밝힌 후, 씨티은행이 당신이 7490만 달러를 사취했다는 혐의를 제기했다고 설명했을 때 네마지는 어떤 반응을 보였을까? 그 순간 하산 네마지는 누가 봐도 완벽한 신사처럼, 초과예약 상황에 대처하는 차분한 호텔지배인처럼 행동했다. 그는 특수요원들에게 이게 다 엄청난 오해에서 생긴 일이라고 침착하게 설명했다. "틀림없이 저는 은행 측에 이야기한 돈을 소유하고 있습니다. 이건 전부 엄청난 실수입니다. 저는 당연히 그 돈이 있습니다." 요원들은 네마지의 말을 믿어야 할지 말아야 할지 망설였는데, 그의 말에 꽤나 설득력이 있었기 때문이다. 네마지에게 이런 상황은 분명 매우 충격적이고 심기가 불편한 일이었을 텐데도 그는 아주 흔쾌히—조금도 화가 난다거나 불편하다는 기색도 없이—국내에 체류해달라는 요원들의 요구에 순순히 응했다. 비행기는 네마지를 태우지 않은 채 떠났다.

존이 다시 집무실로 와서 공항 요원들에게서 보고 받은 내용을 나와 보이드에게 전했다. 나는 속으로 생각했다. '그나마 다행이네. 씨티은행의 잘못된 의심을 검증하지 않은 채 검찰이 헛발질을 했다며 손가락질 받는 최악의 상황이 발생한다 해도, 이 정도면 우리가 네마

지를 좀 당황시키고 우리도 약간 당황한 정도로 정리할 수 있겠군.'
검찰의 체면을 크게 신경 써서가 아니라, 아직 수사 초기단계였으므
로 기소까지는 부적당해 보인다는 게 내 생각이었다. 나는 당시 네
마지가 유죄일 수도 무죄일 수도 있다고 보고, 어느 쪽이든 받아들일
마음의 준비를 했다. 그가 공항에서 매우 차분하고 냉정하며 침착하
게 행동했던 점을 고려하면, 우리가 헛다리를 짚은 것일지도 몰랐다.
그렇지만 동시에 나는 메넨데즈 형제를 떠올렸다. 언제나 보이는 게
전부는 아니기 때문이다.

두 시간 후, 네마지의 오랜 변호사인 마크 머캐시Marc Mukasey가
존에게 전화를 걸어와, 그 상황에서 피의자의 변호인이 보일 수 있는
수준을 크게 벗어난 말을 했다. 머캐시는 일단 이건 모두 엄청난 오
해라는 네마지의 말을 몇 번이고 되풀이했을 뿐 아니라, 한 술 더 떠
서 그의 진실성을 자신이 보장할 수 있다고까지 말했다. 그는 네마지
를 오래전부터 지켜봐왔고, 함께 법률회사 전용석에 앉아 뉴욕양키
스 시합도 봤으며, 그가 다방면에서 훌륭한 사람이라고 설명했다. 머
캐시는 마지막으로 이렇게 덧붙였다. "그는 친구입니다. 단순한 의뢰
인이 아니라고요."

그런 다음 머캐시는 강력한 한 방을 날리며 대화를 마무리했다.
"네마지는 내일 빌린 돈을 전액 갚을 겁니다. 그럼 다 해결되는 것
아닙니까?" 나는 다시 한번 우리가 네마지를 체포했더라면 일이 엄
청나게 꼬였겠다는 생각을 했다. 네마지가 진짜 사기꾼이라 해도, 또
그의 삶 전체가 거짓이고 그가 말한 재산이 실제로 존재하지 않는
것이라 해도, 한나절 만에 7490만 달러를 되갚는다는 것은 거의 불

가능에 가까운 일이었다. 제아무리 엄청난 자산가라도 그렇게 큰돈을 그렇게 쉽게 움직이기는 쉽지 않았다.

그날 잠자리에 들면서, 나는 예전부터 알고 있었지만 주말을 보내며 다시 한번 또렷이 상기하게 된 사실을 반복적으로 생각했다. 체포에 이르기까지는 매 순간 고민스러운 결정의 연속이라는 점이었다. 누군가를 기소하기로 결정하는 것도 매우 중대한 일이지만, 수사단계에서라도 사태가 급박하게 돌아가거나 혐의사실이 명확하지 않을 때, 피의자의 동기와 의도를 해석하기 어려울 때, 이제 막 수사에 착수한 단계일 때에는 일종의 전운fog of war 같은 것이 시야를 가려 판단을 흐리게 할 수 있다. 특히 수사에 자연스럽게 속도가 붙으며 진행될 때보다 정황상 더 빨리 전략적 판단을 내려야 할 때, 우리의 판단은 흐려질 수 있다. 나는 매우 당혹스러울 뻔한 상황은 피했다고 안도하며 서서히 잠에 빠져들었다.

다음 날도, 내 머릿속에는 여전히 네마지 생각뿐이었다. 보석금 등을 현금으로 바로 납부하겠다고 약속했다가 못 지킨 경우가 전혀 없지 않았기 때문에, 네마지가 거액을 상환할지 어떨지 도무지 예상하기 힘들었다. 그런데 시계가 정오를 알리기도 전에, 힐레브레히트가 내 집무실로 와 말했다. "저기요, 지검장님. 진짜 믿기 힘드시겠지만, 네마지가 방금 전액을 은행에 상환했습니다." 7490만 달러라는 거액을 전부 갚았다니! 그것도 마치 아무것도 아니라는 듯이! 놀란 나는 의자에서 벌떡 일어섰다. 그리고 곧바로 다시 의자에 앉으며 말했다. "정말 대단하군Holy cow."

대단한 사기꾼의 민낯

이 사건에 꽤나 잘 대처했다고 내심 안도하는 와중에도 나는 속으로 이런 생각을 떨칠 수가 없었다. '어이쿠, 우리가 거물에게 큰 실수를 할 뻔했네.' 그런데 존이 사무실을 나가기 전에 나와 보이드를 보며 이렇게 말했다. "그런데 말입니다, 아무래도 뭔가가 더 있는 것 같아요. 우리가 놓치고 있는 뭔가가 있는 것 같아요." 각진 얼굴에 키가 큰 존은 무수히 많은 마피아 조직원들을 감옥에 잡아넣은 괴물 공판검사다. 만약 수집한 증거를 법정에서 인정받는 법이 궁금하다면 존을 찾아가면 된다. 그는 누구보다도 본능이 뛰어났고, 그의 직감은 비공식적이지만 상당한 근거probable cause로 받아들여졌다. 그렇지만 네마지 사건에 대한 의심 섞인 존의 직감은 아무래도 개연성이 낮아 보였다.

몇 시간이 순식간에 흘렀고, 존이 다시 내 집무실로 찾아왔다. 존은 아침과 똑같은 말로 이야기를 꺼냈다. "지검장님, 진짜 믿기 힘드시겠지만," 나는 고개를 들었다. "상환한 돈에 좀 특이한 점이 있습니다." 의심을 떨칠 수 없었던 존은 수사요원과 함께 상환한 돈의 출처를 알아보았고, FBI 또한 돈의 출처를 파고들었다고 했다. 상환액의 출처는 HSBC(홍콩상하이은행)이었다.

신규담보 확인을 위해 씨티은행과 HSBC 양측에서 건네받은 서류를 추적하는 과정에서, 사교성 좋고 부유한 하산 네마지의 실체가 드러나기 시작했다. 네마지가 씨티은행이 제기한 사기의혹에서 벗어나기 위해 월요일 아침에 한 일은, 또 다른 은행을 상대로 로비작업에 들어가는 일이었다. 그는 부와 성공, 세간의 존경이라는 후광을 이용해 전과 똑같은 사기수법으로, 자신을 믿는 **두 번째** 세련된 금융기관이 곧장 7490만 달러를 내놓게 했다. 내 생각에 영향력과 배짱 둘 중 하나라도 빠지면 이런 일은 해내지 못한다. 네마지 정도 되는 인물이라야 가능한 일이었다.

네마지의 이런 행보는 자신의 미래를 더욱더 암울한 구렁텅이로 몰아넣는 운명적인 결정이 되었다. 연방사법체계에서 형량은 사기액과 비례하기 때문에, 네마지가 한 일은 앞으로 닥칠 자신의 곤경을 순식간에 두 배로 키웠다. 우리는 더는 지체할 수 없었다. FBI요원 다일린 바커Dalynn Barker와 함께 존은 그날 저녁 네마지에 대한 체포영장을 발부받는 데 필요한 증거 자료를 모았다.

이어진 수사에서 그의 거짓된 삶이 낱낱이 드러났다. 네마지는 씨티은행과 HSBC뿐 아니라 뱅크오브아메리카(이하 BOA)를 상대로도 금융사기를 쳤다. 그는 거액대출에 필요한 금융담보가 있다는 것을 믿게 하기 위해 허위로 금융회사를 만들고 서명을 날조하고 문서를 위조했으며, 수백만 달러 상당의 미국 국채를 보유하고 있다고 거듭 주장했다. 아울러 사무실 주소, 전화번호, 은행주소, 은행 상담원까지 치밀하게 꾸며냈다. 알고 보니 매디슨 애비뉴 575번가에 있는 그의 사무실 중 하나는, 전화응답서비스와 등기우편서비스 그리고 회의실을 제공하는 사업체였다.

결국 네마지는 여러 은행을 상대로 2억9000만 달러 이상의 대출금을 사취한 혐의를 인정했다. 앞서 밝힌 것처럼 네마지는 2800만 달러짜리 아파트에 살고, 파란색 마세라티를 몰며, 세스나680이라는 경비행기를 타고 다니는 데다 41미터 길이 초호화 요트까지 소유하고 있었다. 또한 뉴욕주의 트라이베카Tribeca, 가토나Katonah 및 이탈리아에도 수백만 달러 상당의 부동산을 소유하고 있었지만, 그것을 모두 자기 돈으로 구매할 만큼 엄청난 자산가가 아니라는 게 밝혀졌다. 세간에 알려진 네마지의 모든 것은 금박을 입힌 거대한 위장극이었다.

그가 체포되자 사람들은 매우 흥미로운 반응을 보였다. 정치인들은 앞 다투어 네마지에게서 받은 기부금을 반납했다. 네마지의 지인과 동료들은 이 모든 일이 충격적이고 놀랍다고 말했다. 네마지의 한 금융가 친구는 익명으로 신문에 이렇게 기고했다. "사람들은 그를 정말로 좋아했다. 심지어 조금만 수상해도 바로 눈치를 채는 내 아내마저도 그를 좋아했다. 네마지가 사기죄를 짓지만 않았다면, 그는 당신이 만나보고 싶은 가장 멋지고 존경스럽고 세련되며 박식한 사람 중 하나였을 것이다."

이 기고문에는 수상한 낌새를 눈치 채는 아내의 능력—혹은 누구의 능력이든—에 대한 기묘한 신뢰를 비롯해 곱씹을 내용이 많다. 무엇보다도 이 금융가의 글에는 아주 보기 드문 단서가 하나 달렸다. 바로 **'사기죄를 짓지만 않았다면'**이라는 단서다.

이 사건에서 피해기관에 측은지심을 느낄 사람은 아마 없을 것이다. 상황이 어찌됐든 피해기관은 세 개의 거대한 다국적 금융기관인 HSBC, 씨티은행, BOA였다. 여담이지만, 이 세 곳의 은행 중 두 곳은 이와 전혀 별개인 다른 사건으로 뉴욕남부지검에 의해 사기 혐의로 기소된 상태였다. 이 기관들은 어쩌다가 하산 네마지에게 매료되고 그의 화려한 삶에 넘어갔을까? 이 기관의 직원들은 매넨데즈 형제 사건이 가르쳐준 일종의 교훈, 즉 '**보이는 것이 다가 아니다**'라는 사실을 내면화하지 못했다. 이 교훈은 특권층 자제들이 부유한 부모를 살해한 사건에서도 확인됐고, 또 세계적인 대형은행을 상대로 벌인 고도로 세련된 사기행각에서도 확인됐다.

신뢰라는 이름의 역차별

아메리칸드림을 이룬 호감 가고 존경스럽고 잘생긴 사람이라는 외양은, 법적으로 '고객신원확인know your customer' 의무가 있는 은행들이 아주 간단한 확인 절차마저 건너뛰게 만들었다. 그들은 거액을 대출해주면서도 네마지의 휴대전화로 직접 연락해보지 않았고, 그의 사업체로 등록되어 있는 곳에 가보지 않았으며, 네마지가 제공한 그 어떤 정보도 제대로 확인해보지 않았다. '피해자에게 책임 돌리기'는 절대 타당한 일이 아니지만, '왜 이 은행들이 자신들의 의무에 소홀했는지, 왜 가장 기본적인 확인 작업도 없이 대충 넘겨짚고 은행에 수억 달러의 피해를 입혔는지'에 의문이 들 수 있고 또 그런 의문이 들어야 마땅하다.

이 지점에서 곰곰이 생각해볼 점이 있다. 쓸쓸한 진실이지만, 똑똑하고 세련되며 부유한 전문가들이—일종의 역차별로—외모, 자질, 인맥을 보고 누군가에 대한 안이한(그리고 큰 대가를 치르는) 판단을 내린다는 점이다. 사실 아주 간단한 조사만으로도 사기꾼의 정체는 쉽게 탄로 나는데도 말이다. 자, 이제 엘리트처럼, 어떤 특별한 권한이 있는 사람처럼 걷고 말하고 행동하면서 귀족 같은 분위기를 풍겨보자. 그러면 당신은 수억 달러짜리 사기를 치고도 빠져나갈 수 있을지 모른다.

또 하나 주목할 점이 있다. 하산 네마지가 좋은 일도 많이 했다는 점이다. 사실 시드니 스테인Sidney H. Stein 판사가 형량을 선고할 때 네마지의 변호인들이 정상 참작을 요청하며 내세운 주요 주장도 그가 나쁜 짓을 한 건 사실이지만 기본적으로 선량한 사람이라는 점이었다. 네마지가 그간 여러 자선단체에 돈을 기부해왔고, 민주적 절차를 지지했으며, 세 자녀를 훌륭히 키워낸 가장일 뿐만 아니라, 가진 만큼 크게 베풀고 어려운 상황에 놓인 많은 사람을 도운 '선량한 사람'이라는 것이었다. 그렇지만 이 세상에 악의로만 가득 찬 사람은 드물다. 한편으로는 매우 친절하고 너그럽지만 다른 한편으로 중대 사기를 치면서 악의로 가득한 일을 벌이는 복잡한 생명체를 우리는 심심찮게 보지 않았는가.

하산 네마지는 유일무이한 경우가 아니다. 그는 본질적으로 버나드 메이도프Bernard Madoff(한때 나스닥증권거래소 위원장으로 활동할 정도로 미국 증권계의 거물이었으나, 역사상 최대 규모의 다단계 금융사기를 벌여 약 650억 달러의 돈을 편취한 사실이 확인돼 징역 150년 형을 받고 복역 중이다 - 옮긴이)보다 덜 유명한 사례일 뿐이었다. 둘 다 사람들을 속이고 우롱했고, 그 과정에서 매력과 영향력, 인맥, 배타성을 두루 이용했다. 또한 둘 다 똑똑하고 세련된 사람들과 기관들을 손쉽게 속여 넘겼다.

메이도프에게 속은 '순진한 촌뜨기들'을 열거하면 다음과 같다.

영화감독 스티븐 스필버그, 영화배우 케빈 베이컨과 카이라 세드윅 부부 그리고 존 말코비치, 노벨상 수상자이자 홀로코스트 생존자인 엘리 비젤Elie Wiesel, 명예의 전당에 오른 투수 샌디 쿠팩스Sandy Koufax, 뉴욕 메츠의 공동 구단주 프레드 윌폰Fred Wilpon, 은막의 스타 자자 가보Zsa Zsa Gabor, 전 뉴욕주지사 엘리엇 스피처Eliot Spitzer, 미국 국무장관을 지낸 헨리 키신저, 애니메이션 제작사 드림웍스의 CEO 제프리 카젠버그Jeffrey Katzenberg, 상원의원을 지낸 프랭크 로텐버그Frank Lautenberg, 그리고 국제올림픽위원회IOC 등이다. 개인뿐만 아니라 은행들도 당했다. 게다가 수십 년 간 이 사기꾼을 잡지 않고 방치한 증권거래위원회Securities and Exchange Commission도 이들에게 속은 촌뜨기에 포함된다. 핵심은 메이도프가 평범한 사람들과 더불어 갑부와 거물을 감쪽같이 속일 수 있었다는 점이다. 그 피해액은 재앙적 수준으로, 잘 알려지지 않은 것까지 합하면 무려 수백 억 달러에 달했다.

메이도프의 수법은 네마지의 수법과 똑같았다. 메이도프가 유명세를 얻기 위해 필요한 것은 몇 가지 함정이었다. 맨해튼의 부촌 어퍼이스트사이드에 마련한 700만 달러짜리 아파트, 플로리다주 팜비치에 구입한 2100만 달러짜리 주택, 뉴욕주 햄튼스와 프랑스에 사들인 저택들 그리고 55피트짜리 요트 불Bull도 포함된다. 유명세를 얻으려면 남들에게 보이는 모습이 중요하므로, 메이도프는 과시하기 좋은 사람들과 인맥을 쌓았고, 곧바로 입소문이 나면서 배타적인 상류사회에 다가갔다. 그렇지만 그가 비위 맞추기만으로 유명세를 얻은 것은 아니었다. 이 사기극에는 어느 정도 거만한 태도도 필요했다. 메이도프는 일정액 이하의 투자는 거절하기로 소문이 났었다. 그런 가식적인 배타성에 사람들은 더욱 그를 갈망했다. 결국 메이도프는 유명 자산관리인으로 입지를 굳히면서 더 많은 부를 가져다주는 하나의 상징이 됐다. 이는 사람들에게 그와 손잡고 투자하고 싶다는 욕망을 **불러일으켰다.** 그리고 사람들은 그 욕망을 따랐다. 아무런 의심도 없이.

세상 어디에나 작은 메이도프들은 존재한다. 예를 들어 켄 스타 Ken Starr를 들 수 있다(빌 클린턴 전 대통령의 스캔들을 조사했던 켄 스타 특별검사가 아니다). 우리가 기소한 켄 스타는 증권브로커이다. 사람들은 그를 '브로커 투 더 스타Broker to the stars'라고 불렀다. 스타는 맨해튼의 투자상담사로, 유명 배우 실베스터 스탤론, 내털리 포트만, 알 파치노, 우마 서먼, 그리고 세계적 감독인 마틴 스코세이지Martin Scorsese 같은 고객들과 더불어 할리우드 상류층의 표본이라는 명성을 얻었다.

스타는 고객들의 신뢰를 얻기 위해, 사모펀드회사 블랙스톤의 공동설립자인 피트 피터슨Pete Peterson처럼 존경할 만한 경영자들과의 친분을 과시했다. 훗날 『뉴욕타임스』의 보도에 따르면, "스타는 할리우드 인사들에게는 월스트리트에 연줄이 있다고 했고, 월스트리트의 금융인들에게는 할리우드의 배우 이야기를 즐겁게 털어놓았다". 이는 공생관계에 기댄 사기사건이었다. 스타는 사기를 통해 수년에 걸쳐 차츰 부유해졌고, 맨해튼에 10미터 길이의 수영장을 갖춘 750만 달러짜리 아파트를 구입하기도 했다. 그렇지만 스타는 메이도프와 마찬가지로 폰지 사기Ponzi scheme 수법을 쓰고 있었다. 즉, 그는 고객들의 돈을 투자하지 않은 채, 신규 투자자에게 받은 돈으로 기존 투자자에게 원금을 돌려주는 방식으로 사기를 치고 있었다. 결국 스타는 체포됐고, 기소 후 유죄판결을 받아 징역 7년 6개월 형을 선고받았다.

무조건적 믿음이 가장 위험하다

총을 차고 배지를 단 요원들로 철저하게 보안을 유지하거나 최첨단 원격보안시스템을 갖추는 것만으로 공정하고 올바른 제도를 유지할 수는 없다. 이것만으로는 전 세계에서 메이도프, 네마지, 스타와 같은 사기꾼들이 끼치는 해악을 막지 못한다. 이런 교묘한 사기꾼을 막아내기 위해서는 그들이 접근했을 때 모두가 질문을 던지고 증거를 요구하고 그들의 말을 곧이곧대로 믿지 않는 것과 같이 경계심을 늦추지 않아야 한다. 이런 경계심이 때로 불쾌한 상황을 낳겠지만, 사기행각을 막으려면 이런 절차가 반드시 필요하다. 이는 너무 빤한 조언 같지만, 사기꾼들은 적절한 질문을 하지 않는 '매우 세련된' 사람들에게 매일 같이 사기를 친다는 걸 기억하자.

나는 네마지 사건을 겪으면서 배짱이 생겼다. 아마 당신이 내 자리에 앉았더라면 범죄자에게 분명한 책임을 묻고 싶겠지만, 본인이든 검찰청이든 난처해지는 상황은 원치 않을 것이다. 특히 근무한 지 열흘째 되는 날이라면 더욱 그럴 것이다. 남들의 생각은 신경 쓰지 말라는 조언도 물론 맞지만, 솔직히 검찰청의 수장으로서 이런 부담감을 온전히 떨치기는 힘들다. 그러나 내가 지금 하는 일이 옳다고 생각하면, 남들이 내 판단을 이해하지 못해도 또 정치적이거나 이념적인 시각으로 바라보더라도, 그들에게—속으로—닥치라고 말하기가 한결 쉬워진다.

배짱을 가지라는 말은 정의로운 일을 한다면 주저하지 말고 덤비라는 뜻이기도 하지만, 외적 결과가 두려워 아무런 행동을 하지 않는 것은 잘못이라는 의미이기도 하다. 핵심은 신중한 망설임이 행동의 마비를 일으키도록 만들지 않는 것, 그리고 책임 있는 적극성이 무모함으로 변질되지 않도록 하는 것이다. 정의를 실현하려면 다른 모든 과정과 마찬가지로, 수사단계든 그 어떤 단계든, 균형 잡힌 접근방식이 필요하다. 여기에는 그 어떤 과학이나 수학공식도 없으며, 망설임과 무모함 사이에서 균형을 이루도록 도와줄 저울도 없다. 그래도 우리는 균형감각을 유지해야 한다.

3장 수사의 정석

범죄 수사관의 직업윤리

뉴욕남부지검 본부청사의 1층 로비 회전문을 통과하면, 경비가 삼엄한 주정부 소유의 공항 라운지 같은 곳이 나온다. 입구에서 앞으로 직진하면 푸른색 정장재킷을 걸친 경호원들이 두 장의 방탄유리 뒤에 서 있다. 경찰, 피고인 측 변호인, 우편배달원, 피고인의 보석문제로 대기 중인 보석보증인 등 검찰청 방문객들은 로비에서 서성이거나, 회갈색 사무용 카펫위에 나란히 놓인 검은색 인조가죽 의자에 앉아 있다. 이 공간에 유일하게 색감을 부여하는 것은 특이한 설치미술작품 두 점이다. 하나는 왼쪽 벽면 전체를 차지한 거대한 벽화로, 이름은 없지만 인종적으로 다양한 다섯 전문가들의 웃음기 없는 얼굴이 파스텔로 그려져 있다. 두 번째는 조형물인데 머리 위에 거대하게 떠 있다. 「폭풍 속의 카약Kayaks in the Storm」이라는 작품으로, 실물 크기의 보트 그림들이 아기침대 위 모빌마냥 높은 천장에 매달려 있다. '지명수배자' 포스터가 붙은 벽을 지나 오른쪽으로 몇 발짝 옮기면, 변함없이 그 자리를 지키는 나무연단이 보인다. 연단 앞면에는 법무부 인장이 박혀 있고, 그 옆으로는 성조기가 세워져 있다. 또다시 초대형 사건이 터져 기자회견이 열리기 전까지 이 연단을 쓸 일이 없다.

사람들이 쉽게 지나치지만, 본부 청사 로비의 도덕적 상징물은 건물 입구 회전문 오른쪽에 세워져 있는 눈에 잘 띄지 않는 작은 기념비이다. 이는 뉴욕남부지검에서 수사관으로 장기 근무하다가 흑색종으로 유명을 달리한 케네스 매케이브Kenneth McCabe의 공로를 기려 제작한 것이다.

검찰청에는 우수한 수사관들이 많지만, 케네스 매케이브는 그중에서도 뛰어났다. 아일랜드 출신으로 키가 크고 목소리가 걸걸했던 케네스는, 5대 마피아 조직의 활동과 계보를 훤히 꿰뚫고 있던 전설적인 마피아 전문가였다. 그 5대 마피아 패밀리는 감비노Gambino, 지노비스Genovese, 보나노Bonanno, 루케제Lucchese, 콜롬보Colombo였다. 케네스는 보스라고 알려진 자, 행동대장, 조직원, 준조직원까지 모두의 이름을 알았다. 그는 준조직원의 준조직원까지 알 정도로 마피아에 관해서는 모르는 것이 없었다. 한 범죄 소설가는 케네스에 대해 "조직원들의 행동만 보고도 그들의 직급과 서열을 파악한다는 소문이 있다"라고 평했다.

케네스는 전형적인 수사관이었다. 외모는 영화배우 존 웨인John Wayne과 조금 닮았다. 그렇지만 그는 영화 속이 아니라 현실 세계에서 마피아 조직을 소탕하는 유능한 경찰이었다. 또한 케네스는 대담하기로도 유명했는데 마피아들이 장례식과 결혼식, 세례식 등에 모이면 허리춤에 총을 차고 손에 카메라를 든 채 행사장으로 걸어 들어가, 방대한 마피아 사진 컬렉션을 위해 채우기 위해 셔터를 연신 눌러댔다. 케네스만 모든 마피아 조직원들을 알았던 게 아니었다. 마피아 조직원들도 모두 그를 알았다. 때로 조직원들은 케네스의 감시 카메라를 향해 손을 흔들며 웃었다. 또 길에서 케네스를 만나면 고개를 끄덕이면서 "헤이, 케네스!" 하고 악의 없는 인사를 건넸다. 때때로 케네스가 교회와 사교클럽에 오가는 마피아들의 사진을 찍을 때면, 조직원들이 그에게 샌드위치나 커피를 건네주기도 했다.

더없이 강직한 마피아 수사관

케네스의 캐비닛에는 유죄평결을 받은 유명 마피아들의 사진이 빼곡히 들어 있었다. 마피아들끼리 서로 소통하는, 혹은 그들 용어로 '어울리는' 장면을 찍은 사진들이었다. 물론 마피아 사진 수집은 그의 한가한 취미활동이 아니었다. 이는 무수한 마피아 사건에서 배심원단에게 제출하는 일종의 증거 자료였다. 갈취 혐의를 입증할 때 핵심 중 하나는 마피아 조직원끼리 교류 및 유대관계가 있었음을 기록으로 남기는 것이다. 수년 동안 케네스가 찍은 수백 장의 감시사진은 노란색 증거물 스티커가 부착되어 재판에서 증거 자료로 쓰였다.

케네스는 마피아 전문가로서 법정에서 그들의 활동에 대한 증언을 수없이 했고, 많은 배심원들에게 전형적인 범죄조직의 지휘 구조가 어떠한지, 어떻게 조직원이 되는지, 조직에 들어오면 어떻게 침묵의 계율omertà을 맹세하고 바늘로 손가락을 찔러 피를 내는지를 설명했다. 또 악감정이 있더라도 허락 없이 조직원을 구타해서는 안 된다는 내부규율도 설명했다.

198센티미터의 장신이었던 케네스는 빈말이라고는 한마디도 하지 않는 직설적인 사람이었다. 나는 그를 딱 한 번 증인석에 세웠는데, 뉴욕의 한 경찰이 감비노 패밀리의 조직원인 '난폭자' 비니 코라오Vinnie Corrao에게 뇌물을 받고 편의를 봐준 혐의로 재판을 받을 때였다. 비니를 사법방해 및 공갈 혐의로 기소할 생각이었던 우리는, 그 경찰이 난폭자 비니의 범행을 실토하고 수사에 협조하도록 회유할 생각이었다. 그렇지만 우리는 두 가지 실수를 저질렀다. 첫째, 공갈 피해자를 완벽하게 보호하지 못했다. 피해자는 결국 진술을 철회했다(분명 보복이 두려워 내린 결정이었을 것이다). 또 다른 실수는 연금 수령 시기를 코앞에 두고도 모험을 택한 비리 경찰의 배짱을 과소평가한 것이었다. 결국 비리 경찰은 수사에 협조하기는커녕 떳떳하게 재판을 받는 쪽을 택했다. 결국 우리는 공갈 혐의를 포기하고 다소 약한 혐의들로 기소를 진행해 그를 재판에 넘겼다. 당시 판사는 마이클 머캐시Michael B. Mukasey로 나중에 법무장관을 지낸 사람이었다.

우리는 전화도청을 했지만, 이것만으로는 비리 경찰관의 혐의를 충분히 입증하기 어려웠다. 나는 케네스에게, 그가 지금까지 수없이 해왔던 것처럼 마피아 조직의 활동방식에 대해 증언해달라고 부탁했다. 전직 경찰이었던 케네스는 동료 경찰에게 불리한 증언을 해야 할지도 모르는 상황에서 주저함이 없었다. 직접신문에서 케네스는 늘 그렇듯 직설적으로 답했다. 반대신문에서는 피고인 측 변호인이 검찰 측의 감시수단을 공격했는데, 특히 도청을 보란 듯이 비판했다. 그러다 어느 순간 도청을 물고 늘어지던 변호사가 배심원들을 쳐다본 다음, 다시 케네스에게 시선을 돌리더니 호통 치듯 물었다. "매케이브 씨, **당신**의 모든 통화가 연방정부에 의해 비밀리에 녹음된다면 어떻겠습니까?"

케네스는 말 그대로 단 1초의 망설임도 없이 차분하게 되받아쳤다. "전 숨길 게 없는데요. 변호사님은 안 그렇습니까?" 케네스의 호기로운 대답에 적어도 두세 명의 배심원이 대놓고 웃었다. 하지만 우리는 결국 그 재판에서 졌다. 비리 경찰이 무죄로 풀려났을 때, 나는 케네스를 실망시켰다는 기분을 떨칠 수 없었다. 케네스는 수많은 유명 마피아들을 감옥에 넣은 사람이지만, 내 초라한 사건에도 세상을 들썩이게 한 사건과 마찬가지로 똑같이 신경을 써주었다.

나는 다른 검사들만큼 케네스와 많이 일해보지는 않았지만, 그에게서 깊은 인상을 받았다. 그래서 연방지검장이 되었을 때 그의 성을 딴 '매케이브 메달'을 만들었다. 이 메달은 검찰청 연례만찬에서 수십 년째 내려오는 다른 두 개의 상과 더불어 수여되는데, 케네스의 직업윤리와 성품을 가장 잘 보여준 법집행요원들의 공로를 치하하기 위한 상이다. 그렇다면 케네스는 어떤 점에서 그렇게 두드러진 인물일까? 왜 우리는 그를 기릴 뿐 아니라 모범으로 삼아야 할까?

첫 번째는 케네스가 자신의 일에 자부심을 느꼈다는 점에 있다. 그는 요령을 부리지 않았고, 허풍을 떨지 않았으며, 실패해도 남 탓을 하지 않았다. 그는 직분에 충실하다 보면 반드시 결실을 얻는다고 믿었다. 매일매일 힘들고 지루해도, 아무도 알아주지 않아도, 내 일이 하찮아 보이고 또 나와 급이 안 맞거나 내 재능을 썩히는 일 같아 보여도 성실하게 임해야 한다고 생각하는 사람이었다. 자신의 업에 대한 신념대로 케네스는 늘 사진을 찍고 순찰을 돌며, 단서를 추적했다. 그는 매일같이 큰 수고를 아끼지 않았고, 유죄입증에 수년은 걸릴 것 같은 사건 혹은 유죄입증이 불가능해 보이는 사건에서도 증거를 모으기 위해 부지런히 돌아다녔다. 케네스는 벽돌을 차곡차곡 쌓아올려 문제를 해결하는, 그런 사람이었다.

몇 년 전, 나는 하버드대학교 졸업식 전날에 열리는 법대 졸업행사Class Day에서 연설을 하면서, 필라델피아 필리스의 에이스 투수 로이 할러데이Roy Halladay를 언급했다. 나는 할러데이가 스포츠 역사를 통틀어 매우 희귀한 대단한 업적 중 하나를 남겼다고 설명했다. 그는 퍼펙트게임을 달성했다. 9이닝 동안 노히트 노런을 기록했고, 27명의 타자를 상대로 27개의 아웃카운트를 잡아냈다. 그의 피칭은 완벽했고, 역사에 이름을 남겼다. **그로부터** 넉 달 후인 2010년 10월 6일, 할러데이는 동일한 시즌에 노히터를 기록했는데(퍼펙트게임은 아니어도 꽤 근접한 성과였다), 그것도 플레이오프게임에서 해냈다. 역사를 통틀어, 포스트시즌에 노히터를 기록한 선수는 단 두 명뿐이었고, 그중 한 명이 할러데이였다. 필리스의 투수 코치는 한 기자로부터 팀의 에이스 투수에게 어떤 조언을 했느냐는 질문을 받았다. 코치는 로이 할러데이에게 간단한 지시만 했다고 답했다. "나가서 잘해보려고 애써라. 그렇게 잘하려고 애쓰다 보면 위대해질 기회가 온다."

바로 그것이다. 야심이 앞서는 사람들은 매일 조금씩 쌓아올리려는 노력 대신 단숨에 퍼펙트게임을 만들겠다는 과욕을 부린다. 하지만 그런 방법은 통하지 않는다. 사람들은 매우 대단한 성공을 원하겠지만—참고로, 케네스도 매우 야심 찬 경찰이었다—한 번에 공 하나씩을 던지며 쌓아올려야 한다. 한 번 던지고 그 다음 공을, 또 한 번 던지고 그 다음 공을 던지는 식으로 해야 한다. 이렇게 하다 보면 퍼펙트게임을 달성하고, 또 이렇게 하다 보면 뛰어난 업적을 쌓게 된다. 야구에서 퍼펙트게임을 기록한 선수 중에 경기 당일 퍼펙트게임을 기대하며 등판한 투수는 없다. 그것은 비현실적이고, 그야말로 오만한 자세다. 그렇지만 많은 사람들은 자주 그런 실수를 저지른다. 사람들은 잘하는 방법을 터득하기도 전에 위대해지려고 한다. 그러나 이 세상의 케네스 매케이브들은 현실에서 그런 방법이 안 통한다는 것을 잘 알 것이다.

리더십은 힘에서 나오지 않는다

또 어떤 면에서 케네스가 남달랐을까? 케네스는 전문가였다. 그는 마피아들을 추적하고 괴롭히는 일에 강박에 가까울 만큼 완벽히 몰두했다. 그는 뉴욕과 뉴저지에서 활동하는 이탈리아 마피아에 대한 모든 사실을 빠짐없이 알았다. 그는 누구보다도 정보가 많았다. 전문 지식을 쌓으려면 그 분야에 꽂혀서 완벽하게 몰입해야 한다. 물고기에 대해 간절히 알고 싶으면 물에 살다시피 해야 하는데, 이것이 바로 케네스의 방식이었다. 케네스는 마피아에 빠져 살았고, 그들의 얼굴과 이름, 유착관계, 계보, 갈등, 다툼을 모조리 기억했다. 그는 말단 준조직원이 한 이야기도 한번 들으면 머리에 새겨 넣었는데, 언젠가 이러한 퍼즐조각 하나가 범죄사건 전체의 퍼즐을 완성할 수 있다는 것을 알았기 때문이다.

이렇게 헌신적으로 일에 임하는 경우는 생각보다 흔치 않다. 보통 수사요원이나 경찰은 복무를 하고, 불시단속을 하고, 마약거래나 조직폭력, 강도, 심지어 테러 관련 사건도 그런대로 문제없이 처리한다. 그러다가 다른 팀이나 다른 관할구역으로 발령이 나면 근무지를 옮긴다(FBI 수사를 맡거나 다른 도시로 전근가기도 한다). 한곳에 오래 머물면서 깊은 지식을 쌓지 못하다 보니, 케네스처럼 장기적으로 중요한 성과를 내기가 힘들다.

한편 야심이 큰 사람은 인내심이 없어서 실제로 내세울 만한 성과를 올리지 못하는 경우가 많다. 케네스는 뚝심 있게 일했고 결국 범죄자를 체포하는 성과를 올렸다. 케네스가 사망했을 때 『뉴욕타임스』는 케네스의 부고 소식을 전하며, 그의 임무는 "대부들을 쓰러뜨리는 일에 기여하는 것"이었다고 썼다. 정말 그랬다. 그는 보나노 패밀리의 보스와 루케제 패밀리의 두목대행을 감옥에 잡아넣는 일에 일조했다. 또 감비노 패밀리의 보스 폴 카스텔라노Paul Castellano를 직접 체포했는데, 보석으로 석방된 카스텔라노가 1985년에 한 스테이크 식당 건물 밖에서 암살당하자, 그 암살을 명령한 존 고티 주니어John Gotti Jr를 끈질긴 추적 끝에 잡아들였다. 케네스 매케이브는 살인을 저지르고, 테러를 감행하고, 공갈을 일삼는 마피아들을 근래의 그 누구보다도 많이 검거했다. 이런 일은 두둑한 배짱과 용기가 없으면 할 수 없는 일이다.

케네스의 활약은 종종 사건에 핵심열쇠를 제공했다. 1990년대에 있었던 한 마피아 재판에서, 제임스 코미James Comey라는 한 젊은 연방검사가 루케제 패밀리의 조직원과 감비노 패밀리의 행동대장 사이에 유대가 있음을 어떻게든 증명해야 했을 때, 케네스는 곧바로 이들이 1983년에 서로 협력한 정황이 있다고 확인해주었다. 또 케네스는 2004년에 열린 한 공개 재판에서, 자신만의 유일무이한 비밀네트워크를 토대로, 빈센트 바스치아노Vincent Basciano(일명 화려한 비니)가 악명 높은 보나노 패밀리를 접수하고 보스로 등극했다는 사실을 최초로 밝혔다. 이는 사건을 해결하는 결정적 증언이었다.

케네스의 성품도 훌륭했다. 그는 언제나 솔직하고 당당하며, 결코 편법을 쓰지 않았다. 그가 피의자를 취조하면서 고함을 치거나 구타하거나 함부로 대하는 모습을 본 사람은 아무도 없다. 죄질이 최악 중에서도 최악으로 나쁜 마피아를 상대할 때도 그는 피의자를 함부로 대하지 않았다. 물론 범죄자를 잡으려면 계략이 필요한 경우가 있다. 그래서 우리는 때로 함정수사와 잠복근무, 도청을 한다. 그렇지만 케네스가 쓴 전략은 대부분 숨김없고 솔직했다. 그는 용의자들이 자신을 볼 수 있는 곳에서 대놓고 사진을 찍었다. 길거리에서 조직원들에게 말을 걸 때도 주변 사람들을 대하듯 했지, 폭력배 대하듯 하지 않았다. 그에게는 많은 정보원이 있었는데, 그들은 케네스를 믿고 존경해서 다른 수사관들에게는 결코 털어놓지 않는 중요한 정보를 알려주곤 했다. 내 전임자 중 한 명인 데이비드 켈리David Kelley 검사는 마피아들이 케네스를 존경한다며 이렇게 말했다. "마피아들은 원칙을 가장 중시해. 케네스는 거짓말을 하는 법이 없었지. 조직원들에게 늘 정직한 모습을 보였어. 그들을 체포할 때마저도 보란 듯이 정정당당하게 체포했어."

그렇지만 케네스는 만만하지도, 순진한 사람도 아니었다. 그는 마피아를 잡기 위해 경찰이나 야구방망이를 휘두를 필요가 없었다. 케네스의 힘은 억센 팔뚝과 건장한 체격보다는 그의 강직한 성품에서 나왔다. 그는 강인함은 거친 행동이 아니라, 올곧은 태도에서 나온다는 것을 알고 있었다. 그래서 이 전설적인 마피아 소탕전문가는 용의자들을 순찰차에 태울 때 머리를 한대 치거나 두들겨 팰 필요가 없었다. 또 용의자를 협박하거나 괴롭힐 이유도 없었다. 이는 리더를 희망하는 사람들이 곧잘 하는 실수다. 케네스는 자신이 강하다는 것을 드러내려는 사람은 사실 강하지 않다는 것을 잘 알았다. 또 자신이 두려워할 만한 존재임을 드러내는 사람도 진짜 두려운 존재가 아니라는 것을 알았다.

나는 그동안 윽박지르고 겁을 줘서 일을 처리하는 사람들을 숱하게 많이 봤다. 이들은 기본적으로 남들을 억지로 굴복시키거나 하찮게 보는 태도가 몸에 밴 사람들이었다. 그러나 케네스의 생각처럼, 남을 함부로 대하는 사람들은 강한 게 아니라 나약한 것이다. 5성장군 출신으로 연합군 최고사령관을 지낸 고故 아이젠하워 대통령은 그 누구보다도 강한 인물로, 이런 말을 남겼다. "머리를 쥐어박는다고 사람들이 따라오지는 않는다. 그것은 폭행이지 리더십이 아니다." 케네스는 알고 있었다. 정의를 추구할 때 필요한 자질은 진정한 강인함이라는 것을. 강해야 임무를 지속할 수 있고, 강해야 실수를 인정하며, 강해야 필요한 순간에 평정심을 유지하기 때문이다.

2000년대 초반 우리 검찰청이 어떤 마피아 사건에서 유죄판결을 받아낸 날, 나와 동료검사 둘은 법원 근처에서 조금 떨어진 허름한 차이나타운 술집에 한잔 하러 갔다. 당시 우리 셋은 모두 어린 자녀를 둔 젊은 연방검사로, 경력을 차곡차곡 쌓고 있었다. 케네스는 그날 열린 마피아 관련 재판에서 증언을 한 후 술자리에 합석했다. 케네스는 맥주를 마시면서 지금도 내 기억에 남아 있는 자신의 가족에 대한 이야기를 꺼냈다. 그는 뭔가 후회하는 듯한 표정으로 이렇게 말했다. "애들하고 시간도 제대로 못 보내면서 출세하겠다고 일에 너무 몰두하지는 마세요." 훗날 떠올릴 때마다 날 뉘우치게 하는 조언이었다.

케네스의 가족은 그를 존경했다. 이 책을 쓰면서 나는 케네스의 아들 듀크와 만나 더 많은 이야기를 들었다. 듀크는 부친에 대해 내게 많은 일화를 들려주었다.

듀크가 아홉 살 때의 일이다. 당시 듀크는 퀸즈에 있는 한 쇼핑몰 옆에서 일요일마다 농구시합을 했다. 이곳은 존 고티와 감비노 패밀리 조직원들이 자주 드나들던 장소 중 하나인 버진헌트앤드피시클럽Bergin Hunt and Fish Club에서 그리 멀지 않았다. 농구시합이 끝나면 케네스는 자동차에 듀크를 태우고, 101번가에 있는 클럽 쪽으로 천천히 차를 몰았다. 주변에 누가 있는지 살피기 위해서였다. 케네스는 눈에 띄는 사람이 있으면 운전대에 메모지를 놓고 그들의 이름을 얼른 적었다. 아들 듀크에게도 메모지를 준 다음, 그 구역에 있는 모든 차량의 번호를 적게 했다. 그러면 어린 듀크는 문자와 숫자가 뒤섞인 차량번호를 착실하게 메모지에 옮겨―펜으로 쓰기도 하고 크레용으로 쓰기도 했다―적은 후, 이를 아버지에게 건네주었다. 듀크는 이 기억이 부친과의 행복한 추억 중 하나라고 했다.

케네스 매케이브는 비범한 사람이자 뛰어난 수사관으로, 25년간 국내 마피아와의 전쟁에서 없어서는 안 될 인물로 활약하다가 때 이른 죽음을 맞이했다. 운 좋게 그와 알고 지낸 사람들은 그를 건장하고 위협적인 외양 속에 마시멜로 같은 부드러움을 간직한 사람으로 기억한다. 그는 일단의 연방검사들을 도왔고, 칭찬을 듣거나 주목받는 것을 경계했으며, 약자보호를 평생의 사명으로 삼았다. 케네스는 자신이 맡은 모든 임무에서 타협을 몰랐던 신화적인 인물이다. 정의를 실현하기 위해서, 우리에게는 그와 같은 인물이 더 많이 필요하다.

4장 확증편향의 문제
잠재지문17과 오래된 편견

오류에 빠지기 쉬운 인간이 불완전한 시스템에서 일하다 보면, 초반에 잘못된 판단을 하기 쉽다. 이러한 초기의 오판은 참사로 이어질 수 있다. 다행인 것은, 많은 경우 그 경로를 다시 되돌릴 수 있다는 것이다. 초기에 충분히 재고한다면 말이다.

그렇지만 재고는 어려운 일이 아니던가. 일단 어떤 의견이 형성되면 단념하기가 어렵다. 또한 어떤 결론이 널리 알려지면 철회하기가 힘들다. 한 연구에 따르면 사건의 목격자들은 처음에 인지한 것을, 의사들은 처음에 진단한 것을, 변호사들은 소송사건에 대한 첫 번째 평가를 바꾸지 않고 고수한다고 한다. 그렇지만 법과 질서를 놓고 판단할 때, 또는 이것이 생사가 걸린 판단일 때, 우리는 맨 처음 내린 판단을 넘어설 수 있는 열린 자세를 갖춰야 한다. 언제나 모든 결론을 의심하고 수정할 자세가 되어 있어야 한다. 그렇지만 이것이 힘든 이유는 인간에게 에고ego, 즉 고집이 있기 때문이다. 이런 고집은 매우 부당한 결과를 낳을 수 있는데, 특히 공공의 안전이 걸린 매우 중대한 사건인 경우 돌이킬 수 없을 만큼 큰 문제를 일으키는 그릇된 결과를 낳기 쉽다. 정의를 추구할 때 초기단계에서 가장 힘든 일은—그렇지만 가장 결정적인 일은—객관성을 유지하는 것이다. 또는 객관성에 최대한 다가가기 위해 노력하는 것이다. 이는 에고나 여타 다른 편견에서 벗어나 사실을 있는 그대로 바라보려는 것이다.

증거에 편견이 개입될 때

한동안 미국을 떠들썩하게 만들었던 브랜든 메이필드Brandon Mayfield 사건을 살펴보자. 2004년 3월 11일 아침 출근길에 유럽 역사상 최악의 테러사건이 터졌다. 오전 8시 정각 직전 테러범들이 스페인 마드리드의 중심지에서 여객열차 네 대를 폭파한 것이다. 당시 현장에서 발견된 몇 개의 배낭에는 모두 열 개의 폭탄이 들어 있었는데, 폭탄마다 농축된 다이너마이트가 주입되어 있는 데다 날카로운 못이 심어져 있었다. 폭탄 피해를 입은 사람들이 최대한 많은 피를 흘리고 목숨을 잃게 하려고 추가로 박아 넣은 것이었다. 엄청난 폭발로 인해 열차 칸들이 반으로 쪼개지고 수많은 시체가 산산조각이 났다. 피해자 집계 결과 총 191명이 사망했고, 2000여 명의 승객이 중상을 입었다. 이는 제2차 세계대전 이후 유럽 대륙에서 벌어진 가장 치명적인 테러로, 유럽판 9·11이라 불릴 정도로 끔찍한 살상

사건이었다.

이슬람교도로 추정된 테러범들은 자살폭탄 테러를 선택하지 않았다. 대신 테러범들은 사고현장과 멀리 떨어진 곳에서 폭탄을 터뜨렸다. 나중에 밝혀진 바로는 좀 더 오래 살아서 더 많은 인명피해를 내기 위해서였다. 이 테러 공격 이후 유럽사회에 극심한 공포와 분노가 확산했을 뿐만 아니라, 더 심각한 사건이 터질지 모른다는 긴장감이 감돌았다. 그럴 수밖에 없는 것이, 테러범들이 검거되지 않은 채 한동안 활개를 치고 다녔기 때문이다.

그날의 소식이 알려지면서 3·11테러 사건을 수사하기 위해 스페인 내의 모든 인력이 총동원됐다. 응급처치요원들과 의료진이 몸이 찢기고 불구가 된 피해자들을 도우러 현장으로 달려가는 동안, 스페인 경찰청도 긴급하게 수사를 개시해 목격자를 확보하고 실마리를 찾기 위해 기민하게 움직였다. 수백 명의 수사요원들이 일사불란하게 흩어졌다. 수 시간 만에, 스페인 경찰청은 많은 생명을 앗아간 범인을 바로 찾아낼 수 있는, 결정적인 법의학적 증거를 우연히 발견했다. 범인이 버리고 달아난 도난차량에서 경찰이 구리로 된 기폭장치와 사용하고 남은 폭발물이 담긴 푸른색 비닐봉지를 발견한 것이다. 경찰은 이렇게 빨리 단서를 찾게 된 것이 믿기지 않았다. 차량에 남겨진 기폭장치는 의심의 여지없이 열차의 폭탄과 연결돼 있었다. 누구든 그 봉지를 소지했던 자가 테러 음모에 가담한 것이 분명했고, 잡히는 즉시 재판에 넘겨질 터였다.

스페인 지문감식 전문가들은 지문을 찾기 위해 비닐봉지를 이리저리 살펴봤지만, 식별이 가능할 정도로 선명한 지문은 단 두 개뿐이었다. 그렇지만 두 개의 지문 모두 스페인 경찰청의 데이터베이스에 저장된 정보와 일치하지 않았다.

스페인 전문가들은 자체적인 지문감식작업을 계속하면서도, 사태의 다급함을 고려해 채취한 지문의 디지털 이미지를 인터폴을 통해 FBI에 전달했다. 버지니아주 콴티코Quantico의 범죄연구소에서 일하는 노련한 FBI 분석가들이 곧바로 감식작업에 착수했다. 각각의 지문 이미지를 4400만 개가 넘는 지문정보가 담긴 데이터베이스와 대조해본 결과, 첫 번째 검색에서 일치 가능성이 있는 지문이 20개인 것으로 나타났다. FBI 지문감식 전문가들은 추가검사로 일치 가능성이 있는 지문을 단 하나로 좁혔다. 그 후 한 지문감식관이 세심한 지문대조 작업에 착수해, 3월 19일에 마침내 이 지문이 잠재지문17LFP17과 일치한다는 결론을 내렸다. 오류 가능성을 줄이기 위해 투입된 경험이 풍부한 두 번째 조사관도 두 지문이 일치한다고 판정했다. 엘리트 인력이 모인 잠재지문팀의 책임자 역시 세 번째로 일치한다는 결론을 내렸다.

세 명의 FBI 전문가가 데이터베이스의 후보 지문이 잠재지문17과 일치한다고 확정했을 당시, 이들은 잠재지문과 일치하는 사람의 이름, 인종, 거주지, 배경 등을 전혀 몰랐다. FBI가 처음으로 그 사람의 신원을 파악했을 때 수사관들은 깜짝 놀라지 않을 수 없었다. 200명 가까이가 목숨을 잃고 2000여 명의 사람이 부상당한 이 극악무도한 테러 공격을 계획한 자가 바로 오리건주 포틀랜드에서 아내 그리고 어린 세 자녀와 함께 조용히 살고 있는 37세의 백인 변호사로 드러났기 때문이다. 하물며 그의 거주지는 마드리드 대학살 현장에서 수천 킬로미터나 떨어진 곳에 있었다. 그런데 왜 그의 지문이 FBI의 지문 데이터베이스에 있었을까? 그가 미 육군에서 소위로 8년간의 복무를 마치고 전역했기 때문이었다.

놀라웠지만, 뚜렷한 과학적 증거가 변호사가 범인임을 가리키고 있었다. 변호사의 지문과 비닐봉지의 지문이 서로 일치했고, 전문가들도 세 번이나 같은 결론을 내렸다. FBI는 범인을 손에 넣은 것이나 다름없었다. 용의자인 변호사 브랜든 메이필드에 대한 여러 정보도 차츰 지문감식 결과의 신빙성을 높여주고 있었다. 알고 보니 메이필드의 아내는 이집트 출신의 무슬림 이민자였다. 게다가 메이필드 **본인도** 이슬람교로 개종한 사실이 밝혀졌다. 또 그는 오리건주 비버튼에 있는 이슬람 사원 한 곳을 자주 방문했는데, 그곳은 지역당국이 유심히 지켜보던 사원이었다. 그뿐 아니라 메이필드는 변호사로서 유죄판결을 받은 테러범을 변호하기도 한 것으로 조사되었다. 그 테러범은 포틀랜드 세븐Portland Seven이라는 무슬림 조직의 일원이었고, 일곱 명의 조직원 모두 연방법원에서 알카에다와 탈레반에 물질적 지원을 한 혐의로 유죄판결을 받았다. 메이필드가 형사사건으로 그 테러범을 변호한 것은 아니었지만—자녀 양육권 문제로 변호했다—이는 주목할 만한 부분이었다. 지문감식 결과가 더욱 설득력을 얻어갔다.

자, 이제 메이필드가 몇 번의 스트라이크를 당했는지 세어보자. 그의 지문이 죽음의 푸른 비닐봉지에 묻어 있었다. 세 명의 전문가가 그의 지문이 잠재지문과 일치한다고 확인해주었다. 그는 이슬람교도와 결혼했다. 또 이슬람교로 개종했다. 유죄판결을 받은 테러범과 뜻을 같이 했다. 이 정도면 삼진 아웃을 당하고도 남는다.

수사요원들은 정보사찰을 위해 세운 비공개 법원인 해외정보감시법원FISA court(미국 내 외국 스파이에 대한 감시 영장에 대한 요청을 감독하기 위해 1978년 외국정보감시법에 따라 설립되고 승인된 미국연방법원)에서 영장을 발부받았다. 그러고는 메이필드와 그의 가족을 24시간 감시하기 시작했고, 비밀리에 그의 집을 수색했으며, 그의 일상과 일, 대인관계, 동선 등을 구석구석 파고들었다.

바로 그 시점에 나는 테러 및 조직범죄팀 소속 연방검사로서 이 사건에 개인적인 관심을 갖게 되었다. 뉴욕남부지검이 과거에 기소한 사상 초유의 테러사건들(9·11테러, 그리고 케냐와 탄자니아 주재 미 대사관 테러 공격)을 놓고 볼 때, 우리 검찰청 검사들은 스스로 테러 범죄에 관한 한 미국의 그 어느 기관보다도 경험이 풍부하고 전문성을 갖췄다고 자부했다. 따라서 만약 191명의 목숨을 빼앗은 극단주의 테러범이 미국에 존재한다면, 우리 검찰청에서 그 사건을 수사하고 싶었다. 이 계획에는 딱 한 가지 문제가 있었다. 브랜든 메이필드는 오리건주에 살았고, 오리건연방지검장은 다른 계획을 구상하고 있었다는 것이다. 나는 테러범으로 추정되는 브랜든 메이필드를 놓고 미국 내 여러 수사기관 사이에서 영역 다툼이 있으리라고 예상했다. 그렇지만 뉴욕남부지검이 이 사건을 맡게 된다면, 사건은 내게 배당될 것이고 브랜든 메이필드는 나의 피고인이 될 것이다. 솔직히 당시 나는 약간 흥분해 있었다.

누군가는 이렇게 물을지도 모르겠다. 지문이 일치한다는 결과가 나왔고, 그 일치자가 이슬람교로 개종했으며, 테러리스트를 변호했다는 인적사항까지 알게 됐는데, 브랜든 메이필드를 곧바로 기소하지 못할 이유가 무엇이냐고 말이다. 이유는 다른 확실한 증거가 부족하다는 점이 못내 마음에 걸렸기 때문이었다. 지문이 일치하기는 했지만, FBI요원은 그가 폭탄테러에 개입했음을 보여주는 직접적인 증거를 전혀 찾지 못했다. 물론 잠재지문17은 메이필드의 지문과 일치했지만, 그가 스페인에 갔다는 증거나 지난 10년 사이 미국을 벗어났다는 증거는 찾을 수 없었다. 메이필드의 여권조차 사건 발생 이전해에 만료된 후로 갱신되지 않은 상태였다. 미 연방 테러요주의인물 명단에 오른 오리건주 이슬람 자선단체 관리자가 메이필드와 연락했다는 통화기록은 있었지만, 메이필드와 3·11테러 사이의 다른 어떤 연관성을 보여주는 직접적인 증거는 없었다.

FBI의 헛발질

이렇게 메이필드의 혐의를 입증해줄 증거가 전혀 없다는 점은 검찰 입장에서 매우 당황스러울 수밖에 없다. 몇 주 동안 수사관들이 메이필드의 일상을 면밀히 관찰했지만, 증거조각들이 딱 맞아 떨어지지 않았다. 게다가 4월 내내 FBI와 스페인 경찰청은 서로 의견이 엇갈렸다. 대량살인범을 집요하게 계속 추적했던 스페인 경찰청은, 잠재지문이 메이필드의 지문과 일치한다는 감식 결과에 의구심을 보였다. 4월 중순에 이르러 스페인 경찰청은 FBI의 지문감식 결과를 사실상 믿기 어렵다는 입장을 내비쳤고, 이에 FBI에서는 입장 차이를 조율하려고 요원을 마드리드로 급파했다.

요원과의 면담 후 스페인 경찰청은 지문을 재감식하자는 의견에 동의했다. FBI는 자신들의 분석에 대한 자신감으로 가득 차 있었다. 여러 해결되지 않는 문제들이 있었는데도, 폭탄사고 후 정확히 8주가 지난 2004년 5월 6일에 FBI는 메이필드를 전격 구속수감했다. 이 사건에 대한 언론보도가 임박해오자 그가 도주할 것을 우려해 수갑을 채워 감시하는 쪽을 택한 것이다. 메이필드를 범죄 혐의로 기소하지는 않았지만, 중요참고인 구속영장을 발부받아 수감시켰다.

나는 이 사건과 관련해 『뉴욕타임스』 제1면에 실린 기사를 모두 읽었다. 뉴욕남부지검이 영역 다툼에서 진 게 확실해졌다. 그날 나는 무언가 아쉬운 기분이 들었다. 메이필드는 멀트노마카운티수용소 Multnomah County Detention Center 내 격리병동에 수감되었고, 하루 최대 22시간까지 구치소에서 지냈다. 메이필드는 처음부터 완강하게 결백을 주장했는데, 이는 대부분의 피의자가 보이는 모습이었다. 메이필드는 스페인에 가본 적도 없고, 테러 공격과도 아무 관계가 없으며, 이 모든 게 엄청난 실수라고 주장했다. 또한 그는 무슬림에 대한 편견이 이런 수사를 부채질했다고도 말했다. FBI는 자신들의 과학수사—지문일치 여부를 세 번이나 확인한 것—를 신뢰하면서, 수사에 편견이 작용했다는 그 어떤 의혹도 부인했다.

그러나 수사가 진행되는 와중에도, FBI는 단 하나의 증거도 추가하지 못했다. 지금 와서 생각해보면 어이없는 상황도 연출됐다. 메이필드의 집을 수색하던 요원들이 유죄를 입증할 만한 증거라며 스페인어로 된 서류를 압수했다. 알고 보니 그 문서는 메이필드 딸의 스페인어 과제물이었다. 또 메이필드의 집에 있는 컴퓨터를 수색하다가 스페인행 항공편과 숙박, 열차시간표를 검색한 흔적을 발견했다. 그러나 이것 역시 메이필드의 딸이 방학계획을 짜는 과제를 하다가 검색한 것이었다. 또 그의 집에서 스페인 지역의 전화번호가 적힌 메모가 발견됐는데, 이것도 메이필드의 아들이 참가할 국제교류프로그램을 찾다가 적어놓은 것이었다.

이 시점에서, 메이필드의 변호인은 영리한 제안을 하나 했다. 변호인은 법원에 FBI가 아닌 외부 독립 지문감식관에게 다시 한번 지문감정을 맡길 것을 요청했다. 만약 FBI 감식 결과에 편견이 개입되었거나 전문성이 부족했다면, 법원이 선정하고 피고인 측이 동의한 네 번째 지문감식 전문가가 이를 바로잡아줄 것이었다. 법원은 널리 인정받는 지문감식 전문가 케네스 모세스Kenneth Moses를 지문감식관으로 지명했다. 그는 다수의 수상 경력이 있는 수십 년 경력의 베테랑 지문감식 수사관이었다.

그렇지만 잠재지문17과 브랜든 메이필드의 왼쪽 검지손가락 지문을 비교해본 모세스는 FBI의 의견에 동의했고, 법정에서 자신의 소견을 밝혔다. 모세스 역시 메이필드의 지문이 기폭장치가 담긴 봉지에 묻은 지문과 동일하다고 결론을 내렸다.

모세스가 증언한 바로 그날(5월 19일), 스페인 경찰청은 FBI에 잠재지문17이 메이필드의 지문과 일치한다는 FBI의 감식 결과를 불신할 뿐만 아니라, 잠재지문17이 사실 우나네 다우드Ouhnane Daoud라는 알제리인(이자 테러용의자)의 지문인 것으로 최종 결론을 내렸다고 전했다. 구체적으로는 잠재지문17과 또 다른 지문이 다우드의 오른

손 엄지와 중지 지문과 일치한다고 밝혔다. FBI와 스페인 경찰청 사이에 약간의 논쟁이 오고간 다음 날, 오리건주 연방검찰청은 연방수사국에서 진실을 밝혀낼 때까지 브랜든 메이필드를 가택연금 조건으로 풀어달라고 법원에 요청했다.

메이필드는 풀려났지만 완벽하게 혐의를 벗지는 못했다. FBI 관계자들은 다시 한번 마드리드로 건너갔다. 그리고 마침내 잠재지문 17이 "범인의 신원확인을 위한 목적으로 가치가 없다"라는 의견을 처음으로 수용했으며, 2004년 5월 24일 마침내 용의자의 지문이 메이필드의 지문과 일치한다는 FBI의 결론을 철회했다. 그리고 일주일 후인 6월 1일, 스페인 경찰청은 우나네 다우드를 191명을 살해한 혐의로 구속기소했다.

그들이 놓친 것

메이필드는 공식적으로 무죄임이 밝혀졌다. FBI의 공개 사과는 흔치 않은 일이지만 FBI는 메이필드에게 바로 그날 사과를 했고, 나중에 200만 달러를 배상했다. FBI는 성명을 통해 다소 관료적인 말투로 이렇게 말했다. "FBI는 메이필드 씨와 그의 가족이 이번 사태로 겪은 고난에 대해 사죄의 말씀을 드립니다." 메이필드와 그의 변호사는 그간의 부당한 수사와 체포를 맹비난했다. 메이필드는 이렇게 말했다. "공포스러운 분위기에 휩쓸리면서 이번 테러와의 전쟁은 극단으로 치달았고, 결과적으로 무고한 사람들을 피해자로 만들었다." 솔직히 말하면, 그날 나는 우리 검찰청이 오리건주 검찰청과의 영역다툼에서 진 것을 천만다행으로 여겼다.

이후 쏟아진 FBI에 대한 비판은 그야말로 혹독했다. 그렇지만 그 모든 비판이 정당하지는 않았다. 『뉴욕타임스』는 2004년 5월 26일 자 기사에서 "그 사건은 빈약한 증거로 성급한 판단을 내린 정황이 엿보인다"고 썼다. 그렇지만 이는 꼭 맞는 지적은 아니었다. 지문 증거는 빈약하지 않다. 제대로 감식한다면 결정적인 증거다. 그렇지만 『뉴욕타임스』는 이런 견해도 덧붙였다. "절대 실패하지 않는 방법은 없으며, 최종 판단을 내리는 분석가들도 때로 오판을 한다." 이는 100퍼센트 맞는 말이다.

그렇다면 대체 어쩌다가 FBI는 그런 엄청난 실수를 저지른 걸까? 대체 어떻게―전문지식이 동원됐고, 반복된 감식작업을 했으며, 세간의 주목을 받은 중대 사안이라는 점을 감안할 때―그런 엄청난 실책을 범하게 된 것일까? 오리건주 검찰청은―어느 정도 이해는 하지만―이 오판에 대한 책임을 부인하면서 자신들은 FBI의 법의학적 분석에 따라 수사할 수밖에 없는 입장이라고 해명했다. 오리건연방지검장 카린 임머구트Karin Immergut는 이렇게 말했다. "우리는 검사이지 법의학 분석가가 아니다. 우리는 지문일치 여부에 대해 FBI가 검찰에 전달하는 견해에 의지한다."

FBI에서는 자체적으로 내부수사를 진행한 후 다음과 같은 결론을 내렸다. "초반에 지문감식관이 잠재지문17을 완벽하게 분석하지 못하면서, 잠재지문17과 우리가 확보한 메이필드 지문 사이의 외관상 중요한 차이를 무시했다." 간단히 말해 FBI는, 수사 초반에 보인 '지나친 자신감'과 '세간의 주목을 받는 사건을 맡았다는 부담감' 그리고 다시 원점으로 돌아가 처음의 검사 결과를 되짚지 않은 안이함이 문제였다고 진단했다.

FBI의 내부조사뿐 아니라, 연방감찰국Office of the Inspector General의 자체적인 조사도 있었다. 330쪽에 달하는 조사보고서는 그리 관대한 어조가 아니었다. 무슨 일이 있었는지, 지문감식 과정에 심한 편견이 작용했는지, 성급하게 판단한 것은 아닌지, 수많은 사람을 죽인 극악무도한 범인을 찾아야 한다는 압박감에 세심했어야 할 전문성이 흔들린 것은 아닌지, 보고서는 강한 어조로 묻고 있었다.

때로 진실은 복잡하다. 용의자의 지문이 브랜든 메이필드의 지문과 일치한다는 초반 감식 결과가 나왔을 때, 이에 동의한 지문감식관들은 일치자의 이름, 배경, 종교를 알지 못했다. 컴퓨터의 지문일치 결과는 지문 이미지를 바탕으로 한 것으로 잠정적 결과다. 무슬림에 대한 다소 부당한 편견을 일으킬 수 있는 메이필드에 대한 정보는, 한 명도 아니고 두 명도 아닌 '세 명'의 FBI 분석가들이 판단을 내릴 때 약간의 고려요인조차 아니었다. 그뿐 아니라 일치자의 신원이 알려지고 난 **후** 그 감식 결과를, 법원이 선정하고 브랜든 메이필드 측 변호사가 동의한 독립 지문감식관이 **네 번째**로 맞다고 확인해 주었다.

그렇다면 다시 한번 질문을 던져보자. 무슨 일이 있었는가? 명백한 과실이었나? 악의 없는 실수였나? 사전에 막을 수 없는 문제였는가? 어떤 결함이 그런 결과를 낳았는가?

연방감찰국 보고서는 감식에 관한 몇 가지 원칙을 좀 더 엄격하게 적용했더라면 "오인을 막을 수 있었을 것"이라는 입장을 밝혔다. 무엇보다도 감찰국은 FBI 조사관이 잠재지문17과 메이필드 지문 사이의 아주 작은 제3의 유사성에 지나치게 집중한 반면 작은 차이에 대해서는 합리화하고 넘어갔는데, 그 작은 차이에 주목했더라면 잘못된 감식 결과를 피할 수 있었을 것이라고 결론 내렸다. 전반적으로 지문감식 과정에서 엄격하고 엄밀한 방법론이 부재했다고 감찰국은 진단했다.

그렇다면 무슬림에 대한 부정적인 편향은 없었을까? 감찰국은 명백한 편향이나 무슬림에 대한 부정적 편견이 있었다고 결론짓지는 않았다. 그렇지만 시간이 갈수록 지문일치 결과에 의심이 제기되고 스페인 경찰청과의 논쟁이 차츰 격해진 데다, 유죄를 입증해줄 구체적인 증거가 나오지 않는 상황에서, 메이필드에 대한 다른 정보(이슬람교로 개종했고, 무슬림인 아내가 있으며, 테러범을 변호했다는 사실)를 접한 FBI 관계자들은 자신들의 첫 번째 결론을 선뜻 재검토하지 못했을 것이라고 감찰국은 추측했다. 따라서 편향이 직접적인 반감으로 드러나지는 않았지만, 조사관들의 판단을 다소 흐리게 해서 무고한 사람에게 엄청난 고통을 안겼다고 지적했다. 결국 편향이 일정 부분 작용하지 않았다고 보기는 어렵다고 감찰국은 판단했다.

연방감찰국에 따르면, FBI 내부에는 확증편향을 낳는 조직문화가 있었다. 일단 믿을 수 있는 전문가 한 사람이 어떤 결론을 내리면, 후속 조사관들이 이에 동조하는 경향을 보이는 것이다. FBI의 지문연구소와 그 밖의 여러 수사 기관에는, 자신의 선임자 혹은 한 전문가가 첫 번째로 내린 결론에 선뜻 이의제기를 하지 못하는 문화가 있었다. 여기서 가장 중요하게 생각할 점은 조사관들이 초반의 감식 결과를 '충분히 재고하지 못한 이유'에 메이필드의 의심스러운 배경이 영향을 미쳤다고 감찰국 보고서가 지적했다는 점이다.

이는 충분히 심사숙고해야 할 가치가 있다. **충분히 재고하지 않은 것** 때문에 무고한 사람이 엉뚱한 혐의를 받았고 평생 동안 잊지 못할 상처를 입었다. 부당한 결과를 낳은 것은 첫 번째 지문감식에서의 실수가 아니다. 한 번의 실수로 그렇게 되는 경우는 드물다. 또한 두 번째나 세 번째 실수에서 비롯되지도 않았다. FBI에 잠재해 있던 편향과 고정관념을 불러내 오심을 점점 더 강화하도록 유도한 요인은 첫 번째 실수—서로 비슷한 지문들을 악의가 아닌 실수로 일치한다고 본 것—를 계속 안이하게 **고집**한 자세, 그리고 뒤이어 메이필드의 무슬림 아내, 변호사 업무, 종교와 관련된 사항을 우연의 일치가 아닌 유죄를 입증해주는 증거로 덥석 받아들인 태도였다.

과학에 대한 확증편향

내가 서두에서 언급했듯이 그리고 메이필드 사건이 보여주듯이, 재고는 어려운 반면 확증은 쉽다. 지휘계통에 있는 어떤 사람이 믿을 만하다 싶은 결론을 내놓았거나 이미 내린 결론이 있는 경우, 열린 자세를 유지하기란 훨씬 힘들다. 특히나 그것이 전문가나 윗사람의 견해라면, 이를 거스르면서까지 입장을 바꾸는 경우는 흔치 않다.

연방재판에는 '재고 요청Motion for Reconsideration'이라고 하는 법적 관행이 실제로 있다. 법원에서 이를 받아들이는 경우는 거의 없지만, 변호사들은 실제로 이런 요청을 한다. 이는 자신을 골탕 먹이는 판사에게 변호사가 공식적으로 의견을 전달하는 방법이기 때문이다. "저, 판사님, 여기가 판사님 법정인 것도 알겠고, 재판이 여기까지 진행된 것도 압니다만, 판사님이 잘못 판단하신 것 같은데 생각을 바꾸실 의향은 없으신가요?" 변호사가 이렇게 요청한다고 판사가 자신의 판단을 바꿀 리 만무하다. 대다수 변호사들은 재고 요청이 받아들여질 가능성이 없다는 것을 잘 안다. 중대한 사실이 새로 밝혀지거나 법이 수정되지 않는 한 판사가 이를 수락하기는 힘들다. 일부 소송당사자들은 재고 요청으로 인해 승산이 높아질 가능성이 큰 경우에도 이런 요청을 잘 안 하는데, 사건을 심리하는 판사의 심기를 건드리고 싶지 않기 때문이다. 대부분의 재고 요청은 본안에 따라 거부되어야 하겠지만, 재고 요청의 기각률에 판사의 고집이 일정 부분 영향을 주는 것은 아닌지 의심이 들 때도 있다.

브랜든 메이필드의 사건에는 여러 요소가 복잡하게 얽혀 있다. 어떤 면에서 보면 당연히 확증편향이 있었다. 그렇지만 보기 드문 우연의 일치가 있었던 것도 사실이다. 감찰국 보고서가 강조한 것 중 하나는 두 사람의 지문―무고한 브랜든 메이필드의 지문과 진짜 용의자 우나네 다우드의 지문―이 놀랍도록 유사했다는 점이다. 둘을 비교해보면 지문이 갈라지거나 끝나는 곳의 능선모양 등 '세부특징'이 서로 거울을 비춘 듯 놀랍도록 비슷했다.

2012년에 이 사건에서 마지막으로 지문을 감식했던 케네스 모세스는 한 텔레비전 인터뷰에서 이렇게 말했다. "두 개의 지문이 15가지 세부특징을 공유했는데도 동일인의 지문이 아닌 경우는 지금껏 없었습니다. 과거의 기준으로 보자면 저는 옳았습니다. 그렇지만 저는 틀렸습니다. 실수를 범했지요. 그 지문을 감정한 다른 감식관들도 모두 실수했습니다." 물론 스페인 경찰청은 이런 실수를 하지 않았다. 그럼에도 연방감찰국 보고서는 이 정도로 유사한 것은 "극히 드문 경우"로, 이것이 "네 명의 지문감식관이 오판하게 하고 잠재지문 17과 메이필드 지문의 다른 중요한 차이점을 간과하게 한 결정적 요인"이라고 지적했다.

완벽한 법에도 한계가 있듯이, 매우 명확한 과학 역시 이를 해석하는 인간들의 실수로 인해 한계를 드러낼 때가 있다. 이때 중요한 사실이 있다. 선의도 종종 최악의 실수로 이어진다는 점이다. 선량하며 똑똑하고 유능한 사람들이 남의 인생을 바꿔놓는 최악의 실수를 저지르기도 하는 것이다. 내게는 이 사실이 법집행자의 책임이라는 측면에서 매우 두려운 일 중 하나였다.

법 집행의 측면에서 이런 일이 벌어질 때, 사람들은 자연스럽게 부패한 경찰과 무능한 치안공무원에 주목할 것이다. 그렇지만 뛰어나지 못하고, 바람직한 관행에서 벗어나며, 사태가 잘못 돌아가도 무감각한 '선량한' 사람들의 작은 결함이 더 큰 위험을 낳는다는 것은 부인할 수 없는 사실이다. 특히 다수가 책임지는 업무인 경우, 그 책임감은 아침서리처럼 얇게 펴지고 가벼워진다.

내 경험상 참사를 일으키는 주체는 단지 사악한 책략가만이 아니다. 참사는 보통 사소한 실수와 오판이 수차례 누적되면서 터진다. 범죄 수사도 마찬가지다. 사소한 실수가 쌓이면 수사의 초점이 바뀌면서, 결국 무고한 사람의 인생을 망가뜨리고 범인에게 빠져 나갈 구멍을 만들어준다. 전쟁에서는 이를 부수적 피해라고 부르고, 사법집행에서는 이를 부당한 체포(더 심각한 경우에는 부당한 판결)라고 한다. 이러한 사소한 실수가 정의를 가장 크게 위협한다고 생각하는 이유는, 이것이 어디에나 잠복해 있기 때문이다. 노골적인 부패와 무능력과 달리 이런 실수는 보통 눈에 잘 띄지 않는다. 또 이는 차단하거나 막아내기 힘들며, 사후에 충격에 휩싸인 대중에게 만족스러운 해명을 하기도 종종 불가능하다.

진실을 추구하고 정당하고 공정한 책임을 묻기 위해 노력하는 수사관이라면, 사건의 어떤 국면에서든 결론을 검토하고 재검토하는 일을 절대 멈추면 안 된다. 이는 수사와 관계된 모든 이들이 매 순간 실수할까 봐 전전긍긍해야 한다는 소리가 아니다. 이는 나보다 더 똑똑하고 경험 많은 사람이 어떤 결론을 내렸어도, 그 결론을 영원히 따를 필요는 없다는 뜻이다. 이 원칙은 수사단계뿐 아니라 혐의를 제기한 후에도 적용된다. 기소 이후에도 공정한 자세를 지닌 법집행자는 사건에 대한 이해가 깊고 넓어질수록 새로운 증거가 나왔는지, 유죄를 입증할 증거가 **부족**하지는 않은지 계속 고민한다. 아울러 처음에 내린 판단이 옳았는지, 처음에 내린 결론이 맞았는지를 묻고 또 묻는다.

법은 완벽하지 않다. 형사사법체계도 완벽하지 않다. 브랜든 메이필드 사건이 보여주듯이 수사기관 역시 완벽하지 않다. 정의실현은 정의를 추구하는 과정에서 각 개인이 깨어 있고, 엄밀하고, 견해를 바꾸는 데 주저함이 없을 때 이루어질 가능성이 높아진다.

러니드 핸드Learned Hand 판사는 의회의원들 앞에서 증언을 하던 중, 영국의 정치인 올리버 크롬웰Oliver Cromwell이 1650년에 전혀 다른 맥락에서 했던 연설에서 한마디를 차용하면서, 그 표현을 나름 각색했다. 핸드는 그 구절을 인용하면서 이렇게 말했다. "나는 모든 교회, 모든 학교, 모든 법정, 그리고 한 군데 더 덧붙이자면, 미국의 모든 입법기관의 정문에 이 문구를 써 붙이고 싶습니다." 핸드가 모든 목사, 교사, 판사, 하원의원들이 각자 자기조직의 문턱을 넘은 순간 꼭 기억하길 당부했던 원칙은 무엇이었을까? 바로 이것이다. "여러분이 오해하고 있지는 않은지 생각해보십시오." 핸드가 기억하라고 당부한 원칙을 모든 검사실 및 법집행기관 입구에 새길 때 다음과 같이 표현해도 무방할 것이다. "우리가 오해하고 있지는 않은지 생각해보십시오."

5장 엄밀함이라는 자질

사운드뷰 살인사건

뉴욕주 오시닝 헌터스트리트 354번지. 우편번호 10562. 편지봉투 겉면에 쓰인 우편물의 반송주소였다. 이곳은 뉴욕주에서 경비가 가장 삼엄한 싱싱Sing Sing 교도소의 주소다. 편지를 쓴 날짜는 2012년 4월 11일이었고, 보낸 사람은 수감번호 97A7088이었다. 이는 17년 전 에릭 글리슨Eric Glisson이 브롱스Bronx의 콜택시 운전사 바이더 디옵Baithe Diop을 살인한 죄로 수감될 때 받은 번호였다. 이 편지는 우리 검찰청의 조직범죄 담당 검사 앞으로 왔지만, 그는 뉴욕남부지검을 떠난 지 오래였다. 다행히 그 편지는 우리 검찰청의 베테랑 수사관 중 한 명인 존 오몰리John O'Malley의 서류함으로 배달되었다.

에릭 글리슨이 쓴 편지내용은 드라마틱했지만 보기 드문 주장은 아니었다. 편지는 이런 문구로 시작되었다. "저는 제가 저지르지도 않은 죄로 17년 동안 수감됐습니다." 존 오몰리는 뉴욕시 경찰청

NYPD에서 강력반 형사로 20년간 일한 후 뉴욕남부지검에 수사관으로 왔다. 담청색 눈동자에 가끔 흰자위가 붉어지는 그는 모든 것을 꿰뚫어보는 베테랑으로 수많은 마약밀매범, 강도, 살인자를 감옥에 보냈다. 케네스 매케이브가 미국 마피아들의 활동 및 계보에 관한 전문가라면, 존 오몰리와 그의 강력계 동료 수사관들은 뉴욕의 조직폭력배에 관해서 백과사전 같은 지식이 있었다. 라틴킹스Latin Kings, 섹스머니머더Sex Money Murder, 블러드Bloods, 크립Crips, 트리니타리오스Trinitarios, 파워룰스Power Rules, 네타스Ñetas, 윌리스애비뉴린치몹Willis Avenue Lynch Mob을 비롯해 수많은 폭력조직들에 대해 모르는 게 없었다.

오몰리는 주로 살인사건에 관심이 많았고, 또 살인사건에 대해 아는 게 많았다. 살인사건에 대한 기본적 사실만 아는 게 아니었다. 그는 뉴욕에서 벌어진 살인사건은 물론 미국 전역에서 일어난 특정 살인사건들에 대해서도 상세히 알았다. 누가 누구를 어디서 어떻게 왜 살해했는지 그는 빠짐없이 기억했다. 그래서였는지 오몰리는 몇 년 전 뉴욕남부지검의 민원우편물 담당자에게 이렇게 일러두었다. "살인사건을 언급한 편지가 보이면 저한테 전해주세요." 오몰리가 이렇게 당부해두지 않았더라면, 글리슨의 편지는 관계없는 부서에 전달됐거나, 영원히 사라졌거나, 아무도 읽지 않은 병속의 메시지가 되었을 것이다.

어느 늦은 오후, 오몰리는 건물 6층 계단 옆 사무실에 앉아 있다가 커다란 손으로 글리슨의 편지를 봉투에서 꺼냈다. 편지를 읽는 동안 그의 미간은 점점 찌푸려졌다. "제가 이 편지를 쓰는 이유는, 1995년

1월 19일에 브롱스의 사운드뷰Soundview 거리에서 있었던 바이더디옵 살인사건과 관련해, 저 그리고 저도 모르는 몇몇 사람이 그를 살해한 혐의로 유죄평결을 받았기 때문입니다." 글리슨은 그 사건이 라파예트Lafayette 애비뉴와 크로스Croes 애비뉴의 중간 부근에서 한밤중에 일어났다고 썼다. 또 자기가 듣기로 다른 남자 두서너 명이 섹스머니머더 폭력조직에 가입하려고 벌인 짓이라고 했다. 또한 자신은 지금 다른 사람들이 저지른 범죄 때문에 억울하게 누명을 쓰고 감옥에 있다고 했다.

한 장기수의 편지로 시작된 수사

우연의 일치로 오몰리도 사운드뷰에서 자랐고, 그 지역의 변화상을 직접 눈으로 봐왔으며, 그 살인사건도 개인적으로 잘 알고 있었다. 더 중요한 우연은 따로 있었다. 바로 존 오몰리가 섹스머니머더 조직을 해체한 주요 수사관이었다는 사실이었다. 이 조직은 브롱스 사운드뷰 지역을 비롯한 여러 곳에서 각종 살인과 총기사고, 칼부림 등을 하며 문제를 일으켰다.

편지에 자세히 적힌 살인사건의 피해자, 시간, 장소, 방법 등을 읽는 순간 오몰리는 등골이 오싹해졌고 저절로 험한 욕을 내뱉었다. 왜 그랬을까? 본인이 전부 들어본 내용이었기 때문이다. 10년 전, 또 다른 사내가 편지내용과 섬뜩할 정도로 비슷한 사건을 자백했는데, 그때 담당 수사관이 오몰리 자신이었다. 그때 들은 내용이 바로 1995년 그날, 라파예트 애비뉴와 크로스 애비뉴 사이에서 콜택시 운전사를 상대로 벌인 강도 살인사건이었다.

이쯤에서 존 오몰리 같은 최고의 수사관들이 신에게서 부여받은 매우 중요한 재능 하나를 짚고 넘어가자. 바로 무엇이든 한번 보거나 들으면 잊지 않는 뛰어난 기억력이다. 어떤 사실이 오몰리의 뇌에서 잊힐 확률은, 빛이 블랙홀에서 탈출할 확률보다 더 낮을 것이다. 이 비상한 능력은 에릭 글리슨과 그의 공동 피고인들에게 희소식이었다.

오몰리는 거의 10년 전쯤, 섹스머니머더의 조직원 길버트 베가 Gilbert Vega를 수사하던 때가 떠올랐다. 베가는 마약거래와 관련된 공갈 및 폭행 혐의로 2001년에 체포 및 기소되었다. 체포된 지 얼마 지나지 않아, 베가는 수사에 협조하기로 결심했다. 뉴욕남부지검의 모든 협조적 증인들과 마찬가지로, 베가는 수사협조인터뷰proffer sessions라고 하는 길고 혹독한 취조를 받으면서 자신의 과거 범행 사실을 낱낱이 자백해야 했다. 뉴욕남부지검에서는 형량을 줄이는 조건으로 수사에 협조하겠다는 범죄자의 요청을 받아들이기 전에, 피의자가 기소된 범행 사실을 모조리 자백하도록 할 뿐만 아니라, 다른 범행들도 모두 반드시 실토하게 한다. 이때 피의자는 검사들이 이미 알고 있든 모르고 있든, 검사들이 법정에서 독자적으로 입증할 수 있는 범죄든 아니든 모조리 말해야 한다. 오몰리는 수사협조인터뷰 때 피의자에게 '펀치를 먹여서(비유적으로 쓴 표현이다)' 진실을 내뱉게 하는 헤비급 세계챔피언이었다. 이때 그가 쓴 방법은 정확한 사실만 나열하는 것, 그리고 설득력 있는 직설 화법을 구사하는 것이었다. 당시 베가는 2002년부터 2003년까지 자신이 관련된 모든 범행을 털어 놓은 후, 수사협조 약정을 맺었다.

오몰리는 글리슨의 편지를 내려놓으며, 그때 베가에게서 들었던 범행 중 하나를 기억해냈다. 오몰리와 검사들이 베가와 수사협조를 해도 될지 판단하기 위해 인터뷰를 진행하던 중, 2003년 3월에 베가가 수사관들도 몰랐던 범행을 자백한 것이다. 그것은 1995년에 일면식도 없는 콜택시 운전사의 금품을 강탈하고 총으로 쏜 사건으로, 43지구대 관할 지역에서 준조직원인 호세 로드리게즈^{Jose Rodriguez}와 함께 저지른 범행이었다. 베가는 피해자의 이름을 몰랐지만, 그 외에는 자백 내용이 구체적이었다.

범행 전날 베가는 로드리게즈와 함께 할렘 지역에 있었다. 이튿날 새벽, 두 사람은 한 아프리카계 운전사가 운행하는 콜택시를 타고 사운드뷰로 향했다. 이들은 돌아오는 길에 택시운전사의 금품을 갈취하기로 모의하고, 운전사에게 수어드 애비뉴와 라파예트 애비뉴 사이에 있는 한 초등학교 건너편 구역으로 택시를 몰라고 협박했다. 택시가 목적지에 다다랐을 때 베가와 로드리게즈는 운전사에게 총구를 겨눴고, 이어 격렬한 몸싸움이 벌어졌다. 결국 베가 일행은 운전사를 향해 방아쇠를 당겼다. 운전사가 총을 맞은 후 베가 일행은 재빨리 차에서 달아났고, 운전자를 잃은 택시는 천천히 길 위를 움직이다가 충돌사고를 냈다.

2003년에 오몰리는 1995년의 이 명백한 살인사건의 증거를 확보하기 위해 나섰다. 먼저 연방교도소에 수감되어 있는 로드리게즈를 찾아가 이 강도 살인사건에 대해 추궁했다. 로드리게즈도 뉴욕남부지검과 수사협조 약정을 맺었지만, 이 사건에 대해서는 일언반구도 털어놓지 않았다. 그렇지만 오몰리가 여러 사실들을 나열하자, 로드리게즈는 바로 범행사실을 인정하고 범행시간대, 정확한 위치, 택시 안에서 각자의 위치, 강탈과정, 총격 상황 등 베가의 진술에 온갖 자세하고 구체적인 내용을 덧붙였다.

2003년에 오몰리는 콜택시 운전사 살인사건에 대한 경찰의 수사 서류도 찾아 나섰다. 그는 관할 지구대에 직접 전화를 걸어 살인사건을 자세히 설명한 뒤 물었다. "이 사건을 수사한 자료가 있습니까?" 놀랍게도, 아무런 자료가 없다는 답변이 돌아왔다. 1995년의 바이더디옵 살인사건과 세부사항이 매우 흡사했는데도 43지구대의 어느 누구도 그 사건을 언급하지 않았던 것이다. 당시 누구라도 기억해냈더라면, 글리슨은 곧바로 살인 혐의에서 벗어났을 것이다. 오몰리는 1995년 1월 19일에 있었던 콜택시 운전사 살인사건과 관련된 경찰 보고서나 문건을 찾아보려고 했지만 허사였다. 오몰리는 이 사건을 깊이 고민하지 않았다. 물론 베가와 로드리게즈가 꾸며낸 사건일 리는 없었다. 그들이 범행을 지어내 자백할 리는 없기 때문이다. 다만 오몰리는 피해자가 실제로 죽지 않았는데, 살인을 자백한 경우일 것이라고 예측했다. "모든 살인자가 현장에 남아 피해자의 맥박을 확인하지는 않지." 택시운전사는 아마 살아남아서 다른 관할구로 이동했을 것이라고 오몰리는 생각했다. 사망한 증거가 없으면, 즉 시체가 없으면 자백할 살인사건도 없었다. 결국 베가와 로드리게즈는 이미 기소된 범죄 외에, 강도사건에서 총기를 발사한 혐의만을 인정했다.

그 후로 9년이라는 세월이 훌쩍 흘러 2012년이 되었고, 오몰리는 믿기지 않았지만 에릭 글리슨이 쓴 편지를 읽고 있었다. 그는 즉시 글리슨의 전과기록을 찾았고, 베가와 로드리게즈가 자백한 살인사건과 세부내용이 일치해 보이는 1995년 살인사건 때문에 유죄평결을 받았다는 사실을 확인했다. 그는 강력계 책임자 중 한 명인 마거릿 가넷Margaret Garnett에게 글리슨이 무죄로 보인다고 말했다. 그런 다음 오몰리는 마거릿과 함께 에릭 글리슨이 무죄임을 확인하는 작업에 들어갔다.

우선 오몰리는 자신이 확보한 세부사항의 정확성을 기하기 위해, 베가와 로드리게즈에게 전화를 걸었다. 두 사람 모두 전에 말한 세부사실에 틀림이 없다고 확인해주었다. 베가는 새로운 사실까지 덧붙였다. 범행 후 택시운전사의 휴대폰을 갖고 달아난 다음, 친구 몇 명과 통화한 후 이를 버렸다는 것이다.

며칠 후, 오몰리는 글리슨이 수감돼 있는 싱싱 교도소로 향했다. 교도소 측에 미리 알리지 않고 오후에 찾아간 그는, 변호사와 수감된 의뢰인이 만나는 접견실 중 한 곳으로 이동했다. 콘크리트 바닥에 아주 작았던 접견실에는 창틀이 두꺼운 직사각형 창문이 주요 회의실 방향으로 뚫려 있었다. 책상 하나에 의자 네 개가 놓여 있었고, 천장에는 싸구려 조명이 달려 있었다. 그곳에서 오몰리는 글리슨을 기다렸다. 글리슨은 누가 자신을 기다리고 있는지 전혀 모르고 있었다.

혈기왕성해 보이는 글리슨이 인상을 쓴 채 접견실로 걸어 들어왔다. 그는 오몰리를 한번 쓱 쳐다보더니 대뜸 욕설 섞인 질문을 내뱉었다. "젠장, 넌 누군데?" 짓지도 않은 죄로 17년 동안 갇혀 있는 사람이 보이는 전형적인 모습이었다. 오몰리는 눈 하나 깜짝하지 않았다. 그는 편지를 꺼내들고 말했다. "당신이 쓴 편지가 맞습니까?" 글리슨은 도움을 요청한 편지의 필체가 자신의 것임을 알아보고는 곧바로 표정을 바꾸었다. "네, 그렇습니다." 그는 속삭이듯 작은 목소리로 답했다. 오몰리가 이어 말했다. "나는 연방검찰청에서 나왔습니다. 당신이 이 살인사건의 범인이 아니라는 것을 알고 있습니다. 진범이 누구인지도 압니다." 그러고 나서 오몰리는 글리슨에게 악수를 청하며 사과의 말을 건넸다.

훗날 내가 오몰리에게 왜 그 순간 미안하다고 말했는지 묻자, 그는 이렇게 답했다. "알다시피 억울하게 인생을 망친 사람이어서 신경이 쓰였습니다. 또 내가 10년 전에 범인을 잡지 못했다는 게 괴로웠습니다."

오몰리가 사과의 말을 전한 그 순간, 두 사람 모두 의자에 앉아 있지 않았다. 누군가 창문 너머로 접견실을 들여다봤다면, 글리슨이 마치 기도하듯 무릎을 꿇은 채로 조용히 눈물을 흘리는 모습을 목격했을 것이다. 오몰리는 그를 일으켜 세우며 물었다. "변호사는 있습니까?" 글리슨이 고개를 끄덕였다. 오몰리가 말했다. "내가 나가면서 당신 변호사에게 연락하겠습니다." 그런 후 글리슨과 악수를 하고 떠날 채비를 했다.

오몰리가 방을 나서려는데 글리슨이 물었다. "다른 사람들은 어떻게 되나요?" 오몰리는 다른 다섯 명도 바이더 디옵 살인사건으로 부당하게 유죄평결을 받았다는 사실을 알고 있었으므로, 그들도 억울함을 풀게 될 것이라고 말했다. 글리슨은 그저 감사하다는 말만 되풀이했다. 거의 20년 만에 처음으로 글리슨의 얼굴에 희망이 번졌다.

오몰리는 글리슨의 변호사 피터 크로스Peter Cross에게 전화를 걸었다. 크로스는 형사 전문 변호사가 아니었고, 형사사건을 다뤄본 적도 없었으며, 범죄로 기소된 의뢰인을 변호해본 적도 없었다. 수감됐던 수년 동안 글리슨은 자신의 무죄를 주장했지만, 무고함을 주장하는 수감자가 드물지 않았기에 이런 주장에 관심을 갖는 사람이 없었다. 단 한 명, 조안나 찬Joanna Chan 수녀만 제외하고 말이다. 싱싱 교도소에서 자원봉사를 하던 찬 수녀를, 수감자들은 할머니라는 애칭으로 불렀다. 찬 수녀는 수감자들을 위해 영화상영 프로그램을 운영했고 중국어를 가르치기도 했다. 글리슨의 억울한 사연을 알게 된 찬 수녀는 그의 말이 진실이라고 믿고, 자신이 아는 유일한 변호사인 크로스에게 연락해 도움을 청했다. 크로스는 싱싱 교도소에서 글리슨을 접견하고 이렇게 말했다. "당신의 사건을 맡을 사람이 없으니 제가 맡겠습니다. 전 형사 전문 변호사는 아닙니다만, 살인을 저지른 진짜 범인을 찾아내야 당신이 여기서 나갈 수 있다는 것은 알고 있습니다." 덧붙여서 영화 「도망자The Fugitive」를 언급하며 "그 외팔이 살인범(주인공이 자신의 누명을 벗고 무죄를 입증하기 위해 찾아나서는 진범-옮긴이)을 함께 찾아봅시다"라고 말했다.

크로스가 초반에 한 일 중 하나는, 글리슨을 포함한 공동피고인들을 감옥에 넣은 검사들이 아마도 하지 않은 일이었을 것이다. 바로 사운드뷰에 있는 실제 사건현장을 찾아가보는 것이었다. 크로스는 한 아파트 창문을 살피러 갔는데, 그곳은 이 사건의 목격자이자 유일한 증인인 미리엄 타바레스Miriam Tavares가 글리슨이 피해자 바이더 디옵에게 총을 쏘는 것을 봤다고 주장한 장소였다. 사건현장에 도착한 크로스는 목격자의 법정 진술처럼, 실제로 범행 장면을 보거나 그들의 대화를 엿듣기에는 거리가 너무 떨어져 있다는 사실을 확인했다. 사건을 목격했다는 장소인 아파트 화장실 창문과 사건현장은 거리가 족히 90미터쯤 떨어져 있었다. 목격자의 증언에 대한 신빙성을 의심할 만한 거리였다. 그러나 안타깝게도 목격자 타바레스는 2002년에 약물 과다복용으로 사망하고 말았다. 이 여성은 글리슨에게 분노할 만한 이유가 있는 사람이었다. 타바레스와 글리슨은 한때 잠자리를 함께하는 사이였지만 둘의 관계가 좋게 끝나지 않았던 것이다. 크로스는 매우 짧은 현장 조사 후 글리슨이 무죄라고 믿게 되었다.

2012년에 사건현장에 찾아가 아파트 창문에서 밖을 내다본 존 오몰리도 여기서는 사건을 정확히 목격할 수 없다고 동일한 결론을 내렸다. 타바레스의 말은 신뢰할 수 없었고 목격자의 위치와 협조적 증인 두 명의 자백으로 짐작해볼 때도 글리슨은 살인을 저지르지 않았다.

크로스는 이런 말을 했다. "글리슨을 빼내려고 브롱스 검찰청과 다툰다고 달라질 건 없었습니다. 그들은 절대 실수를 인정하지 않을 테니까요." 크로스는 담당 검사가 이 사건에서 성급한 결론을 내린 것 같다는 (타당한) 의구심을 가졌다. "제 생각에 검사들이 이번 사건에서 너무 황급히 말에 올라탔고, 그 말을 계속 타고 가면서 방향을 바꾸려고 하지 않은 것 같습니다." 다른 말로 하면 검사들은 그냥 **재고**해볼 마음이 없었다.

에릭 글리슨은 바이더 디옵과 드니즈 레이몬드Denise Raymond를 살해한 혐의로 부당하게 유죄평결을 받은 여섯 명 중 하나였다. 레이몬드는 디옵이 살해당하기 전날 밤 자택에서 살해당한 여성이었다. 레이몬드 살인사건을 조사했던 뉴욕시경 형사들은 디옵이 살해당한 현장을 보고는 두 사건이 연관이 있다고 판단했다. 그리고 글리슨을 비롯한 여섯 명을 두 건의 살인 혐의로 입건했다. 하지만 2013년 1월, '브롱스 6인'에 대한 유죄평결이 번복됐고, 무죄인 피고인들은 나중에 뉴욕주로부터 390만 달러의 배상금을 받았다. 이후 2016년 뉴욕시는 부당하게 기소된 이들에게 총 4000만 달러를 지급하기로 다시 합의했다.

오몰리는 글리슨이 출소한 후 딱 한 번 그를 만났다. 글리슨이 감사의 말을 전하겠다며 변호사와 함께 찾아온 덕분에 성사된 만남이었다. 하지만 만남의 시간은 길지 않았다. 오몰리는 말수가 많은 편이 아니었지만, 글리슨에게 이런 말을 해주었다. "나는 당신에게 '행운'이라는 말을 쓰고 싶지는 않습니다. 17년이나 감옥에 있었던 당신에게 '행운'이라는 말은 어울리지 않겠지요. 그렇지만 당신이 쓴 편지가 내게 전해진 것은 신의 개입처럼 느껴집니다. 그러니 당신은 매우 운이 좋은 사람임은 분명합니다. 그 편지가 다른 사람에게, 혹은 아무것도 알지 못하는 사람에게 갔다면 어떻게 됐을지 모르겠어요." 만약 그랬다면 글리슨의 편지는 유죄평결을 받고도 무죄라고 주장하는 많은 범인이 보낸 그저그런 편지 중 하나 정도로 취급받았을 테고, 진실은 밝혀지지 않았을 것이다. 훗날 글리슨은 오몰리에 대한 질문을 받자 이렇게 답했다. "저는 신에게 존 오몰리를 보내주셔서 감사하다고 매일 기도합니다. 저는 그분의 눈빛에서 어떤 진정성을 느꼈어요. 그것은 진실한 사람의 눈빛이었습니다."

진정성이 좌우하는 수사 결과

그렇다면 이 사건은 어디서부터 잘못된 걸까? 나는 당시 사건을 담당한 검사들을 모른다. 나는 당시의 검사들이 심한 편견을 갖고 있었다거나, 억울하게 유죄평결을 받은 피고인들에게 개인적인 원한이 있었다고 보지 않는다. 그러나 그들이 검사로서 책임을 다했다고도 말할 수 없다. 초동수사팀이 아파트 창문으로 가서, 목격자 증언대로 사건현장이 보이는지 정확하게 확인하는 성의만 보였더라면 검사들은 이 사건의 궁극적인 진실, 즉 타바레스의 증언에 신빙성이 없다는 사실을 놓치지 않았을 것이다.

게다가 글리슨의 말에 따르면, 경찰과 브롱스 검찰청 검사들은 이 범죄를 해결하는 데 필요한 모든 증거를 처음부터 손에 쥐고 있었다. 억울함을 풀 길 없었던 글리슨은 항소하기 위해 적극적으로 노력했고, 사건과 관련된 문서를 끊임없이 요구했다. 그러나 그 요구는 대개 무시됐다. 천신만고 끝에 글리슨은 1995년 강도사건에서 분실됐던 디옵의 휴대전화에서 나온 통화기록을 받아보고, 통화 시각이 총격 직후인 데다 수신인이 섹스머니머더 조직원 관계자라는 사실을 확인했다. 이들은 베가와 로드리게즈가 디옵에게 총을 쏜 뒤 통화한 사람들이었다. 이는 베가와 로드리게즈가 이 사건의 진범임을 뒷받침하는 결정적 증거이자, 글리슨과 다른 피고인들이 무죄임을 명백히 보여주는 증거였다. 놀라운 것은 이 증거가 1997년 재판에서 피고인 측에 공개되지도 않았고, 검찰 측에서도 전혀 언급하지 않았다는 것이다.

내가 최근에서야 알게 된 사실이 하나 있다. 1995년에 『뉴욕매거진』은, 글리슨과 다른 피고인들을 체포해 디옵 살인사건을 '해결'한 자랑스러운 경찰들이라며, 두 경관의 화려한 프로필을 자세히 실은 적이 있었다. 잡지는 이들을 '경찰영웅'이라고 표현하면서, 두 경관의 사진을 대문짝만 하게 잡지에 게재했다. 이런 세간의 영웅 대접이 수사를 재고하지 못하게 한 여러 이유 중 하나이지 않았을까 생각하는 사람도 있을 것이다. 그러나 결국에는 재판과 유죄평결 결과가 뒤집혔고 진실이 밝혀졌다. 참으로 다행스러운 일이다.

진실에 대한 이해는 그것이 사실을 바로잡는 일에 관한 것이든 한 사람에게 유죄평결을 내리는 일에 관한 것이든, 결코 고정불변의 것으로 굳어 있어서는 안 된다. 가령, 내가 정당하다고 믿고 옹호하고 있는 어떤 견해를 단단한 얼음덩어리라고 해보자. 그 견해를 바꾸지 않아도 될 만큼의 충분한 근거가 있다면, 그 입장을 고수하는 것은 칭찬받을 만한 일이 될 것이다. 그렇지만 새로운 사실이 드러났을 때 또는 추가로 수집된 사실이 구체적인 경우라면, 아무리 단단한 얼음덩어리라 할지라도 깨지고 녹고 심지어 사라져야 한다는 것을 받아들여야 한다.

법에는 공소시효라는 개념이 있다. 어떤 범죄에 대해 그 죄를 지은 사람에게 책임을 물을 수 있는 기한을 정해둔 것이다. 따라서 기소는 공소시효가 끝나기 전에 해야 한다. 이는 여러 이유로 옳고 정당하다. 범죄 행위와 기소 사이에 시간의 격차가 클수록, 기억이 희미해지고 증거가 없어지며 목격자도 사라지기 때문이다. 그렇지만 공소시효에는 만료만 있고 그 반대(기한 연장)는 없다. 그러므로 검사들은 도덕적으로 깨어 있어야 하고, 피고인의 무죄를 뒷받침하는 믿을 만한 증거가 나오면 아무리 오랜 시간이 경과했어도 이를 거부하지 말고 받아들여야 한다.

이때 일종의 역설이 존재한다. 검사는 대중이 배심원의 유죄평결을 받아들이기를 바라고, 또 그렇게 할 것을 요구하는 사람들이라는 점이다. 검사는 대중이 법원의 유죄판결을 존중해주길 기대한다. 검사는 검사 측과 법집행 담당자들이 사건을 올바로 처리했다고 믿는다. 디옵 사건에 대한 기소절차를 어떻게 평가하든 또 빈약한 증언에 기대 무고한 여섯 명에게 살인 혐의를 씌운 실수를 어떻게 생각하든 간에, 수사관과 검사 외에 다수의 사람이 그 재판에 개입했기 때문이다. 판사가 있었고, 피고인 측 변호인이 있었고, 배심원단이 있었다. 거기에 항소심도 거쳤다. 따라서 이 사건은 감독과 심판이 지켜보는 가운데 엄밀한 논쟁을 거쳤다.

택시운전사 바이더 디옵 살인사건에는 매우 불편한 구석이 있다. 바로 형사사법제도가 불완전하다는 사실을 부인하기 어렵다는 점이다. 사람은 실수를 저지른다. 제대로 교육받고 훈련받고 풍부한 경험을 쌓은 사람들, 즉 검사와 수사관들도 실수를 할 수 있다. 편견이 작용하지 않더라도(물론 디옵 사건에서는 편견이 있었겠지만) 이들은 실수를 할 수 있다.

하지만 디옵 사건에는 고무적인 측면도 있다. 글리슨이 쓴 편지는 유능하고 엄밀하며 기억력이 뛰어난 존 오몰리라는 수사관의 손에 들어갔다. 오몰리가 자기에게 온 편지가 아닌데도 시간을 내어 읽었다는 점에서, 열린 자세로 편지에 적힌 주장을 믿었다는 점에서, 편지에 담긴 주장을 자신이 몇 년 전 알게 된 내용과 연결한 뛰어난 기억력이 있었다는 점에서, 그 편지발신인을 직접 찾아갔다는 점에서, 개인적으로 사건을 조사했다는 점에서, 재판 기록을 읽었다는 점에서, 억울하게 유죄평결을 받은 이들을 석방하는 일에 고집을 굽히지 않았다는 점에서, 그 과정에서 동료 수사관, 동료 경찰, 동료 검사들이 비판을 받게 될 가능성이 있었음에도 적극적으로 달려들었다는 점에서 이 사건은 매우 고무적이다. 그렇지만 그렇게 개인적으로 에너지를 쏟는 수사관이 얼마나 되며, 또 평생 범인을 붙잡고 동료 법집행자를 돕던 사람이 억울한 수감자를 감옥에서 빼내는 일에 똑같이 헌신적인 자세를 보이는 경우가 얼마나 되겠는가. 나는 글리슨을 위해 존 오몰리와 마거릿 가넷이 보여준 노력을 보면서, 우리 검찰청 사람들에게 유죄를 입증하려고 애쓰는 만큼, 무고한 사람의 결백함을 밝히는 일에도 똑같이 노력하고 발 빠르게 움직여야 한다고 거듭 당부하지 않을 수 없었다.

보통 정당한 판결과 그릇된 판결을 가르는 지점은, 형사절차에서 중요한 판단을 내리는 법집행자들의 자질과 성품에 있다. 첫 번째 재판에서 글리슨과 공동피고인들은 자신들을 방어할 능력이 없었고, 실제로는 그보다도 더 심각한 상황에 놓여 있었다. 그렇지만 17년의 징역살이 후에 받은 두 번째 재판에서는 이들 곁에 존 오몰리와 마거릿 가넷이 있었다. 두 재판 모두 똑같은 법과 똑같은 경찰규정, 똑같은 윤리강령 아래서 진행되었지만 결과는 달랐다.

두 재판의 차이는 다음에서 비롯되었다. 첫 번째 재판에서는 법집행자들이 관심을 갖고 시간을 투자해 판결을 바로잡으려 하지 않았다. 반면 두 번째 재판에서는 존 오몰리가 어떻게든 진실에 다가서려고 노력했다. 이것은 오몰리가 책임져야 할 일이 아니었다. 그런데도 오몰리는 그것을 자신의 **임무**로 느꼈는데, 잘못된 일을 바로 잡기 위해 할 수 있는 일을 해야 한다는 도덕적 신념이 그에게 있었기 때문이다. 내가 체감하기로, 이 '임무'라는 단어를 가슴에 새기고 사는 사람은 생각보다 많지 않다.

법집행자들이 새겨야 할 책임감

영화나 TV, 대중소설에서 묘사되는 모습과 달리, 경찰과 검사는 사람들을 감옥에 넣기 위해 존재하지 않는다. 물론 범죄자에게 합당한 책임을 묻고 대중을 보호하기 위해 존재하지만, 이들의 본래 임무는 '정의를 실현'하는 것이다. 경우에 따라 이것은 진행 중인 사건에서 손을 떼거나 이미 종결된 사건을 다시 파헤치는 것을 뜻한다. 존 오몰리가 이러한 원칙에 헌신한 점, 즉 단지 말이 아니라 실제 행동으로 헌신한 모습은 내게 매우 인상적이었다. 그래서 나는 여러 강연을 통해 연방검사와 경찰들에게 진실을 좇는 데 헌신한 오몰리의 이야기를 들려주었다. 범죄의 최전선에서 일하는 현실의 법집행자들에게 이러한 실화를 반복해 들려주는 것은 중요하다. 오심을 바로잡거나 부당한 일을 바로잡는 것은 형사사건 변호사들만 독점적으로 하는 일이 아니다. 최고의 연방검사들은 현명하게 재량권을 행사하면서, 또 필요하다면 동료 검사들에게 잘못에 대한 책임을 물으면서,

매일매일 정의를 실현해나간다.

　사건을 수사하는 방법은 무수히 많다. 또 일이 잘못 진행되는 경로도 매우 다양하다. 아무리 경험이 많은 뛰어난 리더라 할지라도 모든 것을 미리 가르칠 수는 없다. 다만 법집행기관의 리더들은 장차 누군가의 인생을 좌우할 그리고 과실이나 태만으로 타인의 인생을 망칠 수도 있는 법집행자들의 머리와 가슴에 막중한 책임감을 심어주고, 그것이 무엇을 뜻하는지를 알려줄 수 있을 뿐이다. 더불어 의무감, 정의감, 오류 가능성에 대한 열린 태도, 그리고 상황을 바로잡겠다는 사명감도 불어넣어야 한다. 마지막으로 법만으로는 정의를 실현하기 어렵다는 것, 정의를 실현하는 주체는 바로 사람이라는 사실도 가르쳐야 한다.

　물론 이러한 내용은 직장과 일상 어디에서나 필요한 원칙으로, 자신의 의무와 책무에 집중하고 세심하게 일을 처리하는 자세는 필수적으로 요구된다. 이는 환자를 돌볼 때, 수업을 할 때, 다리를 건설할 때, 화재를 진압할 때, 전쟁을 치를 때를 막론하고 언제나 필요한 자세다. 값진 노력들은 모두 이러한 자세에서 나온다. 이는 기본적인 자세지만, 여기에 진실로 충실한 사람은 애석하게도 많지 않다. 이 세상은 법집행자들에게 정확하고 엄밀하게 모든 사건을 대할 것을, 아무도 지켜보지 않아도 직무가 몸에 배도록 성실할 것을, 그리고 자신의 책무를 마음 깊이 받아들이고 책임질 것을 요구한다. 누군가의 인생이 그들의 판단에 따라 달라질 수도 있기 때문이다.

　글리슨 사건에서 또 하나 고무적인 일이 있다. 캐시 왓킨스는 글리슨과 함께 택시기사 살인죄로 부당하게 투옥된 여섯 명의 피고인 중 하나였다. 왓킨스는 디옵의 택시를 예약한 사람과 목소리가 똑같다는 어느 비전문가의 허술한 음성감식을 주요 근거로 유죄평결을 받았다. 그 증언을 한 사람은 택시 배차원이었고, 배차원은 디옵이 살해당한 그날의 운명적인 승차예약을 한 여성의 목소리가 왓킨스의 목소리와 일치한다고 증언했다. 매우 빈약한 근거였지만 검사들은 이를 유죄 근거로 내세웠고 배심원들도 그 주장에 설득됐다.

왓킨스는 경비가 매우 삼엄한 베드포드힐스Bedford Hills 교도소에서 수감생활을 했다. 이 무고한 여성은 뉘우칠 죄가 없었고, 따라서 재활훈련을 받을 이유도 없었다. 그렇지만 왓킨스는 수감생활을 자기계발과 구원의 기회로 삼아, 한 대학에서 수감자 신분으로 강의를 들었다. 하지만 학기당 들을 수 있는 강의가 얼마 되지 않았기에, 왓킨스가 사회학 학사학위를 받는 데는 무려 11년의 시간이 걸렸다. 그럼에도 왓킨스는 학위를 취득했다.

게다가 학업성적이 뛰어났던 왓킨스는 2009년, 감옥에서 14년이라는 불필요한 세월을 보낸 후 41세라는 원숙한 나이가 되어, 졸업생 대표로 연설을 했다. 사방을 둘러싼 차가운 교도소 벽을 배경으로 열린 졸업식에 참석한 왓킨스와 동료 졸업생들은 모두 졸업가운 안에 재소자복을 입고 있었다.

부당하게 유죄평결을 받고, 억울하게 수감생활을 했으며, 결백하다는 간절한 청원을 번번이 묵살당했던 왓킨스는 졸업식 날 어떤 메시지를 전하고 싶었을까? 믿기지 않겠지만 왓킨스는 낙관주의와 가능성, 희망을 이야기했다. "이 담벼락이 우리의 신체활동을 제약할 수는 있겠지만, 우리의 상상력과 바깥세상과의 유대는 제약할 수 없습니다. 한 사람으로부터 변화가 시작될 수 있습니다. 당신이 먼저 변화를 만들어보세요."

캐시 왓킨스가 교도소 마당에서 생각지도 못한 희망찬 졸업연설을 한 3년 후, 브롱스 태생의 존 오몰리라는 낯선 사람이 왓킨스의 말이 옳다는 사실을 입증해주었다.

6장 호기심과 질문

기본적인 질문의 효과

형법의 세계에서는 한 사건에 대해 수많은 질문을 던지는 것이 낭패와 실수, 오심을 피하는 데 도움이 된다. 사건은 증거를 배제할 때보다 질문을 배제하는 경우 더욱 손상되기 쉽다. 이는 진실추구와 관련된 대단히 중요한 노력에 해당된다.

어떤 주제나 일련의 사실을 깊이 이해하려면 적극적인 조사가 필요하다. 그러자면 결국 질문을 해야 한다. 각종 질문들, 즉 탐색적 질문, 민감한 질문, 광범위한 질문, 편협한 질문, 승산이 없는 질문, 반복되는 질문, 가설적인 질문 등을 모두 던져봐야 한다. 많은 질문들을 최소 두 번은 물어야 하고 경우에 따라 세 번까지도 물어야 하며, 상대방이 질문을 제대로 이해했는지 그리고 내가 답변을 제대로 이해했는지 확인하기 위해 매번 표현을 바꿔가며 물어야 한다.

똑똑한 질문은 좋다. 멍청한 질문은 더욱 좋다. 옛말에도 있듯이 세상에 바보 같은 질문은 없지만, 우리에게 유용한 것은 간결하고 단순한 질문이다. 소위 말하는 멍청한 질문은 보통 기초적인 질문이다. 그런 질문은 기본과 핵심을 건드린다. 멍청한 질문은 논리의 피상적 측면을 드러내고 조악한 논리를 들춰내며 거짓 전문가를 폭로한다. 뛰어난 인재들만 모여 있는 집단에도 예외 없이 헛소리꾼이 한 명쯤은 있다. 이들은 제대로 풀어 쓰지도 못하면서 두문자어acronym를 사용하고, 제대로 설명도 못 하면서 전문용어를 읊어대고, 제대로 이해도 못 하면서 각종 개념을 여기저기 퍼 나른다. 또한 천박한 화제와 정치슬로건, 다른 사람에 대한 뒷말을 앵무새처럼 따라 말하기도 한다.

남들이 하는 모든 말을 곧이곧대로 받아들이는 사람은 당면한 문제를 단지 피상적으로 이해하는 데 그칠 위험이 있다. 어떤 상황에서든 기본적인 질문을 하는 것은 부끄러운 일이 아니다. 사실 어떤 이슈를 제대로 이해하려면 기본적인 질문이 반드시 필요하다. 그렇지만 나무뿌리를 다지기도 전에 꼭대기에 올라서려고 하는 사람들을 너무 자주 본다. 어떤 상황에서든 이는 잘못된 태도다.

물론, 어떤 특정 상황에서 질문을 몇 번 정도 하는 게 적당한지는 나도 잘 모른다. 그렇지만 한 가지 분명한 사실은 안다. 새로운 팀을 맡은 리더라면 그 조직에서 질문을 제일 안 하는 사람을 찾아야 한다는 점이다. 거기에 리더가 풀어야 할 숙제가 있다. 우리 검찰청의 한 베테랑 검사는 갓 승진한 부장검사들에게 이런 조언을 했다. "검사들이 당신 집무실로 찾아와서 별 이상한 질문을 해댈 겁니다. 그런 사람들은 신경 쓰지 않아도 됩니다. 신경 써야 할 사람은 6주간 얼굴을 코빼기도 안 보이는 사람입니다."

질문하지 않는 사람들을 신경 써야 하는 이유는 그들이 똑똑하지 않아서가 아니다. 뉴욕남부지검 연방검사들은 최고의 인재들이다. 이들은 최고 수준의 교육을 받았고 최고의 자질을 갖췄으며 업무성과도 뛰어난 검사들이다. 다수가 대법원 재판연구원으로 일했고, 명문 법대에서도 상위권 성적을 유지하던 사람들이다. 연방지검장으로서 나는 이들의 이력서를 훑어보다가 위축된 적도 있다. 연방검찰청은 매우 까다로운 기관이고 연방검사는 모두가 탐내는 자리다. 그래서 검사직을 제안하면 사실상 100퍼센트가 수락한다. 내가 개인적으로 검사직을 제안하려고 200명 가까운 사람들에게 연락을 했을 때, 단 두 명만 빼고는 바로 그 자리에서, **전화상으로** 제안을 수락했다.

매 순간 질문이 필요한 이유

그런데 왜 그런 사람들을 걱정해야 할까? 똑똑한 사람들은 멍청해 보이는 것을 싫어한다. 다수의 연방검사들에게 일처리 방법을 '모른다'는 것은 대단히 생소한 경험이다. 법대를 나와 개인변호사로 짧은 기간 활동했다면 대부분 연방검사로 활동하기에는 턱없이 역량이 부족하다. 따라서 새롭게 연방검사가 된 사람들은 누구나 가장 가파른 학습곡선을 그리게 되고, 그들이 내리는 판단은 수많은 개인에게 영향을 미칠 것이다. 시험을 준비하는 게 아니라, 복잡한 현실에 뛰어드는 것이다. 우리 검찰청 연방검사들 또한 대단한 인재들로서, 판단력이 뛰어나고 조사 능력도 월등하다. 하지만 이들은 보통 교과서에 나오는 질문의 답을 찾는 것에 길들여져 있다.

그러나 세상에는 책에 없는 답을 찾아야 하는 질문이 많으며, 특히 재량권을 발휘해야 하는 경우에 결코 책에서는 답을 찾을 수 없다. 어떤 딜레마는 좋은 답이 여러 개이고 어떤 딜레마는 답이 없는 경우도 있다. 그러다 보니 연방검사들은 어떤 수사 기법이나 활동, 판단을 책으로 배우지 않는다(판단을 책으로 배울 수 없다는 사실을 책으로 쓰고 있는 이 아이러니를 나도 잘 안다).

내가 처음 연방검사가 되었을 때, 나나 다른 검사들이 기초적인 질문을 던지면 부장검사 중 한 명이 정색하는 표정으로 쳐다봤던 기억이 난다. 나의 부족함을 느끼게 해준 그 싸늘한 시선을 수년이 지난 지금도 기억한다. 그래도 난 질문을 멈추지 않았다. 다른 곳에서 가능한 많은 조사를 한 다음에는 성가실 정도로 계속 질문을 했다. 그러면 보통은 필요한 답을 얻을 수 있었다.

똑똑한 데다 계속해서 성공해왔고 자신이 늘 준비되어 있다고 자부해온 검사라면, 바보 같은 질문을 부장검사나 동료에게 던진다는 건 마치 사무실 창문 난간 위에 서 있는 것 같은 위태로운 기분이 드는 일이자, 남들에게 바보처럼 보일까 봐 혼란스럽기도 한 일로 느껴질 것이다. 평생을 원하는 답을 재빨리 찾아왔던 사람에게 이는 악몽과도 같은 일일 것이다. 다행히 나는 이런 일로 가슴앓이를 하지는 않았다. 졸업 후 변호사와 연방검사로 일할 때 거의 언제나 내가 바보 같다고 느꼈기 때문이다. 그 감정은 나 스스로에 대한 기본적인 평가였다. 나는 늘 무지와 실패라는 위태로운 난간에 올라 선 기분이었고, 그래서 내가 엉뚱한 질문을 던질 때마다 누가 마지못해 답해주면 그 위태로운 곳에서 **벗어나서** 안전한 창가 쪽으로 조금씩 다가갈 수 있었다.

나는 질문을 많이, 지나칠 정도로 많이 했다. "법정에서 어디에 앉습니까? '판사님'이라고 부릅니까, '존경하는 판사님'이라고 불러야 합니까? 총에 묻은 지문은 늘 검사합니까? 증인 소환은 어떤 방식이 가장 좋습니까? 소송사건 일정표를 기록하는 가장 좋은 시스템은 무엇입니까? 증인 인터뷰를 하는 동안 누가 받아 적습니까? 어디까지 받아 적어야 합니까? 증인이 거짓말을 하면 어떻게 합니까? 판사가 실수하면 어떻게 대처합니까?" 등등 온갖 질문을 퍼부었다.

솔직히 말하면, 연방검사로 첫 출근을 하기 전부터 나는 질문을 시작했다. 뉴욕남부지검에 출근하기 전에 각종 절차를 알아두어야 한다는 강박에 시달렸던 나는, 어느 날 뉴욕남부지법의 한 공판 장소에 몰래 들어갔다. 그곳에서는 보이드 존슨 검사가 근래 최악의 사회보장 사기사건을 다루고 있었다. 나는 정식 출근 일주일 전에, 존슨에게서 형사부 내부 매뉴얼을 빌렸다. 매뉴얼은 암회색 바인더에 묶인 100장 정도 되는 문서였는데, 마치 경전 같은 무게감이 느껴졌다. 이 문서에는 소추장complaint과 공소장indictment의 차이, 치안법원에서 행하는 사소한 절차들, 대배심을 거치는 사건 유형, 적절한 유죄 협상 방법, 보석금 몰수 절차 등이 설명되어 있었다. 나는 처음부터 끝까지 반복해 읽으면서 기본적인 사항들을 암기했다.

다시 멍청한 질문의 효용으로 돌아가보자. 멍청한 **척**을 하면, 다른 사람들이 나를 뭘 잘 모르는 어린아이 대하듯 한다는 점에서 상당히 전략적 가치가 있다. 한 가지 일화를 들어보겠다. 조시 레빈Josh Levine은 내가 처음 뉴욕남부지검에서 연방검사로 일할 때 함께했던 또래 검사였다. 그는 똑똑하고 겸손하며 호감 가는 인물이었다. 몇 년 후 조시는 증권사기팀으로 분야를 옮겼는데, 어느날 저녁 맥주를 마시는 자리에서 그날 자신이 겪은 끔찍한 경험을 털어놓았다.

증권사기 분야에 대한 경험이 없던 조시는 해당 분야에 대해 열심히 공부하고 있었지만 증권형법이나 복잡한 기업거래 등에 대해서는 모르는 게 많았다. 다른 곳도 그러하겠지만, 우리 검찰청에서는 이를 현장에서 직접 부딪히며 배워야 한다. 아니면, 다른 검사들이 하는 걸 어깨너머로 보면서 익혀야 한다. 아무도 일부러 가르쳐주지 않는다. 맥주를 마시기로 한 그날, 조시는 증권회사 대표이자 증권중개인인 데이비드 루트코스케David Rutkoske가 기소된 사건의 수사협조에 응한 한 증인과 면담하는 자리에 참석했다. 우리는 루트코스케를 한 인터넷 게임회사에서 거래조작을 통해 1200만 달러를 사기 친 혐의로 기소했었다. 이 사건을 맡은 노련한 선배검사 데이비드 앤더스David Anders는 예비 협조적 증인would-be cooperator 마이클 니부어Michael Niebuhr와 면담을 진행할 예정이었다. 조시도 어깨너머로 배우기 위해 그 자리에 참석했다.

인터뷰가 한참 진행되다가 막바지에 이를 때쯤, 법정에서 앤더스 검사를 찾는 긴급호출이 왔다. 그가 맡은 또 다른 사건에서 도피 중이던 범인이 붙잡혔던 것이다. 앤더스는 가버렸지만, 이 중요한 인터뷰 자리는 아직 끝나지 않은 상태였다. 다음 일정이 미리 잡혀 있었기 때문에, 인터뷰를 멈출 수는 없었다. 혼자 남은 조시가 어떻게든 마무리해야 했다. 문제는 조시가 이게 어떤 사건인지, 관련 법은 무엇인지 전혀 알지 못한 상황이었다는 데 있었다. 이 이야기를 듣고 맥주를 마시던 우리는 모두 경악했다.

조시가 얼떨결에 진행하게 된 그 사기사건은 역대 가장 복잡한 사건은 아니었지만, 장외시장에서 거래되는 증권들의 다양한 특성을 반드시 숙지하고 있어야만 했다. 주식 의무보호예수, 스톡옵션 규칙 144, 오퍼 낙찰 가격 같은 다수의 전문용어를 알아야만 인터뷰가 가능했던 것이다. 조시는 똑똑하고 성실했으므로 시간이 흐르면 이런 사건을 거뜬하게 해결하겠지만, 그날은 아직 준비가 되어 있지 않았다. 이는 마치 구명조끼 없이 바다로 뛰어드는 격이어서, 조시는 익사할 것 같은 기분이 들었다고 했다.

그래서 조시는 어떻게 대처했을까? 밑천이 드러날까 봐 매우 당황스러웠던 그 순간, 조시는 천재적인 기지를 발휘했다. 그는 예비 협조적 증인에게 시치미를 뚝 떼고 이렇게 말했다. "잘 들어요. 언젠가 이 모든 사실을 아무것도 모르는 배심원들에게 증언해야 할 겁니다. 그러자면 하나하나 자세히 설명해야 합니다. 그러니 오늘 설명한 거래사실을, 내가 아홉 살짜리 조카라고 생각하고 처음부터 천천히 다시 설명해봅시다." 참으로 기발한 대처였다.

이는 단순한 작전이었지만, 덕분에 조시는 창피를 면했고 해당사건에 대해 배웠으며 증언내용을 간단하게 다듬을 수 있었다. 순간적으로 발휘한 기지 덕분에 조시는 이제 증인에게 신나게 질문을 던질 여지와 구실이 생겼다. 조시는 기초적인 질문, 무지한 질문, 멍청한 질문, 아홉 살짜리 조카들이 던질 만한 질문을 마음 놓고 던질 수 있었다. 증언을 듣는 동안 어떤 사실이 헛갈려도, 남들이 그런 자신의 모습을 보게 되더라도 상관없었다. 또 증인에게도 같은 말을 다시 자세하게 설명해달라고 편하게 요구할 수 있었다.

이 이야기에는 두 가지 에필로그가 있다. 첫 번째는 조시가 일 년 후 마침내 그 예비 협조적 증인을 법정의 증인석에 앉혔을 때, 그가 했던 쉽고 단순한 증언은 아홉 살 조카 대역이었던 조시에게 해준 이야기와 다름이 없었다. 마음대로 바꿔 말할 수 없을 만큼 기초적이고 선명하게 증언했기 때문이다.

두 번째는 증권법을 충분히 **익힌** 데다 수사팀의 고참이 될 만큼 전문적이고 노련해진 조시가, 잠재적 증인과 복잡한 사안을 놓고 그때처럼 비슷한 면담을 하게 됐을 때 대화를 진행하는 방식에 있다. 조시는 여전히 "내가 당신의 아홉 살 조카라고 생각하고 말해보세요"라고 말한다. 이 방식은 이제 창피를 모면하려고 쓰는 게 아니다. 이는 현명한 학습법이자, 증인의 긴장을 풀어주면서 단순하고 이해하기 쉽게 말하도록 유도하는 영리한 방법이었다.

어떻게 효과적으로 질문할 것인가

효과적인 질문 던지기에 따르는 고뇌는 직책이 올라간다고 해서 사라지지 않는다. 오히려 관리자와 상급자가 질문을 피하면 조직은 훨씬 더 위험해진다. 대개는 관리자가 직무 전문가일 것이라고 생각한다. 또 특정 주제에 대해 당연히 잘 **알고** 있으리라 생각한다. 그렇지만 관리자도 모르는 것이 많은 사람일 뿐이다.

나는 4년 반 정도 뉴욕남부지검을 떠났다가 다시 이곳에 지검장으로 돌아왔다. 많은 것들이 익숙했다. 대부분 아는 얼굴이었다. 부장검사도, 판사도 다 아는 사람이었다. 사건을 어떻게 수사하고 재판을 어떻게 진행해야 하는지 모든 기본적인 사항도 알았다. 또 뉴욕남부지검의 문화와 전통에도 익숙했다. 하지만 동시에 모든 것이 전과 달랐다. 바로 몇 년 전만해도 일선에서 뛰는 연방검사였던 내가 기관의 리더가 된 것이다. 1789년부터 시작된 이 유서 깊은 기관의 수장인 것이다. 솔직히 고백하자면, 당시 나는 매우 불안하고 두렵고 역량이 부족하다고 느꼈다. 뉴욕남부지검의 전통에 누가 되고, 지검장이라는 직책에 부적합하다는 것이 드러나고, 나를 응원해준 사람들을 실망시킬까 봐 겁이 났다.

검찰청 8층 벽에는 100년 동안 이곳을 거쳐 간 지검장들의 초상화가 걸려 있다. 나는 매일 아침 이들의 눈길의 받으며 복도를 지나 집무실로 들어간다. 그러면 선배 지검장들이 내게 이렇게 말하는 것 같다. "망치지 말고 잘해다오, 꼬마야."

지검장을 맡은 지 몇 년이 지나고, 모든 것이 꽤 순조롭게 굴러가고 있었지만 불안하고 두려운 마음은 쉽게 사라지지 않았다. 그렇지만 이런 두려움을 잊어버리는 순간, 이 자리에서 물러나야 한다고 생각했다. 나는 그때나 지금이나 자신감이 넘치지만 동시에 자기의심도 심한 사람이다. 적절한 자기의심은 삶을 마비시키는 게 아니라, 삶에 활력을 주고 의욕을 불어넣는다. 자기의심을 전혀 안 하는 리더들은 오랫동안 리더 자리를 지키지 못하며, 그 자리를 지키더라도 조직을 위험에 빠뜨리는 경우가 많다. 지검장으로서의 시간이 흐르면 흐를수록, 나는 자기의심이 진정 동지이고, 자만이 최고의 적이라는 것을 확신하게 되었다.

연방지검장을 처음 맡았던 때로 돌아가보자. 당시 나는 어떤 면에서는 초보 연방검사로 일하던 시절보다 더 무지하다고 느꼈다. 이런 심리적 현상은 모든 리더들에게 분명 친숙할 것이다. 전문성이 뛰어난 CEO, 대학학장, 내각장관 등 거대한 조직을 이끌어야 하는 리더들도 자신이 소속된 조직이 하는 모든 일을 속속들이 파악하기 어렵다. 사실 나는, 한 조직의 리더가 아주 사소한 것까지 꿰뚫고 있다면, 그는—스티브 잡스Steve Jobs는 예외일 수 있겠지만—조직을 이끌기에 실격일지도 모르며, 숲은 못 보고 하급자들이 신경 써야 할 나무만 보는 사람이라고 생각하게 되었다. 리더는 지식보다는 판단력이 필요하며, 자기보다 더 많이 아는 사람에게 정보를 캐낼 수 있는 신뢰할 만한 수단을 갖추고 있어야 한다. 지식이 부족해도 믿을 만한 질의법이 있고 여기에 사람을 꿰뚫어보는 통찰력까지 지녔다면, 그 리더는 적절한 판단을 내릴 수 있다.

예를 들어, 존 F. 케네디 대통령은 1962년 쿠바 미사일 위기 때 전쟁이나 탄두에 대해 휘하의 장군이나 자문관들보다 더 많이 알지는 못했다. 그렇지만 소련이 핵무기를 플로리다 해안에서 불과 145킬로미터 떨어진 곳에 배치하려 한 순간, 대통령은 최종결정을 내려야 했다. 케네디는 자신보다 경험 많은 각료들에게 핵무기에 관해 자세히 물은 뒤, 호전적 대응이 아닌 해상 봉쇄를 택했다. 그리고 이것은 올바른 선택이었다. 따라서 효과적인 질문하기는 핵전쟁처럼 긴박한 상황이 아니더라도, 고위급 인사가 결정을 내릴 때 매우 적절한 수단이다. 피상적으로 아는 사안에 대해 최종결정과 개인적 판단을 내려 달라는 요구를 주기적으로 받는 리더들은 훌륭한 자문관에게 의지하면 된다.

다시 내 이야기로 돌아오면, 지검장 부임 후 나는 형사부와 민사부로부터 주요 사건의 요약본을 받아 공부했다. 분량이 기본 수백 장이 넘었다. 공부를 할 때마다 처음 접하는 사실들과 낯선 법조문의 바다에서 길을 잃은 기분이 들었다. 또 부임 후 처음 몇 주 동안은 수십 개의 사건들을 매일 보고받았다. 나를 제외하고 주변 사람들 모두가 똑똑하고 경험이 많고 다 아는 듯이 보여서, 솔직히 내게 보고되는 모든 이슈에 대해 그냥 웃고 고개를 끄덕이며 다 이해한 척 넘어가도 조직운영에는 상관이 없을 것 같다는 생각을 하기도 했다.

그때 문득 떠오른 것은, 매우 똑똑하고 성실하고 훌륭한 사람들에게 둘러싸이면 리더십이 있는 것처럼 위장하기가 의외로 쉬울 수도 있겠다는 것이었다. 이런 상황에 놓이면 객관적인 척, 남들 의견을 존중하는 척, 다 이해한 척 하면서, 조직운영을 남들 손에 맡기기 쉽다. 모든 게 순조롭게 굴러가는 조직은 리더가 특별히 하는 일이 없어도 된다. 지금 상태가 아주 흡족하다면, 있는 그대로 내버려둬도 괜찮겠다는 생각을 할 수도 있다.

그러나 그 순간 조직은 뒤처지고 정체되며, 혁신을 멈추고 시대에 뒤떨어지게 된다. 연방지검장으로 취임하기 전, 나는 리더십과 경영에 관한 책을 책장 하나 분량만큼 읽어보기로 결심했다. 내가 새로 맡은 직무를 훌륭하게 수행하도록 이끌어줄 어떤 비법 같은 것이 있으리란 기대가 있었기 때문이다. 그러다가 어떤 책에서 다른 무엇보다도 강한 인상을 남긴 구절을 만났다. 그것은 짐 콜린스가 쓴 『강한 기업은 어떻게 무너지는가?How The Mighty Fall』에 나온 내용이었다.

아무리 위대하더라도 **모든** 조직은 취약하다. 당신이 아무리 이룬 것이 많아도, 아무리 남들보다 앞섰어도, 아무리 강한 힘을 얻었어도, 당신은 무너지기 쉽다. 가장 강한 자가 언제까지나 최고로 군림한다는 자연법칙은 없다. 누구나 무너질 수 있고, 대부분은 결국 무너진다.

이후 집무실에 있을 때마다, 이 문구가 귓가에 맴돌았다. 나는 첫 연례연설 때 모든 검찰청 직원들 앞에서 이 구절을 인용했고, 그 후로도 수년간 이 말을 되풀이했다. 뉴욕남부지검은 유명 사건을 많이 다뤘고 전설적인 인물도 많이 배출한 명망 있는 조직이다. 이곳에 필요한 것은 기업회생 전문가도 아니고, 단순한 관리자도 아니었다. 이곳에는 다른 모든 조직과 마찬가지로 참여형 리더십engaged leadership이 필요했다.

그래서 나는 기초적인 질문들을 해보기로 결심했다. 그런데 어떻게 물어야 할까? 신참내기 일선검사로서 기본적인 것들을 질문을 하던 때와는 달라야 했다. 다시 한번 창문 난간 위에 올라선 기분이 들었다. 하지만 이번에는 풋내기가 아닌, 대통령이 지명하고 상원이 인준한 연방지검장으로서 올라섰다.

나는 회의실에 모인 사람들이 나를 가장 똑똑하고 전문적이고 능력이 출중한 사람으로 볼 것이라고 생각했다. 당연히 나는 그런 사람이 아니란 것을 알고 있지만, 본모습을 남들에게 드러내기란 결코 쉽지 않은 일이다. 직원들은 끊임없이 자기 상사를 평가하기 때문이다. 적어도 상사들은 그렇게 느낀다.

연방지검장으로서 회의를 주관할 때, 특히 부임 초기에 회의를 열 때마다 모든 시선이 내게 쏠린 것 같았고, 내가 뭘 아는지 모르는지 그리고 내가 얼마나 똑똑한 질문을 하는지를 늘 평가받는 기분이 들었다. 나는 그저 고개를 끄덕이며 이해한 척하거나, 하급자들이 회의실을 다 나갈 때까지 기다렸다가 부지검장 보이드에게 가서 이것저것 가르쳐달라고 할 수도 있었다. 그렇지만 나는 그러지 않으려고 애를 썼고, 풋내기 연방검사 시절의 습관과 태도를 그대로 유지하면서 멍청한 질문을 계속 던졌다.

검찰청에서 자주했던 모의연습은 유독 나를 초조하게 만들었다. 부임 초기에는 중대 사건이 터지면 공판이 있기 전 모두진술을 놓고 서로 모여 논의하는 자리를 가졌다. 자리를 가득 메운 동료 연방검사들, 법률사무보조원, 수사관, 하급직원들은 모두진술을 듣고 핵심 내용과 전달 방식을 평가할 준비를 했다.

그 자리에서 가장 긴장한 사람은 모두진술을 하는 연방검사였다. 그다음으로 긴장한 사람은 나였던 거 같다. 모두진술이 끝날 무렵 모두가 자신의 의견을 준비하지만, 그 피드백을 전하는 순서가 지검장인 나를 필두로 직급순으로 이루어졌기 때문이다. 나는 그 자리에 모인 사람들이 연방검사의 모두진술 뿐 아니라, 지검장인 나의 피드백도 평가한다는 기분이 들었다. 피드백을 마친 후 '내 피드백이 괜찮았나? 내 질문이 바보 같았나? 내가 사건을 제대로 이해했나?' 하는 생각이 오가던 순간, 놀랍게도 나는 어떤 격언의 참뜻을 깊이 깨달았다. "침묵을 지켜서 바보 취급을 받는 것이 입을 열어서 온갖 의혹을 없애는 것보다 낫다."

아직 읽어보지는 않았지만, 가면증후군(자신의 성공을 노력이 아닌 운 때문이라고 생각하고, 가면이 벗겨질까 봐 두려워하는 심리 – 옮긴이)을 다룬 책들이 많다. 뉴욕남부지검의 리더를 맡게 됐을 때 나 또한 그런 심리상태에 놓여 있었다. 그렇다고 내가 몹시 불안에 떨었다고 말할 정도는 아니었다. 겉보기에 나는 보통 자신감이 넘치며 가끔 지나칠 만큼 자신만만해질 때도 있다. 그러나 무식하다는 자괴감과, 지식 및 판단에 대한 자신감 사이에서 균형을 잡으면서, 멍청한 질문을 스스럼없이 한다는 것은 쉽지 않은 일이다. 리더가 불안감과 자만심의 교차점에 서 있다는 사실은 다소 역설적이다. 그렇지만 모든 조직의 리더들은 주기적으로 그러한 교차점에 선다. 시간이 흐르면 이런 상황에 적응하게 되면서, 적절한 질문을 적절한 사람에게 두려움 없이 던지는 법을 알게 된다. 이렇게 하지 않는 리더는 실패한다.

내 생각을 정리하자면 이렇다. 남의 말을 경청한다면 그리고 멍청한 질문이 문제의 핵심을 건드린다면 어떤 질문이든 던져도 괜찮다. 그런 질문이 내 무지를 드러내더라도, 문제의 초점을 명확히 해주기 때문이다. 당신이 매우 기본적인 질문을 던졌는데, 주변에서는 당신이 당연히 그 답을 알고 있으리라 기대하고 있어서 놀라워했다 하더라도 그게 뭐 대수인가? 당신은 조직을 잘 이끌고 있는 것이다. 부족한 지식은 금세 채워진다. 내가 꼭 알아야 할 어떤 사실을 알고 **싶어**

하고, 알려고 **신경 쓰는** 한, 잘 모른다고 해도 상관없다. 호기심과 질문은 건전한 리더십을 떠받드는 매우 중요한 기둥 중 하나다.

신참들은 질문을 통해 더 깊은 이해를 얻는다. 리더들도 질문을 통해 같은 효과를 얻는다. 뿐만 아니라, 개인과 조직 전체를 위해 호기심을 자극하고 스스로를 되돌아보는 분위기를 유도할 수도 있다. 게다가 질문은 현재 상황을 기계적으로 받아들이기보다 숙고하고, 호기심을 키우고, 비판적 사고를 하고, 심도 깊은 이해를 하며, 도전 정신이 살아 있는 문화를 조성한다. 그렇기 때문에 질문이 없는 기계적인 수용은 강한 조직을 무너뜨린다.

7장 신문의 원칙

폭력과 협박이 얻어낼 수 없는 진실

영화 속에서 범인에게 자백을 받아내는 장면은 대개 이러하다. 수사관은 민주적 절차라는 건 알지도 못한다는 듯이 피의자를 치고 때리고 협박한다. 범인의 공포가 극에 달해 아마겟돈의 시계가 똑딱거리는 지경이 되면—진짜 지구 종말이 오지는 않더라도—모든 잔인한 수법은 믿을 만한 결과를 가져온다. 물고문을 비롯한 각종 고문을 가하거나, 필요하다면 손가락 하나를 잘라서라도 수사관은 원하는 답을 얻어내고야 만다.

그렇지만 진실을 중시하고 정의가 아직 살아 있는 현실에서는 인내심과 인간애가 협박과 폭력을 언제나 압도한다. 우리는 경험적으로 그 사실을 알고 있다. 영화에서처럼 가장 폭력적인 선택지에 반사적으로 짜릿함을 느끼는 사람은 전투 경험이 전혀 없고 역사에도 거의 무지한, 입만 살아 움직이는 불량배일 가능성이 크다. 문명적이고 유효성이 입증된 진실을 끌어내는 기법은 보편성을 띤다. 다음의 전혀 다른 취조 대상들을 살펴보자. 제2차 세계대전 때 독일에 착륙한 미 공군조종사, 뉴욕시 타임스퀘어 폭탄테러범 파이살 샤흐자드Faisal Shahzad, 겁에 질린 살인사건의 목격자. 이들은 모두 노련한 심문관들에게 비밀을 털어놓았다. 이 심문관들이 사용한 언어, 살았던 시대 그리고 훈련 수준은 서로 달랐지만, 그들이 쓴 방법과 원칙은 동일했다.

한스 요아힘 샤르프 이야기

제2차 세계대전이 전 세계를 뒤덮던 시기, 전투의 승패는 폭탄과 탄환, 탱크와 함선뿐만 아니라 군사기밀로도 갈렸다. 물론 감시와 첩보기술로 어느 한쪽이 유리한 고지를 점할 수 있지만, 적국의 상황을 알려줄 또 다른 정보원천도 승패에 중요한 영향을 미쳤다. 바로 전쟁포로다. 전쟁포로는 교전국의 상황, 전력, 향후 계획, 의도, 전략 등에 관한 비밀을 알고 있기 때문이었다. 당시 미국은 독일을 패퇴시키기 위해 공중전에 주력했는데, 특히 독일 일부 도시에 잔인한 폭격을 감행했다. 미 공군의 엘리트 조종사들이 수천 건의 임무비행을 수행하면서, 유럽 곳곳에 매우 치명적인 폭탄을 투하했다. 그중에서도 독일 동부도시 드레스덴Dresden은 가장 끔찍한 피해를 입은 것으로 유명한데, 단 하루의 파괴적인 공격으로 시민 13만 명이 사망한 것으로 추정된다.

독일 또한 적지 않은 미 폭격기들을 격추하며 반격했고, 살아남은 조종사 중 상당수가 포로로 붙잡혔다. 그 조종사들은 하나같이 엘리트 군인이었고, 그들 개개인이 가진 정보가 대단히 중요한 정보는 아니었을지 모르지만 종합해보면 독일에 매우 유용한 정보를 얻을 수 있는 수준의 것이었다. 한편 격추당해 추락한 조종사들은 군대판 **오메르타**omertà(경찰에 협조하지 않고 침묵해야 한다는 마피아의 계율 – 옮긴이)를 엄수했다. 포로가 된 조종사들은 어떤 질문에도 침묵을 지키고 전쟁법규에 따라 오직 이름, 직위, 군번만 댔다. 다수가 입을 열지 않았지만, 또 다른 다수는 속았다거나 괴롭힘을 당했다거나 잔인함에 굴복했다는 느낌도 없이 입을 열었다.

왜 포로로 붙잡힌 군인은 입을 열까? 왜 비밀이 새어나갈까? 역사적으로 보면, 규제에서 자유로운 전시戰時의 효과적인 신문원칙은 평시 범죄수사에서 쓰이는 효과적인 신문원칙과 크게 다르지 않았다. 이제부터 우리가 눈여겨봐야 할 사실은 독일 공군에서 가장 유능했던 심문관이 눈에 띄지 않는 조용한 인물이었다는 점이다. 그의 이야기는 레이몬드 톨리버가 쓴 책『심문관: 독일 공군의 거장 심문관 한스 요아힘 샤르프 이야기The Interrogator: The Story of Hanns Joachim Scharff, Master Interrogator of the Luftwaffe』을 통해 세상에 알려졌다. 신문기술을 공식적으로 배우거나 취조 관련 분야를 체계적으로 공부한 적이 없었던 샤르프는 다소 우연하게 이 분야에 입문했다. 동 프로이센 출신으로 영어에 유창했던 샤르프는 통역병으로 전선에 나갔다가, 공군 취조실로 배치 받은 후 통역을 하며 '전문' 심문관을 도왔다. 그러다 그와 일하던 심문관 두 명이 모두 비행기 추락 사고를 당하는 바람에, 샤르프는 갑자기 심문관으로 승진했다. 이후 그는 자신의 능력을 입증해 보이면서 역사에 길이 남았다.

천재적인 기술자들이 으레 그렇듯, 샤르프도 관찰을 하며 어깨너머로 선임 심문관들의 취조기술을 흡수했다. 그는 독일 전체를 통틀어 가장 교묘한 사람이자 유능한 비밀탈취자로 알려졌다. 그는 포로들을 점잖게 취조했고 언제나 부드럽게 대했다. 샤르프는 모든 생포된 조종사들의 가장 든든한 동지이자 대변인으로 행세하며, 그들에게 따뜻한 조언을 해주고 농담도 주고받으며 관계를 쌓았다. 심지어 샤르프는 전쟁포로들과 함께 산책을 즐기기까지 했다. 포로들은 샤르프에게 달아나지 않겠다고 약속을 하기만 하면—유일한 담보는 말이었다—아무런 제약 없이 자유롭게 걸어 다닐 수 있었다. 샤르프는 신뢰와 친밀감을 중시했고, 배려와 지성으로 포로들에게 깊은 인상을 남겼으며, 사람들과 접촉하고 유대를 맺고 싶어 하는 포로들의 인간적 욕구를 교묘하게 이용하며 교감했다. 결국 포로들은 하나둘 경계를 풀었고, 그들에게서 중요한 기밀을 얻어낸 샤르프는 독일 공군의 전설이 되었다.

그의 품위 있는 신문기법과 풍성한 결실이 놀라운 이유는, 그 방식이 전쟁 상황에서의 신문은 가혹해야 한다는 통념과 다를 뿐 아니라, 당시 공포의 대명사였던 독일의 정치경찰 게슈타포의 잔혹한 전략과도 매우 대조적이었기 때문이다. 사실 샤르프는 자신의 목적을 위해 잔혹하기로 소문난 게슈타포의 명성을 영리하게 이용했다. 순수한 전쟁포로들은 취조가 끝난 후 포로수용소로 이동하지만 **스파이들**은 게슈타포로 넘겨진다는 사실을 적절히 흘려, 포로들의 공포심을 자극한 것이다. 포로들은 자신이 스파이가 아니라 순수한 전쟁 포로임을 증명하기 위해 이름, 직위, 군번 외에 더 많은 정보를 실토할 수밖에 없었다. 이 세계적 수준의 '좋은 경찰·나쁜 경찰good-cop/ bad-cop(회유와 협박을 번갈아가며 구사해 자백을 받아내는 취조기법 – 옮긴이) 전략'을 제외하고, 샤르프는 자신과 관계 있는 포로들에게 그 어떤 협박과 위협도 하지 않았다. 게슈타포에 인계될지도 모른다는 엄포를 놓긴 했지만, 샤르프는 주로 친절함과 배려 그리고 친밀함을 이용해 성과를 냈다.

야만적 폭력은 필요하지 않다

샤르프의 신문방식에는 몇 가지 기본수칙이 있었다. 그중 하나는 "포로를 취조실로 데려가기 전에 자료를 충분히 숙지해야 유리하다"는 것이다. 이는 당연해 보이지만 일부 수사관들은 이런 과정을 통해 어떤 직감과 묘수가 생길 뿐 아니라 임무를 훌륭하게 완수할 기본 자산을 얻게 된다는 사실을 종종 잊는다. 앞에서 언급한 수사관 케네스 매케이브의 주요 강점도 그가 쫓는 마피아 조직원들에 대한 백과사전 급 지식에 있었다. 백과사전처럼 다 알고 있다는 명성 또한 중요했다. 신문 대상자가 샤르프 앞에서 헛소리를 하지 못한 이유는, 자기가 말할 내용을 샤르프가 이미 다 알고 있다고 생각했기 때문이었다. 그래서 포로들은 샤르프에게 더 많이 털어놓았다. 모든 훌륭한 심문관들은 이런 사실을 알고 있다.

사전준비와 학습으로 마치 다 아는 듯 자신감을 갖추면, 정보의 빈틈을 파고들 수 있다. 지식으로 무장하면 취조대상에게 강한 인상을 남길 수 있고 금방 입을 열게 할 수도 있다. 모든 훌륭한 심문관들은 생생한 증거를 갖고 있다. 가령 존 오몰리는 총기밀반입자를 취조할 때 피의자가 밀반입한 화기firearms 구입이 가능한 장소가 어디인지 위치를 설명하면, 고개를 끄덕이며 다 안다는 듯이 이렇게 말했다. "음, 거기 마마스 치킨집 바로 옆이네." 이런 즉각적이고 상세한 반응이 별 것 아닌 것 같지만 총기밀반입자에게는 강한 인상을 남겼고, 이후 진실에 이르는 길은 한결 순탄해졌다.

샤르프는 이런 수법을 끊임없이 이용했다. 그는 미국의 모든 전쟁포로에 대한 파일을 꼼꼼히 정리—취조실을 거쳐 간 모든 미군에 대한 쓸모없어 보이는 정보부터 세세한 정보, 잡다한 정보까지 모두 모았다—한 다음 정보를 조금씩 일부러 흘렸다. 이를 통해 포로에게 당신이 가진 정보를 지금 털어놓지 않아도 사실은 다 알고 있다는 인상을 주었다. 이런 전략 앞에서는 입을 꼭 다물었던 포로들도 쉽게 무장해제가 됐다.

게다가 예비조사를 한 후 신문을 시작하면 더 온화하고 결실 있는 대화를 나눌 수 있다. 샤르프는 이렇게 언급했다. "야만적인 행동은 필요하지 않다. 숨 막힐 정도로 많은 정보와 증거를 사전에 모으고 주로 상식에 호소해 설득을 하면서 자료들을 보여주면, 내가 그때까지 수집하지 못한 정보를 그들이 말해줄 것이다."

야만적인 행동은 필요하지 않다. 독일군이, 그것도 제2차 세계대전 기간 중에 이런 말을 했다는 게 다소 놀랍다. 게다가 이는 신문방법과 신문원칙에 대한 매우 인상적인 발언이다. 그의 신문방법은 열심히 사전 준비 작업을 하고, 신문에 들어가기 전 신문대상자의 정보를 가급적 상세히 수집하며, 유대감을 바탕으로 인간적인 취조를 하는 것이다. 그리고 또 하나의 중요한 신문원칙은 잔인한 행동을 피하는 것이다. 신문방법이 효과적이기 때문에 야만적인 행동을 할 필요가 없다. 아울러 야만적인 행동은 옳지 않은 일이다.

요즘도 전쟁포로나 형사피고인 등 수감자의 입을 열 수 있는 (타당한) 방법을 놓고 열띤 논쟁이 벌어진다. 어떤 사람들—보통 당파적인 정치인들—은 피의자나 전쟁포로를 부드럽고 인간적으로 대하는 것은 신문대상을 감싸는 나약한 태도여서 효과적이지 않다고 주장한다. 이들은 가혹한 신문기법이 효과적이라고 믿으면서, 샤르프의 신문원칙과 신문방법을 뒤집어야 한다고 주장한다. 그들은 억지로라도 진실을 끌어내야 하며, 신문대상에게는 그렇게 해도 된다는 근거 없는 믿음을 떠받든다. 이들은 단순히 정보를 얻는 게 전부인 경우에도 거친 원칙과 거친 방법을 내세운다. 그들에게 인간적인 대우, 정중한 신문, 권리에 대한 조언은 나약하고 효과적이지 못한 수단이다.

샤르프는 이러한 통념이 잘못되었음을 자신의 사례로 입증했다. 전쟁이 한창인 더없이 위험한 상황에서, 또 미 공군조종사들이 독일 도시를 잔인하게 폭격한 상태에서, 미군의 존엄성을 인정하고 배려하며 인간적으로 신문한다는 것은 독일군으로서는 무척 힘든 일이었을 것이다.

샤르프의 신문방법이 지지를 얻은 이유는 **옳은** 데다 효과적인 방식이었기 때문이다. 그는 철저한 사전준비와 친밀감이 협박과 폭력보다 더 효과적이라는 사실을 알았다. 샤르프의 일반 원칙은 내가 지금까지 만나고 대화하고 감독했던 모든 훌륭한 수사관들도 지지하고 인정했다. 사람을 때리고 위협하는 것으로는 진실한 신문을 지속하기가 어렵다. 전략이 야만을 누르고, 인내가 완력을 능가한다.

우리는 이러한 사실을 연이은 재판에서 확인했다. 심지어 협조와 자백이 불가능하다고 여겨지던 사건에서도 이를 확인했다. 여러분이 생각하기에 가장 다루기 어렵고 가장 완고한 증인이 누구일 것 같은가? 아마도 탐욕이나 권력, 일시적인 욕망 때문이 아닌, 뿌리 깊은 이데올로기와 서구를 향한 몸에 밴 증오 때문에 타인을 상대로 잔혹한 행위를 계획하고 실행에 옮기는 사람들이라고 추측할 것이다. 또한 돈이나 정신병, 사랑 때문이 아니라 증오와 분별없는 대의명분으로 대량학살을 자행하는 비정하고 증오로 가득찬 테러범이라고 생각할 것이다. 하지만 그 추측은 틀렸다.

폭탄테러범의 입을 열게 한 것

타임스퀘어 폭탄테러 사건을 살펴보자. 범인 파이살 샤흐자드는, 내가 뉴욕남부지검에 부임한 후 9개월을 채우지 못했을 때 다수의 미국인을 죽이려고 했던 테러범이었다.

2010년 5월 1일 초저녁 뉴욕 타임스퀘어 한가운데에 짙은 선팅을 한 자동차 한 대가 주차돼 있었다. 차량 내부에서 똑딱거리는 소리가 흘러나왔는데, 이는 화학비료, 프로판, 폭죽, 가솔린으로 만든 사제폭탄에서 나는 소리였다. 조잡하지만 강력한 폭탄이었다. 폭탄제조자는 토요일 저녁 수만 명의 시민이 식당으로 향하고 브로드웨이 쇼를 보러가는 바로 그 시점에, 맨해튼 심장부에서 폭탄을 터뜨릴 계획이었다. 하지만 폭탄은 터지지 않았고, 사망자도 없었다. 폭탄제조자가 만드는 과정에서 실수를 했기 때문이었다. 근처에 있던 한 시민이 차량에서 피어오르는 연기를 보고 얼른 경찰에 알렸다. 타임스퀘어는 폐쇄됐고, 수많은 시민이 대피했으며, 53시간 동안 범인 수색작업이 펼쳐졌다. 결국 우리는 이 살인미수범이 6개월 전 파키스탄 탈레반 Tehrik-i-Taliban Pakistan(탈레반을 지지하는 파키스탄의 이슬람 무장단체들이 연합해 세운 반정부 단체 – 옮긴이)의 한 영상에서 "나는 9·11테러가 발생한 이후 우리 형제들과 함께 지하드에 참여하려고 노력했다"고 발언한 사실을 알게 되었다.

범인 수색을 벌인 53시간 동안, 우리 검찰청의 대테러팀 검사들은 합동 대테러전담부대 Joint Terrorism Task Force(이하 JTTF)의 요원들과 함께 밤을 지새우며 감시카메라를 주시하고 범죄 차량의 마지막 행적을 추적했다. 출발부터 순조롭지 못해 이렇다 할 실마리를 잡지 못하다가, 월요일 심야에 샤흐자드가 지명수배자라는 사실을 최종적으로 확인했다. 무장한 FBI팀이 이 위험인물을 잡기 위해 코네티컷주에 있는 샤흐자드의 아파트를 에워쌌다.

당시 부지검장 보이드 존슨은 FBI 본부에 머물렀고, 나는 뉴욕남부지검에서 대테러팀 책임자들로부터 샤흐자드 체포 상황에 대한 보고를 받았다. 그런데 돌발 상황이 발생했다. 샤흐자드가 감시카메라를 피해 아파트에서 달아난 것이다. 이 긴급수배범은 항공기 탑승 금지자 명단에 올라 있었는데도 JFK공항에서 월요일 자정 직전 두바이로 떠나는 에미리트항공 여객기에 탑승해 있었다. 항공기가 이미 게이트를 출발했지만 다행히 이륙 직전 멈췄고, 우리는 샤흐자드를 끌어낼 수 있었다.

샤흐자드는 체포됐고, 이제 그의 입을 열어야 했다. 중대한 취조의 순간이 다가왔다. 샤흐자드는 혼자 움직였는가? 혼자가 아니라면 공모자는 누구인가? 누가 그를 이런 과격한 행동으로 이끌었는가? 누가 그를 훈련시켰는가? 폭탄재료는 어디서 구입했는가? 그는 다른 계획들도 알고 있는가? 이렇게 많은 질문들이 그를 기다리고 있었다. 하지만 그가 과연 입을 열 것인가?

이 신문과 관련해 고려해야 할 중요한 전후사정이 있었다. 샤흐자드는 9·11테러 이후 뉴욕시에서 자행된 테러의 첫 번째 공작 테러범operational terrorist(테러단체의 고위급 조직원으로 간주되는 테러범, 개인적으로 위협적인 테러를 저지른 테러조직 정보원, 향후 계획 중인 테러활동에 대한 정보를 아는 개인 등을 뜻함–옮긴이)이었다. 근래 들어 테러범의 체포 관행에 의문이 제기되면서 미란다원칙 고지와 관련된 의사결정에도 영향을 미쳤다. 2009년 성탄절에 디트로이트주에서 일명 '속옷폭탄' 테러범인 우마르 파루크 압둘무탈라브Umar Farouk Abdulmutallab가 테러를 시도했다가 체포된 사건 이후, 4개월 만에 파이살 샤흐자드가 체포된 터라 신중하게 처리해야 했다. 압둘무탈라브가 체포될 당시, 수사관이 그에게 너무나 빨리 피의자 권리를 고지한 탓에 중요한 증언을 수집할 기회를 놓친 경험이 있었다. 검찰청 내부는 샤흐자드에게 피의자 권리 고지를 언제 해야 할지를 놓고 신경이 예민해졌다.

압둘무탈라브 사건 이후 또다시 이런 상황이 벌어질 경우를 대비해, 우리는 '테러범이 나타났을 때 어떻게 대처할 것인가'라는 시나리오를 놓고 토론했다. 일단 우리는 미란다원칙 고지 예외 규정에서 정한 공공안전에 대한 예외가 무엇인지를 자세히 조사했다. 일반적으로 미란다원칙에서는 체포된 자를 신문하기 전에 피의자에게 진술거부권과 변호인선임권 등 피의자 권리를 고지해야 한다. 반면 미란다원칙 예외 인정은 피의자에게 권리를 고지하기 전에 취조하는 것이 가능하며, 이 경우 유죄를 입증할 수 있는 피의자의 진술이 법정에서 배제되지 않는다.

연방대법원이 1984년 판결에서 제시한 미란다원칙 고지 예외 규정에 따르면, 테러 용의자는 한동안 범행계획, 공모자, 여타 공공안전에 중요한 사항에 대해 신문받을 수 있다. 일정기간 이 질문에 대한 답을 얻기 위해, 그리고 테러 관련 정보와 기밀을 모으기 위해, 헌법이 미란다원칙을 사전에 고지하지 않고 신문하는 것을 허용한 것이다. 상황에 따라 다르지만, 미란다원칙 고지 위반으로 범행 자백 진술이 법정에서 증거로 쓰일 수 없더라도, 유죄를 입증해줄 또 다른 압도적인 증거가 있다면 크게 문제될 것이 없었다. 우리는 논의를 마치며 다음과 같은 전략을 세웠다. 첫째, 너무 서둘러서 미란다원칙을 고지하지 않는다. 둘째, 온갖 수집 가능한 증거를 찾은 후에 법정에서 유죄판결을 얻어내기 위해 자백이 중요한지, 아니면 미란다원칙 고지를 늦추고 테러 관련 기밀을 얻는 게 더 중요한지를 따져본다.

이 사전계획은 성과가 있었다. 샤흐자드가 체포되고 그를 신문할 시점이 다가왔을 때, 우리는 잘 준비된 상태였다. 나는 법무부 산하 국가안보국National Security Division에 우리가 이러이러한 의도에서 미란다원칙 고지를 늦출 계획이라고 설명하면서, 우리는 현 상황에서 이 판단이 적법하고 적절하다고 본다고 전했다. 당시 법무부차관보는 우리의 계획에 동의했고, 이를 법무부장관 에릭 홀더Eric Holder와 논의해보라고 했다. 나는 법무부장관과의 통화에서 파이살 샤흐자드의 혐의사실이 분명—요원들이 JFK공항으로 급파돼 그를 먼저 조사했다—하며, 우리 검찰청은 더 많은 정보와 기밀사항을 최대한 수집하기 위해 미란다원칙 고지를 서두르지 않을 계획이라고 전했다. 법무부장관은 우리의 방침을 최종 승인해주었다.

그 시각 샤흐자드는 공항 2차 심사실secondary room에서 관세국경보호청Customs and Border Protection 소속 요원의 감시를 받으며 앉아 있었고, JTTF 심문관들이 이곳을 향해 달려가고 있었다. 마침내 연방수사국 특수요원들과 뉴욕시경 형사가 2차 심사실에 들어갔을 때, 샤흐자드는 차분하고 느긋한 모습을 보였다. 체포됐을 때 그가 처음 내뱉은 말은 이것이었다. "왜 이렇게 오래 걸립니까?" 이는 조롱이 아니라 질문이었다. 요원들은 보안이 확실한 JTTF의 맨해튼 본부로 이동하기 전 샤흐자드에게 간식을 주었다. 사전계획에 따라 형사가 샤흐자드에게 공공안전과 관련된 여러 질문을 했다. 샤흐자드는 차분하게 바로바로 대답했다. 곧 형사와 샤흐자드 사이에 친밀감이 형성됐다.

우리는 샤흐자드를 장시간 신문할 계획이었지만, 미란다원칙 고지를 해도 과연 샤흐자드가 계속 입을 열 것인지 판단하는 일은 취조실에서 샤흐자드의 태도와 심리 상태를 직접 살펴본 형사—수년간의 수사경험과 수천 건의 범인 인터뷰 경력이 있는 형사—의 판단에 달려 있었다.

미란다원칙 고지를 하면 신문이 그대로 끝나버릴 수도 있다. 하지만 권리를 고지하는 와중에 친근감을 드러내고 신뢰를 키울 수도 있다. 한스 샤르프가 깨달은 것처럼 신뢰는 비밀을 털어놓게 하는 가장 효과적인 촉매제였다. 신문의 베테랑 요원들은 신문기술을 '유혹'이라고 표현했다. 그들에 따르면 최고의 신문은 피의자와의 유대감이 극대화된 순간을 깨닫는 것이고, 어떤 버튼을 누르고 어떤 레버를 움직여야 하는지 그 진정한 느낌을 알아채는 데서 만들어진다. 샤흐자드를 신문한 형사도 바로 그런 순간이 왔다는 느낌이 들자, 재량적 판단을 했다. '이제 미란다원칙 고지를 슬쩍 해서 법적 의무를 다할 수 있겠군. 이제부터 자백의 증거 능력을 확보하면서 정보를 계속 끌어낼 수 있겠어.'

물론 변호인선임권을 알려주면, 압둘무탈라브처럼 피의자가 자신의 권리를 내세워 입을 다물지도 모른다. 그러나 샤흐자드는 미국을 상대로 지하드를 맹세한 데다 해외 테러조직의 정보원 노릇을 하며, 미국에서 전쟁을 일으키겠다고 결심하고, 타임스퀘어를 지나던 무고한 시민 수십 명을 살해하려고 시도하고, 도주 후에 추가적으로 더 많은 미국시민을 죽이려고 계획했으면서도 계속 입을 열었다. 그는 진술을 계속하면서 더욱더 많은 정보를 털어놓았다.

샤흐자드의 신문과정에서는 그 어떤 구타나 폭력, 협박도 없었다. 또한 샤흐자드는 자신의 권리에 대해서도 충분히 들은 상태였다. 그럼에도 그는 며칠 동안 차분하고 상세하게 자신이 세운 계획의 핵심 내용이 무엇인지 밝혔다. 무엇보다도 모든 폭탄 재료를 스스로 구입했고, 자신이 제조한 폭발물로 시민 40명이 죽길 바랐으며, 2주 후 미국에 돌아와 더 많은 사람을 죽이려고 했다는 계획까지 실토했다. 매일 미란다원칙을 분명하게 반복해서 고지받은 샤흐자드는 공범과 조력자에 대한 신문도 받았는데, 너무 많은 단서를 흘리는 바람에 수백 명의 수사요원들이 여러 도시에서 쉴 틈 없이 증언의 진위를 확인하러 돌아다녀야 했다.

그 후 샤흐자드는 법정에서 깔끔하게 죄를 인정했다. 내가 지검장으로 있을 동안 세간의 주목을 받는 피의자가 이렇게 빨리 유죄를 인정한 경우는 그가 유일했다. 파이살 샤흐자드는 체포 2주 후인 2010년 5월 18일 법정에 선 자리에서 자신의 죄를 모두 인정했다. 그리고 현재 종신형을 언도받아 죗값을 치르고 있다.

신문은 심리와 정보력의 싸움

사전작업과 예비조사 외에도, 신문의 성공을 가르는 핵심 열쇠는 보통 순간을 읽어내는 능력에 있다. 이런 능력을 발휘하려면 뛰어난 정서지능이 필요하다. 이 말의 핵심은 효과적인 신문은 교과서에서 배우지 못한다는 것이다. 이는 과학보다는 기술에 가깝다. 또 공감능력과 인간에 대한 이해가 필요하다. 거친 신문방식이 결코 성과를 내지 못한다는 뜻은 아니다. 그러나 피의자를 거칠게 다뤄야 필요한 정보와 진실을 알아낼 수 있다는 허풍선이들의 자동반사적 주장을 우리는 끊임없이 경계해야 한다. 특히 현실에서 피의자를 신문해본 경험이 없는 사람들의 말이라면 더욱 경계해야 한다. 이는 전문 FBI수사요원, 경찰, 마약단속국요원, 연방검사들의 공통된 견해이다. 범죄자가 어떻게 입을 여는지 직접 한 번도 본 적 없는 상아탑의 학자나 정치계 인사들의 판단보다, 현장에서 뛰는 이들의 판단을 나는 신뢰한다.

그런데 테러범들은 왜 입을 여는 걸까? 어떤 조건에서─수사관들의 신문기법을 통해─파이살 샤흐자드 같은 범죄자들이 체포되자마자 자백을 강요하지 않았는데도 개인정보, 계획, 의도 등 거의 모든 것을 털어놓게 되는 걸까? 나는 이 상황이 직관적으로 이해가 되지 않았다. 그래서 여러 FBI요원들에게 왜 그런 일이 발생하는지 견해를 물었다.

요원들의 설명은 내가 듣기에 꽤 설득력이 있었다. 테러범들은 자신의 이야기가 사람들 입에 오르내리며 널리 알려지길 원한다는 것이다. 또 이들은 드라마틱한 이야기의 창작자가 되길 원하고 그 이야기의 주인공이 되고 싶어 한다. 테러의 핵심은 공포심을 불어넣고 정치적 목적을 위해 대중의 이목을 끄는 것이다. 그들은 전설적인 존재가 되고 싶어 하기 때문에, 익명성에 가려지는 것을 몹시 싫어한다. 이런 이유로 순교영상을 찍고, 언론을 통해 자신들의 주장이 알려지길 바라며, 각종 선전을 통해 자신들의 분별없는 복음을 퍼뜨려 미래의 조직원을 유인하고자 한다. 물론 이보다 더 단순한 이유로 테러를 저지르는 경우도 있을 테지만 말이다.

또 다른 이유도 있다. 매우 극악한 범죄도 그 이유를 자세히 살펴보면 다른 사람들에게 이해받고 싶은 깊은 인간적 욕망에서 비롯된다는 것이다. 이는 무슨 이유로 그런 짓을 저질렀는지 남들에게 이해받고 싶은 욕망인데, 특히 이데올로기 때문에 충격적 범죄를 저지른 사람들이 이러한 심리에서 일을 벌이는 경우가 많다. 이것이 수사관들에게 반가운 소식인 이유는 남들에게 이해받고 싶다는 욕망을 이용해 범죄자들에게 책임을 물을 수 있을 뿐 아니라, 테러조직의 활동범주나 다른 공범들의 정체를 파악할 수 있기 때문이다.

물론 아직도 고문을 비롯한 가혹한 신문방식의 효과를 옹호하는 사람들이 존재한다. 이들은 야만적 행동이 범죄자들에게 법과 공권력이 강하다는 인상을 심어줄 뿐 아니라, 범행을 실토하게 하는 데 효과적이라고 믿는다. 그렇지만 역사적으로 살펴볼 때 그것은 진실이 아니다.

아부 주바이다Abu Zubaydah 사건을 예로 들어보자. 9·11테러 사건 이후 체포된 그는 알카에다의 최고지도자 중 한 명이라고 신원이 잘못 알려졌었다. 2002년 미국의 파키스탄 공습 이후 부상당한 채 체포되어 계속 억류됐던 주바이다는 CIA에 의해 적어도 83차례의 물고문과 잠을 안 재우는 고문을 받은 것으로 알려졌다. 또 가로 세로 0.7미터짜리 상자에 29시간 동안 갇혔고, 관 크기의 상자에 266시간 동안 갇혀 지내기도 했다. 벽에 계속 내동댕이쳐지는 폭행도 당했고, 스트레스를 극도로 끌어올리는 자세로 수갑을 찼으며, 추위와 시끄러운 소음에 노출되기도 했다.

이런 가혹한 폭행 때문에, CIA수사관들은 어느 순간 자기들이 그를 죽였다고 착각하기도 했다. 고문에 시달리던 주바이다는 결국 9·11테러를 배후조종한 칼리드 셰이크 모하메드Khalid Sheikh Mohammed와 미국 본토에서 폭탄 테러를 공모한 혐의를 받은 미국 시민 호세 파딜라José Padilla의 정체에 대해 털어놓았다(호세 파딜라도 가혹한 신문을 당한 것으로 알려져 뜨거운 논란을 낳았다). 주바이다가 입을 연 것은 가혹한 신문 때문이었을까? 사실 주바이다가 제공한 유용한 정보는 고문당하기 전, FBI요원과 친밀한 관계를 유지하며 신문받을 때 털어놓은 것이다.

주바이다가 체포된 것은 늦은 3월이었다. 당시 신문을 담당한 알리 수판Ali Soufan은 FBI 특수요원으로 전문 심문관인 데다, FBI를 통틀어 아랍어가 가능한 단 8명의 요원 중 하나였다. 수판이 신문을 위해 도착했을 때, 주바이다는 부상당한 채 계속 반항하고 있었다. 수판은 간단한 질문부터 던졌다. "이름이 뭔가?" 주바이다가 답했다. "다우드." 거짓말이었다. 수판은 주바이다에게 웃으며 말했다. "그럼 그냥 하니Hani라고 불러도 될까?" 주바이다는 깜짝 놀란 눈치였다. 하니는 어린 시절 주바이다의 엄마가 그에게 붙여준 애칭이었기 때문이다. "좋소." 애칭이라는, 매우 인상적이고 인간적인 세부 정보 하나로 신문의 흐름이 순식간에 바뀌었다. 이후 1시간 동안 주바이다는 순순히 입을 열었고, 결정적인 중대 기밀도 수판에게 털어놓았다.

훗날 수판은 의회에 나와 증언하면서, FBI의 신문기법이 결실을 맺으려면 예비조사가 반드시 필요하다고 역설했다. 그리고 사전준비의 중요성을 언급했다. 수판은 앞에서 언급한 한스 샤르프와 교신이라도 한 듯 똑같이 말했다. "심문관은 사전조사를 해서 정보기관이 억류자에 대해 알고 있는 사소한 내용까지 모조리 익혀두어야 합니다. 그러면 심문관은 그 지식을 이용해 억류자에게 당신에 대한 모든 정보를 알고 있으니 그 어떤 거짓말도 바로 들통 날 것이라는 인상을 심어주게 됩니다."

나중에 상원정보위원회Senate Select Committee on Intelligence가 내놓은 「고문보고서」에서 증명됐듯이, 2001년부터 2009년 사이에 있었던 CIA의 억류 및 가혹한 신문프로그램은 큰 효과가 없었다. 야만적 행동은 필요하지 않을뿐더러 도움도 되지 않았다. 상원정보위원회 보고서가 맨 처음 내린 결론은 다음과 같았다. "CIA가 사용한 강화된 신문기법은 억류자로부터 기밀을 얻거나 협력을 유도하는 데 있어 효과적인 수단이 아니었다."

고문은 가치 있는 정보 획득에 불필요할 뿐 아니라, 기본적으로 부당한 결과를 낳는다. 바로 허위자백이다. 2003년 미국이 이라크를 침공했을 때 부시 행정부는, 이라크가 알카에다 조직원들에게 무기를 공급하고 있다는 한 이름 없는 정보원의 증언을 근거로 침략을 정당화했다. 그 정보원은 이븐 알세이크 알리비Ibn al-Sheikh al-Libi였다. 알리비는 아프가니스탄에서 오사마 빈라덴의 테러범 훈련소를 운영한 자로, 2001년에 체포됐다. 당시 그는 미국이 생포한 알카에다 조직원 중 가장 직급이 높았다. FBI와 CIA 모두 알리비를 신문했는데, FBI요원들은 알리비에게 피의자 권리를 읽어주고 정중하게 대해서 친밀감을 쌓으려고 한 반면, CIA요원들은 FBI처럼 해서는 정확한 정보를 얻지 못할 거라 생각했다. 그래서 CIA는 알리비를 이집트로 데려가 구타하고는 작은 상자에 가둬 '위장 장례식'을 치르게 했다. 알리비는 결국 CIA 측 심문관들에게 알카에다와 이라크의 연계성에 대해 '그들이 듣고 싶어 하는 답변을' 해주었다. 그러나 알리비의 자백은 명백한 거짓이었다. 2004년에 FBI에 인계된 알리비는 과거의 자백을 철회했다. 후에 알리비는 FBI요원들에게 "CIA요원들이 날 죽이려고 해서 뭐라도 말해야 했다"라고 진술했다. 고문으로는 그 어떤 유용한 정보도 얻을 수 없다는 사실을 보여준 가장 좋은 사례였다.

범죄자에게도 인간적인 면이 있다

FBI의 한 베테랑 요원이 내게 이런 말을 한 적이 있다. "누구에게나 당신이 누를 수 있는 버튼이 있어요. 그것을 찾으세요. 그걸 찾아야만 합니다." 열심히 들여다보고 열심히 고민하다 보면, 범죄자에게서도 인간적인 면모를 찾아낼 수 있다. 두려움을 일으키는 수단이 아닌, 그런 교감의 순간을 찾아야 한다. 수사관이 인간적인 모습을 보일수록, 피의자의 인간적 약점은 선명해진다.

대다수 범죄자나 증인이 자백을 하는 것은 총이나 제복에 위축되어서가 아니다. 사실 그 반대다. 한 수사관의 말처럼, 경찰제복은 진실을 얻는 데 오히려 방해가 된다. 훌륭한 경찰은 증인이나 피의자가 총이나 경찰배지를 잊게 하려고 애쓰며, 그들을 범죄자가 아닌 인간으로 대한다. 이와 관련해, 뉴욕남부지검의 최고 베테랑 수사관 중 한 명인 지미 모토Jimmy Motto는 신문과정 촬영의무화를 놓고 논쟁이 한창일 때, 그러한 의무규정이 우려된다고 내게 말했다. 거친 신문으로 얻은 자백을 배심원들이 외면할까봐 그런 게 아니었다. 친밀감을 형성하려는 영리한 전술을 폭력범죄자를 감싸는 행동으로 오해할까 봐 그런 것이었다. 그는 경찰이 너무 친절해 보여도, 너무 거칠어 보여도 문제라고 했다.

신문할 때 어리석은 실수는 금물이다. 순간적으로 이뤄지는 신문은 대규모의 즉흥연주로, 가급적 사전에 성실한 준비작업을 해놓아야 한다. 일단 신문을 시작하면 그 흐름에 따르되, 얼어붙으면 안 된다. 범죄자나 조력자enabler들도 일종의 도덕적 잣대에 따라 살아가는 사람일 것이다. 물론 당신이나 나의 잣대와는 다르겠지만, 그래도 그들은—적어도 반사회적 인격장애가 아니라면—여전히 인간이다. 그들에게서 인간적 면모가 보이지 않거나 잠깐 보이다가 사라지더라도 분명 인간적인 면이 있다. 사람마다 버튼이 있으며, 준비되고 공감할 줄 아는 수사관은 그 버튼을 누른다.

참담하게도 온 사방이 피로 물든 후, 연합국은 제2차 세계대전에서 승리했다고 선포했다. 독일은 불명예스럽게 무조건 항복을 선언했다. 미국의 전쟁포로들은 석방됐다. 그렇다면 심문의 달인 한스 샤르프는 어떻게 됐을까? 그는 어떤 일을 했을까?

전쟁이 끝나면서, 독일 공군의 인간적 심문관에 대한 전설이 대서양 너머 그에게 심문받았던 미군 전쟁포로들의 입에 오르내렸다. 고국에 돌아온 미군 조종사들은 '신사다운' 심문관에 관한 일화를 퍼뜨렸다. 그 덕분에 샤르프는 미 공군의 초빙으로 미군들 앞에서 자신의 신문기법에 대한 강연을 했다. 이 가르침 중 상당수가 미 국방부에서 활용되었을 뿐 아니라, 미군 군사교육 커리큘럼에도 반영되었다. 더 최근에는 FBI 산하 테러용의자 신문 특별팀High-Value Detainee Interrogation Group이 2009년부터 효과적인 신문기법 연구에, 그중에서도 샤르프의 신문기법 연구에 1000만 달러를 투자했다. 샤르프가 독일에 억류된 미군 포로들을 사로잡은 지 70년 만에 미국 정부는 샤르프의 생각이 옳았다고 결론 내렸다. 즉, 그의 신문기법이 고문에 가까운 방식보다 더 정확하고 가치 있는 정보를 끌어낸다는 사실을 인정했다.

8장 밀고자들

협조적 증인이라는 도덕적 딜레마

집 출입문이 '쾅!' 하고 닫혔다. 2007년 여름, 여섯 살이 된 딸 마야가 결연한 표정으로 저벅저벅 걸어 들어왔다. 그리고 네 살인 아들 제이든이 허겁지겁 뒤따라 들어왔다. 제이든은 울면서 소리를 질렀다. "누나, 안 돼! 누나, 그러지 마!" 제이든이 뭔가 심한 장난을 친 것 같았고, 마야는 동생이 저지른 죄를 어떻게든 고자질하려고 했다. 부엌으로 들어온 마야는 허리춤에 손을 얹고 서 있었고, 나와 아내는 마야를 쳐다봤다. 마야가 말을 하려고 하자, 제이든이 거의 발작하듯 마야의 입을 틀어막으려고 했다. 네 살밖에 되지 않은 꼬마였지만, 아들이 그렇게 당황하는 건 꽤나 드문 일이었다.

나는 보통 잘못된 일을 고자질하면 들어주는 편이었지만, 그 순간에는 받아주지 않았다. 아내와 나는 마야의 입을 다물게 하고는 제이든을 달래주었다. 그런 다음 몇 가지를 물었다. **"누가 다쳤니? 깨진**

건 없고?" 마야는 아니라며 고개를 가로저었다. **"제이든, 누나한테 미안해?"** 제이든은 그렇다며 고개를 끄덕였다.

그 후 우리는 두 녀석의 예상과는 다른 행동을 했다. 무슨 일이 있었는지 알고 싶지 않다고 말한 것이다. 제이든이 울음을 뚝 그쳤다. 마야는 의아해하며 눈동자를 이리저리 굴렸다. 그렇지만 거기까지였다. 곧 무슨 일이 있었냐는 듯 두 아이는 함께 밖으로 나갔다.

왜 우리는 제이든의 잘못을 고자질하려던 마야를 가로막았을까? 제이든에게 트라우마가 생길 것을 염려했던 것으로 기억하지만, 다른 이유도 있었다. 바로 가르침을 주기 위해서였다. 어떤 경우에도 고자질은 매력적인 행동이 아니다. 이는 배신이다. 밀고자를 좋아하는 사람은 없다. 자기와 가까운 사람을 밀고하는 자들을 보면, 대개는 기분이 언짢고 흠칫 놀란다. 내 생각에 인간의 DNA는 배신을 택한 정보제공자에게 혐오감, 혹은 도덕적 불쾌감까지 느끼도록 설계되어 있는 듯하다. 그렇지만 그런 변절자들이 무수한 범죄수사에서 중요한 역할을 하는 것 또한 부인할 수 없는 사실이다.

협조자와 배신자 사이

이러한 수사도구―범죄자에게서 등을 돌린 정부보호증인(연방정부의 증인보호프로그램으로 보호받는 증인 – 옮긴이)―는 유난히 대중의 상상력을 사로잡는다. 사람들은 이들을 일컬어 밀고자, 고자질쟁이, 배반자라고 하지만 협조자라고 부를 수도 있다.

보통 검사들은 검찰의 도덕성integrity은 심판대에 오르지 않는다고 본다. 사실 연방정부를 대변하는 연방검사들은 늘 이렇게 말한다. "지금 연방정부가 심판받는 것은 아니잖아!" **아니다, 늘 심판을 받는다.** 진실은 단순하다. 어떤 사회든 형사사법제도는 반드시 그 사회의 도덕률을 보여준다. 법과 도덕은 외연이 동일하지는 않지만, 한 사회가 정한 처벌대상은 그 사회가 용납할 수 없고, 비난하고, 부도덕적이라고 보는 것이 무엇인지를 어느 정도 드러낸다. 게다가 한 사회가 선택한 법집행 **방식**과 한 사회가 인가한 관행, 한 사회가 승인한 권력, 한 사회가 인정한 도구들도 그 공동체의 도덕적 사고를 보여준다. 특히 협조자라는 위험한 회색지대에 서 있는 사람들에게서 이러한 사실을 확인할 수 있다.

영화계는 종종 동료를 배신한 정보제공자를 영화의 소재로 삼는다. 범죄자부터 협조자까지 그 자취를 추적하는 과정은 좋은 영화소재이다. 여기에는 위험, 배신, 변신이 긴장감 넘치게 뒤섞여 있어 흥미진진하다. 내 생각에 여기에는 또 다른 요소가 섞여 있다. 바로 복잡한 맥락이다. 협조자들은 골치 아픈 회색지대에 놓여 있다. 이들은 경찰을 돕는 대신 살인을 저지르고도 처벌을 피해갈 수 있다. 이들은 주변 사람을 배신하는 이중첩자로 활동한다. 이는 다소 환상적이면서도 음침한데, 사법 스펙트럼의 정반대편에 있는 범죄자와 정의를 수호해야 할 법집행자 사이의 공조관계가 숨어 있기 때문이다. 공조를 위해서는 깊은 신뢰가 필요하고, 상대에게 의지할 수밖에 없는 유대관계가 있어야 하며, 믿음과 신뢰가 쌓일 만한 행동을 실제로 보여야 한다. 한쪽은 관대한 처분을 바라고 수사에 적극 협조한다면, 다른 한쪽은 유죄판결과 직업적 출세를 바라고 관계를 맺는다. 이는 사법의 전체 영역에서 가장 성스럽지 못한 동맹이면서 동시에 흔한 일이다.

흔한 일이라고 해서 위험부담이 없지는 않다. 오히려 정반대다. 협조행위는 감옥행을 면하게 해줄지는 모르지만, 종종 영안실로 가는 직행열차가 되기도 한다. 실제로 검사들과 협조했다가 혹은 협조한다는 의심을 받고 보복을 당해 무덤에 묻힌 사람들이 허다하다. 내가 연방검사로 있을 때 데이비드 로디David Rody와 데이비드 앤더스 검사는, 협조자로 의심받던 에드윈 산티아고Edwin Santiago를 아파트로 유인해 사지를 묶은 뒤 고문하고, 목을 조른 후 불에 태워 죽인 잔혹한 사건의 범인에게 사형을 구형했다. 피해자의 끔찍한 사체를 직접 목격한 그날의 장면이 지금도 내 머릿속에 남아 있다. 후에 한 검시관은 산티아고의 시체가 너무 심하게 훼손된 탓에 홍채색깔을 확인하는 것조차 불가능했다고 증언했다.

협조자들은 위험을 무릅쓰고 법집행기관에 결정적 정보를 제공한다. 내부자로서 신뢰를 받는 협조적 증인들은 특정 범죄나 범죄조직 전반에 대한 이야기를 들려주기 때문에, 이를 근거로 검사는 처벌하기 힘든 대상에게 결정타를 날릴 수 있다.

마피아조직을 한번 살펴보자. 별명이 황소인 새미 그라바노Sammy Gravano는 마피아조직 감비노를, 조셉 마시노Joseph Massino는 보나노를 무너뜨렸다. 기업 스캔들은 어떠한가. 앤디 패스토우Andy Fastow는 엔론의 CEO를, 스콧 설리번Scott Sullivan은 월드컴의 CEO를 끌어내리는 일에 일조했다. 한 세대를 통틀어 가장 규모가 컸던 내부자거래사건에서, 여러 명의 협조자들이 갤리언그룹Galleon Group의 최고 경영자를 끌어내렸다. 버나드 메이도프의 10명이 넘는 공모자들을 몰락하게 한 것도 협조자의 증언이었다. 지금까지 와해된 주요 범죄 조직도 화를 면하려는 조직의 전 두목이나 조직원의 협조 덕분에 해체됐다. 범죄집단과 부패한 기업들은 FBI와 같은 외부기관에서 수사를 받지만, 보통은 내부에서부터 붕괴가 시작된다.

범죄자에 대한 정보가 있거나 이들에게 접근할 수 있는 사람은 모두가 잠재적 협조자다. 그들 중 일부는 놀랍게도 사업동료, 죽마고우, 형제자매와 배우자, 심지어 부모와 자녀들까지 배신하기도 한다. 스스로를 지켜야 한다는 몇몇 사람들의 집념에는 한계가 없다.

협조적 증인은 때로 과학을 능가하기도 한다. 유명 사이클 선수 랜스 암스트롱은 투르드프랑스Tour de France(프랑스 전역을 일주하는 세계적인 사이클 대회 – 옮긴이)에서 일곱 차례 우승했다. 그 기간 동안 그는 약물검사를 150번 받았다. 그렇지만 단 한 번도 걸린 적이 없었다. 하지만 그는 몰락했다. 그의 예전 동료 11명이 협조적 증인으로 나서서 암스트롱의 약물복용 사실을 폭로했기 때문이다.

협조자들은 마법 같은 존재이자 위협적인 존재이다. 가령, 도청은 불명확하고 불완전해서 필요한 정보를 손에 넣기 어려운 경우가 있다. 반면 협조자들은 불법을 모의하는 자들과 면대면 대화를 하거나 비밀회의를 열 때 그 현장에 있기 때문에, 은어와 암호화된 대화가 난무하는 도청 내용을 정확하게 해석해줄 수 있다. 때로는 도청장치를 직접 부착하고 대화를 유도해서 시체가 있는 곳을 알려주기도 한다.

협조자들과 일할 때 검사들이 짊어져야 할 위험도 있다. 협조자들은 요긴하지만 동시에 엄청난 짐이 될 수도 있다. 이들은 거짓말을 하거나, 없는 말을 지어내거나, 배심원들에게 불쾌감을 줘서 재판을 그르칠 위험도 있다. 이런 이유로 검사들은 협조자들의 진술을 의심하면서도, 진위 여부를 입증하는 일을 게을리하지 말아야 한다. 증언이 진실한지 따져야 하고, 증언의 진실성을 하나하나 뒷받침할 수 있어야 한다. 가령, 협조자가 그날 비가 왔다고 하면 검사들은 일기예보를 확인해야 한다. 검사들은 협조자들의 사적이익 도모와 이중행보를 경계해야 한다는 말을 늘 듣는데, 일부 검사들은 이를 몸소 겪어보고 깨닫기도 한다.

협조적 증인은 예전부터 법적, 도덕적, 윤리적으로 복잡하게 얽힌 존재였다. 나는 유죄판결을 받기 위해 공범을 증인으로 쓰는 것이 원칙상 타당한지를 놓고 심각하게 고심한 기억이 없다. 우리는 그냥 공범을 증인으로 내세웠다. 내가 **고심한 것**은 특정 사건에서 쓰는 전술과 그에 대한 대중적 인식이었다. 일례로, 협조적 증인이 먹이사슬에서 자기보다 서열이 낮은 사람에게 불리한 증언을 하도록 증인석에 세우는 것은 좋지 않다고 본다. 협조 전략은 아래쪽이 아닌 위쪽을 겨냥해야 한다. 이 전략의 정당성은 하부의 운반책을 잡겠다고 핵심인물을 이용하지 않는 것에 있다. 큰 물고기, 즉 더 괘씸한 물고기가 더 작은 놈을 팔아넘기고 더 가벼운 형벌을 받아서는 안 되기 때문이다.

내가 맡았던 사건에서 처음으로 무죄평결을 받았을 때, 나는 그런 결과를 어느 정도 예감했다. 우리 쪽에서 내세운 협조적 증인이 거만한 데다, 이민사기 혐의로 재판을 받던 서열이 낮은 피라미보다 훨씬 죄가 중한 자였기 때문이다. 배심원단은 그 협조자에게 진저리를 쳤다. 그래서 유죄증거가 숱하게 있었는데도 협조자가 밀고한 피고인에게 무죄평결을 내렸다.

한편 모든 피고인 측 변호인들은 검사 측 협조자를 이용해 무죄를 받아내려고 한다. 협조자가 사건의 핵심인물인 동시에 아킬레스건이기도 한 경우, 협조자는 당연히 약점으로 작용한다. 피고인 측 변호인은 배심원들 앞에 서서 증인석을 가리키며 협조적 증인이 쓰레기 같은 인물임을 잊지 말라고 충고하고, 저 증인은 부정직하고 부패했으며 영혼을 팔아 다른 사람을 배신했다고 맹비난한다. 그러면 검사가 다시 배심원들을 설득하는 작업에 나선다. 검사 측은, '밀고자'를 증인석에 세웠다는 이유로 공소를 기각해야 하고 모든 증거는 믿을 수 없다고 주장하는 피고인 측 주장을 조목조목 반박해야 한다. 그러려면 검사 측은 약점을 강점으로 바꾸어 판세를 뒤집어야 한다.

검사 측에서는 다음과 같이 날카롭게 반박한다. "존경하는 배심원 여러분, 여러분이 협조자의 증언을 자세히 살펴보는 것은 당연한 일입니다. 왜냐하면 판사가 증인의 신뢰성을 판단하는 역할을 **여러분**에게 맡길 것이기 때문입니다. 증인이 사실을 말하는지 여부를 판단하는 것은 여러분 손에 달렸습니다. 여러분은 특히 이 사건에서 협조적 증인의 증언을 자세히 살펴야 하는데, 증인이 관대한 처분을 바라며 증언하고 있기 때문입니다. 우리는 협조자를 좋아해달라고 요구하는 게 아니라, 여러분이 협조자를 **믿을 것인지** 판단해달라는 겁니다. 저 증인을 고른 것은 우리가 아닙니다. 우리도 랍비, 수녀, 신부, 걸스카우트 대원처럼 여러모로 믿을 만한 사람을 증인석에 세우면 좋았을 겁니다. 그렇지만 그들은 이 범죄에 대해 아는 게 아무것도 없습니다. 이 범죄에 대해 아는 사람, 실제 어떤 일이 있었는지 여러분께 말해줄 수 있는 사람, 피고인이 무슨 생각을 했는지 말해줄 수 있는 사람은 바로 피고인의 범죄 **파트너**라는 것을 상식적으로 인지하고 있는 겁니다. 다시 말씀드리지만 배심원 여러분, 저 증인을 고른 사람은 **검사 측**이 아닙니다. 협조자와 범죄를 저지르기로 마음먹은 그 순간, **피고인**이 고른 것입니다. 그러니 증언을 세심히 살피는 것을 물론이고, 그 증언이 다른 모든 증거들로 어떻게 입증됐는지 잘 생각해보시기 바랍니다."

피고인 측은 배심원단이 증인의 증언이 제대로 입증되지 않았다고 보기를, '배신자'를 이용하는 것을 거북하게 여겨서 무죄평결을 내리기를 기도한다. 그 기도는 응답 받을 때도 있지만, 보통은 응답받지 못한다.

검사들은 일반적인 도덕적 요소를 크게 고민하지 않지만, 법정에서의 인식은 이와 다르다. 12명의 평범한 미국시민이 다른 사람을 판단하는 자리에 앉은 순간 떠올리는 것은 당연히 도덕적 질문이다. 검사가 이렇게 행동하는 것이 옳은지, 검사가 이 나쁜 놈과 협상해서 또 다른 나쁜 놈을 잡는 것이 정당한지를 묻는다. 반면 대부분의 검사들이 재판 전 신문과정에서 협조자와 처음 관계를 맺을 때 떠올리는 질문은 이것이다. 배심원들이 어떤 나쁜 놈의 말을 더 믿어줄까?

협조를 이끌어내는 방법

협조자는 어떤 식으로 탄생할까? 일부 피고인들은 설득할 필요가 없다. 검찰청에 부리나케 달려와 관대한 처분을 바라며 적극적으로 협조하기 때문이다. 또 FBI요원이 접근할 때는 수사협조를 거부하다가 손목에 수갑이 채워질 것 같은 느낌이 드는 순간 밀고하겠다고 하는 경우도 있다. 또 기소된 후에도 협조를 거부하다가 재판이 다가올 때쯤 항복하는 경우도 있다. 그렇지만 어떤 이들을 끝까지 입을 다문 채 조용히 유죄를 인정하거나 재판을 받기도 하고, 또 계속 혐의를 인정하지 않다가 모든 것을 함구한 채 징역을 살기도 한다. 물론 수사에 줄 정보가 전혀 없거나, 사실상 도움이 안 되는 정보만 제공하는 경우도 많다. 혹자는 보통 죄질과 가담 수준에 비례해 협조행위를 보상해준다는 점, 또 폭로할 핵심인물이 없는 불운하고 별로 중요하지 않은 범법자는 수사협조로 관대한 처분을 받을 기회마저 없다는 점에서 이 제도의 공정성에 의구심을 드러내기도 한다.

배신을 유도하는 전략은 효과적인 신문 전략과 크게 다르지 않다. 이때 연기하듯 과장된 행동을 하는 것은 불필요하며 오히려 역효과를 낳을 수 있다. 능숙한 요원과 검사들은 위협하거나 협박하지 않는다. 이들은 단호하고 사무적인 어조로 말한다.

협조결정은 기본적으로 비용-편익 분석의 영역이므로, 수사요원과 검사들은 피고인이 부담해야 할 비용과 위험을 강조한다. **"우리가 확보한 증거는 확실합니다. 당신은 이제 끝났습니다. 죄를 조금이라도 가볍게 하고 싶다면 기회는 지금뿐입니다."**

수사관 케니 로빈스Kenny Robbins는 이런 방식을 쓴다. 취조실로 들어와 미리 입수한 피고인의 가족사진을 탁자 위에 올려두고 나가 버린다. 잠시 후 다시 나타나서는, 설득하는 말 대신 간단한 선택지만 던져준다. 예를 들어, 마약밀매 혐의를 받고 있는 피고인에게 로빈스는 일장연설을 늘어놓으며, 남자다움이 무엇인가에 대한 새로운 해석을 제시했다. "결정은 자네 몫이야. 나는 **남자**니까 침묵을 지켜야 한다고 생각할 수도 있겠지. 아니면 나도 남자니까 언젠가 우리 아이들을 보고 싶다는 생각이 들 수도 있겠고." 과장된 연기도 없고, 탁자를 내려치지도 않으며, 고함도 지르지 않는다. 로빈스는 부드럽고 단순한 단어를 썼지만, 결코 부드러운 회유는 아니었다.

뭔가 넘어오는 듯싶으면 로빈스는 가족을 언급하며 화제를 가족으로 끌고 간다. "이런 생각도 들겠지. 나는 남자니까 딸이 꽃다운 열여섯 살이 됐을 때, 아들이 졸업할 때, 누이가 결혼할 때, 아버지가 환갑일 때 가족들 곁에 있고 싶다고 말이야. 이건 자네가 선택하기 나름이야." 그런 후 로빈스는 잠자코 기다린다. 물론 이런 점도 상기시킨다. "이 사건에 다른 피고인들도 있다는 점, 그리고 우리는 수사가 잘 풀리도록 제일 먼저 도움을 준 자와 협조약정을 맺는다는 점을 알아두게." 이런 상황은 언제나 현실판 죄수의 딜레마다.

어떤 피의자와 피고인이든, 협조결정은 중요한 운명을 좌우하는 순간이고, 늘 그런 것은 아니지만 보통 굉장한 고통이 따른다. 그동안 살아온 인생을 청산하는 것은, 그것이 범죄조직을 떠나는 일이더라도 쉽지가 않다. 두려움, 충성심, 냉정함, 위험 회피적 태도, 개인적인 행동준칙 등이 서로 뒤섞여 서로 다른 선택지를 가리킨다. 어떤 피의자나 피고인이 협조를 결정할지를 예측하는 일은 어렵다. 마피아든 조직원이든 사업가든 미국 대통령의 개인 변호사든 마찬가지다. 2018년 트럼프 대통령의 대선캠프 전 본부장 폴 매너포트Paul Manafort는 두 건의 형사재판에서 무죄를 주장했으나, 첫 재판에서 여덟 건의 혐의에 대해 유죄를 선고받았고, 이후 두 번째 재판 전에 유죄를 인정하고 수사에 협조했다. 그러나 검사들에게 한 진술이 거짓임이 드러나면서 협조합의는 없는 일이 되어버렸다.

회유작업은 마차바퀴처럼 순조롭게 굴러갈 때가 있는가 하면, 꿈쩍도 안 할 때가 있다. 현실에서 협조결정은 자유를 얻는 거래에서 그치지 않는다. 앞서 언급한 대로, 이는 치명적인 위험을 초래할 수 있다. 가족을 버리고, 친구들과 관계를 끊으며, 과거의 모든 인연을 잘라내야 할 수도 있다. 늘 불안에 떨면서 증인보호프로그램에 따라 위장신분으로 평생을 살아야 할지도 모른다. 사실상 매우 힘든 일이다.

매튜 마토마Mathew Martoma는 헤지펀드 SAC 캐피털에서 일하던 자산관리인이었다. 그는 SAC에 2억7600만 달러의 부당이득을 안겨준 혐의로 기소되었다. 내가 기자회견에서 이 혐의를 발표했을 때, 한 기자가 내게 마토마가 수사에 협조하길 바라는지 물은 적이 있다. 나는 그가 부디 그렇게 하길 바랐다. 마토마는 재판에 회부돼 유죄판결을 받았고, 징역 9년을 선고받았다. 그렇지만 절대로 입을 열지 않았다. 법의 모든 요소가 예측하기 힘든 운명적 선택에 좌우될 뿐 아니라 경찰부터 변호사, 판사, 협조자들까지 불완전한 인간에게 달려 있다. 그래서 정의를 이루려는 모든 시도를 불확실하게 하는 가장 주요한 요소는 바로 인간이다.

협조자가 되기로 결심하는 이유

협조자 없이는 해결하기 매우 힘든 범죄 중 하나는, 마피아와 사기꾼들이 저지른 범죄가 아니라 법집행기관 관계자들이 저지른 범죄다. 법집행 담당자들 중에는 때로 '침묵의 계율'을 마피아보다 더 끈질기게 지키는 사람들이 있다. 한 가지 사례를 살펴보자. 리커스아일랜드Rikers Island 교도소에 수감됐던 로널드 스피어Ronald Spear라는 이름의 한 병약한 남성이 2012년 성탄절을 일주일 앞두고 구타로 교도소 내에서 사망했다. 우리는 교도관 브라이언 콜Bryan Coll이 이 잔혹한 살인에 책임이 있다고 생각했지만, 교도소에서 이런 사건이 터지면 으레 그렇듯 동료 교도관들에게서 유의미한 증언을 얻을 수 없었다. 모두 입을 맞춘 듯, 수감자가 지팡이를 들고 콜에게 왔고 콜이 자기방어 차원에서 스피어를 바닥에 내동댕이쳤다는 똑같은 증언만 되풀이할 뿐이었다. 우리는 온통 거짓으로 가득해 보이는 이 사건을 수사관 스티브 브라치니Steve Braccini에게 맡겼다.

수사에 협조하도록 회유하는 관건은 결국 앞에서 등장한 한스 샤르프의 가르침대로 사람의 마음을 읽고, 사전조사를 철저히 하는 데 있다. 브라치니는 이렇게 말했다. "사전조사는 이루 말할 수 없이 중요하다. 그들의 배경, 과거 행적, 특히 가족에 관한 정보가 중요하다. 결손가정에서 태어났다면 파고들 틈이 보인다. 어릴 때 학대받았다면 이때도 틈이 생긴다. 할머니 손에서 자랐다면 이것 역시 파고들 여지가 있는 빈틈이 된다. 그렇지만 이 모든 틈새는 용의자에 대해 정확하게 파악하고 있어야만 만들어진다."

브라치니는 스피어 사건에 대한 사전조사를 하다가, 당시 현장에 있던 교도관 중 한 명에게 주목했다. 이 수상쩍은 사건은폐에 가담한 안토니 토레스Anthony Torres라는 교도관이었다. 브라치니는 토레스 교도관이 군인이었다는 사실을 알아냈다. 그는 조국을 위해 싸웠고 미 육군일병으로 명예제대했다. 중동에서 6개월간 평화유지군으로 복무하기도 했다. 그뿐 아니라 자원봉사 소방관으로 활동한 경력도 있었다. 브라치니는 당시 소방서 동료들이 토레스를 무척 따랐다는 사실도 알아냈다. 브라치니는 새로운 사실도 알아냈는데, 콜 교도관이 스피어에게 치명적인 발차기를 날릴 때 토레스가 이를 막으려다가 손에 부상을 입었다는 것이다. 브라치니는 토레스가 양심 있는 사람이 분명하다고 확신했다. 그때 브라치니는 내게 이렇게 말했다. "토레스는 신, 조국, 가족이 전부인 사람입니다." 덧붙여 이렇게 말했다. "수사에 협조하도록 설득해야 할 사람입니다."

어느 날, 브라치니와 FBI요원 두 명이 오전 5시 30분에 토레스를 설득하려고 집으로 찾아갔다. 토레스가 집에 없자, 브라치니는 토레스에게 전화를 걸어 신원을 밝히고 이렇게 말했다. "잠깐 얘기 좀 합시다." 토레스는 용건이 뭔지 바로 눈치 챘지만, 지금은 바쁘다며 전화를 끊으려 했다. 토레스가 리커스 교도소에서 해고된 후 배달 일을 한다는 것을 파악해둔 브라치니는 토레스에게 식당에서 만나자고 다시 말했다. 토레스와 만난 브라치니는 그를 식당 안쪽에 있는 테이블로 데려갔다. 브라치니는 의도적으로 토레스를 한쪽 구석에 앉혔고, FBI요원 두 명이 그 맞은편에 앉았다. 그 자리에서 브라치니는 이렇게 말했다. "적당한 거리를 유지하고 싶은 사람들이 있는가 하면, 매우 가까이하고 싶은 사람들이 있어요." 그에게 토레스는 손이 닿을 만큼 가까이 두고 싶은 사람이었다. 브리치니는 친밀해지기 위해 토레스의 군대 시절 얘기부터 꺼낸 다음, 가족 이야기로 넘어갔다.

대화 도중에 브라치니는 토레스가 진실을 밝히고 마음의 짐을 덜고 싶어 한다는 것을 감지했다. 그래서 브라치니는 자신이 노조 대표였다는 사실을 슬쩍 흘렸다. 그 찰나의 순간에 두 사람을 이어주는 중요한 연결고리가 생겼다. 브라치니는 교도관들이 어떤 무력행사를 했든 노조에서는 동료를 감싸야 한다는 압박감을 준다는 것을 충분히 이해한다고 토레스에게 말했다. 이는 결정적인 순간이었다. 브라치니는 공감과 위로와 이해와 양심을 향한 호소로 토레스의 단단한 장벽을 무너뜨렸다. 대화가 1시간을 넘겼을 무렵, 완강한 교도관이자 소방관이며 베테랑 군인이었던 이 사내는 울기 시작했다. 그가 몹시 흐느끼는 바람에 식당 직원들이 놀라서 경찰을 부르겠느냐고 물을 지경이었다.

결국 토레스는 수사에 협조하기로 하고, 사법방해죄를 인정했다. 그리고 동료 교도관 브라이언 콜이 자신이 관리하던, 너무나 병약해 어떤 저항도 할 수 없었던 수감자를 어떻게 살해했는지를 밝히며 콜에게 불리한 증언을 했다. 법정에서 왜 자백을 결심했는지 묻자 토레스는 이렇게 답했다. "거짓말을 하는 것에 신물이 났고, 양심의 가책으로 괴로웠습니다. 사건의 내막을 알면서도 매일 그냥 살아간다는 것이 괴로워서 제 잘못에 대한 처벌을 달게 받고 싶었습니다." 브라치니가 토레스의 마음을 정확히 읽어낸 것이다.

수사에 협조하기로 결심하는 것, 또 같이 범죄를 저지른 공범에게 불리한 진술을 하기로 결심하는 것은, 때로 양심의 가책이 아닌 배신 감에서 비롯되는 경우도 있다. 헨리 힐Henry Hill은 마피아조직 루케제에서 자신의 멘토 역할을 해주던 지미 부르케Jimmy Burke가 자신을 살해할 것이라는 확신이 든 후에야 협조를 결심했다. 또 2018년 트럼프 대통령의 개인 변호사 마이클 코헨Michael Cohen은 로버트 뮬러Robert Mueller 특별검사팀과 뉴욕남부지검의 수사표적이 되었다. 그는 대통령에게 충성할 것을 구두로 맹세했지만, 얼마 안 가 방치당하면서 대통령 측에 배신감을 느꼈다. 그래서 코헨은 자신의 막강한 후견인에게서 등을 돌렸다. 코헨의 돌변은 매우 극적이었고 그만큼 세상을 떠들썩하게 했는데, 그가 미국 대통령이라는 최고 권력자의 측근이었기 때문이다. 이처럼 현실의 인간들은 굳은 결심과 분노 사이를 오가며 갈팡질팡한다.

다른 예를 살펴보자. 마이키 스카스Mikey Scars는 마피아조직 감비노 패밀리의 중간보스로, 훗날 감비노 패밀리의 전설적 보스가 된 존 고티 주니어와 같은 날 정식 조직원으로 입단했다. 스카스는 매우 충직했다. 중간보스였던 그는 강탈을 통해 수십만 달러를 모았다. 그는 나중에 돌려받을 수 있으리라 생각하고, 25만 달러에 달하는 자기 몫의 돈을 감비노의 다른 부두목들에게 맡겼다. 2002년에 갈취, 살인, 고리대금업 혐의로 체포된 스카스는 조직에 맡겨둔 돈을 되찾으려고 했다. 그러나 고티와 다른 조직원들은 돈을 돌려주기는커녕 스카스가 "현금을 빼돌렸다"는 거짓주장을 했다. 스카스는 화가 머리 끝까지 났다. 그 돈은 여자친구와 두 살배기 아들을 위해 모은 돈이었기 때문이다. 한 동료 수감자는 스카스에게 조직이 당신의 충성심을 이용하고 있다고 말했다. "왜 그 자들이 당신한테 이러는지 아쇼? 당신이 절대 배신하지 않을 거라 믿으니까 그러는 거요." 일리 있는 말이었다. 스카스의 분노가 극에 달했다. 결국 스카스는 조직을 버리고 입을 열기로 결심했다.

그렇지만 단단히 결심했다가도 이내 마음이 흔들리는 존재가 인간이다. 수사에 협조하기로 한 스카스는 2주 동안 감옥에서 일시 석방됐고, 예전 동료들에게 불리한 증언을 해야 한다는 사실에 점점 불안해졌다. 심경에 변화를 일으킨 스카스는 동료들을 배신한다는 생각에 속이 울렁대 잠을 설쳤고, 그러던 어느 날 새벽 3시쯤 "명예롭게 죽자"고 결심했다. 그는 할복을 할지, 욕조에 들어가 손목을 그을지 고민했다. 그러다가 아래층으로 내려가 병에 한가득 담겨 있던 우울증 치료제를 입안에 모두 털어 넣고 눈을 감았다. 하지만 그는 죽지 않았다. 여자친구가 의식을 잃어가던 스카스를 발견한 덕분이었다. 회복기간 동안 완전 격리됐던 스카스는 넉 달 후, 다시 수사에 협조하기로 했다. 고통스러운 성찰 끝에 그는 자신이 충성하고 미래를 그릴 대상은 마피아조직이 아니라 아들과 가족이라는 사실을 깨달았고, 스카스는 뉴욕남부지검에 범죄로 얼룩진 자신의 인생사를 세세하게 털어놓았다.

2000년대 초 스카스의 구체적인 협조 인터뷰는 대중 사이에 큰 화젯거리가 되었다. 당시 스카스는 수십 명의 감비노 조직원과 준조직원에 대한 비밀을 매일같이 폭로하면서, 준 킴 검사와 마이클 맥거번Michael McGovern 검사, 특수요원 테드 오토Ted Otto에게 강탈, 강도, 살인의 잔혹한 실상을 낱낱이 알렸다.

몇 년 후 다른 검사와 오토 요원이 스카스의 증언을 토대로 진행된 열두 건이 넘는 재판 중 하나를 같이 준비할 때의 일이다. 오토는 스카스가 좋아하는 한 빵집에 들러, 이탈리아 전통 디저트인 카놀리cannoli를 한 상자 사갔다. 그다음부터 오토는 스카스를 접견할 때마다 카놀리를 사다주었는데, 신선도 유지를 위해 냉장 처리를 하는 정성까지 보였다. 이 사소하지만 입을 즐겁게 해주는 호의는 수사 진척에 큰 도움을 주었다. 스카스는 계속 입을 열었고 디저트를 맛볼 때마다 행복해했다. 때로는 협조자의 마음을 입맛을 통해 얻을 수도 있다는 걸 알게 해준 경험이었다.

마약단속국 특수요원 지미 소일스Jimmy Soiles는 이런 말을 한 적이 있다. "그들이 그리워하고 갈망하는 음식을 가져다주는 일은 그들을 존중한다는 뜻입니다." 그는 그동안 특수요원으로 활동하면서, 매우 중요한 협조자 중 한 명을 설득할 때 토속음식이 큰 역할을 했다고 생각했다. 소일스는 1980년대에 대대적으로 벌였던 헤로인 국제밀거래 수사에서 비밀요원으로 활약했다. 당시 수사표적이었던 사미르Samir는 성탄절을 앞두고 소일스가 함정수사를 위해 꾸민 마약거래 현장에 나타나, 소일스에게 직접 7킬로그램의 헤로인을 건네고 체포됐다. 이후 사미르는 마약거래 혐의로 메트로폴리탄수용소MDC에 감금되었다. 소일스는 그리스계 미국인으로 식욕이 왕성한 사람이었는데, 그의 표현에 의하면 "그리스인은 음식의 힘을 아는 사람들"이었다. 그는 사미르가 협조자로서 큰 역할을 할 수 있으리라 생각했고, 마음을 진심으로 돌려세울 방법을 고민했다. 그래서 한 가지 꾀를 냈는데, 다른 동료들은 그가 미쳤다고 생각했다. 당시 소일스는 일주일에 세 번 점심시간에 수용소에 있던 사미르를 만나 중동요리인 샤와르마Shawarma 샌드위치나 케밥 플래터kabob platter를 전해주었다. 자신의 몫까지 2인분의 음식을 산 소일스가 수용소에 도착해보면 사미르는 조용히 앉아 있었고, 앞에는 수용소에서 지급한 미국식 샌드위치가 놓여 있었다.

소일스는 속으로 생각했다. '이런 샌드위치로는 어림없지.' 소일스는 사미르 앞에 샤와르마를 놓고는 어떻게든 그가 냄새를 맡게 했다. 그러면서 소일스는 자신의 샤와르마를 먹으며 여기저기 전화를 했다. 사미르는 꾹 참고 앉아서 소일스를 쳐다보다가 유혹에 저항하겠다는 듯 어떤 음식에도 손을 대지 않았다. 소일스는 음식을 권하지도 다른 말을 하지도 않은 채, 그가 음식을 먹지 않으면 치워버렸다. 그렇게 일주일에 세 번, 매주 사미르를 만났다.

그러던 어느 날, 마침내 사미르가 침묵을 깨고 소일스를 바라보며 물었다. "나한테 원하는 게 뭐요?" 소일스가 답했다. "마약사범들을 체포하고 마약을 압류할 수 있는 정보를 원합니다." 사미르는 전화를 좀 쓰겠다고 했다. 그러고는 처음으로 자신 앞에 놓인 샤와르마를 맛있게 먹었다. 소일스는 이제 됐다고 생각했다. 이후 사미르는 마약단속국의 매우 생산적인 협조자가 되었고, 그의 도움으로 국제 마약

밀매범 수십 명을 기소할 수 있었다. 인내심과 친절, 토속음식이 가져온 큰 성과였다. 소일스는 사미르가 그리워하는 문화를 통해 설득할 수 있다고 생각했다. 동료들은 그가 미쳤다고 생각했지만, 옳은 판단이었다.

진실을 향한 협상

뉴욕남부지검에서는 협조합의를 할 때 다소 난관이 있는 특별한 절차를 거쳐야 한다. 입증 가능한 혐의가 있을 때 기소하는 것은 누가 봐도 당연한 일이다. 반면 독자적이고 입증 가능한 혐의가 없는데도 기소를 하는 것은 당연히 부당해 보인다. 증거를 바탕으로 한 기소추진은 명확히 옳고 현명한 처사다. 그렇지만 뉴욕남부지검에서는 예나 지금이나 이 원칙에 한 가지 예외가 있다.

어떤 관행에 따라서는 독자적으로 증명할 수 없는 혐의만으로도 기소되는 사람들이 있다. 입증을 거의 또는 전혀 못했고, 심지어 공소시효가 만료됐으며, 뉴욕남부지검의 관할지역에서 발생한 사건이 아닌데도 기소를 당한다. 또한 독자적으로 입증된 혐의가 없는데도 살인, 강도, 총격, 마약거래 등으로 기소를 당한다. 이쯤이면 이런 의문이 들 것이다. 이 불쌍한 녀석들은 누구인가? 운 없고 부당하게 대우받는 이 억울한 피고인들은 누구인가? 사실 이들은 전혀 불쌍한 사람들이 아니다. 이들은 연방 형사사법제도에서 가장 운이 좋은 사람들이다. 이들 모두는 복권에 당첨됐다고 봐도 좋다. 우리는 이미 그들에 대해 이야기했다. 그들은 바로 뉴욕남부지검의 협조적 증인들이다.

설명하자면 이렇다. 뉴욕남부지검에서 협조자로 인정받으려면, 관행에 따라 지금까지 살면서 저지른 모든 범죄를 시인하고 인정해야 한다. 밝혀진 범죄든 아니든, 최근에 저질렀든 아니든, 세상에 있는 다른 누군가가 그 사실을 알든 모르든 상관없이 모조리 실토해야 한다. 매우 어려운 요구로 보이는데, 실제로 그렇다.

이 방침을 고수하는 이유는 다소 전술적이다. 검사 측에서는 선별적으로 기억하고 선별적으로 증언하는 교활한 '쥐새끼' 같은 증인이 아닌, 죄를 실토하고 뉘우치면서 진심으로 교화된 증인을 법정에 세우고 싶기 때문이다. 우리는 과거와 완전히 결별하고 허심탄회하게 죄를 인정하며, 우리에게 **자발적으로** 범행을 실토하고 죗값을 달게 치를 자세가 된 사람에게만 협조제안을 한다. 이런 방침이 법정에서 갖는 효과는 뚜렷하다. 법정에서 증인을 신문할 때 체포 당시 우리도 몰랐던 범죄를 증인이 인정할 때면, 배심원석에서는 놀라움의 탄식 소리가 터져 나온다.

알려지지 않은 범죄에 대해 인정하는 것은 앞서 말한 대로 어려운 요구다. 처음에는 보통 피고인들이 "대체 내가 왜 당신도 모르고 있는 사실을 말해줘야 하는가?"라며 미쳤냐는 듯 검사와 수사관을 바라보는데, 이는 충분히 예상한 반응이다. 또한 협조자로 계약을 맺을 때 범행을 자백하는 사람도 많지만, 절대 실토하지 않는 자들도 있다.

핵심은 진실이다. **거의** 진실인 것에 대해서는 증거를 모을 수도,

정의를 실현할 수도 없다. 진실은 총체적이어야 한다. 어쨌든 증인선서는 단지 '진실'만이 아니라 '완벽한 진실'을, '하늘에 맹세코 오직 진실만'을 말할 것을 요구하지 않는가. 부분적 진실, 수상한 변명, 교활한 부인, 이런 것들은 피고인과 협조하더라도 정당한 결과를 얻을 것이라는 믿음을 주지 못한다. 그래서 우리가 계속 진실을 말하라고 압박하고 압박하고 또 압박하는 것이다. 이 와중에 우리는 승부차기를 막아내야 하는 골키퍼처럼 거짓말을 방어해야 한다.

우리가 이렇게 강경한 방침을 고수하는 주된 이유는 협조자의 신뢰성을 높이고, 범죄자와 담합한다는 인식을 누그러뜨리며, 그들이 자신의 책임을 인정하는 모습을 보여주기 위해서이다. 우리도 몰랐던 범행사실을 말해준 증인은 그 솔직하고 허심탄회한 모습 덕분에 배심원단에게 주목받고 인정받았다. 게다가 이러한 관행은 넓게 볼 때 현명했다. 자신의 죄를 낱낱이 밝혀서 반성의 여지를 보이면 판사가 형량을 정할 때 이를 감안하기 때문이다. 따라서 우리가 협조자에게 솔직한 태도와 책임지는 자세를 극단적으로 요구한 것은 타당한 결정이었다.

이런 맥락에서 협조적 증인과 계약을 맺고, 우리도 몰랐던 혐의를 인정하게 하는 과정에는 도덕적 상징이 담겨 있다. 피고인들은 입장 선회를 통해 일종의 카타르시스를 느끼는 듯하다. 나는 이것이 형법적 의미에서 정식화된 구원과 속죄의 과정에 가장 근접한다고 생각한다. 이는 범죄를 일부만 인정하는 것으로는 충분하지 않다는 뜻이다. 교화된 사람으로서 세상에 나가 다시 존중받으면서 가족 및 친구들과 뒤섞여 살기 위해서는, 우리가 이미 알고 있는 범죄를 인정하는 것만으로는 충분하지 않다는 뜻이다. 자유를 얻고 용서를 받으려면 그 이상의 것이 필요하다. 그러므로 자신의 모든 죄악을 낱낱이 고백해야 한다.

수사관 빌리 랠라트Billy Ralat는 사람들에게 이런 말을 하곤 했다. "과거는 못 바꿔도 마음을 짓누르던 볼링공은 내려놓을 수 있습니다." 나는 빌리가 볼링공 구마의식을 하는 것을 직접 본 적이 있다. 우리가 살인 혐의로 프레디 아바드Freddy Abad에 대한 기소를 추진했을 때였다. 그때 아바드와 살인사건을 공모한 혐의로 기소된 사람들 중 한 명인 루비오Rubio가 수사에 협조하기로 했다. 잠재적 협조자였던 루비오는, 많은 이들처럼 기소된 범죄 혐의에 대해서 상세히 자백하는 것에 아무런 문제가 없었다. 그렇지만 우리 검찰청의 완전 자백 방침을 고려할 때, 한 가지 걸리는 게 있었다. 우리는 다른 정보원을 통해 루비오에게 시체 하나가 더 있다는 말을 들었다. 즉, 누군가를 죽이고도 처벌을 피해갔다는 뜻이었다. 그렇지만 우리는 피해자의 이름을 몰랐다. 정확한 살해 장소와 날짜도 몰랐다.

어느 날 오후 빌리와 나 그리고 연방검사 빌 존슨Bill Johnson이 또 다른 살인사건을 놓고 루비오를 취조했다. 우리는 그동안 면담을 진행하면서 그와 친해진 상태였다. 빌리의 신문 어조는 매몰차지 않았지만 단호하면서도 애원하는 듯했다. 빌리는 우리가 알아낸 세부내용 중 일부를 흘리면서, 우리가 알아낸 정보보다 더 많이 아는 것처럼 말했다. 이는 완전 속임수가 아니라 전술적 엄포였다. 빌리는 어떤 사실을 알아내면, 이를 끝까지 물고 늘어지는 성격이었다. 그때 시간이 얼마나 흘렀는지 기억나지 않지만, 집요하게 묻고 구슬리고 적잖은 호의도 베풀면서 취조한 끝에, 감정이 북받친 루비오가 보스에게 지시받은 대로 흰색 밴 차량 뒷좌석에서 한 사내의 머리에 총을 쏘고는 시체를 버렸다고 자백했다. 루비오는 재판에서 증언을 했고, 덕분에 프레디 아바드에게 유죄평결이 내려졌다. 아바드는 종신형을 선고받았다. 증언을 한 후 루비오는 연방교도소에서 보낸 6년을 미결구금일수(구속 기소된 피고인이 판결 확정 전까지 구금된 기간 - 옮긴이)로 형량에 산입해 선고받았고, 또 다른 주법위반 혐의로 유죄판결을 받아 교도소에서 다시 3년을 보낸 후 풀려났다.

그렇다면 루비오는 면죄부를 받은 것일까? 글쎄, 아무런 대가없이 풀려난 것은 아니었다. 그는 죄질이 더 나쁜 범인을 잡는 일을 계속해서 도왔다. 그리고 비교적 가벼운 형량은—큰 틀에서 보자면—대체로 수사에 협조하도록 이끄는 중요한 장치였다. 연방의 형사사법제도는 살인자가 또 다른 살인자를 배신하도록 유도하는 쪽을 택했고, 세상만사가 그렇듯 주는 것 없이 받기를 기대할 수는 없다. 이는 일종의 거래이고 공리주의적 판단이다. 동시에 공정한 처분이다.

협조자에 대한 도덕적 우려

수사협조에 대해, 협조자인 범죄자가 그 거래로 너무 많은 혜택을 보는 것 아니냐는 도덕적 우려가 많다. 사람을 죽이고도 다른 사람에게 밀고하면 자유의 몸이 되는 것 아니냐는 지적이다. 이는 전형적인 도덕적 난제다. 피고인이 수사협조로 얻는 놀랄 만큼 관대한 처분을 고려하면 다음과 같은 질문은 엉뚱해 보이겠지만, 그래도 한번 생각해보자. 협조합의는 **협조자**에게 정당한 일인가? 사람을 목적을 위한 수단으로, 즉 거래적이고 공리주의적으로 쓰는 것이 **정당한** 일인가? 그러한 제도는 협조적 피고인의 본래적 가치와 존엄성을 거부한 채, 검사의 냉정한 비용-편익분석에 따라, 협조자들을 단지 공공선을 위한 도구로—보통은 대체 가능한 도구로—취급하는 것 아닌가? 어찌됐든 협조적 피고인들은 하나의 톱니로, 정의라는 기계의 레버로, 재판에서 유죄판결을 얻어내기 위한 '온on'스위치로 쓰인다. 물론 다양한 도덕 철학자들, 그중에서도 임마누엘 칸트는 이런 식의 취급에 동의하지 않을 것이다.

그렇지만 이때 역설적 상황이 발생한다. 정부가 한 사람을 수단으로 삼아, 한 범죄자의 도움으로 다른 범죄자를 잡으려는 순간, 협조자를 인간적으로 대하는 과정이 시작된다.

수사협조가 이뤄지면 보통 피고인에 대한 끝없는 취조와 무수한 인터뷰가 진행된다. 매일매일, 창문도 없는 방에 앉아, 한 번에 몇 시간씩 진행된다. 검사와 피고인은 서로를 알아간다. 검사는 피고인의 범죄 뿐 아니라 인생사를 쭉 훑는다. 그의 조직원과 친구와 가족에 대한 이야기를 듣는다. 또 그가 자란 동네 이야기와 아버지에게 얻어맞은 이야기를 듣는다. 그가 학창 시절에 얼마나 탈선했는지, 어떤 징계를 받았는지도 알게 된다. 그의 정신건강에 대해 듣고, 그의 마약 이력에 대해 묻는다. 그러다가 그의 가족 중에, 칼에 찔렸거나 강탈당했거나 구타당했거나 총에 맞은 사람이 누구인지 알게 된다.

밤낮으로 수사해서 기소한 후 감옥에 보내려고 했던 이 피고인이 이제는 현실에 존재하는 복잡한 3차원 존재, 즉 인간으로 보인다. 검사는 처음으로 하나의 온전한 인간을 알아간다. 검사는 피고인이 그가 저지른 범죄 그 이상의 존재임을 깨달을지 모른다. 모든 사람이 지금까지 자신이 저지른 최악의 행동보다는 나은 존재이듯이 말이다.

물론 여기에는 또 다른 역학관계가 생긴다. 이 사람은 하룻밤 사이에 피고인 당사자에서 협조자로 돌아섰다. 이 자는 다른 사람을 죽이고, 불구로 만들고, 구타하고, 강탈했을지도 모른다. 그래서 그가 피고인 당사자였을 때, 검사는 물불 안 가리고 법의 테두리 안에서 그에게 책임을 물으려고 했다. 그러나 이제 그는 피고인 당사자가 아니라 협력자다. 아직 검사의 피고인으로 남아있는 자들에게 책임을 묻는 과정에서 그 협조자는 범죄자에서 검사의 동지로 변화한다. 이제 그는 검사가 임무를 완수하게 해주는 열쇠다. 그것도 일반적인 임무가 아닌, 범죄사건을 해결해 정의를 실현하는 일, 법치질서를 유지하는 일, 범죄피해자 입장에서 사태를 바로잡는 일의 중요한 열쇠가 된 것이다. 이는 **올바른** 일이다.

검사 입장에서는 애초에 내가 기소를 추진한 사람이 이제 내 편에 서서 증언하겠다고 하니 머릿속에 혼란이 올 것이다. 따라서 유대가 깊어질수록, 검사는 이 증인이 검사 편에 서기는 했지만, 끔찍한 범죄를 저지른 사실에는 변함이 없다고 스스로 상기해야 한다. '그는 좋은 사람은 아닐지 몰라도, 이제는 좋은 사람들 곁에 있어도 되는 사람, 믿어도 되는 사람일지 모른다.' 검사의 머릿속에 이런 생각이 들 때가 가장 위험한 순간이다.

검사는 협조자와 복잡한 역학관계에 놓인다. 책을 들여다봐도 그런 복잡성에 대비하기는 힘든데, 특히 폭력범죄가 그렇다. 하버드대학교에서 공부한다고 무시무시한 폭력조직의 조직원에게 말 붙이는 법을 배우지는 못한다. 범죄조직은 내가 기용한 거의 모든 엘리트 연방검사들이 전혀 경험해보지 못한 세계다.

또 하나 인정해야 할 사실이 있다. 당신이 만약 온실 속 화초처럼 자라서 법집행자가 된 고지식한 사람이라면, 그래서 대학 때 시끄러운 기숙사파티를 열었다가 신고 당한 것 말고는 평생을 순탄하게 살아온 사람이라면, 현실의 범죄자나 조폭과 얼굴을 마주하고 대화한다는 것이 매우 들뜬 경험일 수 있다. 이는 일반인은 절대 들여다볼 수 없는 세상과 접하는 일이기 때문이다. 나는 마피아 조직원과 처음으로 한 방에서 마주한 순간, 그 사실이 믿기지 않았다. 초현실적이고 뭔가 황홀했다. 영화 「좋은 친구들Goodfellas」이나 「대부The Godfather」를 볼 때의 흥분과는 비교가 되지 않았다.

당신이 그런 긴장감에 사로잡혔을 때―즉 이 매혹적이고 파란만장한 삶을 산 사내가 살인하고 강탈했다는 사실에 전율이 느껴질 때―자신을 스스로 다잡아야 할까? 이건 마틴 스코세이지 감독의 영화가 아니라고, 폭력범죄자와 친밀감을 나누는 것은 부적절하다고 스스로를 다그쳐야 할까?

또 어떤 질문이 우리에게 필요할까? 사실 그들 세계의 은어와 활동방식, 관행을 알고 나면, 또 길거리 인생의 잔혹함을 듣고 나면, 뭔가 멋지다는 생각이 들 수도 있다.

이렇게 매혹을 느끼면서 동시에 혐오스러울 수 있을까? 그 두 감정 사이에서 균형을 유지하기는 힘들겠지만 아마 가능할 것이다. 이는 단지 한 사람을 입체적으로 바라보는 것에 불과하기 때문이다.

마피아 수사 전문 검사가 마피아 영화를, 법집행자보다는 마피아를 미화하기 마련인 그런 류의 영화를 좋아하는 것은 우연의 일치가 아닐 것이다. 그렇다고 그 검사가 마피아 세계에 어떤 음흉한 관심이 있다는 뜻은 아니다.

따라서 검사가 자신이 맡은 임무에 집중하고, 방심하지 않고, 의심을 거두지 않는 한, 그리고 매혹적 감정이 집착으로 바뀌지 않는 한, 이러한 이중적 감정은 문제되지 않을 것이다. 아울러 궁극적 목적인 정의에 시선을 고정시키는 한 문제되지 않을 것이다. 정의로 가는 길은 늘 쉽지도, 심지어 늘 순수하지도 않다. 그 과정에는 방해물도 있고 우회로도 있고 주고받는 거래도 있으며, 선택권이 없는 경우도 있다. 이러한 장애물과 함정이 협조적 증인이라는 도덕적으로 혼탁한 세계만큼 두드러진 곳도 없다. 협조자를 포함해 그 어떤 강력한 무기나 도구도 늘 위험요소가 따른다. 그러니 그 길을 헤쳐 나가려면 강인함과 배짱, 섬세한 판단이 필요한 것은 어찌 보면 당연하다.

9장 연속성과 변화

혁신을 통한 정의

정의를 실현하려면 때로 성실함과 헌신 그 이상이 필요하다. 정의를 실현하기 위해서는 때로 창의력이나 혁신, 새로운 접근법, 그리고 늘 해오던 것을 재고해보는 자세가 필요하다.

내게는 내세울 만한 과학적이거나 기술적인 능력이 없다. 차를 수리하거나, 컴퓨터를 조립하고, 질병을 고치는 법을 모른다. 또 비행기가 하늘을 나는 원리를 아직도 이해하지 못한다. 그런 점에서 나는 대다수 사람들과 다르지 않다. 다른 모든 사람들처럼 나 역시 기술적 도약을 보면 경이로움을 느끼지만, 실질적 성과를 낳는 단순한 아이디어에도 매우 감탄한다. 후자는 특히 인간의 능력으로 가능한 것처럼 보이기 때문이다. 여러 면에서 내게는, 열정적이고 사려 깊은 사람들이 자기 일에 몰두하면서 만들어낸 일상의 발전이 더 인상적이다. 이들은 연구개발 분야의 종사자는 아니지만, "왜 내가 그 생각을 못했지?"라며 놀라워할 만한 잔잔한 혁신을 우리에게 선사한다. 소소한 실수들이 쌓이면 비극적인 오심을 초래할 수 있듯이, 잔잔한 혁신과 개선이 갈수록 상승작용을 일으키면 두드러진 변화를 끌어낼 수 있다.

앞서 말했듯이 비즈니스와 리더십 분야에서 내가 좋아하는 책 중 하나는 『강한 기업은 어떻게 무너지는가?』이다. 그 책을 보며 내가 마음에 새긴 교훈이 하나 있다. 뉴욕남부지검처럼 명망이 있거나 유서 깊은 조직이라 해도, 꾸준한 성공을 이루기 위해서는 연속성과 **더불어** 변화를 꾀해야 한다는 점이다. 조직의 가치관과 우수성을 이어가고, 테러 및 금융범죄에 일상적으로 주목하는 동시에, 필요할 경우 일의 우선순위와 기법, 전략에 변화를 주어야 한다. 만약 물속에서 제자리걸음만 하면, 점점 해류에 떠밀려 해안가와 멀어질 것이다. 이는 검찰청을 비롯해 각종 사업체나 조직에도 해당하는 원칙이다.

보수적인 조직에서는 변화와 혁신을 일으키기가 쉽지 않다. "생각의 틀을 깨라Think outside the box"는 실리콘밸리 신생 벤처기업의 아침 담화 때나 들을 법한, 혹은 야심찬 기업가들이 구독하는 광택 나는 비즈니스 잡지에서나 볼 법한 조언이다. 이는 수사기관과 어울리는 슬로건은 아니다.

성직자를 제외하고 법조계만큼 고루한 전문직은 없을 것이고, 법률가들 중에서도 검사들만큼 문화적으로 보수적인 집단은 없을 것이다. 법집행기관 요원들은 규율을 세심히 따르고 선례를 꼼꼼히 공부해야 하며, 양심과 헌법은 물론 법령과 행동강령에 의해 적절히 규제받아야 한다. 이는 매우 제약된 틀이다. 그러다 보니 고정관념에서 벗어나려는 시도는 마치 우주공간에서 숨을 쉬겠다는 것과 비슷하게 여겨진다. 습관, 훈련, 개인적 성향이 한데 뭉쳐 창의성과 혁신을 억누를 뿐 아니라, 그 어떤 변화에도 반발이 생기기 때문이다.

상식적이지만 혁신적인 것

나는 아무 생각 없이 오래된 방식에 집착하는 것은 조롱받을 만한 일이라고 생각한다. 물론 전통은 훌륭하고 유용하며 다른 것들의 토대가 되지만, 게으른 습관이나 변화에 대한 자동반사적 반감은 전통이 아니라 정신적 속박이다. 각종 분야에서 사람들은 어떤 일을 똑같은 방식과 똑같은 이유로 할 뿐, 조금이라도 더 나은 방식을 고민해보지 않는다. 출퇴근 방식, 아침식사를 준비하는 과정, 고객을 설득하는 방법에서도 그런 태도가 엿보인다. 인간은 늘 습관을 고수하고 현 상태에 안주하려는 경향이 있다.

그렇지만 가장 따분한 환경과 고루한 직업에서도 혁신은 중요하다. 이때 혁신은 전면적이고 무모하며 급진적인 재발명reinvention을 뜻하지 않는다. 우리가 일으키려는 혁신은 보통 천재성보다는 상식에서 나오고, 당면한 문제에 상상력을 조금 보탤 때 생긴다. 최고의 혁신들 중 일부는 지금 와서 생각해보면 단순하고 당연한 아이디어에서 비롯되었다. 때로 가치 있는 혁신은 신뢰받는 도구나 기법을 한 분야에서 다른 분야에 응용한 것뿐일 때도 있다. 이러한 원칙은 신생 기술기업 뿐 아니라 식품회사부터 의류 소매업체, 수사기관에 이르기까지 모든 영역에 해당한다. 원자폭탄을 만들려면 맨해튼 프로젝트Manhattan Project가 필요하겠지만, 소규모의 개선과 개혁, 혁신들은 어떤 분야든 새로운 사고에 열려 있는 사람들이 있다면 이룰 수 있다.

상식과 영리함은 매우 평범한 상황과 환경에서도 큰 영향력을 발휘한다. 범죄예방에 관한 간단한 일화 하나를 살펴보자. 어느 고급 의류점에서 계속 도난사건이 발생했다. 밤에 침입한 도둑들이 경보기가 작동하는데도 행거에 걸린 값비싼 의류들을 한아름씩 쓸어갔다. 경찰은 언제나 도둑들이 한바탕 약탈을 마치고 매장을 떠난 지 한참이 지나서야 도착했다. 그리고 이런 일이 한동안 반복됐다. 도둑들은 너무 날쌨고, 경찰들은 너무 느렸다. 그때 매장 직원 하나가 꾀를 냈다. 옷걸이를 교차시켜 걸어놓는 간단한 아이디어였다. 첫 번째 옷걸이는 앞쪽으로 걸고, 두 번째 옷걸이는 뒤쪽으로 거는 식이었다. 이제 도둑들은 한 번에 옷 여러 벌을 재빨리 낚아채는 것이 불가능해졌다. 아니나 다를까, 다음번에 또 옷을 훔치러 온 절도범들은 경찰이 도착한 순간에도 옷을―한 번에 한 벌씩―욕심껏 훔치다가 현행범으로 체포됐다. 이 전략에는 굉장히 복잡한 사고가 필요하지 않았다. 새로운 발명이나 재발명도 아니었다. 누구든 틀을 조금만 벗어나면 떠올릴 수 있는 발상이었다.

나는 똑똑한 일반인들에게 더 빠른 마이크로프로세서를 만들고, 더 큰 로켓을 설계하고, 다른 행성을 식민지로 만들도록 영감을 불어넣는 방법은 모른다. 그렇지만 그들에게 자신의 작업방식에 의문을 품어보고, 오래된 도구를 새로운 방식으로 활용해보고, 새로운 아이디어를 짜내보고, 다른 식으로 생각해보라고 요구할 수는 있다. 우리는 진짜 발명가처럼 특별한 존재는 될 수 없어도 창의적인 존재는 될 수 있다. 누구든 가끔씩 통념을 뒤집어본다면 말이다.

범죄수사에는 이런 노력을 기울여야 한다. 범죄수사에는 기술, 전문지식, 헌신, 집중뿐 아니라 혁신이 주기적으로 필요하다. 법집행은 본질적으로 그리고 의도적으로 보수적인 영역이지만, 그렇다고 기업처럼 획기적인 발상의 혜택을 누리지 못하는 것은 아니다. 기발한 사례들이 실제로 있다. 세상을 발칵 뒤집을 정도는 아니지만, 바로 그 점이 내가 계속 주장하는 핵심이다.

도청장치는 예로부터 범죄수사에서 효율적인 증거 수집 수단이었다. 법원이 허용한 도청은 수세대 동안 마약수사와 조직범죄수사에서 가장 기본적인 수단이었다. 이는 뉴욕남부지검뿐 아니라 다른 검찰청도 마찬가지이다. 내가 지검장으로 오기 전, 이곳에 있던 사람 중 하나가 도청 자료 활용에 관한 기발한 아이디어를 내놨다.

'도청장치를 내부자거래 혐의 수사에 활용하면 어떨까?' 보라! 이런 게 바로 혁신이다. 보통, 틀을 깨는 사고는 단지 신뢰받는 도구나 기법, 원칙을 다른 영역에도 적용할 때 나온다. 이 아이디어도 이게 전부였다. 범죄단속도청법을 내부자거래 수사에도 적용하는 것은 수년 전에도 시도해볼 수 있었을 것이다. 그렇지만 거꾸로 뒤집어놓은 케첩 병처럼, 그 누구도 이런 생각을 떠올리지 못했다. 특히 이 사실이 놀라운 이유는 모든 내부자거래범죄의 핵심이 불법적인 의사소통, 즉 미공개 정보를 다른 사람에게 귀띔하는 것이기 때문이고, 또 수 세대에 걸친 내부자거래 사건에서 입증이 매우 힘들었던 것

중 하나가 그러한 불법정보의 존재였기 때문이다.

혁신적 사고를 가로막는 장벽은 저항과 거부이다. 사람들은 변화를 막고 현상 유지를 위해 싸운다. 형사소송에서 기소와 유죄평결을 더 쉽게 해주는 혁신이 이루어질 때마다, 이를 가로막는 저항세력이 자연스럽게 등장한다. 바로 피고인 측 변호인이다. 법적으로 봤을 때, 도청증거가 내부자거래 사건에 쓰이면 안 된다는 그 어떤 주장도 설득력이 없었다. 내부자거래는 일종의 증권사기로 도청을 허용하는 근거는 수십 년 전부터 있었다.

그렇지만 우리 검찰청에서 이러한 '혁신'을 단행하자, 피고인 측 변호인들이 법정에서 부당하다며 맞섰다. 그렇지만 번번이 실패했다. 좌절한 피고인 측 변호인들이 도청사용에 반대해 내놓은 주장들은 한 편의 자가당착 코미디였다. 2010년 10월 4일 같은 날, 두 명의 유명 피고인 측 변호인들이 같은 문제에 대해 반대하는 주장을 펼쳤다. 한 변호사는 판사 앞에서, 덜 강력한 각종 증거로도 혐의입증이 충분한 데다 검사 측이 도청의 필요성을 입증하지 못했으므로, 도청증거는 내부자거래 사건에서 배제해야 한다고 주장했다. 한편 **말 그대로 거의 비슷한 시각에** 또 다른 유명 변호사도 배심원단에게 똑같은 주장을 강경하게 펼쳤다. 그는 협조적 증인이 있긴 하지만 통신상의 대화를 엿들은 '녹음' 등을 빼면 검사 측은 입증책임을 다하지 못했으므로, 내부자거래 사건에서 자기 의뢰인에게 무죄평결을 내려야 한다고 주장했다. 그러나 두 주장 모두 기각되었다.

이러한 사례들에는 새로운 법령도 새로운 발명도 없었다. 그저 상식적으로 해오던 것을 다른 식으로 활용했을 뿐이다. 즉, 혁신은 눈에 잘 띄는 곳에 있었다. 혁신을 이루려면 어떤 천재적 발상이 필요한 게 아니라, 해법을 찾고 개선하기 위해 지금껏 해오던 관행을 찬찬히 뜯어보며 재평가하는 일이 필요하다. 이는 잠시 멈춰 반추해보고, 다른 각도로 바라보면서, 새로운 방법은 없는지 고민하는 것이다.

관행을 깨뜨려라

내가 연방지검장으로 있을 때, 우리 검찰청에서 공직자부패 혐의로 수많은 주 의회의원을 기소하던 중 뉴욕주법에 두드러진 허점이 있다는 사실을 발견했다. 나는 공개 청문회에서 이렇게 증언했다. "가장 부패한 선출직 공무원조차―배심원에게 유죄평결을 받고 판사에게 징역형을 선고받은 후에도―죽을 때까지 공공기금에서 연금을 받는다는 이 불가침의 권리는, 지각 있는 시민이라면 그 누구도 납득할 수 없는 매우 불합리하고 분노를 일으키는 일이다." 주 의회에서 소중히 여기는 이 권리는 결코 타당하지 않고 상식에도 어긋났다. 우리는 이 권리가 상식적 원칙에 따라 바뀌어야 한다고 생각했다. 즉, 유죄선고를 받은 정치인은 자신이 공직에 있을 때 배신한 시민들이 낸 세금으로 연금을 받으면서 편안한 노후생활을 보내서는 안 된다는 것이다.

부지검장이었던 리치 자벨Rich Zabel은 이 두드러진 허점을 법적으로 해결할 기발하고도 정당한 방법을 생각해냈다. 우리는 주법에서는 허용되지 않던 것을 연방 형사몰수법을 통해 법적으로 이뤄냈다. 우선 우리는 부패 공직자들에게 그들이 미래에 받을 연금액만큼 벌금을 구형했다. 둘째, 우리는 형사재판 판결에 따라 몰수조치를 고려했다. 셋째, 뉴욕남부지검은 그 정치인들이 불법행위에 가담한 동안 발생한 연금이자를 환수 조치했다. 이는 정당한 원칙이고 합법적인 전략이었다. 뉴욕주법에서 모든 이의제기가 가로막히자, 리치는 아무도 생각하지 못한 새로운 해법을 찾아냈다.

또 다른 사례도 있다. 오래전부터 인터넷에서는 골칫거리 사이트들이 다크웹Dark Web이란 공간에 몰려 활동해왔다. 여기에 접속하면 무기, 마약, 아동 포르노, 여타 지독한 물품들을 사고파는 공개 시장을 이용할 수 있다. 온라인에서 익명성 뒤에 숨어 범죄에 가담하는 자들의 신원을 파악하는 일은 무척 힘들다. 내가 지검장으로 부임했을 때, 이 모든 사이버범죄 수사를 진두지휘한 사람은 온화한 성격의 연방검사인 톰 브라운Tom Brown이었다. 그는 사이버범죄가 기승을 부리기 한참 전부터 이 문제에 몰두하고 있었다. 그는 조용한 열정으로 우리 검찰청이 해결한 최고의 사건들 중 상당수를 주도적으로 이끌었다.

톰은 FBI뉴욕지부 사이버범죄수사대 CY-2의 수사국장 크리스 스탠글Chris Stangl과 여러 사건에서 협력했다. 그들은 다수의 사이버 범죄를 같이 해결했다. 그중 하나가 씨티은행해킹 사건으로, 러시아에 있는 최소 한 명 이상의 범인이 텍사스에 있는 현금입출금기 처리 네트워크에 스니퍼 소프트웨어sniffer software(네트워크에서 다른 이의 패킷 정보를 관찰하여 정보를 유출시키는 해킹 프로그램-옮긴이)를 깔아

30만 건의 계좌에서 예금을 절도한 사건이었다. 훔친 계좌 데이터는 또 다른 최소 한 명 이상의 범인이 전 세계에 포진한 캐셔들cashier(해커들이 건넨 계좌정보를 토대로 현금을 뽑아내는 인출 담당책-옮긴이)에게 직접 또는 브로커를 통해 배포됐다.

FBI는 추적 끝에 에스토니아Estonia의 수도 탈린Tallinn에 사는 한 브로커의 위치를 파악했다. 브로커 체포와 관련해, 톰과 크리스는 탈린으로 가서 에스토니아 수사 당국에 협조를 구해 뉴욕남부지검과 에스토니아 수사대 사이에 공조관계를 구축했다. 그렇다, 우리는 여건이 될 경우 외국과 직접 공조하는 일에 주저하지 않았다. 톰과 크리스는 자주 만나 증거 자료를 더 많이, 더 제대로 확보할 방법을 찾기 위해 (보통 술집에서) 머리를 맞댔다. 탈린에서 이들은 올드 타운Old Town에 있는 아이스 바Ice Bar라는 술집에 갔다. 그 작은 술집에서 얼음으로 만든 텀블러 잔에 보드카를 담아 홀짝이면서, 톰과 크리스는 사이버범죄자들의 신원파악이 어려운 현실을 토로했다. 실제로 에스토니아의 브로커 위치를 정확히 파악하는 데 무려 8개월을 쏟아부으며 고생해야 했다.

범인의 신원파악을 단기간에 끝내고, 수사를 수동적이 아닌 능동적으로 추진할 방법이 없을지 이들은 고민했다. 그때 위장 웹사이트를 만들어보자는 생각이 번뜩 떠올랐다. 범죄자들이 모여 훔친 정보를 매매하고 음모를 꾸밀 사이트로, 말하자면 온라인 주류 밀매점 같은 곳이었다. 한마디로 "그것을 지어놓으면 그가 올 거야"(영화 「꿈의 구장Field of Dreams」에 나오는 주요 대사-옮긴이)라는 식의 발상이었다. 범죄자가 행동할 때까지 기다렸다가 신원파악에 나서는 게 아니라,

그들이 스스로 오도록 유인한 다음 웹사이트를 이용해 신원파악을 하고 범죄를 차단하자는 생각이었다.

작전명 카드숍Card Shop은 성공적이었다. 우리는 범죄자들이 사이트에서 밀거래하던 훔친 신용카드 정보를 확보해 수억 달러의 사기 범죄를 막았다. 그리고 전 세계에 흩어져 있던 범인 24명을 기소했다. 이 모든 것은 두 사람이 사건의 중심에서 한 발 물러나 난제의 해법을 모색한 덕분에 가능했다. FBI 함정수사에서 새롭거나 기발한 것은 없었다. 함정수사는 공직자부패 사건, 마피아 사건, 조직폭력배 사건, 마약사건, 심지어 테러사건에서도 이용해왔지만, 이런 방식과 이런 규모의 함정수사를 사이버범죄 분야에서 시도해본 적은 없었다. 그렇지만 함정수사를 사이버범죄를 파헤치는 데 쓰지 말라는 법은 없었다.

대학에서 인문학을 전공한 사람이 어느 날 좁은 사무실에 앉아 느긋하게 일하다가, 하루아침에 3M사의 대박상품은 물론 10억 명의 필수 사무용품이 된 포스트잇의 접착제를 갑자기 발명해 내리라고는 기대하기 어렵다. 그렇지만 매일매일 습관과 방침과 절차를 점검하는 시간을 갖고 또 상식적으로 검토하는 작업을 하다 보면, 삶의 질이나 최종 결과물, 공공의 안전을 향상하는 혁신을 낳을 수 있다.

제2부

기소

머리말

이제 수사를 마쳤다. 어렵고 힘든 과정이었다. 사건 관계자들은 모두 열린 자세로 공정하게 수사했기를 바랄 것이다. 또 진실에 최대한 다가섰기를 바랄 것이다. 이제 사건은 형사절차에서 뚜렷이 구분되는 다음 단계로 넘어간다. 화재를 발견했는가? 누군가를 방화 혐의로 지목할 만큼 충분한 증거를 찾았는가? 도스토옙스키가 『죄와 벌』에서 썼듯이 "100개의 혐의가 모여도 하나의 증거가 되지는 못한다". 일단 수사를 마쳤다면 이제 혐의를 제기하기 전에 꼭 필요한 근본적인 질문을 던져야 한다. 언제 방아쇠를 당길 것인가? 혹은 언제 사건을 그냥 외면할 것인가. 이는 언제나 답이 쉽게 나오는 간단한 질문이 아니다.

검사들은 잘못한 사람이 아무도 없을 때, 수집한 증거가 피의자의 무죄를 증명할 때 불기소 처분을 내린다. 혹은 혐의가 너무나 미미해서 사건에 시간과 에너지를 쓰기가 아까울 때도 불기소 처분을 한다. 이런 사건은 대개 분노할 가치조차 없거나, 누군가가 끔찍한 짓을 저질렀지만 합리적 의심의 여지가 없을 만큼 증거를 확보하지 못했을 때도 불기소 처분을 내린다. 누군가 추악하고 유해한 짓을 했지만, 우발적 사고이거나 너무 오래 전에 터진 일이라 법률상 이런저런 이유로 범죄가 성립하지 않을 때도 기소하지 않는다. 또 법을 위반한 게 맞지만 그와 비슷한 상황에서 아무도 그런 혐의로 기소된 적이 없다고 판단한 경우, 마찬가지로 기소하지 않는다. 선례를 깨뜨릴 만큼 설득력 있는 근거가 있지 않는 한, 그런 시나리오에서도 기소하지 않는 것이 공정한 처분일 것이다.

이런 상황은 모든 사법관할권에서 매일같이 벌어진다. 이런 복잡한 덤불을 원칙에 따라 정의롭게 헤쳐 나가는 방법은 무엇일까? 이것이 다음 장부터 탐구할 주제다.

검사는 모든 것을 의심해야 한다

기소 단계에서 올바른 결정을 내리기 위한 첫 번째 전제조건은 신중히 고민하면서 그 어떤 예단도 배제하는 것이다. 검사들은 은행기록, 녹음, 증인 인터뷰 등 증거를 모아 잘 살펴본 다음 곰곰이 생각해야 한다. 유죄가 확실해 보이는 사건일지라도 다른 무죄 해명이 가능한지 고려해본다. 사건에 대한 대안적인 해석을 들었거나 이메일로 받았을 때 그 설명이 타당한지도 깊이 생각해본다. 순전히 우연의 일치일 가능성과 수사관들의 편견이 개입됐을 가능성은 없는지 의심해본다. 앞서 살펴본 브랜든 메이필드를 기억하는가? FBI는 그에 관한 일련의 사실들을 확대해석했고, 아무 관계도 없는 스페인어로 된 문서를 유죄의 증거로 삼았으며, 그가 이슬람교로 개종한 것을 바탕으로 지문일치라는 맨 처음의 부정확한 결론을 정당화했다. 그런 식의 부주의한 태도는 정의에 치명적이다.

그래서 검사는 자신이 파악한 사실들을 확인하고, 추론을 점검하며, 편견은 없는지 살펴야 한다. 내가 이해한 사실과 내가 내린 결론을 철저하게 의심해봐야 한다. 또한 자신의 주장에 허점은 없는지 검토해달라고 다른 사람들에게 부탁해야 한다. 내 경우에는 보통 피고인 측 변호인과 면담하면서, 그들이 하는 말을 끝까지 듣고, 유죄혐의에 대해 무죄해명을 해달라고 또 적용 가능한 법에 대해 무죄주장을 해달라고 부탁했다. 때로는 이렇게 피고인 측 변호인들이 검사들의 잘못을 지적해 준 덕분에, 우리는 실수를(그리고 불의를) 피해갔다 (물론 불법행위를 완강히 부인한다고 해서 불기소 처분을 내리지는 않는다).

이렇게 심사숙고하는 것—그리고 추진하던 일을 멈추는 것—이 정의의 핵심이다. 누군가를 어떤 혐의로 기소하는 것은 한 사람의 인생을 산산조각 낼 수도 있는 일이다. 동시에 그와 가까운 지인들의 삶에도 영향을 미칠 수 있다. 형사피고인은 무죄로 풀려나거나 항소법원에서 혐의를 벗더라도, 재판 전과는 다른 삶을 살게 될 것이다. 법정에서 공정한 재판을 받더라도 마찬가지다. 재판을 받을 때쯤이면 피고인은 주변 사람들에게 외면 받거나, 무일푼이 되거나, 실직자가 되거나, 취직이 불가능해질지도 모른다. 따라서 기소는 애초에 최대한 바르고 공정하게 결정해야 한다. 덧붙이자면, 뉴스매체가 공직자나 일반시민을 상대로 심각한 의혹을 제기할 때도 역시 바르고 공정하게 결정해야 한다. 한번 엎질러진 물은 주워 담을 수 없기 때문이다.

나는 종종 후배 검사들에게 매우 강력한 엔진이 장착된, 굉장한(그리고 무서운) 속도로 주행할 수 있는 자동차에 빗대어 검사활동을 설명한다. 자동차로 목적지에 (안전하게) 도착하려면, 두 가지가 필요하다. 하나는 액셀, 다른 하나는 브레이크다. 우리가 가려는 곳에 도착하려면 액셀을 밟아야 한다. 다시 말해 범법자에게 책임을 묻고, 피해자의 명예를 회복시키며, 사회에 질서를 세우기 위해 우리는 액셀을 밟아야 한다. 그렇지만 때로 브레이크가 필요하다. 점검하고, 재고하고, 자신의 분석에 의문을 품어야 한다. 브레이크를 적절하게 밟으면 생명도 구하지 않는가.

걸핏하면 방아쇠를 당기는 검사도 경계해야 하지만 총 쏘기를 주저하는 검사, 브레이크만 밟는 검사도 조심해야 한다. 이들은 정반대 기질로 정의와 책임을 침해할 수 있다. 어떤 사람은 중대한 결정에 따라 방아쇠를 당기는 일을 힘들어한다. 혐의제기는 형사사법체계든 직장이든 그 어디서든, 궁극의 대립을 뜻한다. 사람들은 보통 대립을 싫어한다. 특히 중대한 결과가 뒤따를 경우 대립을 꺼린다. 대부분 어린 시절에 다른 사람을 향해 삿대질도 하지 말라고 배웠다. 이는 무례한 행동이고 반드시 어떤 결과가 뒤따르기 때문이다.

어떤 검사들은 끊임없이 수사에만 전념하려고 한다. 물론 어떤 피의자는 두 번 세 번 인터뷰를 해야 한다. 언제나 더 조사할 여지가 있고, 이리저리 뒤집어봐야 할 사건의 이면도 남아 있다. 검사들이 이렇게 지체하는 이유는 예비 '조사'가 일종의 안전한 도피처 역할을 하기 때문이다. 수사와 조사는 조용히 이뤄지기도 한다. 모호하고 은폐된 의혹인 경우 그렇다. 좀 더 시야를 넓혀보자면, 실제 혐의를 제기할 가능성은 어디까지나 가설이고 소문에 지나지 않는다. 특별검사 로버트 뮬러가 트럼프의 국가안보보좌관 마이클 플린Michael Flynn이나 전 대선캠프 본부장 폴 매너포트를 실제로 기소하기 전까지, 온갖 추측만 무성했을 뿐 실제 기소될지 여부는 아무도 몰랐다. 도전장을 내밀기 전까지 결투는 없는 것이다.

한편으로 기소는 구체적이다. 기소는 명확하고 냉혹하고 공개적이다. 기소는 문서로 하는 선전포고다. 묵직한 사건이나 양측이 팽팽히 맞서는 사건인 경우 검사는 기소가 더욱 두려워진다. 공개 기소는 검사 입장에서 볼 때 특히 중대한 결정이다. 어떤 검찰조직은 철저해야 한다는 명분 아래 결정의 순간을 지나치게 늦추기도 한다. 당신이 법집행기관은 물론이고 회사에서 감찰이나 내부자율준수 업무를 맡고 있다면, 과감하게 결정하는 용기가 필요하다. 수사는 언제나 더 해야 할 여지를 남긴다. 행동에는 당연히 결과가 뒤따르지만, 행동하지 않아도 그에 따른 결과가 있다. 어떤 행동에 대한 폭로를 염두에 두고 수사를 맡게 되었다면 당신은 방아쇠를 당길 줄 아는 사람, 그것도 적시에 당길 줄 아는 사람이 되어야 한다.

명확한 증거가 없을 때

화재와 연기를 구분하고 사고인지 방화인지 분간하려면, 배후에서 벌어진 사건을 이해하는 것이 중요하다. 대중이 기소를 간절히 원하지만 섣불리 나설 수 없는, 순전히 정황적 증거만 있는 사건도 있기 때문이다.

다음 이야기로 넘어가기 전에 한 가지 예를 들어보겠다. 2008년, 『뉴욕타임스』는 롱아일랜드 철도Long Island Rail Road, LIRR에서 벌어진 기가 막힌 대형 사기극을 폭로했다. 이 철도회사 직원들 다수는 병세가 심하고 부상을 당했다며 장해연금을 신청해 수령했다. 그런데 조기수령을 승인받아 50세부터 장해급여를 받게 된 직원들 중 상당수가 유행에 뒤질세라 골프나 테니스에 매진하면서 활발한 신체활동을 한 것이 드러났다. 롱아일랜드 철도 직원들의 장해연금 신청 비율은 깜짝 놀랄 수준이었다. 2007년 회계연도에 연금신청 비율은 메트로노스Metro-North 철도보다 12배나 높았다. 메트로노스 철도는 롱아일랜드 철도와 마찬가지로 뉴욕시를 관통하는 통근철도였다. 2001년부터 2007년 사이에 관절염과 류머티즘으로 장해급여를 신청한 롱아일랜드 철도 직원들은 753명인데 비해, 메트로노스 철도 직원들은 32명에 그쳤다. 이러한 수치상의 차이만으로도 사기의 색채가 짙었다. 의사 세 명이 직원 수천 명을 장해로 진단해주었는데, 여기서 우리는 이 뻔뻔한 사기극에 의사들도 분명 가담했을 것이라는 잠정적 결론을 내렸다.

그런데 이 사기극의 구체적 증거는 정황적이고 통계적인 것뿐이었다. 허리, 어깨, 관절의 가짜 통증은 입증하기가 힘들다. 자기보고식 통증을 확증하거나 배제해줄 엑스레이, MRI, 피검사가 없고, 진단과 예후를 환자의 주관적인 보고에 의존해야 하기 때문이다.

그럼에도, 저강도의 사무업무도 피해야 할 만큼 병세가 심각하다던 다수의 연금수령자들이 매우 격렬한 스포츠 활동에 참여했음을 보여주는 분노가 치미는 증거들이 산더미처럼 드러났다. 『뉴욕타임스』가 길고 긴 탐사보도에서 밝힌 뻔뻔한 사례들 중 몇 가지만 소개하겠다.

- 한 퇴직자—그레고리 누네Gregory Noone—는 손으로 물체를 잡을 때 극심한 통증이 있다고 호소했다. 그는 조기 장해연금을 받았다. 얼마 후인 2008년 누네는 9개월 동안 골프를 140회 쳤다. 본인 입으로 극심한 통증이 있다고 했으니, 그는 본인 가방에 담긴 골프 클럽들을 손쉽게 잡을 수 있었거나 아니면 아마추어 골프 역사상 가장 피학적인masochistic 골퍼임이 분명했다.
- 또 다른 퇴직자인 샤론 폴룬Sharon Falloon은 걷거나 서 있을 때 통증이 있다고 했다. 폴룬도 조기 장해연금을 받았다. 그러나 얼마 후 그녀는 헬스장에서 45분짜리 스텝 에어로빅(발판을 오르내리며 하는 에어로빅-옮긴이) 수업을 듣는 장면이 영상에 찍혔다.
- 또 다른 퇴직자 프레데릭 카탈라노Frederick Catalano는 앉거나 설 때마다 극심한 통증을 느낀다고 했다. 퇴직 후 한 달도 되지 않아 카탈라노는 주짓수에서 검은띠를 땄다.

이 모두가 법을 악용한 사례로 보였다. 수사 결과 이런 식의 사례가 잇따라 나왔다. 장애진단서를 남발한 의사들을 포함해 이 많은 직원들을 기소할 시점이 온 것일까?

글쎄, 서두르면 안 된다. 그 많은 직원들이 장해연금을 수령하자마자 곧바로 기적 같은 운동 기량을 보여주었어도, 이는 강력한 증거가 아니었다. 이런 놀라운 사례들이 넘쳐났지만, 해당 지역의 검찰청은 각종 증거를 살펴보면서 사기 혐의로 유죄판결을 받아낼 가능성을 따져보더니 수사를 중단했다. 그들은 기소를 단념했다. 정황적 증거만 가득한 점을 고려할 때, 이는 꼭 무책임한 판단이라고는 볼 수 없었다. 결국 강 건너에 있는 뉴욕남부지검에서 심층수사에 돌입하기로 했다.

철도업체 감독기관 중 하나인 철도퇴직자위원회Railroad Retirement Board는 롱아일랜드 철도를 예의주시하고 또 의심했지만, 승인된 모든 장해연금을 지급했다. 고의성이 짙어 보이는 또 다른 통계적 증거는 2007년에 롱아일랜드 철도의 장해연금 신청비율이 메트로노스 철도보다 12배나 높다는 납득하기 힘든 사실이었다. 우리 검사들은 법적으로 다툴 만한 사안이라고 판단했지만, 판사가 이를 법적으로 무관한 사안이라고 볼 경우 재판에서 증거로 받아들여지지 않을 수도 있었다. 결정적으로 의사와 직원 사이의 공모를 보여주는 명백한 문서가 없었다. 도청증거도 없고 자백진술도 없었다. 의사 두 명이 FBI에 털어놓은 그리 결정적이지 못한 진술을 제외하면, 유죄를 밝히기에는 미약한 증거들뿐이었다. 그나마 유죄입증이 수월해 보이는 피의자는 이 의사들이었는데(개별적으로 음모를 꾸민 연금수령자들이 아니라), 이들은 납득하기 어렵지만 그저 환자들의 진술에 따랐을 뿐이라고 처음부터 주장했다.

이 사건에 또 하나 없는 게 있었다. 검사와 배심원에게 이 음모의 실체를 밝혀줄 강력한 협조적 증인이 없었다. 검사 측에 필요한 것은 바로 이 증인이었다. 그래서 우리는 협조적 증인을 찾아 나섰다. 우리는 일단 연금수령자를 개인별로 기소하는 일부터 시작했다.

이 사건에서 신경 써야 할 부분은 무고함의 확인이 아니라 기소를 뒷받침할 명확한 증거였다. 이 구분은 중요하다. 기소를 추진할 때에는 어느 정도 강한 확신이 필요하다. 어느 늦은 오후, 나는 증거를 요약한 메모와 정황적이고 통계적 성격의 증거들을 살펴본 후 수사팀에 "최종논고를 한번 해보라"라고 제안했다. 이 논증이 중간급 장벽인 치안판사나 대배심이 아닌, 합리적 의심의 여지없이 증거를 제시해야 하는 궁극의 장벽인 소배심에 어떻게 전달될지 살펴보기 위해서였다.

우리는 이렇게 결론 내렸다. 롱아일랜드 철도 사건에서 의사와 직원들이 교통당국을 상대로 수년에 걸쳐 수십억 달러의 사기를 쳤다는 지극히 상식적인 증거가 있고, 이것이 재판에서 명백한 증거로 수용되기에는 부족해도 피의자들을 기소하기에는 충분하다고. 한편으로 우리는 수사에 협조할 피의자가 나와 증거가 더 보강되기를 기대해보기로 했다.

사건수사팀은 74쪽에 달하는 공소장을 제출했다. 증거사실을 모두 모으고, 장해연금 수령자라는 사람들이 보여준 운동 기량을 자세히 묘사한 공소장이었다. 우리는 철도 직원들을 저돌적으로 기소하면서 수사에 협조하도록 회유했다. 그리고 그들은 입장을 바꿨다. 일이 마무리될 즈음 우리는 32명을 기소했고, 모두 유죄를 인정하거나 재판에서 유죄판결을 받았다. 그리고 망가질 대로 망가진 연금제도는 개선 작업에 들어갔다.

기소 결정의 어려움

롱아일랜드 철도 사례를 언급한 이유는 검사들이 적극적으로 나선 덕에 정의라는 쾌거를 이뤘다고 자랑하려는 게 아니다. 기소결정이 얼마나 어려운 일인지 보여주려는 것이다. 이 힘든 결정은 과학적 엄밀함으로도 해결하지 못한다.

앞으로 다룰 내용은 정의로 가는 여정에서 이 특징적인 단계를 탐색하는 것이다. 여기서 나는 누군가를 기소할 때 이것이 당사자의 인생에 큰 파장을 낳을뿐더러 검찰에는 하나의 시험대가 될 것임을 알기에 늘 고민된다는 점을, 그리고 불기소 처분도 마찬가지로 중대한 결정이라는 점을 중점적으로 설명할 것이다. 또 검찰조직의 문화가 중요하며, 은밀한 압박으로 기소결정을 유도해 불의를 낳는 일이 없도록 해야 한다는 점을 들려줄 것이다.

정보가 불충분한 상황에서도, 대중을 위험으로부터 보호해야 하기 때문에 누가 실질적 위협을 가했는지 바로바로 판단해야 하는 검사들의 고충도 독자들은 읽게 될 것이다. 운 없는 테러범 지망자가 지하드 투사처럼 대중을 위협하는 상황에서, 또는 남편이 아내를 해칠 계획을 공개적으로 모의하는 상황에서 검찰은 언제까지 기다리고 얼마나 많은 증거를 모아야 할까? 또 공상과 공모의 차이는 무엇일까? 검사들은 어느 쪽에 서서 판단을 내려야 할까? 대중의 목숨이 위태롭지만 압도적인 증거가 없을 때 검사들은 어떤 판단을 내려야 할까? 이와 관련된 사례들을 읽으면서 당신이라면 어떻게 대처할지 생각해보길 바란다.

한편 검사가 사실관계와 법과 양심에 따라 자신이 해야 할 일을 했는데도, 대중이 심하게 항의하는 경우가 있다. 바로 기소하지 않았을 때다. 피해가 발생하고, 집이 불타고, 무고한 사람이 총에 맞고, 운전자가 보행자를 죽게 하고, 경제가 위기에 처했을 때, 사람들은 자연스럽게 물어뜯을 대상을 찾아 나선다. 이러한 요구는 정의에 부합할 때도 있지만, 누가 어떤 목소리를 내든 정의에 어긋나는 경우도 있다. 어떤 행동을 한 이유를 설명하는 것은 하지 않은 이유를 설명하는 것보다 쉽다. 이는 여러 맥락에 적용된다. 그렇지만 정의라는 영역에서, 이는 검사를 특별한 딜레마에 빠뜨린다. 어떤 경우에 기소를 단념하는 것이 정당하고 적합할까? 앞으로 당신은 경범죄를 둘러싼 논거, 무관용 법집행의 위험성, 수사자원에 대한 판단, 분노가 들끓고 정의에 대한 갈망이 넘쳐도 특정 사건이 기소되지 않는 이유에 대해 읽게 될 것이다.

마지막으로 문화는 중요하다. 나는 우리 검찰청, 즉 뉴욕남부지검의 조직문화를 올바르게 세우기 위해 상당한 시간을 할애했다. 전임자들의 선례를 따르기 위해 기회가 생길 때마다 내가 퍼뜨린 복음이 있었다. 바로 정의가 승리보다 중요하다는 것, 올바른 것이 쉬운 것보다 언제나 더 중요하다는 점이었다. 나는 내가 물려받은 조직문화가 자랑스러웠고 이를 계승하고자 했다. 그 문화는 존 오몰리가 열심히 수사해서 무고한 6명의 무죄를 밝히도록 도운 성실과 관심이라는 문화였다. 문화는 어느 곳, 어느 기관이든 중요하다. 앞에서도 밝혔듯이, 불량한 조직문화는 조직에 비싼 대가를 치르게 하고 수사를 위협하며 결국 기소에도 악영향을 끼친다.

10장 끝없이 굴러가는 기계

수사과정의 심리적 타당성에 관하여

수사는 일단 시작되면 그 나름의 생명력을 갖는다. 뚜렷하거나 분명한 목적지가 없어도 수사에는 일종의 가속도가 붙는다. 일단 수사가 시작되면, 온갖 영역에 시동이 걸린다. 인력이 배치되고, 교대조가 편성되고, 질문목록이 작성된다. 이제 본격적인 수사가 시작된다. 수사계획에 따라 수사요원들이 사방으로 흩어진다. 이들은 소환장을 송달하고, 사건현장을 감시하고, 각종 기록을 검색하며, 전화를 도청하고, 증인에게 접근한다. 이들은 여기저기를 들쑤시고 다닌다. 이 격정적인 행동은 단지 소음과 분노를 일으키려는 것이 아니다. 이는 진실추구와 책임추궁이 절실하다는 것을 외부에 구체적으로 드러내는 것이다. 이는 형사절차를 밟기 위해 삐걱거리며 굴러가는 현실세계의 기계이다.

그렇지만 이 모든 수사과정과 앞으로의 행보에는 보통 위험한 심리적 압박이 수반된다. 수사가 진행되는 동안 실마리가 풀리든 유용한 증거가 구체적으로 드러나든, 다른 뭔가가 동시에 진행되기 때문이다. 바로 **투자**가 이뤄진다. 그리고 **기대치**가 생긴다.

법집행기관은 투자에 대한 적절한 수익을 원한다는 측면에서 월스트리트와 비슷하다. 이는 자연스러운 바람이다. 인간은 자신의 노력이 어떤 결실을 맺길 원한다. 또한 자신이 쏟아 부은 그 모든 노력에 성과가 딸려오길 간절히 원한다. 그 누구도 시시포스Sisyphus(그리스 신화에 나오는 코린토스의 왕으로, 평생 무거운 바위를 산꼭대기까지 밀어올리는 형벌을 받았다–옮긴이)가 되길 바라지 않는다. 자신의 농작물을 애정으로 보살피는 농부처럼, 수사 관계자들도 어떤 수확을 기대할 것이다.

그렇지만 법집행기관의 요원은 월스트리트의 투자자나 농부가 아니다. 이윤과 정의는 다른 개념이다. 정의는 때로 상당한 투자 손실을 감수해야 하는데, 정의 자체가 그것을 요구하기 때문이다. 매우 힘들게 수사했지만 충분한 증거를 확보하지 못했을 때, 악한이 도둑질 근처까지 갔지만 그 선을 넘지는 않았을 때, 다들 용의자가 위법행위를 했다고 확신하지만 뭔가 명확하지 않은 부분이 있을 때, 그리고 합리적인 사람들이 혐오하고 처벌을 바라는 나쁜 행위에 대해 어리석은 법과 순진무구한 법원이 형사처벌을 면제해줄 때, 남은 선택지는 단 하나 기소하지 않는 것이다.

불기소는 매우 불만족스러운 결과일 수 있다. 그렇지만 높은 기대치와 개인적인 투자와 매몰비용 때문에 부당하게 기소를 결정한다면, 그것 또한 명백한 잘못이다.

기소과정의 다양한 압박

이렇게 기본적으로 내재한 심리적 압박을 외부에서 많이 부추긴다. 불미스러운 사건이 터지면 정치인, 언론인, 대중은 모두 손쉽게 물어뜯을 속죄양을 찾는다. 이런 분위기는 전염성이 매우 강해서 공정한 수사도 여기에 감염될 수 있다. 현명하고 공정한 수사관이라면 묵묵히 제 할 일을 하면서 세간의 시선을 피하고, 방호복을 걸치고, 외부의 압박에 동하지 않으면서 바깥 분위기에 물들지 않는 순수한 수사를 해나갈 것이다. '저놈을 잡아가둬라!'라는 어리석은 군중의 외침도 이들의 귀에는 들리지 않을 것이다.

외부의 압박 말고도, 똑같이 위험하고 용납하면 안 되는 내부의 압박이 때로 존재한다. 그런 상황은 조직의 리더가 어떤 결과물을 내놓으라고—무심코 한 말이더라도—압박할 때 벌어진다. 리더들이 이런 행동을 하는 이유는 무지개 끝에 천국이 없더라도 이를 기꺼이 받아들여야 한다는 점을 종종 잊기 때문이다. 앞에서도 말했지만, 이윤과 정의는 다르다.

2015년 겨울, 우리는 뉴욕주 최고위급 정치인 세 명 중 두 명에 대해 제기된 부정부패 혐의에 대해 한창 수사하고 있었다. 그 두 사람은 뉴욕주 하원의장이었던 민주당의 셸던 실버Sheldon Silver와 뉴욕주 상원 원내대표였던 공화당의 딘 스켈로스Dean Skelos였다. 이는 중요한 수사였다. 우선 이들은 세간의 주목을 받는 사람들이었고, 공직자부패는 언제나 매우 민감한 사안이었기 때문이다. 자연스럽게 나를 비롯한 검찰청의 리더들은 이 사건에 많은 관심을 보였다. 하지만 일선 검사들은 상급자의 지나친 관심이 부담이었을 것이다.

부패수사팀 검사들에게는 안 된 일이지만, 그들의 사무실이 내 집무실 맞은편 복도 끝에 몰려 있던 탓에, 이들은 더욱 나 같은 상사들에게 들볶이기가 쉬웠다. 나는 거의 매일, 그 사무실을 한 곳씩 들렀다. 내가 던진 질문들은 일반적인 내용이었다. "최근 소식은 뭔가? 어떻게 될 것 같나? 어떤 증인들을 확보했지?" 물론 더 자세히 물어볼 때도 있었다. "타우브 박사Dr. Taub가 첫 협조인터뷰를 하러 언제 온댔지? 타우브 박사가 뉴욕주 보건부의 클리닉 보조금을 실버 의원을 통해 지원받았다는 증거 자료가 있나? 애덤 스켈로스Adam Skelos의 전화도청은 언제 재개하지?" 이런 질문을 나뿐만 아니라 부지검장 리치 자벨 그리고 당시 형사부 책임자였던 준 킴 검사도 했는데, 이는 단지 호기심에서 한 질문이 아니었다. 이는 이 사건에 검찰 지도부가 지대한 관심이 있고 응원을 하며 다급한 사안이라는 인상을 주려는 목적도 있었다. 우리는 반부패수사의 선봉에 서 있는 검사인 존 배리John Barry와 밥 라이언Bob Ryan도 괴롭혔다. 이 사건의 수사는 철저하면서도 신속해야 했는데, 두 사람 모두 뉴욕주 민선의원이었기 때문이다. 따라서 모든 공직자부패 사건이 그렇듯, 어떤 증거를 신속하게 내놓지 못하면 끝까지 파헤치기가 어려웠다. 이는 대중과 검찰청과 피의자 모두가 이해관계자가 되는 사건으로, 중요한 고려요소였다.

그렇지만 좋은 의도로 수사상황을 묻더라도 그 강도와 빈도가 심하면, 특정 결과를 바라는 듯한 미묘한 압박으로 여겨질 수 있다. 윗사람이 그렇게 계속 채근하듯 물으면, 담당 검사들은 입증이 힘든 사건이든 아니든 정당한 사건이든 아니든 간에 소송까지 이어지지 않으면 지도부가 실망할 것이라고 오해할 수 있다. 이러한 압박감이 사라지지 않으면, 공정한 수사와 공정한 결과 모두를 해칠 수 있다. 지도부는 이런 사실을 놓치면 안 된다.

어느 날 저녁, 나는 리치 자벨을 통해 부패수사팀 검사 중 하나가 "우리가 혐의를 입증하지 못하면 지검장이 화낼까 봐 걱정이다"라는 말을 했다는 걸 전해 들었다. 순간 아차 싶었다. 그 검사는 지나가는 말로 했을지라도, 리치와 나에게는 경종을 울리는 말이었다. 좋은 의도에서 시작했을지라도 끊임없는 질문은 압박이 될 수 있다는 사실을 깨달았기 때문이다.

그 후로 나는 부패사건보다 수사팀의 사기와 심리 상태에 더 신경을 썼다. 지나가는 말이었든 아니든, 적어도 연방검사 한 명이 진실을 밝히고 가장 공정한 구형을 고민하는 일에 전념하기보다, 내가 실망할까 봐 걱정한다는 사실이 몹시 신경 쓰였다.

리치와 나는 오해를 풀기로 했다. 다음 날 나는 8층 도서관에서 회의를 열어, 실버 수사팀과 스켈로스 수사팀 모두를 모이게 하고 그 책임자들도 불렀다. 느닷없이 모든 인력이 소집되는 것은 보기 드문 일이었다. 양 팀 모두 줄지어 들어왔다. 나는 평소처럼 도서관 중앙에 놓인 길쭉한 나무 탁자의 상석에 앉았고, 수사팀원들은 양쪽으로 정렬해 앉았다. 시계를 슬쩍 봤다. 오후 5시가 넘었다. 대다수 사람에게는 업무가 끝나갈 시간이지만 그 자리에 모인 검사들에게는, 특히 수사가 진행되는 시기에는 매우 이른 업무시간이었다. 나는 농담부터 한두 마디 건넸다. 거의 모든 회의 때마다 그렇게 말문을 열었다.

이어 본론으로 들어갔다. 나는 이렇게 말했다.

"다들 꼭 이해해주었으면 하는 게 있어서 이 자리에 불렀습니다. 여러분은 모두 내게 정말 자랑스러운 사람들입니다. 내가 여러분 대부분을 그 자리에 임명했습니다. 여러분을 믿고 여러분의 판단을 존중하기 때문입니다. 이곳 검찰청에서 우리가 중요하게 여기는 것은 오직 하나, 올바른 일을 하는 것입니다. 분명히 짚고 넘어갈 게 있습니다. 나는 여러분들이 적극적이고 철저하고 완벽하게 수사하길 바랍니다. 두 사건 모두 공소를 제기할 정도로 혐의가 있든 없든, 나는 여러분과 우리 남부지검을 자랑스러워할 것입니다. 그러니 나와 리치, 준, 댄이 특정한 결과를 바란다고 생각하지 않길 바랍니다. 이 자리를 마련한 것은 그 어떤 의구심도 남기지 않기 위해서입니다. 우리 검사들이 시간, 에너지, 노력을 들여가며 뉴욕주와 미국의 고위 공직자를 적극 수사하는 것은, 법 위에 있는 자는 아무도 없다고 생각하기 때문입니다. 그렇지만 선배 검사 중 한 분이 말씀하셨듯이, 검찰청은 '제기한 소송뿐 아니라 제기하지 않은 소송'으로도 평가받습니다. 그러니 기소가 정당하지 않으면 우리는 추진하지 않을 것입니다."

나는 마지막으로 이렇게 말했다. "나는 여러분이 수사 외의 다른 부분으로 걱정하지 않기를, 나를 조금도 신경 쓰지 않기를 바랍니다." 나는 적어도 두 사람의 얼굴에서 다소 안도하는 표정을 보았다. 그렇게 모임은 끝났다.

부패수사팀은 결국 실버 의원과 스켈로스 의원을 기소했다. 둘 다 재판을 받았고, 11일의 격차를 두고 유죄평결을 받았다. 그런데 몇 달 후, 연방대법원이 '공무행위'의 범주를 새로 규정하면서 두 사람의 유죄선고를 모두 뒤집었다. 그러나 내가 뉴욕남부지검을 떠난 후두 사람은 재심을 받았고, 모든 혐의에 대해 다시 유죄평결을 받았다. 이것이 정의의 힘이다.

성급한 판단을 경계하라

범법행위와 관련된 조사에 또 다른 요소가 작동하는 경우가 적지 않다. 분명 모든 범죄수사의 목적은 진상을 밝히고 진실을 찾는 것이다. 그렇지만 많은 경우 수사의 모든 단계와 국면이 도덕적 어젠다로 채색된다. 즉, 범법행위나 유해행위에 대해 책임자를 처벌하라고 요구하는 것이다. 은행이 고객에게 사기를 쳤거나 어떤 제품이 소비자에게 해를 입혔거나 경찰이 공권력을 남용한 것으로 보일 때, 대중은 누군가에게 그 책임을 물으려는 경향이 강한데, 궁극적으로 법률상 범죄로 인정되지 않거나 그 혐의를 입증할 수 없는 경우라도 사람들은 처벌을 원한다.

이런 점에서 범죄수사는 이를테면 의료문진과 다르다. 의학적 수수께끼는(검시관의 활동을 제외하면) 가치중립적이다. 아픈 사람이 있다고 치자. 의사는 그 원인이 무엇인지, 바이러스 때문인지 아니면 박테리아 때문인지 알아내려 한다. 의학적 진단은 일반적으로 그 어떤 도덕적 어젠다도 동반하지 않는다. 바이러스와 박테리아에 책임을 묻겠다는 사람은 없다. 비난받을 대상이 없으므로 처벌할 일도 없다.

질병은 감옥에 보내지 못한다. 의사는 단지 질병을 무력화하고 피해가 없길 바랄 뿐이다. 암은 골칫덩어리일지 몰라도, 번개가 악이 아니듯 암도 도덕적 의미로 악이 아니다.

반면 범죄수사에서는, 어떤 피해나 잘못된 행실이 명백한 경우 도덕적 어젠다가 구름처럼 드리워진다. 어쩌면 구름이라기보다 수사관의 머릿속에 울리는 음성에 가까울지도 모른다. "그 나쁜 놈을 잡아라, 그 나쁜 놈을 잡아라"라는 단호한 목소리가 울려 퍼진다. 이 음성은 검사와 수사관들이 밤을 새워가며 일하고 온갖 수를 다 써서라도 진실을 밝히도록 독려할 뿐 아니라, 궁극적 정의를 실현하도록 자극한다. 이는 바람직하다. 그렇지만 다른 한편으로 누군가가 부주의한 요구를 할 때 그 목소리는 부당한 영향력을 끼치고, 중립성을 해치며, 성급한 판단으로 내몰 수 있다. 센트럴파크 파이브 사건Central Park Five(1989년에 한 백인 여성이 뉴욕의 센트럴파크에서 괴한에게 구타와 강간을 당한 사건으로, 흑인과 히스패닉계 10대 다섯 명이 범인으로 몰려 징역까지 살았으나, 13년 뒤 진범의 자백으로 이들의 무죄가 밝혀졌다 – 옮긴이)을 떠올려보라. 또 캐시 왓킨스와 에릭 글리슨을 떠올려보라. 나는 더 많은 사례들로 이 책을 채울 수 있다.

처벌과 책임은 정의에서 핵심적인 부분이지만, 수사단계에서 최종심판을 미리 단정하는 것은 일의 순서를 뒤바꾸는 위험한 행동이다. 악행이라고 다 범죄가 아닌 이유는, 법이 범죄구성요건을 까다롭게 규정해놓았기 때문이다. 또 최초의 용의자라고 전부 유죄가 아닌 이유는, 보이는 게 전부가 아닐 때도 있기 때문이다. 공정한 수사관이나 검사는 이 사실을 일차적으로 마음에 새겨야 하며, 성급한 판단

을 절대적으로 경계하고 불기소를 늘 염두에 두는 열린 자세로 수사
에 임해야 한다. 아무리 투자한 것이 많더라도 말이다.

11장 그런 일이 없기를

현실이 되어서는 안 될 판타지들

숨기고 싶은 비밀이 하나 있다. 기소를 결정할 때 오로지 과거의 행적을 바탕으로 하지 않는 경우도 있다는 점이다. 분명 혐의를 입증하는 증거는 과거에 존재해야 하고, 실제로 **발생한** 사건에 토대해야 하며, 또 충분해야 한다. 그렇지만 실제 현실에서 검사가 맡은 임무가 단지 처벌이 아니라 예방까지 포함하는 것이라면, 기소결정(과 기소시점)은 미래에 발생할 가능성이 큰 잠정적 피해도 고려할 수밖에 없다. 그렇다 보니 검사들은 마피아 거물이나 테러 용의자를 잡기 위해 사소한 법조항에 기대서라도 기소가 가능하도록 명확한 증거를 확보하는 일에 많은 시간과 노력을 들인다. 그 편이 미래의 잠정적 피해를 예상하는 것보다 더 쉽기 때문이다. 범죄 예측은 어느 정도 필요하지만 매우 까다로운 일이다. 물리학자 닐스 보어Niels Bohr의 말대로, "예측은 매우 어려우며, 미래에 대한 예측은 특히나 어렵다."

미래에 대한 예측은 무수한 맥락에서 일어난다. 이를테면 해고 결정은 인식 가능하고 구체적인 과거의 규율위반 행위를 토대로 하는 것이 합리적이다. 그렇지만 현실에서는 그 사람이 앞으로 잘못을 반복할 것인지에 대한 예측과 회사의 위험부담 성향 역시 해고결정에 영향을 줄 것이다. 대부분의 경우 기소 결정은 재량적 판단이므로 미래에 끼칠 피해도 적절히 계산해야 한다.

위탁가정에서 양육자에게 구타당해 죽은 아이나 폭력적인 남편에게 맞아 죽은 아내와 같은 비극적인 사건을 떠올려보면, 하나같이 경고 징후나 응급 신고, 심지어 보호명령조치가 사전에 있었다는 사실이 뒤늦게 밝혀진다.

상상과 현실 사이의 범죄에 대한 판단

2018년 2월 14일, 플로리다주의 한 고등학교에서 학생과 교사 포함 17명이 총기난사로 사망한 사건이 있었다. 이는 이 학교에서 퇴학당한 19세 청년이 저지른 범행으로, 미국 역사상 최악의 총기참사 중 하나로 기록됐다. 범행이 있기 한 달 전, 그는 소셜미디어에 '전문적인 학교 총격범'이 되는 게 자신의 목표라고 밝혔다. 그가 소셜미디어에 올린 내용은 범죄의 구성요건이 아니었기 때문에 아무도 그를 체포하지 않았다. 그렇다면 그 내용은 환상을 표현한 것일까 아니면 살인 의도를 드러낸 것일까? 비극적이게도 그 답은 총기난사 이후에야 분명해졌다.

일반적으로 사람들에게 책임을 물을 때 그들의 생각이 아닌 행동에 대해 물어야 한다고 생각한다. 그렇지만 이 자명한 이치에도 한계가 있다. 외부와 단절된 채 이뤄진 순수한 생각은 기소는커녕 사람들이 알지도 못한다. 그렇지만 겉으로 드러낸 생각은—어디에 적어놓았든 남들에게 전달한 것이든—더는 건드릴 수 없는 비밀이 아니다. 그런 생각은 악의적 의도를 드러낼 수 있고, 구체적인 행동과 결합될 경우 충분히 범죄구성 요건에 부합할 수 있다.

실제로 연방형법에서 공모는 특정 법을 위반하기로 **생각**이 통한 두 명 이상의 사람이 서로 합의한 행위로 본다. 이 규정에 따르면 그 어떤 행동도 필요 없고, 다만 두 명 이상의 사람이 수용하고 동의한 겉으로 드러난 생각만 있으면 범죄가 성립된다. 미국 의회에서는 이런 종류의 '생각'을 유감스러우며 위험한 것이라고 판단했다. 그리고 범죄로서 기소와 처벌이 가능하다고 본다.

그렇다면 어찌 됐든 해를 끼칠 가능성과 아직 아무도 해를 입지 않았다는 사실 사이의 간극을 어떻게 조율할 것인가? 이러한 딜레마는 테러 위협에서 크게 불거진다. 예를 들어 논란이 많았던 제임스 크로미티James Cromitie 사건을 살펴보자. 당시 뉴욕남부지검에는 크로티미가 뉴욕주 리버데일Riverdale의 한 유대교 회당을 폭파하려고 끔찍한 음모를 계획했다는 증거가 있었다. 2008년에 크로미티는 파키스탄 사업가로 위장한 FBI 정보원 샤에드 후사인Shahed Hussain에게 "미국에서 어떤 짓"을 저지를 계획이라고 말했다. 후사인은 테러 조직 자이시에모함메드Jaish-e-Mohammed에 가입할 생각이 있는 척하며 이들에게 접근해 신뢰를 얻었다. 2008년 11월, 크로미티는 유대교 회당 공격을 언급하면서 "나는 그 병신 같은 유대인 새끼들이 싫다"라고 말했다. 그리고 유대교 회당을 폭파하고 싶다는 의사를 내비쳤다.

2009년 4월 말 무렵, 크로미티와 훗날 그의 공동피고인이 된 데이비드 윌리엄스 4세David Williams IV와 온타 윌리엄스Onta Williams, 라게레 파옌Laguerre Payen은 리버데일에 있는 유대교 회당을 폭탄으로 날리고 뉴버그Newburgh 공군기지에 있는 군용기를 '격추'하기로 의기투합했다. 이 일당은 플라스틱 폭약 C-4를 장착한 사제폭탄 세 개와 스팅어 지대공미사일을 가짜인 줄도 모르고 후사인에게서 구입했다. 이틀 후 피고인들은 리버데일 두 곳에 가짜폭탄을 심었다.

자, 이는 영악한 범죄집단이 저지른 사건이 아니었다. 이들은 정교한 테러범들도 아니고, 모두 가난에 허덕이던 사람들이었다. 이들 모두 폭탄이나 무기류에 대한 그 어떤 경험이나 전문지식도 없었다. 이들의 테러계획은 처음부터 끝까지 FBI가 조종하고 감시한 함정수사였다. 따라서 실제로 위험에 놓인 사람은 아무도 없었다. 이 일당은 스스로 독실한 이슬람 신자라고 했지만, 크로미티는 카바Kaaba신전이 뭔지도 몰라서 다른 일당에게 물어봐야 했다. 카바신전은 메카 대사원에 있는 건물로, 이슬람교도들은 매일 이곳을 향해 기도를 올린다. 온타 윌리엄스는 마약거래상이었다. 파옌은 조현병 환자로 추정되며(집에 본인의 오줌통을 보관했다), 미국 내에서 플로리다주로 가려면 여권이 필요하다고 알고 있었다. 이 일당은 매우 똑똑한 테러범들은 아니었지만, 테러에 매우 열심이었던 것으로 보인다.

담당 판사는 함정수사에 비판적이었다. "오직 연방정부만이 크로미티를 테러범으로 만들 수 있었다. 그의 어리석은 행동은 긍정적으로 보자면 셰익스피어 작품의 어릿광대였다." 판사는 그의 범행을 언급하면서 "연방정부가 범행을 부추기고 계획하고 그 결실을 맺게 했다"라고 말했다. 담당 판사는 최소의무형량 때문에 네 명의 "어릿광대" 모두에게 징역 24년을 선고하면서, 그들을 "고용된 순수하고 단순한 건달들"이라고 표현했다.

나쁜 사람처럼 보이지 않지만 악의가 있고 어리석은 사람, 또 사람들을 죽이겠다고 명백하게 의사를 밝혔지만 실제 그럴 능력은 보여주지 못한 사람을 기소하는 게 옳은 걸까? 최근 뉴욕과 런던, 파리, 그리고 여러 지역에서 벌어진 테러사건에서 우리가 얻은 교훈은 악의를 가진 사람은 제대로 된 장비가 없더라도, 즉 최첨단 무기류가 없어도 차량이나 칼로만 무장한 채 테러를 저지르고 많은 사람을 죽일 수 있다는 사실이었다. 여기에는 그 어떤 계획이나 특별한 전문지식, 특수한 능력도 필요 없다. 악의와 단 몇 초의 시간만 있으면, 군중 속으로 돌진하거나 통근열차에 탑승해 무고한 사람을 찌를 수 있다. 이는 가상적 상황이 아니다. 2017년 로어 맨해튼에서 할로윈 때 벌어진 사건도 분명히 이런 경우였다. 당시 우즈베키스탄 출신 29세 테러범 세이풀로 사이포브Sayfullo Saipov는 세계무역센터 근처의 인파로 붐비는 자전거도로를 트럭으로 덮쳤다. 이 참사로 8명이 숨지고 12명이 부상을 입으면서, 9·11테러 이후 뉴욕에서 벌어진 최악의 테러 공격으로 기록됐다. 당시 나의 동료검사는 그에게 사형을 구형했다.

법집행자들은 '그런 일은 없기를'이라는 내면의 목소리를 듣도록 훈련받는다. 이 사람이 자신의 쓰레기 같은 상상을 현실로 옮기지 않기를, 쓰레기 같은 독설만 내뱉는 이 인간 혐오자가 사법당국의 느슨한 조치로 살인하는 일이 발생하지 않기를, 차르나예프Tsarnaev 형제가 보스턴 마라톤에서 폭발물을 터뜨려 세 명을 숨지게 한 그런 일이 다시는 발생하지 않기를. **제발 그런 일은 없기를.**

범행 가능성이 감지되면 검사들은 적극적으로 나선다. 어떤 위협이 진짜이고 어떤 위협이 허풍인지 아무도 예견할 수 없기 때문이다. 대통령에게 '위협'이 가해질 때마다—아무리 어설프고 믿기 힘든 협박이어도—백악관 비밀경호국Secret Service에서 시찰을 나가는 것도 이런 이유에서다. 모든 사안이 체포로 귀결되지는 않지만 수사를 진행하고, 직접 현장에 나가 위험 수준을 살피고, 위험을 차단하거나 자세히 점검한다. 대통령에게 가한 대다수 '위협'이 기소로 이어지는 것은 아니지만, 사실상 모든 위협에 대해 어느 정도 수사를 하고 시찰을 한다. 설사 테러 표적이 대통령이 아니더라도 그렇게 행동하는 것이 합당한 경우가 있다.

전에 어떤 사건을 담당한 부장판사가 사회적으로 큰 논란에 휩싸인 적이 있다. 캐서린 포레스트Katherine Forrest 판사는 마약, 무기, 여타 밀수품을 거래하는 10억 달러 규모의 온라인 암시장 실크로드Silk Road의 운영자 로스 울브리히트Ross Ulbricht의 재판을 심리했다. 일곱 건의 중범죄 혐의로 유죄평결을 받은 울브리히트에게, 포레스트 판사는 종신형을 선고하고 1억8300만 달러를 배상하라고 명령했다. 그런데 재판이 진행될 동안 그리고 재판이 끝난 후에도, 포레스트 판사는 울브리히트의 추종자들에게 욕을 먹고 괴롭힘을 당했다. 또 '신상털기doxed'도 당했다. 에잇챈8chan이라는 다크웹에 포레스트 판사의 사회보장번호가 익명으로 올라온 탓이다. 포레스트 판사의 집주소가 온라인에 퍼지자, 비난자들은 경찰특공대SWAT에 각종 신고전화를 넣거나 탄저균을 집으로 보냈다.

설상가상으로 포레스트 판사는 자유주의 성향의 미디어 웹사이트 리즌닷컴Reason.com에서 연달아 또 다른 살해 협박을 받았다. 포레스트 판사의 남편과 사무실 직원들까지도 불길한 문자를 받았다. 그래서 포레스트 판사와 뉴욕남부지검은 신변안전 문제를 법적으로 고민하게 되었다. 2014년 10월—울브리히트의 유죄평결이 있기 전이었다—한 사이트 이용자가 "그 여자(포레스트 판사)와 가족을 몽땅 살해해달라"며 한 마약조직에 청탁을 했다. 2015년 5월 31일과 6월 1일에는 온라인에 다음과 같은 위협적인 악성 댓글이 줄지어 올라왔다. "이런 판사들은 뒷골목으로 끌고 가서 총살해야 한다." "그런 여자는 톱밥제조기로 갈아야 해." "법원 계단에서 면전에 총알을 날리자."

뉴욕남부지검 검사들은 적극적인 조치에 나섰다. 검사들은 협박성 댓글을 남긴 리즌닷컴 이용자 여섯 명에 대해 해당 사이트에 정보제출을 요구했다. 또 표준적인 함구령—늘 그렇듯 일시적이었다—을 내렸다. 법집행기관에 실질적 위협이 있었는지를 판단할 때까지, 리즌닷컴에서 검찰의 정보제출 요구를 섣불리 공론화하지 못하게 한 것이다. 포레스트 판사가 미국 대통령은 아니었지만 매우 정례적이고 책임 있는 조치였다. 그런데 살해 위협의 강도는 그리 세지 않았다. 이 지점에서 나는 자유주의 성향의 매체들 사이에서 끝없는 반감을 샀다. 포레스트 판사를 보호하기 위해 취했던 조치가 '연방정부의 깡패짓'이라거나, 수정헌법 제1조에 명시된 표현의 자유를 침해한다는 비판을 들었다. 어느 비판자는 이를 "표현의 자유를 얼어붙게 한 끔찍한 조치"라고 표현했다.

생각과 행동의 경계는 그렇게 뚜렷하지 않다. 이것이 위협성 판단의 본질이다. 누군가가 자신의 계획을 분명히 밝혔지만 아직 행동으로 옮기지 않은 흐릿한 중간지대에 있을 때, 합리적 인간이라면 어떤 지점에서 조치를 취해야 할까? 일련의 소름끼치는 사건들에서 우리가 이러한 고민에 어떻게 대처했는지 살펴보자.

한 경찰의 소름 끼치는 상상

심약한 독자라면 다음 사례는 건너뛸 것을 권한다. 캐슬린 망간Kathleen Mangan과 질베르토 발리Gilberto Valle는 뉴욕 퀸스에 사는 젊은 부부로 젖먹이 딸이 있었다. 두 사람의 결혼생활은 원만하지 않았고, 시간이 갈수록 부부관계를 갖는 횟수마저 줄어들면서 마침내 아내인 망간이 폭발하는 지경에 이르렀다. 어느 날 망간이 이 문제를 얘기하자, 발리가 불쑥 망간이 그냥 "변태적kinky"이지 않다고 말했다. 망간은 용기 내어 짐짓 동조하듯이 물었다. "그래서 어떻게 하라는 거야? 털 달린 수갑이라도 차라는 거야?" 그러자 발리가 대답했다. "아니, 그건 변태적이지 않아."

그 후로도 상황은 나아지지 않았다. 발리는 침대로 자러가는 일이 드물었고, 매일 밤 새벽 늦게까지 노트북 앞에서 시간을 보냈다. 마침내 격분한 망간은 남편의 외도를 의심하고 발리가 밤마다 무슨 짓을 하는지 염탐하려고 노트북에 소프트웨어를 설치했다.

2012년 10월의 어느 날 아침 발리가 여전히 자고 있는 사이, 망간은 거실로 가서 발리의 노트북에 접속한 다음 떨리는 가슴을 부여잡고 결과를 확인했다. 망간은 발리가 바람이 난 게 아니라는 사실을 바로 알았다. 그러나 이보다 더 충격적인 진실을 확인하고 말았다.

남편의 노트북에 저장된 사진과 비밀 이메일을 이리저리 살펴보던 망간은 자신의 눈을 믿을 수 없었다. 크게 충격을 받은 망간은 그 자리를 박차고 일어나 집에서 영원히 달아나기로 결심했다. 망간은 길 건너 공원으로 달려가 아버지에게 전화를 걸었고, 라스베이거스에 거주하던 퇴직경찰 출신의 아버지는 딸에게 얼른 공항으로 가라고 했다. 그사이 아버지는 비행기 탑승권을 구했다. 잠에서 깬 남편과 격한 말다툼을 한 망간은 짐도 꾸리지 않은 채, 8개월 된 딸을 꼭 끌어안고 집을 나섰다. 정신없이 서두르는 바람에 딸의 장난감과 유모차를 비롯해 거의 모든 물건을 그대로 둔 채 나왔다. 몰래 엿본 남편의 노트북에서 망간이 발견한 것은 무엇이었을까? 어떤 무시무시한 것을 보았기에 이토록 갑작스런 결단을 내린 것일까?

망간이 본 것은 기괴한 취향이 있는 사람에게만 욕망을 불러일으키는 소름끼치는 사진들이었다. 사진에는 신체에서 떨어져 나온 발과, 피칠갑이 된 나체 여성의 시신을 꼬챙이에 끼워 굽는 엽기적인 모습이 담겨 있었다. 남편은 인육을 먹는 식인종을 꿈꾸는 듯 했다. 발리는 각종 추악하고 폭력적인 성적 판타지의 집결지인 다크페티시네트워크Dark Fetish Network 같은 웹 사이트에 그동안 강박적으로 접속해온 듯했다. 이 사이트는 유괴, 강간, 신체훼손, 식인행위와 관련된 사진을 공유하는 곳—그리고 그런 계획을 공모하는 곳—이나 다름없었다. 발리는 이러한 '판타지' 활동에 주기적으로 참여했다.

망간이 경악한 것은 단지 그러한 사진들 때문만이 아니었다. 망간은 그 사이트에서 발리가 누군가와 나눈 일련의 대화를 보았고, 그가 사용하는 은밀한 이메일 계정을 발견했다. 망간은 발리와 다른 남성들이 현실의 여성들을 유괴, 강간, 고문, 살해하는—그리고 먹는—계획에 대해 노골적으로 토론한 내용을 발견하고 말았다. 이보다 더 충격적인 것은, 남편이 바로 망간 **자신**을 고문하고 죽이고 먹는 상상에 입맛을 다시며 이메일을 주고받았다는 점이었다.

망간은 훗날 남편의 폭력적인 계획을 발견한 사실에 대해 이렇게 증언했다. "내 발을 묶고 목에 구멍을 뚫자고 했어요. 내가 젊기 때문에 목에서 많은 피가 솟구칠 거고, 그 모습을 보면 재미있을 거라는 말도 했죠. 누군가 내가 울부짖어도 귀 기울이지 말고 절대 자비를 베풀면 안 된다고 말하니까 발리가 이렇게 대꾸했어요. '걱정 마. 캐슬린에게 재갈을 물릴 거니까.'"

다른 잠재적 피해자들을 알게 된 사실에 대해서도 망간은 추가로 증언했다. "로나Lorna와 킴Kim을 서로 보는 앞에서 강간해 공포심을 극대화하자고 했어요. 안드리아Andrea는 산채로 태울 거라고 했고요. 발리는 여자들을 더 오래 꼬챙이에 끼울 수 있는 장비를 고안해보겠다면서, 여자들을 30분씩 번갈아 가며 끼우면 더 오래 사니까 더 오래 고문할 수 있지 않겠느냐고 했어요. 그들은 여자들을 꼬챙이에 끼우는 방법도 논의했어요. 어떤 장비를 만들자고도 했는데, 그러면 여자들이 산 채로 공포를 온전히 자각하기 때문에 더 흥미로울 거라고, 그래야 제 맛이라고, 자궁을 관통해 꼬챙이를 찌르는 것처럼 재밌을 거라고 말했어요. 발리는 계속해서 그런 고통이 내 진짜 즐거움이라고, 그런 즐거움을 가급적 오래 느끼고 싶다면서 아무런 양심의 가책도 없다고 말했어요."

글로 읽기도 힘든 참혹한 내용이다. 이제 이 남성이 당신의 남편이자 아이의 아빠이고, 게다가 공교롭게도 방패와 총을 지니고 다니는 현직 뉴욕시 경찰이라고 가정해보자. 사실 질베르토 발리는 맨해튼 26구역을 관할하던 경찰이었다.

게다가 그들이 나눈 대화에 당신이 아는 사람이 나왔다고 상상해보라. 발리는 마이클 밴하이즈Michael Van Hise와 함께, 망간의 동료였던 알리사Alisa에 대해 대화를 나누었다. '할 엠Hal M'이라는 대화명을 쓴 발리는 알리사를 아파트에서 바로 납치해서 손발을 묶은 다음 커다란 여행용 가방에 어떻게 쑤셔넣을지 그 과정을 자세히 묘사했다. 그는 밴하이즈와 함께 알리사를 강간할 계획을 세우면서, 밴하이즈에게 "선물 포장지를 뜯어보는 기쁨"을 주기 위해 "옷을 입혀서" 보내주겠다고 덧붙였다. 밴하이즈가 알리사를 공중에 매다는 게 어떻겠냐고 제안하자 발리는 이렇게 대꾸했다. "니가 알아서 해. 알리사는 어디까지나 네 것이야. 고통을 받든 말든 관심 없어. 난 세상모르고 잠들 테니까."

라스베이거스에 도착한 캐슬린은 FBI에 이 사실을 알렸다. 그 정보들은 FBI 뉴욕지부의 특수요원 앤서니 포토Anthony Foto에게 전달됐고, 뉴욕남부지검의 젊은 검사 하다사 왁스먼Hadassa Waxman이 그 사건을 맡았다. 이후 여러 달 동안 하다사와 포토는 여러 검사들과 함께 페티시즘과 판타지, 잠재적 납치 및 살해 공모가 공존하는 세계를 파헤치기 위해 몰두했다.

이 사건에 대한 조사 착수단계에서 우리는 수사 여부를 명확하게 결정해야 했다. 아직은 폭행당한 사람도, 납치당한 사람도, 잡아먹힌 사람도 없기 때문이다. 다크페티시네트워크는 자칭 판타지 사이트로, 가장 비주류적인 욕구와 욕망이 들끓는 사람들이 찾는 가상 세계일 뿐이었다. 따라서 끔찍한 상상을 공유했다는 이유로 이들에게 죄를 묻기는 어려웠다. 적어도 표현의 자유를 보장한 수정헌법 제1조가 있는 한은 아니었다.

훗날 누군가가 이 난처한 사건을 이렇게 요약 정리했다. "판타지에 그치는 판타지가 있는가 하면, 현실화하는 판타지도 있다." 본질적으로 우리가 알아내야 하는 것은 바로 이것이었다. 이 판타지는 과연 현실화할 판타지인가?

세 가지 중요한 고려사항이 있었다. 첫째, 발리는 가상의 인물이나 접근할 수 없는 유명인을 상대로 환상을 품은 게 아니었다. 그는 특정 여성, 특히 자신이 잘 아는 여성을 상대로 강간과 살해 계획을 세웠다. 또한 경찰이었기에 접근이 가능했던 뉴욕시경 데이터베이스에서 그들의 위치를 검색하는 등 부적절한 행동을 했다. 둘째, 그의 '판타지'는 신용사기나 횡령, 수표사기와 전혀 달랐다. 그는 법에 따라 사형에 처해질 수도 있는 흉악범죄를 모의했다. 마지막으로 발리는 사회와 접촉을 피한 채 지하실에 틀어박혀 여기저기 악성댓글이

나 달고 다니는 은둔형 외톨이가 아니었다. 그는 늘 무장을 하고 다니는 뉴욕시경의 현직 경찰로서, 특정인을 살해해 먹는다는 섬뜩한 대화를 수차례 나누고 있었다.

우리는 정식으로 사건에 착수하기로 했다. FBI는 재빨리 그 상상이 현실화할 판타지인지 확인하는 일에 뛰어들었다. FBI는 곧 이것을 현실화할 판타지라고 판단했다. 발리는 끔찍한 폭력범행을 계획한 것으로 의심되는 사람들과 주기적으로 연락을 주고받았고, 범행계획 중 실제 행동으로 옮긴 것도 있었다.

- 그는 "클로로포름으로 여자를 마취하는 법", "오븐에 사람을 집어넣는 법" 등 여러 불법적인 방법들을 인터넷에서 검색했다.
- 그는 몇 시간에 걸쳐 대학 때 알고 지낸 여성 킴벌리 사우어 Kimberly Sauer를 납치하는 계획을 세운 후, 컴퓨터에 파일을 만들어 상상력이 전혀 없는 노골적인 제목을 달았다. "킴벌리를 납치해서 요리하기 : 청사진."
- 그는 메릴랜드주에 사는 범행 표적 킴벌리를 실제로 찾아갔다.
- 그는 교사인 아내 친구를 학교까지 찾아가 몰래 접근한 것으로 보인다.
- 그는 개인적으로 아는 여성들의 사진 및 구체적인 정보(나이, 몸무게, 키, 개인정보)를 공유했다
- 그는 경찰규정을 어기고 뉴욕시경 데이터베이스를 통해 잠재적 피해자들의 개인정보를 검색했는데, 그는 실제로 이들을 '피해자'라고 언급했다.

- 그는 온라인에서 대화를 나눈 다수의 사람들에게 자신은 '진심'이라고 단언했다.
- 그는 다른 남성에게 알리시아 프리스키아Alicia Friscia를 납치해주는 대가로 4000달러를 요구했는데, 나중에 이 가격을 5000달러로 올렸다.
- 게다가 그는 인육 조리법을 찾아봤다(그렇다, 인터넷에는 실제로 인육 조리법이 있으며, 그중 일부에는 인육에 누에콩과 키엔티Chianti 와인을 곁들여 먹지 말라는 조언이 있었다).

게다가 발리는 외부와 격리된 채 혼자 상상에 빠진 게 아니었다. 그는 현실에 존재하고 뜻을 같이하는 사람 세 명과 자신의 계획을 논의했다. 그 세 명은 무디 블루스Moody Blues와 마이클 밴하이즈, 알리 칸Aly Khan이었다.

당신이 검사라면 이렇게 확보한 증거들을 갖고 어떤 조치를 하겠는가? 우리가 곧장 이 음모를 기소했다면, 검찰 측과 피고인 측 중 어느 쪽이 더 도덕적으로 정당한 위치를 차지했을까?

끔찍한 판타지의 결과

우리는 이들을 체포하지 않았다. 그 대신 은밀하게 뒷조사를 하면서 계속 사태를 주시하기로 했다. 우리는 그가 이미 범죄선을 넘었다고 생각했다. 그렇지만 증거를 많이 확보한 후 기소해야 유리했다.

증거는 언제나 많을수록 좋다. 발리가 이미 범죄선을 넘은 것으로 보든 아니든 상관없이, 그는 분명 범죄를 준비했고, 범죄를 저지를 의사가 있었으며, 범죄를 저지를 능력이 있어 보였다. 우리는 비밀요원을 투입해 그에게 접근할 시기가 왔다고 판단했다. FBI 비밀요원이 그를 범행으로 유도하지 못할 경우 다른 사람, 이를테면 그의 다크페티시 친구들 중 한 명을 동원해서, 통제되지 않고 통제할 수도 없는 상황으로 발리를 유도할 수도 있었다. FBI요원이 실제 상황에 투입돼 위장 접근을 하는 것은 범죄자를 도발하기 위해서이다. 그렇게 부추기는 이유는 상황을 통제하고 실제 피해가 벌어지는 것을 막기 위해서이다.

우리의 당초 계획은 위장경찰을 투입해 발리가 어느 선까지 넘어가는지 확인하는 것이었다. 다음으로 우리는 미끼, 즉 그와 그의 식인 친구들이 타깃으로 특정할 만한 잠재적 피해자를 심을 생각이었다. 또 도청증거 확보를 위해 망간에게 도청장치를 착용시켜 남편에게 접근시킬 계획도 있었다. 우리는 발리를 계속 주시하면서 일반인을 보호하는 동시에 그의 행동이 의심의 여지없이 범죄행위가 된다는 확실한 증거를 확보할 생각이었다.

그렇지만 그런 기회는 오지 않았다.

앞서 살펴봤듯이, 피의자는 때로 예측할 수 없는 행보를 보인다. 뉴욕시경 내사과The Internal Affairs Bureau에서 발리가 갑자기 열흘간 휴가를 냈다고 알려온 것이다. 감시를 지속하기가 힘들어졌다. 게다가 발리가 우울증 증세를 보였는데, 이는 발리가 위험한 짓을 할 수도 있다는 신호였다. 그가 어디로 가서 무슨 짓을 할지 심히 우려됐다. 우리는 서둘러 판단을 내려야 했다. 이제 기소할 시점이 온 걸까?

우리는 발리를 납치공모 혐의로 체포하기로 했다. 그러나 갑자기 수사가 가로막히는 바람에, 도청도 함정수사도 진행하지 못한 상황이었다. 우리는 그가 가게에 가서 실제로 마취제 재료를 구입하는 증거도, 직접 검색까지 하며 제조를 계획한 클로로포름의 재료를 구입하는 현장도 목격하지 못했다. 발리가 여성을 난도질할 것이라고 대화를 나눈 사실은 확인했지만, 칼은 어디서도 찾을 수 없었다. 또한 그가 여성의 목을 매달 것이라고 말한 사실은 알았지만 밧줄도 찾지 못했다. 그럼에도 우리는 발리를 체포했다.

충분히 짐작할 수 있겠지만, 뉴욕시경 내부에 공포스러운 '식인' 경찰이 있다는 사실은 뉴욕의 타블로이드tabloids(선정적인 가십과 오락거리를 다루는 황색언론 – 옮긴이) 신문들에 너무나 달콤한 유혹이었다. 며칠 동안 언론은 질베르토 발리의 얼굴사진을 1면에 큼지막하게 실었는데, 솔직히 그의 외모는 식인 범죄자의 대명사 한니발 렉터보다 테디 베어에 가까웠다.

유능한 연방변호사들이 발리의 변호를 맡았고, 사건은 재판으로 빠르게 넘어갔다. 공판에서 배심원단은 주요 증거가 보여주는 악행에 주목하면서 혐오감을 감추지 못했다. 배심원단은 16시간 동안 숙고한 끝에 발리에게 유죄평결을 내렸다. 그 결과는 우리가 보기에 지극히 합리적이고 옳았다. 그렇지만 여기서 끝이 아니었다. 매번 재판이 마무리될 즈음 피고인 측에서 통상적으로 무죄방면 요청을 하는데, 이를 제1심 판사가 재고해보기로 한 것이다. 이런 요청은 승인되는 경우가 드물고 보통은 신속하게 기각된다. 그런데 아무런 판결 없이 여러 달이 흐르면서, 우리는 이상한 기분이 들었다. 발리가 구금된 지 15개월이 흐른 후에 판사는 납치공모 유죄평결을 무효화했다. 모두가 이 결정에 깜짝 놀랐다. 검사 측, 부인인 캐슬린 망간, 배심원들 모두가 놀랐다. 한 배심원은 훗날 이렇게 말했다. "판사가 평결을 뒤집은 순간, 나는 배신감이 들었다."

판사는 발리의 판타지가 그저 판타지일 뿐이었다고 보았다. 모호한 논의만 무성했고, 실제 행동으로 옮긴 것이 거의 없었으며, 약속 날짜를 툭하면 바꿨고, 실제 납치계획을 공모한 증거로 제시된 대화와 채팅 둘 다 터무니없는 거짓말만이 가득하므로, 판사는 합리적인 배심원단이라면 발리에게 납치공모 혐의로 유죄평결을 내리지 않을 것이라고 판시했다.

무엇보다 판사는 발리가 납치범행 계획을 세웠지만 아무런 사건도 없이 지나갔다는 점을 거듭 지적했다. 아울러 변호인과 검사 사이에 현란한 논의가 오갔지만 거대한 오븐도, 사람을 매다는 도르래 장비도 찾아내지 못했다는 점도 지적했다. 그렇게 판사는 발리를 석방했다. 우리는 이 사실에 매우 격분해 항소했지만 또 한 번 패소하고 말았다.

이 사건으로 발리는 뉴욕시경에서 해고됐다. 그러나 인생에서 가장 분주한 나날을 보내게 되었다. 자유의 몸이 된 그는 회고록을 썼고, 식인종을 소재로 한 소설을 계약했으며, 한 다큐멘터리에서 장시간에 걸쳐 동정에 호소하는 인터뷰를 하는 등 세간의 주목을 받는 유명인이 되었다. 놀라운 아이러니였다.

위험한 상상이 현실이 되지 않도록

그 후로 나는 발리 사건을 자주 생각했다. 머릿속으로 복기할 때마다 드는 생각은 그때 우리가 한 행동이 맞았다는 확신이다. 만약 기소를 안 했다면 그것이야말로 무책임한 행동이었을 것이다. 여러 증거 사실이 눈앞에 있는 상황에서 기소를 하지 않을 검사들이 과연 몇 명이나 될까. 우리는 발리와 3인조의 기괴한 대화를 명백한 범행 의도와 구분하기 위해 고심하면서 기소 결정을 내렸다.

이쯤에서 독자들은 발리의 무죄석방이 심각한 오심에 해당한다고 보는지 내 생각이 궁금할 것이다. 나는 그 판결이 틀렸다고 생각한다. 판사의 생각에 동의하지 않는다. 그리고 우리가 제기한 혐의가 옳았다고 생각한다. 지금 누군가가 처음부터 다시 재판을 해보라고 해도 전과 똑같이 할 것이다. 그렇지만 나는 그 모든 판단을 받아들일 수 있다. 또한 판타지와 판타지가 아닌 것을 둘러싼 논쟁이 얼마나 복잡한지도 인정한다. 기소 여부에 대한 고민은 특히 우리처럼 수사에 제약이 많은 상황에서는 어려울 수밖에 없다.

물론 단지 생각했다는 이유만으로 기소가 허용되어서는 안 된다. 그렇지만 "상상범죄를 기소하면 안 된다"라는 말을 진리처럼 아무 고민 없이 떠받들면, 그 어떤 난제도 해결하지 못하고 현실을 법적 판단에 제대로 반영할 수도 없을 것이다. 공교롭게도 다크페티시네트워크의 가입자는 수천 명이다. 검찰이 그들 모두를 체포하지 않았다고 해서 놀랄 사람은 없을 것이다. 자칭 판타지 사이트에 들락거리는 다수의 상상은 그저 판타지에 그칠 가능성이 있지만, 몇몇 핵심

인물들의 위험한 상상은 실제 행동으로 이어지거나 이미 행동에 옮겼을 가능성이 있다. 수사당국은 **그들**을 어떻게 찾아내야 할까? 더욱 고민스러운 경우로, 지금은 판타지 사이트에 머물러 있지만 그 판타지를 현실로 끌고 나올지도 모를 사람들을 어떻게 처리해야 할까? **그들**을 어떻게 감시해야 할까?

공정한 형사사법제도에서는 피고인이 없었던 일을 증명prove the negative할 의무가 없다. 피고인에게 그가 장차 어떤 행동을 할 의도가 없었음을 증명하라고 요구해서도 안 된다. 그렇지만 잠재적으로 예상되는 피해가 더 크다고 판단될 경우, 공공의 안전을 책임지는 자들이 더욱 적극적인 예방조치에 나서는 것은 정당한 일일 것이다.

앞서 말했듯이, 우리는 이 사건에서 세 가지 요소에 주목했다. 발리가 가상의 인물이 아닌 현실의 인물을 대상으로 판타지를 펼쳤다는 점, 경범죄가 아닌 사형에 처할 만한 죄를 공상했다는 점, 집에 틀어박혀 지내는 무해한 사람이 아니라 총을 휴대하고 다니는 경찰관이었다는 점이다. 이 요소들은 우리가 도청증거를 확보하거나 함정수사를 하기 전에 그를 기소하기로 결정한 것과 관련이 있었을까?

이는 흥미로운 질문이다. 몇 가지 세부사항이 달라진다면, 그 답은 어떻게 될까? 한 시민이 인터넷에서 회사공금 횡령에 대해 개괄적인 대화를 나눴다면 우리는 어떻게 대처했을까? 동일한 조치를 취했을까? 아마 아닐 것이다. 그렇다면 범죄의 성격이 (관점에 따라 다르겠지만) 단지 판타지인지 아니면 실제 음모인지에 따라 기소를 서두르는 것은 어디까지 정당화될까? 일련의 행위에서 검찰은 어떤 순간에 개입해야 할까? 모든 살인 판타지가 죽음으로 귀결되지 않고, 모든 죽음이 페티시로 시작하지는 않는다. 그렇다면 이를 구분하는 경계가 어디인지 어떻게 알아낼까?

이견이 있겠지만, 사람의 목을 조르는 상상만으로도 흥분하는 사람이라면, **실제로** 사람 목을 졸랐을 때는 훨씬 더 흥분할 것이다. 이 생각에 동조한 사람 중 하나가 발리의 아내였던 캐슬린 망간이었다. 훗날 캐슬린은 발리에게 이런 문자를 보냈다. "당신의 자아 중 일부는 내가 돌아오길 바라겠지만, 또 다른 일부는 날 죽이고 싶어 하겠지. 어떤 게 진짜 발리인지 나는 모르겠어. 아무리 생각해봐도 당신이 누구인지 모르겠어." 망간의 생각은 어디까지 타당한 걸까? 우리는 확보한 근거에 따라 기소를 추진했지만, 그럼에도 발리는 자유의 몸이 되었다.

그렇지만 이걸로 모두 끝난 것은 아니었다. 발리와 같이 채팅했던(그리고 납치공모를 한 것으로 의심되는) 세 명의 남자들이 남아 있었다. 그들 역시 판타지를 꿈꾼 것에 불과했을까? 세 명 중 한 명인 알리 칸은 파키스탄에서 사라졌다. 또 다른 인물인 간호사 데일 볼링거 Dale Bolinger는 나중에 미성년자 강간이라는, 판타지가 아닌 실제 범죄로 영국에서 유죄판결을 받고 징역 9년을 선고받았다.

세 번째 남성은 마이클 밴하이즈로, 세 명 중 유일한 미국인이었다. 그는 발리의 체포로 세상이 시끄러워지자 처음에는 불안해하다가, 얼마 후 다시 다른 이들과 온라인에서 납치, 강간, 살인에 대해 기괴한 대화를 나누기 시작했다. 덕분에 우리는 시간이 촉박해 발리에게 적용하지 못한 온갖 수사를 그에게 해볼 기회를 얻었다. 도청을 했고, 이메일을 더 많이 조사했으며, 비밀요원을 투입해 다크페티시

네트워크에서 용의자들과 온라인 채팅을 나눠보기도 했다.

또한 우리는 무죄 석방된 발리와 말투 및 행동이 흡사한 새로운 3인조를 감시하기 시작했다. 밴하이즈 외에 나머지 둘은 미국 재향군인경찰대 전 책임자였던 리처드 멜츠Richard Meltz와 고등학교에서 남학생들에게 부적절한 신체접촉을 했다가 해고된 전직 사서 크리스토퍼 애시Christopher Asch였다. 이제 우리는 밴하이즈, 애시, 멜츠에 대한 전면적인 수사에 나섰다.

결국 발리를 수사할 때 계획했던 대로, FBI의 첫 번째 비밀작전은 용의자들이 납치, 강간, 살해를 저지르도록 '피해자'를 미끼로 던지는 것이었다. FBI는 그 역할을 미모가 뛰어난 젊은 금발의 FBI요원에게 맡겼다.

납치공모 모임이 여러 번 열렸다. 3월 13일 모임에서 비밀요원들은 애시와 만나 피해자 납치계획을 논의했다. 이 모임에 애시는 상상 이상의 물건을 챙겨왔다. 그가 들고 나타난 흰색 가방에는 뉴욕주 지도, 펜실베이니아주에서 열리는 총기박람회 목록, 납치에 필요한 각종 도구가 나열된 '건축재료학'이라는 제목의 문서, 성고문장비에 관한 읽을거리 등이 들어 있었다. 또 가방에는 가죽채찍, 죔쇠, 가죽끈, 바이스 렌치vise wrench, 수갑, 주사기, 독세핀 염산염doxepin hydrochloride(보통 수면유도에 쓰이는 치료제)도 들어 있었다.

4월 14일, 멜츠의 지시에 따라 애시는 실제로 테이저건을 구입했다. 다음 날, 용의자들이 '피해자'를 감시하려고 모였을 때, 애시는 다시 한번 가방을 가져왔다. 이번에는 표백제, 소독용 알코올, 비닐, 가죽장갑과 라텍스 장갑, 바이스 그립vise grips(용접할 때 물체를 고정시키는 도구 – 옮긴이), 강력접착테이프, 밧줄, 치아견인기, 질경speculum, 앞서 언급한 테이저건까지 담겨 있었다. 꼬챙이도 챙겨왔다.

이제 우리는 공모논의만이 아니라 도구까지 증거로 확보했다. 우리는 세 명 모두를 체포하고 납치공모 혐의로 기소한 후, 전에 발리를 풀어줬던 그 판사 앞으로 데려갔다. 이들은 어떤 처분을 받았을까? 멜츠는 유죄를 인정하고 징역 10년을 선고받았다. 밴하이즈와 애시는 둘 다 재판에서 유죄평결을 받았다.

피고인 측 변호인이 판사에게 판타지와 상상범죄에 대해 발리 재판 때와 똑같은 근거를 대며 열변을 토했지만, 이번에는 판사의 마음을 움직이지 못했다. 판사는 유죄평결에 따랐다. 그는 판결문에서 "발리의 경우 납치공모로 추정되는 행위가 거짓말로 입증 가능한 판타지에 토대를 둔 반면, 밴하이즈와 애시, 멜츠의 납치공모는 현실에 토대를 두었다"라면서 두 사건의 여러 가지 차이점을 열거했다. 두 번째 사건에서는 실제 만남이 있었던 반면, 발리 사건에서는 없었다고 했다. 또 발리 사건의 판타지적 요소가 두 사건을 구분 짓는다고 거듭 밝혔다. 결국 애시는 징역 15년을, 밴하이즈는 징역 7년을 선고받았다.

모든 피고인은 상세한 증거를 토대로 유죄판결을 받아야 한다. 이는 기본원칙이다. 법은 범죄자와 관계가 있다는 이유만으로 유죄라고 하지 않으며 그렇게 해서도 안 된다. 그렇지만 발리 본인에 대한 증거뿐 아니라, 그와 가장 가까이서 공모한 것으로 추정되는 인물 중 하나인 밴하이즈에 대한 증거를 고려할 때, 우리가 엉뚱한 사람을 기소했다고 보기는 어렵다. 결정적 타이밍이 모든 것을 좌우할 때가 있다. 기회가 주어졌다면 발리도 밴하이즈처럼 한 걸음 더 나아갔을까? 아무도 모를 일이다. 그저 그런 일이 현실에 없기만을 바랄 뿐이다.

12장 불기소
검사들이 가장 내리기 힘든 결정

만약 검찰이 합법적이고 합헌적인 권한 내에서 모든 역할을 해왔다면, 이제 아주 까다로운 상황과 마주하게 될 것이다. 재량, 판단, 지혜, 절제의 영역에 속한 문제들이 등장하기 때문이다. 법률과 헌법에 보장된 권한은 논쟁의 끝이 아니라 시작이다. 지혜를 적절히 발휘하지 못하면 정의에서 멀어지고, 재량권을 제대로 행사하지 못하면 이는 공허한 개념이 된다. 직무상 권한은 그냥 휘두르는 게 아니라, 공정성과 비례성의 원칙에 따라 발휘해야 한다. 이는 물론 모든 리더들에게 해당하는 이야기다. 그 이유는 절차상 허용된 권한을 무조건 최대한 행사하는 리더는 독재자가 될 것이기 때문이다.

검사들이 가장 내리기 힘든 결정은 아마도 불기소일 것이다. 그렇지만 때로는 불기소가 정의에 부합하는 결정이 되기도 한다. 그리고 여기에는 기소를 추진하는 것보다 더 큰 용기가 필요할 수 있다. 몇 가지 예를 살펴보도록 하자.

가벼운 범죄에 대한 불기소

첫 번째는 경미한 범죄인 경우이다. 앤 밀그램Anne Milgram은 뉴
저지주 법무장관을 지냈고, 젊은 시절 맨해튼지방검찰청에서 일했
다. 당시에 뉴욕 지하철을 타려면 금속으로 만든 토큰token이 필요했
는데, 가끔 토큰이 회전개찰구의 투입구에 끼여서 빠져나오지 않았
다. 간혹 이 기계의 결함을 이용해 토큰을 슬쩍하려는 지하철 좀도둑
들이 있었다. 방법은 두 가지였는데, 둘 다 조잡했다. 빨대를 이용하
거나, 입을 투입구에 갖다 댄 다음 토큰을 빨아들이는 것이었다. 앤
이 이 사건들을 기소할지 고민할 때 법조인으로서 세운 기준은 이것
이었다. "이 사건을 기소한다면 앞으로도 계속 기소해야 한다." 이는
타당한 판단이었지만, 어찌됐든 이 행위는 형사처벌 대상이었다.

일각에서는 이렇게 자잘한 사건이라 해도 불법이 확실하니 기소
하는 것이 당연하다고 보지만, 이를 둘러싼 논쟁도 있다. 이와 관련
된 가장 유명한 이론으로 '치안활동에서의 깨진 창문 법칙'이라는
것이 있다. 이론은 사소한 범죄가 넘치면 사회에 무질서가 퍼지고 지
역사회가 붕괴될 수 있다고 보고, 경미한 범죄를 단속하는 일에 주력
해야 한다고 주장한다.

특정한 시공간과 적절한 맥락에서 이 이론이 타당하다는 점은 나
도 인정한다. 그렇지만 이를 지나치게 확대 적용하는 것에는 문제가

있다. 2018년에 맨해튼지방검찰청은, 메트로카드MetroCard(뉴욕에서 지하철이나 시내버스를 탈 때 이용하는 교통카드 – 옮긴이)가 지하철 토큰을 대체한 후에도 개찰구를 그냥 넘어가는 사람들이 지속적으로 적발되었지만, 앞으로는 그런 사건을 기소하지 않겠다고 밝혔다. 내 생각에 이는 바람직한 결정이었다. 이런 결정을 내렸다고 해서 앞으로 개찰구를 뛰어넘는 범죄율이 급증할 것으로 보이지는 않기 때문이다.

초보검사 시절, 내 동료검사 중 한 명이 감옥에서 탈출한 남성을 기소하려고 했다. 그 탈옥수 이름은 기억이 가물가물하니 그냥 해리Harry라고 하겠다. 기본적인 사실은 이러했다. 해리는 정당한 체포절차와 재판절차를 걸쳐 유죄판결을 받고 연방교도소에 수감되었다. 그러던 어느 날, 그가 감옥에서 계획적으로 탈옥했다가 잡히는 일이 발생했다. 해리의 정신상태는 멀쩡했다. 그는 임시출소 상태도 아니었고, **어쩌다 보니** 수감 중이던 교도소 밖으로 나온 것도 아니었다. 해리는 법적으로 옹호될 수 없었다. 그야말로 간단히 끝날 사건이었다. 탈옥은 일반적으로 매우 심각한 범죄이고, 또 그렇게 취급해야 마땅하다. 그래서 검사는 본분에 충실하게 기소를 추진했다.

이제 이 사건을 좀 더 면밀히 살펴보자. 해리가 탈출한 곳은 오티스빌Otisville 연방교도소였다. 오티스빌은 탈옥이 절대 불가능한 앨커트래즈Alcatraz 같은 교도소도 아니고, 경비가 삼엄한 곳도 아니다. 오티스빌은 보안수준이 중급인 교도소이다. 교도소 내에는 보안수준이 더욱더 낮은 수감시설인 캠프camp가 있는데, 바로 이곳이 해리가 수감되어 있던 곳이다. 이 사건에서도 알 수 있듯이, 이곳은 가끔 보안상태가 매우 허술했다.

이 간단한 사건은 내 동료검사의 책상 위에, 해리가 탈옥했음을 보여주는 반박의 여지없는 증거 자료와 함께 도착했다. 다만 해리는 진짜로 탈옥할 생각이 아니었다. 그는 단지 섹스를 하고 싶어서 몰래 빠져나간 것이었다. 그것도 아내와 함께였다. 해리는 단 몇 시간만 빠져나갔다가 그날 밤 **다시 몰래 돌아오려고 했다.** 그리고 다시 교도소로 돌아왔다. 그런데 해질녘 어둠을 틈타 교도소로 몰래 들어오려다가, 순찰 중이던 교도관에게 붙잡히고 말았다.

이는 법적으로 볼 때 따로 입증할 필요가 없을 만큼 간단한 사건이었다. 법률상 위법이 명백했다. 반박하기 힘든 증거도 있었다. 이제 기소만 하면 그만이었다. 정상참작 요인이 있더라도 아마 이런 반박이 가능했을 것이다. 계산대에서 20달러를 훔친 다음 나중에 도로 갖다 놓았다고 처벌을 면하는 것은 아니라고 말이다. 해리를 기소한다면 아마 이런 논리를 기본원칙으로 삼았을 것이다.

그런데 이게 웬일인가? 대배심의 판단은 달랐다. 대배심은, 나름 최선의 판단으로, 이는 햄샌드위치 기소(검사가 마음만 먹으면 햄샌드위치도 기소할 수 있다는 뜻으로 검사의 영향력을 꼬집은 용어 – 옮긴이)라며 불기소 결정을 내렸다. 나는 당시에는 이 결정을 이해하지 못했는데, 지금은 생각이 다르다. 배심원들이 적절히 판단했다.

처벌을 통해 탈옥을 억제해야 한다는 주장은 물론 타당하다. 나는 연방검사 시절에 이보다 더 심각한 탈옥사건들을 다룬 적이 있었다. 그런데 지금 와서 생각해보면, 그러한 법규 위반은 특권 박탈 등 감금 조건과 관련한 처벌규정으로 다룰 만한 사건이지 않았나 싶다. 전혀 안 들키고 감옥 밖으로 나가 잠시 떠돌다가 다시 돌아온 사람한

테, 굳이 중죄판결을 하나 더 추가할 필요는 없다고 본다. 이 사건은 감옥 밑으로 땅굴을 파서 대대적인 탈출을 감행한 사건도 아니었다. 따라서 때로는 검사가 너그럽게 처리하는 것이 공정하고 타당하다고 본다.

모든 사건을 최대한 기소한다고 해서 정의가 실현되는 것은 아니다. 침소봉대라는 표현도 있듯이, 모든 사건을 연방당국이 나서서 해결할 필요는 없다. 우리는 재량권을 매 순간 발휘해야 한다. 우리는 상황에 따라 선의의 거짓말, 약속에 늦은 친구, 깜박 잊은 생일, 무례한 말을 이해해주고 넘어가야 한다. 너그러운 교통경찰처럼 가벼운 죄를 저지른 사람들에 대해 종종 훈방조치를 하고 넘어가야 한다. 느슨한 법과 마찬가지로 너무 관대한 태도도 규율과 예의를 무너뜨릴 수 있지만, 『레미제라블』의 경찰서장 쟈베르Javert처럼 상상 가능한 온갖 위법행위에 대해 엄밀한 법적 책임을 묻는 것 또한 위험을 내포한다.

그렇다면 경범죄는 어떻게 다뤄야 할까? 우리 검찰청에는 내부방침에 따라 기소하지 않는 특정 범주의 사건들이 있다. 나는 그것이 옳다고 본다. 예를 들어 연방법에서는 마약류 단순소지를 금지하지만, 우리는 그런 경우를 사실상 기소하지 않았다. 그 이유 중 하나는 우리의 시간과 노력을 아끼기 위해서다. 비폭력적이고 사소한 범죄로 법정을 붐비게 할 이유는 없기 때문이다.

중대한 마약 밀매범 다섯 명을 도청으로 추적해 체포하는 과정에서, 공모에 가담하지 않았지만 개인적으로 쓰려고 코카인 몇 그램을 소지하고 있던 여섯 번째 범법자와 공교롭게 마주칠 수도 있다. 이 운

없는 여섯 번째 인물을 기소할 권한이 법에 명확하게 보장돼 있더라도, 수사관들은 이를 지방검찰청에 통보하지 않고 그를 보내줄 확률이 높다. 왜 그럴까? 그의 죄목은 단순소지이고, 이 사건을 기소하려면 부족한 수사자원을 동원해야 하기 때문이다. 그렇지만 이런 식으로 재량권을 발휘할 때 우리는 분명 더 큰 틀에서 생각하고 판단했다.

또 다른 사례가 있다. 때때로 우리는 당신이 마주칠 수 있는 최악의 인간 유형, 즉 성매매업자들이 개입된 사건을 다뤘다. 그렇지만 성매매 자체는 흔히 생각하듯 전통적인 악덕범죄 기소에 해당하지 않는다. 악덕범죄 기소는 다른 사람을 억압하고 희생시키고 노예로 만들어 성산업에 종사하게 하는 폭력범을 대상으로 한다. 우리는 이른바 매춘부들은 범죄 혐의로 기소하지 않았다. 그들을 피해자로 봤기 때문이다. 매춘은 흔히 지방검찰청에서 기소하는 범죄지만, 우리는 지역검찰에 그들을 넘기지도 않았다. 또한 사창가의 단골들, 이른바 존John 역시 특정 상황에서는 연방차원에서 기소가 가능하다. 그렇지만 마찬가지로 우리는 그들을 기소하지도, 지방검사에게 넘기지도 않는 것을 방침으로 삼았다.

2008년 당시 뉴욕주 주지사였던 엘리엇 스피처Eliot Spitzer가 한 여성을 워싱턴으로 불러 밀회를 즐기려다가 적발됐다. 뉴욕남부지검은 엠퍼러스 클럽 VIPEmperors Club VIP라고 하는 성매매조직 운영자들을 기소했다. 또한 수사팀을 가동해 스피처의 선거운동에서 불법행위는 없었는지, 다른 공적자금이 성매매에 흘러들어가지는 않았는지 조사했다. 하지만 그 어떤 증거도 발견되지 않았다. 당시 우리는 스피처가 법적으로 볼 때 불법성매매와 관련된 범죄행위를 저지른 상황에서, 이 골칫덩이 주지사를 어떻게 처리할 것인지를 놓고 고민했다.

그렇지만 앞서 말한 대로, 뉴욕남부지검에는 '존'은 기소하지 않는다는 오랜 방침이 있었다. 현직 주지사가 용의선상에 올라왔다고 해서 그 관행을 뒤집는 게 옳은 것일까? 당시 뉴욕남부지검장 마이클 가르시아Michael Garcia는 결국 이런 관행을 뒤집어서는 안 된다고 결정하고, 이를 공개적으로 해명했다.

법무부의 성범죄 관련 정책과 뉴욕남부지검의 오랜 관행에 비춰볼 때, 그리고 스피처가 주지사에서 사임하는 것을 포함해 자신의 행동에 책임지기로 한 점을 고려할 때, 우리는 이 사안을 기소한다고 해서 공공의 이익이 더 나아지지는 않는다고 판단했다.

일각에서는 이 결정을 못마땅해했고, 스피처를 감옥에 보내야 한다고 주장했다. 나는 당시 연방지검장이 아니었으므로 사건의 전모는 모르지만, 이 사건을 기소하지 않기로 한 것은 그 상황에서 정당하고 옳았다고 본다.

특정 사건을 기소하지 않는 것에 대해 보통 '자원의 부족'을 그 이유로 든다. 법집행 인력을 경범죄에 투입하면 상당한 비용이 드는 게 사실이므로 자원 부족은 기소를 포기할 정당한 근거인 반면, 이 자원 부족 논거는 해당 사건의 도덕적·윤리적 판단을 애매하게 할 수도 있다. 재량권 행사는 과잉범죄화over-criminalization(다른 제재수단으로 통제 가능한 행위에 대해 국가가 지나친 형벌을 부과해 범죄자를 양산하는 현상 ─ 옮긴이)를 막는 방어벽이다. 이는 광범위한 법안을 통과시켜야 하는 입법기관의 발 빠르지 못한 대응을 인지하고 (그리고 그에 대한 불완전한 해결책으로서) 형사처벌의 수위를 조금씩 올리는 것이다. 따라서 자원 부족을 근거로 기소 여부를 결정하는 것은, 어찌 보면 상당한 재량적 판단을 숨기고 범죄에 대한 가치판단 논쟁을 피하는 것이다. 회전개찰구를 뛰어넘는 사람들을 단속하지 않기로 결정한 것은 단지 자원이 부족해서가 아니다. 이는 인종적 불공정성과 특정 공동체에 대한 불균형적인 처벌도 고려해 내린 판단이다. 성노동자들을 기소하지 않고 성매매업자들만 기소하기로 한 것도 성노동자들의 행위에 대한 도덕적 판단 유보가 반영된 것일 수 있다.

이 모든 것에는 이면이 존재한다. 때로 사법당국은 법치주의를 내세워 재량권 행사를 **하지 않는 것**을 정당화하면서, 한편으로는 자신들도 어쩔 수 없다는 듯이 재량적 판단이 가능한 사안에 대해 냉혹한 법에 따라 가혹한 조치를 할 수밖에 없다는 듯 난색을 표하기도 한다. 법치주의라는 개념은 개인적 판단이나 가치판단에 근거한 결정, 어떤 또 다른 정책적 입장을 숨기고 있는 것인지도 모른다. 지난 1년여 동안, 주로 중앙아메리카에서 미국 남부 국경지역으로 넘어왔다가 이산가족이 된 이민자들이 넘쳐나자, 정부의 무관용 반이민 정책에 대한 비판이 터져 나왔다. 그렇지만 우리 귀에는 '이는 법대로 처리한 것'이라는 익숙한 슬로건만 계속 들려왔다. 엄격한 규제와 과잉범죄화─여기서는 국경을 넘는 단순한 행동도 경범죄로 만드는 것을 뜻한다─에 대한 의회의 갑작스런 애착은, 누구도 예외 없이 따라야 하는 냉혹하고 신성한 명령이 되었다.

그들은 밀입국자를 모조리 형사처벌할 수밖에 없다고, 부모와 자식을 전부 떼어놓을 수밖에 없다고 말한다. 보도에 따르면 이러한 이산가족 양산에 지지를 표명한 의회의원이 얼마 없는데도 말이다. 그렇다면 이 사례에서 법치주의라는 근거는 기이한 현상을 띤다. 즉, 정부가 재량권 행사를 **중단**시키기 위해 재량권을 행사하겠다는 의도로 보인다. 나는 이것이 해당 법률을 윤리적으로 집행해야 할 책임을 정부가 방기한 것이라고 본다. 이 법률에 윤리적 해석과 윤리적 조치의 여지가 많다는 사실을 (또는 관련 조치가 부족하다는 사실을) 부디 알았으면 한다.

밀입국 범죄는 예전부터 논란의 중심으로, 국경지대가 아닌 뉴욕 남부지역도 예외가 아니었다. 내가 뉴욕남부지검장으로 처음 부임했을 때, 우리는 불법 재입국—국외로 추방됐다가 미국에 다시 돌아오는 것—혐의로 이민자들을 기소했다. 그들이 새로 저지른 범죄가 있든 없든, 가중 중범죄로 추방된 경우였든 아니든 상관없이 모두 기소했다. 그러다가 어느 순간부터 뉴욕남부지검에서는 이에 대한 처리기준을 바꾸었다. 불법적으로 돌아왔고 **동시에** 이전에 가중 중범죄를 저지른 사람인 경우에 한해서만 우리의 시간과 에너지를 쏟기로 했다. 그렇지만 이런 변화는 행정부나 의회에서 시작된 게 아니었다. 이 방침은 뉴욕남부지검이 독자적으로 마련한 것으로, 이것이 공정하고 분별력 있는 조치라고 판단했기 때문이다. 그렇다면 이를 정당화할 근거는 무엇이었을까? 한정된 자원이었다. 이들 피고인들은—보통 전과가 거의 또는 전혀 없어도 이민자라는 신분 때문에 보석이 허용되지 않았다—재판 결과가 나올 때까지 구금됐다가(상당한 정부지출이 들었다), 형을 선고받은 후에 추방됐다. 그들을 기소하지 않는다는 것은 곧바로 추방절차를 밟을 수 있다는 뜻이었다.

하지만 관대한 방침—마약 복용자, 성노동자, 회전개찰구를 뛰어넘는 사람들을 형사처벌 하지 않는 것—은 이와 다르다. 이 방침은 범죄의 범주에 대한 원칙적 논쟁을 하고, 장단점을 따지며, 비용과 위험을 고려한 다음 정책적 판단을 내린 끝에 나온 것이다. 개별 사건의 경우 포괄적 범죄보다 더 복잡하고 어려운 결정을 내려야 하는데, 그럴 때 관련 법률과 충분한 증거가 있더라도 그냥 문제 삼지 않는 것이 때로 옳은 판단이다.

그렇지만 문제 삼지 않는다고 해서 특정한 범법행위를 처벌하지 않는다는 뜻은 아니다. 이와 관련해 형법에 대한 논의와 더불어, 기소하고 유죄를 입증하고 영구적인 기록을 남기며 평생 흉악범이라고 낙인찍는 일을 자제해야 할 필요성에 대한 논의가 이뤄지고 있다. 형사처벌은 가장 직접적이면서도 가장 엄격한 수단이다. 많은 경우, 벌금부과나 직장 내 징계 등 부담이 덜한 다른 처벌방법도 있다. 그동안 검사생활을 해온 사람으로서 나의 입장은 형사처벌로 모든 사회문제와 정치문제 심지어 공공안전 문제를 명쾌하게 풀지는 못한다고 자신 있게 말할 수 있다. 절대로 불가능하다.

언제 기소해야 옳은가

형사소송에서 패할 것 같다는 이유로 기소를 포기하는 것이 옳은 걸까? 이것은 까다롭고 심오한 질문이다. 미국 법무부 지침을 보면, 유죄판결을 받을 가능성이 더 높을 때 기소하라고 나온다.

솔직히 이는 보험으로 치면 미심쩍은 포괄계약이다. 그것이 꼭 정의는 아니기 때문이다. 나는 어떤 사람이 분명 유죄인데도 계속 유죄입증에 불리한 증거들이 나올 경우, 기소를 포기하는 것이 정당하다고 보지는 않는다. 기소 결정이 유의미하려면 유죄판결 가능성과는 별개로 판단해야 한다. 그 둘은 별개의 질문이며, 구체적 상황이 중요하다. 유죄판결에(또는 체면을 지키는 것에) 지나치게 집착하면 기소의 의미가 퇴색되고, 왜곡된 판단이 나오며, 정당한 절차가 훼손될 수 있다.

기소를 결정할 때 검사는 유죄평결 가능성과 기소결정의 **정당성**을 분리해서 사고해야 한다. 또 기소 **여부**를 기소의 **타당성**을 놓고 고민해야 한다. 여기에는 두 가지 차원의 분석이 필요하다. 바로 유죄에 대한 믿음과 유죄평결 가능성이다. 검사는 현실의 법과 사실에 근거해, 잠재적 피고인이 유죄임을 절대적으로 믿어야 한다. 나는 지금 입증 가능한 사실이나 법정에서 채택될 만한 증거를 말하는 게 아니다. 내가 지금 말하는 것은 검사가 사실로 여기는 것에 근거해 배심원 앞에 서기 전부터, 그 사람이 죄를 저질렀다고 분명히 믿느냐는 것이다. 이것은 필수다. 충분조건은 아니어도 반드시 필요한 조건이다. 다시 말해, 유죄를 끌어낼 만한 사건이어도 피고인이 유죄라는 사실에 뭔가 미심쩍은 구석이 있으면, 기소를 진행하면 **안 된다**는 얘기다.

역으로 이는 유죄평결이 확실한데 믿을 만한 증인 네 명의 행방이 묘연해서 점점 그 가망성이 떨어지는 사건이라도 기소를 **추진해야** 한다는 뜻이다. 일부 검사들은 전적으로 법정에서 입증 가능한 것이 무엇인지를 놓고 기소를 결정한다. 나는 그런 판단이 완전히 옳다고 보지는 않는다. 가령 50명의 증인이 어떤 이가 유죄라고 내게 말해 주었는데, 그들 모두 지진으로 사망했다고 하자. 그래도 이는 여전히 처벌해야 할 사건이므로 내게 유죄를 입증할 기회가 주어진다면 나는 기소할 것이다. 다음 이야기는 내가 평검사로 형사재판에 처음 참여했을 때 실제 겪었던 일이다.

그것은 한 중죄범을 총기소지 혐의로 기소한 사건이었다. 연방형법에 따르면 중죄범의 총기소지는 불법이다. 재판이 진행될 무렵, 범인이 총기를 들고 있던 모습을 목격한, 헤로인 중독자였던 주요 증인이 도망쳤다. 우리는 그를 어디서도 찾지 못했다. 또 다른 지각력 있는 유일한 증인은 후아니타Juanita였다. 아이큐가 70 정도인 이 여성은 사건이 터졌을 때 코카인과 헤로인 모두에 취한 상태였다. 따라서 후아니타의 증언으로 유죄평결이 나올 가능성은 매우 낮아 보였다. 나는 또 다른 증거를 통해 피고인이 유죄라는 사실을 확신하고 있었지만, 재판을 앞두고 동상에라도 걸린 듯 온몸이 얼어붙었다.

공판 파트너와 나는 유죄선고 가능성—혹은 패소 가능성—에 너무 신경이 쓰인 나머지, 배심원 선정을 코앞에 두고 형사부장에게 전화를 걸었다. 내가 연방검사가 되고 나서 그와 대화한 것은 그때가 처음이었고, 그만큼 나는 불안해하고 있었다. 우리는 그에게 공소취하를 승인해줬으면 한다고 말했다. 공소를 취소하지 않고 재판을 계속 이어나가면 당황스러운 결과가 나올 것이고, 우리는 망신살이 뻗칠 것이며, 우리 검찰청의 명성에도 금이 갈 것이라고 말했다.

당시 형사부장이었던 앨런 코프먼Alan Kaufman은 단호하거나 몰아붙이는 성격의 리더가 아니었다. 오히려 그는 평검사들의 사정을 잘 헤아려주는 사람으로 통했다. 그래서 몹시 불안해하는 우리의 모습을 보고 그가 공소취하 요청을 승인해주리라고 기대했다.

형사부장은 두 가지 날카로운 질문을 던졌고, 나는 그것을 지금도 기억한다. 첫째, 피고인이 유죄라고 믿는가? 나는 100퍼센트, 절대적으로 믿는다고 답했다. 핵심증인이 얼마 전에 사라졌지만, 그렇다고 유죄 여부를 의심하지는 않는다고 답했다. 둘째, 무죄선고가 피할 수 없는 결론인지 아니면 내가 유죄를 입증할 가능성이 조금이라도 있는지 물었다. 나는 잠시 머뭇거리며 생각해보았다. 피고인이 총과 탄약을 소지했다고 보여줄 만한 정황적 증거가 있었다. 예를 들면 총알이 배낭에서 발견됐는데, 거기에 피고인의 운전면허도 함께 들어 있었다. 그래서 나는 유죄선고 가능성은 있지만 그 확률이 매우 낮다고 답했다.

코프먼은 내 대답을 듣더니, 당황스럽게도 공소취하를 허락하지 않았다. 결국 재판은 예정대로 진행됐고, 나는 피고인의 혐의를 증명했다. 하지만 예상대로 후아니타는 사람을 무척 힘들게 했고, 배심원단은 끝없이 고심하는 듯했다. 결국 배심원들은 한 표 차이로 중죄범이 총알을 소지하고 있었다고 유죄평결을 내렸다. 그는 징역 108개월을 선고받았다. 그 사건은 내게 중대한 경험이었다.

불기소를 둘러싼 여러 딜레마

끔찍한 사건이 터졌을 때, 사람들은 누군가에게 책임을 돌리고 싶어 한다. 이 보편적 인간의 욕망은 강렬하며 그 기원은 성경보다도 더 오래됐다. 때로 검사들은 이 욕망을 채워줄 수 있는 위치에 있다. 관련 법과 범죄사실을 정확히 알고 있고, 손에 넣은 증거를 법원에 제출할 수 있으며, 검사들의 이런 역할을 제도가 허용하기 때문이다. 끔찍한 사건이 터지면 검사가 기소를 결정해야 재판을 받을 수 있다. 재판은 공개적으로 진행되고, 혐의를 둘러싼 주장을 모두가 지켜본다. 대중은 사건의 증거가 탄탄하고 타당한지 평가할 수 있으며, 어느 정도 근거를 가지고 그 주장이 과도하다거나 미흡하다고 비판할 수 있다. 재판은 공개된 과정이며, 피고인 측 변호인과 판사, 배심원단 모두가 발언권을 갖는다. 그렇지만 사건을 철저히 검토한 끝에, 그리고 법률과 공소시효를 따져본 후에, 검사들이 공소를 제기하지 않는 경우가 있는데 이 경우 사건에 대한 평가는 훨씬 어려워진다.

물론 사람은 오류를 범할 수 있는 존재여서 오판을 내리고 겁먹고 물러서고 부패를 저지를 수 있다. 그렇다면 불기소 결정이 옳았다는 사실을 어떻게 알 수 있을까? 어찌 됐든 젊은 흑인이 총에 맞았다. 기중기에 깔려 사람이 죽었다. 평생 모은 저축을 날린 여성이 있다. 금융위기로 경제 전체가 휘청거린다. 이 경우 수갑은 어디에 있는지, 재판정은 어디에 있는지, 정의는 어디에 있는지 사람들은 묻는다. 이 모두가 정당한 질문이지만—정당함을 넘어 필수적인 질문이지만—보통은 대답하기가 어렵다. 일반적으로 없었던 일은 증명하기가 불가능하다. 선의적인 비평가라도 증거를 보지 못했고, 증인의 신뢰성을 확인하지 못했으며, 대배심에 참여하지 않았고, 선례와 비교해보지 않았다.

그렇다고 불기소를 결정한 모든 검사들의 판단을 덮어놓고 믿으라는 말은 아니다. 사실 나는 이 책에서, 다른 검찰청이 기소를 단념한 후 나중에 **우리** 검찰청이 기소한 사건을 언급하면서, 다른 검찰청이 불기소 결정을 내린 것을 은근히 비판했는데, 물론 그러한 결정을 외부에서 왈가왈부할 문제가 아니라는 것을 알면서도 그랬다.

최근 들어 불기소를 둘러싼 비판들에 정치적 선입견이 가득하다. "그놈을 잡아 가둬라!"라는 외침은 증거와 법조문에 대한 냉정한 평가보다는 당파성을 띠는 경향이 있다. 이메일 스캔들이 터졌을 때 수백만 명이 힐러리 클린턴을 기소해야 마땅하다고 믿었다. 또 요즘 수백만 명이 도널드 트럼프에 대해서도 같은 생각을 한다. 그래서 책임을 다하지 못한(혹은 다하지 않으려는) 무능한 검사들에게 사람들은 저주를 퍼붓는다. 부패 의혹이 있는 정치인에 대해 유죄라고 확신에 차서 주장하지만, 그런 주장들 중 객관성을 띤 것이 얼마나 될지 의문이다. 게다가 검사 입장에서는 그 어떠한 판단도 두둔할 수 없다.

FBI나 법무부가 힐러리 클린턴을 기소하지 않기로 결정한 것에 대해 그 결정의 순수성을 설득력 있게 해명하는 일은 무척 힘들다. 특히 클린턴을 좋아하지 않고 막연하게 부패한 인물이라고 느끼는 사람들은 더욱 설득하기가 힘들다. 로버트 뮬러를 비롯한 여타 검사들이 트럼프 대통령을 기소하지 않기로 또는 참고인 조사를 하지 않기로 결정했다면, 마찬가지로 그 결정의 순수성을 입증하기가 매우 힘들 것이다. 어떤 행동을 했을 때보다 하지 않았을 때, 그 결정의 순수성을 판단하기가 훨씬 힘들다. 그것이 논리의 본질, 즉 없었던 일을 증명하는 것의 어려움이다.

시민들은 검찰 측에 불기소 결정에 대해 상세히 설명하라고, 특히 수상한 냄새가 대중의 후각을 강하게 자극할 때 그 결정의 순수성에 대해 만족스럽게 해명하라고 요구할 수 있다. 그렇지만 검사들은 불기소 처분에 대해 많은 말을 하면 입장이 매우 난처해질 수 있다. 바로 그런 상황에 처한 인물이 전 FBI 국장 짐 코미Jim Comey―힐러리 클린턴을 기소할 이유가 없다고 단언했으면서도 클린턴에 대해 비난조로 자세한 이야기를 했다―로, 그는 감찰관에게 지탄받고, 모두에게 비난받았으며, 결국 해임됐다. 기소를 단념한 경우―그리고 뉴욕시장과 뉴욕주지사를 비롯한 주요 인물들에 대한 기소를 단념한 경우―왜 방아쇠를 당기지 않았는지 그 이유를 대중에게 충분히 투명하게 설명하기는 어렵다. 결국 논의의 초점은 그 결정이 공정했는지, 불기소 처분을 둘러싸고 중상모략은 없었는지에 맞춰진다. 입장이 매우 난처해진 검사는 불기소 결정이 사법체계와 법무부의 지침에 따른 것이라고, 피의자가 결백하다고 판단했기 때문에 내린 것이었다고 설명한 채 입을 다물게 된다. 끝없이 쏟아지는 대중의 비판에 당장이라도 하고 싶은 말이 있다는 것을 나는 잘 안다. 불기소 처분이 그 문제된 행동을 찬양하는 것은 결코 아니지만, 현행 사법체계에서는 최소주의minimalism가 최고의 관행인 경향이 있다.

어떤 행동을 **하지 않기**로 했을 때 그 결정의 정당성을, 행동으로 옮긴 경우와 동일한 엄밀성과 논리로 판단해서는 안 된다. 즉, 일자리 제안이나 청혼을 거절했을 때 이것이 잘한 결정인지 어떻게 판단할 것인가? 더 나아가 세간의 주목을 받는 사건을 불기소했다면, 이에 대해 정의와 공정성에 부합하는 설명을 어떻게 제시할 것인가? 공정성에 민감한 다수의 시민들은 대배심 보고서와 불기소 이유서를 통해 그 공정성을 확인하려고 한다. 부패가 의심되는 정치인, 무장한 10대에게 총격을 가한 경찰, 금융위기 때 수상한 거래를 했다고 의심받는 은행 CEO에 대해 불기소 처분이 내려졌을 때 바로 그런 상황이 전개된다. 이렇듯 기소를 하지 않은 경우, 어떤 설명을 요구하는 아우성이 빗발친다. 이는 충분히 수긍 가는 일이다.

사법당국의 공정성에 대해 의심하고 명확한 설명을 요구하는 대중의 욕구는 자연스러운 일이다. 대중은 범죄행위에 대한 부수적 증거와 피해자가 입은 피해를 접하고 여러 질문을 한다. 검사들도 인간이다. 기소가 부적절하다고, 또는 혐의를 제기하기에 증거가 부족하다고 판단했다고 해서, 검사가 잘못된 행실을 찬양하는 것도 아니고 피의자에게 아무 문제가 없다고 보증하는 것도 아니다. 검사가 자신이 내린 판단의 투명성에 확신이 부족하거나 그릇된 행실을 지나치게 덮어주게 될까 봐 신경이 쓰인다면, 이는 본질적인 딜레마다. 딜레마 중에는 풀 수 없는 것들이 있는데, 이런 딜레마도 풀기 어렵다.

침묵이 낳는 불만족스럽고 답답하고 짜증스러운 결과는 불기소 처분에 대한 불신이 대중 사이에 널리 퍼지는 현상일 것이다. 그렇다, 검사들은 대중에 대한 책임이 있다. 그렇지만 동시에 정의의 개념에 대한 책임도 있다. 가끔 이 두 가지는 충돌한다. 그리고 검사의 임무에는 기만당했다고 느낀 대중이 쏟아내는 질타를 달게 듣는 것도 포함된다. 긴 수사 끝에 기소하지 않은 인물들에 대해서는 나도 할 말이 많다. 그렇지만 나는 입을 열지 않을 것이다. 검사는 그냥 그래야 하는 것이다.

사실관계와 법, 처벌 사이에 선 검사들

2008년에 금융위기가 터지자, 전 세계 곳곳에서 부패한 금융가들을 잡아다가 수갑을 채워야 한다는 외침이 들렸다. "그들이 경제를 망쳤고, 연금계좌에 타격을 입혔으며, 이 나라를 퇴보시켰다. 그들을 잡아가둬라." 충분히 이해되는 반응이다. 이 위기로 사람들은 집과 저축과 직장과 생계수단을 잃었다. 아직도 그 여파에서 빠져나오지 못한 사람들이 많다. 그래서 위기를 촉발한 인물들 중에 왜 기소된 자가 얼마 없는지에 대한 그 어떤 설명도 대중을 만족시키지 못했다는 점을 나도 잘 안다. 국민들 사이에 분노와 불신이 팽배했고, 어디를 가도 그런 분위기가 느껴졌다.

나는 이 불기소에 관한 질문을 자주 받는데, 그런 의문은 당연하다고 본다. 사회적 압박에 따라 법집행기관은 금융위기 관련자와 해당기관에 그 책임을 묻기 위해 최선을 다했지만, 2008년에 일어난 사건 중 상당수는, 다른 사람의 저축을 털겠다는 뚜렷하고 입증 가능한 의도를 지닌 소수 때문에 벌어진 일이 아니었다. 1930년대 대공황 이후 가장 심각했던 당시의 경기침체는, 가장 포괄적인 분석에 의하면 여러 다양한 요인이 한데 뭉쳐 촉발된 것이었다. 그런 경우 검찰 입장에서는 입증하기 힘든 애매한 사건이 되는데, 특히 누군가의 정신상태를 입증해야 유죄판결을 기대할 수 있는 경우 특히 애매하다. 분명 금융기관의 수장들은 문책을 피하기 위해 온갖 조치를 다 해두었고, 제3의 전문가를 통해 범법행위에 대한 책임소재를 미리 회사 전체로 분산했을 것이다.

핵심은 이것이다. 대중은 우리가 검사이거나 요원이기에 앞서, 미국인이고 시민이며 미래의 연금수혜자라는 사실을 가끔 잊는다. 금융위기로 검사들 또한 자산이 증발하고 계좌가 반토막이 났다. 검사들도 탐욕과 무모함의 피해자였다. 또 검사들도 각자 직업적으로뿐만 아니라, 그게 적절하든 아니든 개인적으로라도 법이 허용하는 범위 내에서 누군가에게 책임을 묻고자 했다. 성공적으로 기소할 수 있는 사람이 있다면 누구든 기꺼이 기소하고자 했을 것이다. 나는 관할지역이 서로 다른 다수의 검찰청 중 한 곳을 이끌었지만, 이 발언은 그들 모두의 심정을 대변한 발언이라고 봐도 좋다.

언뜻 범죄 같은 행동도, 자세히 조사해보면 입증 가능한 범죄가 아닌 경우가 있다. 이는 고위급 인사 중에 범죄에 가담하지 않은 사람이 없다는 말이 아니다. 그럴 가능성도 충분하지만, 미국의 현행 형사사법체계에서는 특정한 인물이 특정한 의도로 특정한 행동에 가담했다는 증거가 없으면 기소를 추진할 수 없다. 의도는 입증하기가 어렵다. 앞서 말한 대로, 우리는 보통 자기 머릿속에 든 생각을 파악하는 것도 힘들어하기 때문에, 다른 사람의 머리에서 어떤 불법의 불꽃이 타오르고 있는지 합리적 의심의 여지없이 증명하는 것에 관심을 두지 않는다. 어떤 사고가 있었다는 것, 부주의했다는 것, 실수를 했다는 것만으로는 의도를 충분히 입증하지 못한다. 무모한 행동이라 해도 이는 마찬가지다.

금융위기를 초래한 잘못된 관행들은 많았다. 그중 하나가 모기지 재판매였다. 특히 은행들이 모기지를 묶어 일종의 금융증권—보통 채무 불이행 위험도가 높은 모기지가 포함돼 있었고 그 가치가 높지 않은 편이었다—을 만든 다음, 이 패키지 증권을 다른 금융기관에 판매했다. 돌이켜보면 은행들이 판매한 증권 중에는 정크본드도 섞여 있었던 것 같다(그리고 이를 판매한 은행들은 그 채권들이 매우 위험하다는 사실을 분명 간과했다). 주목할 점은 매입기관들이 전문지식에 접근할 수 있고 또 사내 변호사를 둔 세련된 업체들이었다는 점이다. 보통 매입기관들은 그 부실채권들이 위험할지도 모른다는 주의사항을, 긴 상품안내서의 작은 활자와 각주를 통해 사전에 안내받았다. 그리고 다수의 은행들은 모기지 채권을 떠넘기던 와중에도 상당수의 채권을 보유했던 까닭에, 시장이 무너져 내렸을 때 함께 몰락하기 직전이었다.

다양한 금융기관이 부채로부터 자신을 보호할 방법을 찾았다. 그중 하나는 독립된 제3자인 회계사와 변호사의 도움을 받는 것이었다. 전문회계사와 변호사들이 그들의 기만적 관행을 덮어주었을 것이라고 생각하면 사실 답답하고 분노가 치밀지만, 그렇더라도 검사들의 임무는 역시나 특정한 인물의 의도를 증명하는 것이다.

나는 보통 다음과 같은 예로 이 상황을 설명한다. 100명을 무작위로 골라내어 세무조사를 해보면, 탈세한 사람이 몇 명은 꼭 나온다. 이것이 범죄라는 것을 밝히려면, 그 납세자가 국세청을 속이려는 명백한 **의도**가 있었음을 보여주는 합리적 의심의 여지가 없는 증거가 필요하다. 이때 납세자들이 쓸 수 있는 변호 방법 중 하나로 선의의 항변good-faith defense이라는 게 있다. "나는 내 모든 금융정보를 독립적 전문가인 내 회계사에게 넘겼다. 나는 그에게 허용되는 것과 허용되지 않는 것이 무엇인지 말해달라고 했고, 회계사는 내게 이렇게 하면 세금공제를 받을 수 있다고 일러주었다. 나는 전문적인 제3자의 조언에 따랐다." 이런 말을 들으면 흔히들 비겁하다거나 책임회피를 한다고, 또 부적절한 감옥탈출카드(모노폴리 보드게임에서 쓰이는 카드로 위기탈출 수단을 뜻함 – 옮긴이)를 꺼내든다고 생각하겠지만, 해당 납세자와 회계사가 공모해서 불법을 저질렀다는 증거를 찾아내지 않는 한 검찰은 이들을 기소할 수 없다.

우리가 2008년 금융위기를 논하고 있는 만큼 이 대목은 논란의 여지가 있지만, 그 납세자가 기소되는 게 바람직한지 한번 생각해보자. 일부의 바람대로 검찰이 은행장들을 수감시킬 수 있는 어떤 기준이 있다고 할 때 이 기준을 일반 납세자나 소규모 자영업자에게 그대로 적용해 세무조사를 할 경우, 범죄 의도의 입증 없이 수백만 명을 감옥에 넣을 수 있기 때문이다. 어떤 행동이 괘씸하고 경솔하고 탐욕스럽고 부주의하고 무자비하다고 생각되더라도, 그것만으로는 기소할 수 없다. 물론 이는 더 크고 복잡한 상황을 설명하기 위해 아주 단순한 사례를 살펴본 것이지만, 기본원리는 똑같다.

권력과 자산이 있는 사람은 책임지는 경우가 드물고, 또 사람들에게 피해를 주고도 처벌받지 않는 경우가 많다는 대중의 인식이 틀린 것은 아니다. 그렇지만 보기 드문 사건들 때문에 기본적인 범죄 입증 기준을 변경한다면, 그러한 법률과 절차를 **모든 사람에게도** 똑같이 적용해야 한다. 분통 터지는 특정한 사기행각 때문에 이제부터 고의성과 범행의도를 입증할 필요가 없다고 법으로 정해버리면, 그리고 그 법을 세심하게 다듬지 않으면, 우리 자신부터 훨씬 견디기 힘든 법률제도에 놓일 위험이 있다. 다시 말해 검사들이 지금보다 훨씬 더 막강한 권한을 휘두르고, 직접적인 증거 없이 사소한 정황증거만으로 사람들을 감옥에 보내는 제도를 만들게 될지도 모른다. 따라서 이는 깊이 고민해봐야 할 문제다.

금융위기 때의 추악한 행동과 얼추 비슷한 가상적 상황을 하나 더 살펴보자. 당신이 어느 날 다락방을 청소하다가 낡고 비뚝거리는 의자를 하나 발견했다. 어디서 얻었는지 기억도 안 나는 이 의자에 어떤 값어치도 있다고 생각하지 않지만, 당신은 일요일에 열린 마을 중고장터에 이 의자를 내놓았다. 그런데 동네사람들에게 이를 보기 드문 골동품이라고 광고하면서 1만 달러짜리 가격표를 붙였다. 이때 미끼를 문 누군가가 당신조차 골동품이라고 믿지 않는 이 의자를 터무니없는 값을 치르고 구입했다. 대부분의 사람들은 이를 사기라고 생각했다. 그렇다면 경찰이 당장 당신을 체포해도 괜찮은 걸까?

이제 몇 가지 사실을 덧붙여보자. 그 의자를 산 사람은 사실 노련한 골동품 매입업자였다. 부실채권 패키지를 일부러 사들인 매입기관인 셈이다. 여기서 가정을 더 추가하자. 의자를 산 사람은 유명 골동품감식가와 함께 왔는데, 그 감식가가 매입업자에게 이건 **진짜** 골동품 의자라고 조언했다. 이는 소중한 골동품일 뿐 아니라, 실제 가치가 2만 달러쯤은 나가므로, 이 사기꾼처럼 보이는 작자가 부른

1만 달러도 실은 엄청 싼 가격이라고 말했다. 이것이 법정에서 골동품 매입업자와 감식가가 증언한 내용이라고 해보자. 그리고 하나 더 덧붙여 판매자가 그 의자를 폐물로 취급한 것을 알았더라도 어쨌든 자신들은 1만 달러를 주고 의자를 구입했을 것이라고 증언했다고 해보자. 그럼 이제 범죄가 성립될까? 만약 범죄라고 본다면, 쉽지는 않겠지만 배심원단을 잘 설득해보길 바란다. 매입업자가 속았다거나 피해를 봤다는 만장일치 평결을 배심원 12명에게서 잘 끌어내보길 바란다. 이는 매우 단순화한 가정이지만, 모기지 담보부증권을 쪼개 발행한 증권들이 대략 이런 식으로 유통되었다.

어떤 합당한 이유로 법치주의를 중시하고 실제 자유를 박탈할 수 있는 현실세계에서, 분노가 치밀 때마다 응어리를 풀겠다며 소송을 제기하는 검사들은 없다. 우리는 사실관계와 법에 따라 공소장이 제출된 경우에만 형사소송을 진행한다.

앞의 두 가지 예시는 금융위기 이전에 벌어진 사건들을 매우 대략적으로 빗댄 것이다. 금융위기 관련 수사가 진행되고 완료된 모든 지역에서, 모든 사건에 대한 모든 파일을 대중에게 공개하는 것이 옳다고 다수가 찬성한다면, 사람들은 불기소 결정에 대해 더 잘 이해하고 더 나은 평가를 내리게 될 것이다.

일선의 검사들을 위한 변명

법이 할 수 있는 일에는 한계가 있다. 그러므로 우리는 법을 바꾸든지, 아니면 경제 붕괴를 일으킨 또 다른 요인들을 조사해서 이를 어떻게 규제하고 바꿀 수 있을지 고민해야 한다. 범법자가 다수의 무고한 사람들에게 피해를 입히고도 처벌받지 않는 상황은 아무도 원치 않기 때문이다. 그동안 많은 주장과 비판이 쏟아졌고, 검사로서 나는 그런 불만이나 답답함을 존중하고 인정한다. 그렇지만 내가 받아들일 수 없는 비판들도 있다. 검사들을 신문과 뉴스로만 접한 일부 신랄한 비판자들은, 금융가들을 재판에 회부하지 않았다며 전국 수백 명의 노련한 검사와 요원들에게 분노를 쏟아냈다. 또 일각에서는 기소가 저조한 이유가 검사들이 뭔가를 두려워하거나 협박을 받아서, 또는 정치적 동기가 작용한 데 있다고 주장했다. 나는 법집행기관을 향한 신뢰할 만한 비판은 언제든 수용할 의사가 있지만, 사적 이익이나 정치색, 두려움이 기소를 막았다는 주장은 어리석은 비판이라고, 적어도 뉴욕남부지검에는 해당하지 않는 비판이라고 생각한다.

정치적 성향에 대해 이야기하자면, 나는 그것이 어쨌다는 건지 모르겠다. 수백 명의 요원들과 검사들은 정치적으로 민주당과 공화당, 무소속 등으로 골고루 나뉘어 있다. 정치에 완전히 무관심한 사람도 많다. 이들 모두가 금융위기로 피해를 봤다. 법집행기관 구성원들의 정치적·이데올로기적 성향은 예나 지금이나 다양하다. 게다가 은행이나 월스트리트를 봐준다고 해서 이들이 개인적으로나 정치적으로 얻는 이득도 없다. 오히려 정치적으로 보자면, 월스트리트에 단호하게 나올수록 대중적 지지가 높아진다는 점은 누가 봐도 자명하다.

일반 대중은 매우 저돌적인 검사들, 즉 가장 윗선을 파고드는 검사들의 정확한 사정을 잘 알지 못한다. 그런 부류의 검사들은 기업세계에서 천대받지 않는다. 오히려 기업들이 서로 모시려고 애쓴다. 이 검사들은 자신이 공격한 바로 그 업계에서 간절한 러브콜을 받는데, 재능 있고 성공한 데다 배짱도 있기 때문이다. 이들에 대한 보상체계는 냉소적 비판자들이 생각하는 것과 정반대다. 즉, 가장 저돌적인 검사들은 기피대상이 아니라 인재로 모셔간다. 헤지펀드나 은행, 사모투자회사를 무릎 꿇린 경력이 있는 검사는 왕따가 아니라 슈퍼스타다.

일례로 우리 검찰청에서 가장 좋은 성과를 낸 검사들은 최고의 형사소송 변호사로 자리 잡았다. 반면 가장 소심했던 검사들—기업부패를 적극적으로 파헤치지 못하고 주저했던 검사들—은 자리를 잡지 못해 애를 먹었다. 남들보다 돋보일 만한 성과를 내지 못했기 때문이다. 성과가 좋든 나쁘든, 이직시장에서는 소극적이지 않고 적극적으로 활동한 사람에게 보상을 해준다. 그래서 검사들에게는 금융위기 주범을 처벌하는 쪽이 개인적으로나 직업적으로나 도덕적으로 이득이다.

검사들이 누군가를 두려워한다는 것 또한 사리에 맞지 않은 진단이다. 내가 지검장으로 있던 시기만 하더라도, 뉴욕남부지검 검사들이 형사처벌한 사람들 중에는 아메드 할판 가일라니Ahmed Khalfan Ghailani(아프리카 주재 미대사관을 폭탄 공격해 224명을 죽인 테러범), 오사마 빈라덴의 사위, 소말리아 해적, 알샤바브al-Shabaab(소말리아의 이슬람 극단주의 테러조직 – 옮긴이)의 조직원, 알카에다 이슬람 마그레브 지부al-Qaedain the Islamic Maghreb 조직원, 살인 청부업자, 러시아 스파이, 그리고 증인을 죽이고 법집행기관을 협박하는 등 미국에서 가장 폭력적인 조폭집단인 크립과 블러드 등이 있었다. 게다가 세계에서 가장 악명 높은 무기 밀매상 빅토르 부트Viktor Bout와 각종 폭력배들도 여기에 포함됐다.

화이트칼라 범죄 쪽을 살펴보면, 라지 라자라트남 같은 억만장자를 기소했다. 또 민주당 소속 뉴욕주 하원의원, 공화당 소속 뉴욕주 상원 원내대표를 기소해 유죄판결을 받았고, 대법원이 법 해석을 달리하고 항소법원이 이들에 대한 유죄판결을 뒤집은 후에도 포기하지 않고 재심을 받게해 유죄평결을 이끌어냈다. 또 우리는 마피아조직 감비노 패밀리와 지노비스를 기소했다. 파트너인 법집행기관도 예외는 아니었다. 우리는 뉴욕시경 소속 경찰관, 리커스아일랜드의 교도관, FBI요원, 마약단속국요원도 기소했다. 이들이 법을 어기면, 법의 심판을 받게 했다.

이렇게 기소를 하다 보니(주로 권력자들을 기소한 탓에) 뉴욕남부지검뿐 아니라 개인적으로 나도 심한 역풍을 맞았다. 나는 빅토르 부트를 기소한 일 때문에 러시아 입국을 금지당했고, 이란의 금 거래상 레자 자라브를 기소한 탓에 터키 대통령 에르도안Erdogan에게 직설적이고 개인적인 비난을 들어야 했다. 그는 당시 부통령 조 바이든Joe Biden에게 나를 해고하라고 부탁하기까지 했다. 또 전 뉴욕 주재 인도 부총영사 데비아니 코브라가데Devyani Khobragade를 기소했을 때는, 한동안 내 출생지에서 페르소나 논 그라타persona non grata(환영 받지 못하는 사람, 외교상 기피인물을 뜻하는 라틴어 - 옮긴이)가 되었다.

전국의 검사 및 수사관과 마찬가지로, 뉴욕남부지검의 인력들은 자신들이 맡은 중요한 임무를 위해 대중의 비판뿐 아니라 법정 안팎에서 자행되는 개인적인 공격, 위협, 살인협박 등을 견딘다. 단언컨대, 나뿐만 아니라 내가 아는 그 누구도 두려움 때문에 부유층을 법정에 세우지 못한 경우는 없었다.

13장 조직문화

윤리가 무시당하는 문화의 폐해

기소라는 주제—언제 어떤 상황에서 어떤 근거로 혐의를 제기해야 하는지—를 다루는 김에, 연방지검장 재직 당시 내가 자주 받았던 질문 하나를 잠시 짚고 넘어가는 게 좋겠다. 그 질문은 조직에서 외부감사를 피하고, 법집행기관의 분노를 사지 않고, 치명적인 혐의 제기를 당하지 않으려면 어떻게 해야 하느냐는 질문이었다. 조직론을 다룬 시중의 수많은 책들은 하나같이 조직문화가 매우 중요한 역할을 한다고 지적한다. 나 또한 이 지적에 깊이 동의하는데, 그 이유를 지금부터 설명해보겠다.

2013년 당시 SAC 캐피털은 150억 달러가 넘는 자산을 관리하던 헤지펀드였다. 2013년 7월 25일, 우리 검찰청에서는 SAC가 운용하던 네 개의 헤지펀드를 내부자거래 혐의로 기소했다. 우리는 공소장에 내부자거래 활동에 대해 "거래액이 상당하고 부패행위가 만연하며, 헤지펀드 업계에서 유례없는 규모로"로 이뤄졌다고 기술했다.

그 시점에 우리 지검에서는 노아 프리먼, 마이클 스타인버그 Michael Steinberg, 매튜 마토마Mathew Martoma를 비롯한 SAC 직원 여덟 명을 이미 내부자거래 혐의로 기소한 상태였다. 그중 여섯 명은 유죄를 인정했고, 두 명—마토마와 스타인버그—은 법정에서 유죄 평결을 받았다. 건강관리 분야에 집중했던 SAC의 자산관리인 마토마는 2억7600만 달러의 부당이득을 챙겼는데, 이는 단 한 건의 내부자거래로 얻은 이득으로는 최고 액수였다.

우리가 이 헤지펀드를 기소하기로 한 결정적 이유는 내부자거래 행위가 심각할 정도로 만연해 있다는 점이었다. 물론 또 다른 이유도 있었다. 당시 SAC에는 경고표시와 위험신호를 무시하고, 규범을 어기고 탐욕을 부추기며, 내부 자율준수규정은 구색에 불과한 매우 불법적이고 저항적인 기업문화가 팽배해 있었다.

당시 공소장에 기입한 생생한 예를 하나 소개하겠다. 2009년 SAC 캐피털은 리처드 리Richard Lee라는 직원을 고용했다. 그는 기업 구조조정, 인수, 합병과 관련된 특수상황special situations 펀드를 운용하면서, 12억5000만 달러 상당의 자금을 관리했다. 리가 고용되기 전, 그가 전에 일했던 헤지펀드의 직원 하나가 SAC 측에, 리가 헤지펀드의 '내부자거래 집단'에 속해 있었다고 알려주었다. 이 때문에 SAC 법무팀은 리의 고용을 반대했다. 그렇지만 SAC 경영진은 반대 목소리를 무시했다. 리의 과거 행적에도 불구하고, SAC는 2009년 4월 그를 자산관리인으로 고용했다.

리는 SAC에 고용되자마자 상장기업의 내부정보를 불법적으로 모으는 일에 착수했다. 그는 2009년에서 2013년까지 SAC에서 일하는 동안, 중간에 잠시 쉰 기간을 제외하고는 내내 내부자거래 계획에 참여했다. SAC의 자산관리인임에도 리는 야후Yahoo, 쓰리콤3Com 같은 기업의 비공개 정보를 이용해 주식거래를 했다. 그의 과거 이력을 볼 때, 이는 일몰 예측만큼이나 쉽게 예상 가능한 일이었다.

모든 조직에는 굳건한 원칙이 필요하다

문제는 기업 경영자들 중에 진정성을 강조하는 사람이 매우 드물다는 점에 있다. 경영자들은 힘과 이윤, 시장점유율, 최종실적을 늘 강조한다. 이는 경영에 있어 피할 수 없는 조건이지만, 기업 내부 및 다른 기관의 감시자들을 뒷전으로 밀어내는 역기능을 초래하기도 한다. 준법감시인, 사내 변호사, 회계사, 회계감사원이 기업에 있어도, 이들은 최고위 경영진의 판단에 대한 영향력이 거의 없다. 경영 측면에서 보자면, 감찰이나 감사와 관련된 직책들 앞에 붙는 가장 흔한 수식어는 보통 '성가시다'와 같은 경멸적 표현이다.

만약 한 사회가 형법과 규제구조는 빠짐없이 갖췄지만, 모든 법의 기본이 되는 헌법을 제정하지 않았다면 어떻게 될까. 국가와 기업을 막론하고, 모든 조직에는 변치 않는 제1원칙이 있어야 한다. 그다지 중요하지 않아서 쉽게 무시해버리는 잡다한 관료주의적 규정과 요건만으로는 올바른 조직문화를 만드는 데 역부족이다.

조직 구성원들이 스스로 귀를 기울이고 보고하고 경고음을 울리고 조언을 구하게 하려면, 간헐적인 이메일 알림만으로는 부족하다. 구성원 각자가 자발적으로 윤리적, 도덕적으로 깨어 있게 하기 위해서는 현실세계에서 사람들을 움직이게 하는 동력이 무엇인지 알아야 한다. 즉, 평범한 사람들이 올바른 행동을 하지 못하게 가로막는 나약함, 두려움, 편견, 온갖 인간적인 결함과 약점이 무엇인지를 파악해야 한다.

시장에서 유리한 입지와 이윤을 극대화하기 위해 거의 범죄에 가까운 행동을 하거나 심지어 그런 행동을 부추기는 문화가 만연해 있는 곳이 의외로 많다. 그런 조직문화에서는 직원들이 예외 없이 그릇된 판단을 하고 또 예외 없이 불법행위를 저지른다. 아슬아슬한 줄타기를 하면서 남들도 동참하도록 유도하는 것은 위험한 자세다.

다음과 같은 사고실험을 생각해보자. 술이 정말 마시고 싶지만 음주운전으로 체포되거나 유죄판결을 받기는 싫은 사람이 있다고 하자. 만약 매우 똑똑한 사람이 음주운전을 하기로 했다면, 전략을 잘 짜서 혈중알코올농도 허용치를 넘지 않는 선에서 술을 마실 것이다. 만약 자신의 체질량지수와 알코올흡수율 그리고 일정 시간에 섭취한 음식량을 꿰차고 있는 천재적인 사람이 있다면, 완벽한 계산으로 혈중알코올농도 허용치를 딱 밑도는 선에서 술을 마신 후 운전을 할 것이다. 그리고 이런 행동을 반복할 것이다.

그렇지만 이런 방법으로 언제까지 교통경찰을 피할 수 있을까? 또 언제까지 법적 허용치를 밑도는 만큼만 마신다고 자신할 수 있을까? 또 그가 언제까지 음주운전으로 사람을 죽이지 않는다고, 동석한 사람들이 그의 무책임한 행동을 따라 하다가 똑같이 음주운전으로 사람을 죽이지 않는다고 장담할 수 있을까?

내가 이런 장광설을 경영학과 수업에서 늘어놓으면, 여러 학생들이 다음과 같은 질문을 했다. "바라라 씨. 계속해서 선을 넘으면 안 된다, 선 너무 가까이에서 서성거리면 위험하다고 말씀하시는데요, 그렇다면 사람들이 그 선과 정확히 어느 정도 거리를 유지하는 게 좋을까요?" 마치 기하학 문제의 해법을 묻는 것 같다. 그러면 나는 이렇게 답한다. "한 105센티미터 정도가 적당하겠네요."

이렇게 윤리를 계량화하려는 모습을 볼 때면 나는 조금 당황스럽다. 그래서 그런 질문에 답변할 때, 질문의 전제에 동의하지 않는다고 설명한다. 유감스럽지만 질문의 방향이 잘못 됐다고, 그렇게 초지일관 줄타기를 하다 보면 결국 규제기관의 제재를 받거나, 절대 그런 일은 없어야 하겠지만 형사처벌을 받게 될 수도 있다고 설명한다. 이보다 훨씬 더 위험한 측면은, 경영에서 더 나은 성과, 더 큰 이득을 거두기 위해 회사가 모든 직원들에게 이러한 줄타기 전략이 괜찮은 아이디어라는 메시지를 전달할지도 모른다는 점이다. 그런 아슬아슬한 수법이 한동안은 통할지 몰라도 영원할 수는 없다.

전에 런던에서 열린 법집행기관 학회에 참석했을 때 들은 강연 중에 잊히지 않는 내용이 하나 있다. 그것은 포춘 50대 기업 글로벌자율준수 프로그램의 의장이 한 말이었다. "나는 대학에서 법학 학위를 받기 전에 심리학 학위를 받았습니다. 이 일을 하다 보니, 결국 내가 하는 일은 사람들이 더 나은 행동을 하도록 동기부여를 하고, 일반인들의 행동을 조절하는 것이더군요. 그래서 저는 이 일을 하면서 법학 학위보다 심리학 학위 덕을 더 많이 봅니다." 이 통찰력 있는 말에는 상당한 지혜가 담겨 있다.

수없이 다양한 업계에서 규제기관이 원하고 기대하는 수준에 겨우 맞춰 규정을 준수하려고 하는 경우를 많이 본다. 가령, 규제기관과 그 기관에서 발표한 규제들이 완벽하지 않다는 정보를 입수했다고 하자. 그러면 각종 기업 컨퍼런스와 연수를 비롯한 경영 관련 모임에서 이런 말을 끊임없이 듣게 될 것이다. X를 해라, 그게 규제기관이 바라는 것이다. Y를 해라, 그래야 우리가 의무를 다했다고 규제기관을 설득하기가 쉽다. 이는 마치 시험에 대비하는 족집게 수업 같다. 이는 교육의 핵심가치를 저버린 것이다. 시험만을 대비한 수업은 학생들에게 배움과 호기심과 지혜의 중요성이 아니라, 그저 성적이 잘 나오도록 정답 고르는 법만 가르칠 뿐이다. 내게 그것은 실패한 교육이다.

가치는 나무보다는 숲과 더 관련이 깊다. 나는 전에 한 헤지펀드 업체의 법률자문역을 만나 회사에 갓 입사한 직원들을 어떤 식으로 맞이하는지 물었다. 그는 신입사원을 한 명 한 명 만나 개인 면담시간을 갖고, 그렇게 쌓은 친밀감으로 언제든 편하게 자신을 찾아오게 한다고 매우 자랑스럽게 답했다. 또한 그는 사원들이 많은 규정과 요건을 익히게 하고, 최근 개정된 증권법도 숙지시킨다고 했다. 굉장했다. 나는 그가 그런 대화를 어떤 식으로 풀어가는지 궁금했다.

다음과 같이 간단하고도 강력한 메시지를 전달하면서 이야기를 꺼냈을까? "이 회사와 관련해 여러분들이 알아두어야 할 사실이 있습니다. 우리는 사기를 치지 않고, 도둑질을 하지 않으며, 거짓말도 하지 않습니다. 만약 그런 부정을 저지르면 당신은 그냥 해고입니다.

우리는 그 어떤 허튼 행동도 무관용 원칙으로 다룹니다." 내 생각에 이런 메시지는 그 뒤에 나오는 자잘한 사항보다 훨씬 더 강력하고 오래 기억에 남을 것이다. 그렇지만 그런 간단하지만 강력한 메시지들이 얼마나 자주 전달될지는 의문이다.

진정성이라는 문화의 중요성

조직 내부에서 감시자 역할을 하기는 쉽지 않다. 감사부서는 경찰서 내부에 있는 내사과(조직 내부의 비리 및 범죄를 조사하는 부서 – 옮긴이)와 비슷한 역할을 한다. 그러한 맥락에서 조직문화를 어떻게 다뤄야 할지 참고할만한 교훈들이 있다. 일단 내사과는 아무도 좋아하지 않는다는 점을 염두에 두어야 한다.

전 뉴욕시 경찰청장 레이 켈리Ray Kelly는 재임 당시 내사과 책임자에게 많은 권한을 주고, 정당성을 부여하며, 존경을 표해야 한다고 강조했다. 그의 후임들도 그런 방침을 따랐다. 그렇지만 내가 조직문화와 관련해 처음으로 직접 겪은 사건은 켈리가 경찰청장일 때 터진 일이었다. 켈리는 완벽한 리더가 아니었고, 뉴욕시 경찰청의 조직문화도 완벽하지 않았다. 뉴욕시경은 내부에 여러 가지로 문제가 있었는데, 그중 내 기억에 선명한 한 가지 일화가 있다.

2011년에 뉴욕시 경찰 여덟 명이 중대 범죄로 체포됐다. 당시 뉴욕시경과 FBI 뉴욕지부 사이에는 오랜 갈등이 있었다. 그 부분적 이유는 관할구역이 겹친다는 점과 테러수사에서 우위를 점하려는 기싸움, 그리고 켈리의 강한 성품 때문이었다. 그런 상황에서 FBI는 일단의 현직 경찰과 퇴직 경찰을 체포하려고 했다. 이는 경찰청 입장에서 엄청난 망신이었다. 당시 FBI 뉴욕지부장은 이 사건을 공개적으로 발표하는 것이 뉴욕시경의 상처에 소금을 뿌리는 일이라고 생각했는지, 내게 혐의사실을 발표하는 기자회견을 하지 않는 게 좋겠다고 말했다. 나는 별 생각 없이 그렇게 하기로 했다.

그런데 좀 더 생각해보니 마음이 심란해졌다. 이번 사건은 경찰이 M16 소총, 권총, 여타 장물 등 100만 달러가 넘는 물품거래를 눈감아주는 대가로 뒷돈을 챙긴 중대 범죄였다. 내게 기자회견 취소는 심각한 이중 잣대로 보였다. 주 상원의원이나 마피아 두목, 월스트리트 임원들의 혐의사실은 기자회견을 열어 발표하면서, 정작 우리의 동료인 법집행기관이 심각한 부패를 저지르자 기자회견을 생략한다?

이는 그야말로 잘못된 행동이었다. 그렇지만 나는 혼자서 기자회견 연단에 오르고 싶지는 않았다. 그것 역시 잘못된 메시지였다. FBI는 일찌감치 기자회견에서 빠지려는 눈치였다. 뉴욕시경 관계자의 참석 여부는 레이 켈리 본인이 결정할 문제였다. 나는 그에게 다급히 만나자고 요청했다. 체포 예정 전날인 10월 25일 월요일 오전 8시 30분, 우리는 월스트리트의 한 호텔 2층 식당에서 만났다. 켈리 경찰청장은 평소의 위협적인 모습 그대로 등장했다. 켈리 입장에서는 꽤나 힘든 한 주였을 것이다. 경찰들이 불법으로 뒷돈을 챙긴 사건 외에도, 뉴욕시경이 연루된 티켓 스캔들ticket scandal(뉴욕시경 경찰들이 뇌물을 받고 주차위반 딱지를 없애준 사건 – 옮긴이)이 퍼지고 있었다. 식사를 마친 후, 켈리는 이튿날 기자회견에 참석할지 여부는 정오까지 알려주겠다고 했다. 몇 시간 후 그는 전화를 걸어와 나와 함께 기자회견장에 나서겠다고 했다. 결국 FBI도 모습을 드러냈다.

다음 날, 뉴욕시 경찰조직의 수장이자 'CEO'인 레이 켈리는 나 그리고 인사책임자와 함께 기자들 앞에 섰고, 매우 솔직한 심경을 전했다. 그는 설득력 있고 신랄하게 그 어떤 부패 행위도 경찰청에서는 용납하지 않겠다고 단호히 말했다. 그는 자신이 이끌고 있는 조직의 구성원들이 연루된 범죄들을 조금도 숨기지 않았다. 리더가 이런 모습을 보일 때 사람들은 진정성을 느낀다.

유해한 인센티브 정책은 독이다

한편 검찰청에서 얼마나 윤리적인지는 고려하지 않은 채 공판수행능력만 평가해서 검사들을 승진시킨다면 어떻게 될까. 우리 검찰청에서 내게 두 명의 승진 후보를 추천해주었다고 해보자. 한 명은 공판수행 능력이나 혐의입증 능력은 더 뛰어나지만, 밝혀진 사실에 대한 초기 판단력이 썩 좋지 않은 경우가 몇 번 있었다. 결국은 별 문제없이 넘어갔는데, 평검사인 그의 곁에 믿을 만한 판단력을 지닌 부장검사가 있어서 심각한 상황을 피했기 때문이다. 그 평검사는 경험을 더 쌓겠지만, 적어도 윤리적 판단에서 자잘한 문제가 있을 것으로 보였다.

또 다른 검사는 공판수행 능력이나 의견진술작성 능력이 다소 부족하지만 윤리의식과 공정성, 판단력에서 흠 잡을 데가 없었다. 또한 자율적인 사람이라는 것에 전혀 의심이 들지 않았다. 여러분이라면 내가 어떤 검사를 승진시키는 게 바람직하다고 보는가? 어떤 검사가 위험부담이 덜할까? 어떤 검사가 검찰청의 장기적인 발전에 더 이로울까? 더욱 중요하게는, 어떤 검사가 더 현명하게 재량권을 행사하고, 정의추구에 더 앞장설까? 나는 늘 두 번째 부류의 검사를 승진시키려고 노력했다.

조직문화를 후퇴시키는 또 다른 문제가 있다. 어딜 가나 잘못되고 유해한 인센티브 정책이 보인다. 직원들이 비윤리적 행동을 하도록 부추기는 제도들이다. 나는 직업윤리와 진정성을 소중한 인센티브로서 보상정책에 반영해야 할 필요가 있다고 생각한다.

최근 웰스 파고Wells Fargo 은행에서 터진 놀라운 스캔들을 살펴보자. 은행 직원들이 기존 고객들에게 동의를 받거나 통보하지 않은 채 허위계좌 350만 개를 만들어 부당하게 수수료를 챙겼다. 왜 그런 일이 벌어졌을까? 웰스 파고의 직원들은 정직과 진정성을 조금도 신경 쓰지 않았다. 게다가 회사는 직원들이 그렇게 무신경하도록 유도했다. 직원들은 상명하달식 구조에서 급여를 받으려면 비현실적인 실적과 할당액을 채워야 했는데, 이는 극심한 스트레스였다. 그래서 그들은 직장상사와 회사를 만족시키기 위해 허위계좌 개설이라는 불법을 저질렀다.

문화는 조직의 발전에 결정적인 요인이다. 회사뿐 아니라 모든 조직이 그렇다. 문화는 대학, 의료계, 영화계, 검찰청, 스포츠 체인점 등 어디에나 존재한다. 백악관도 마찬가지다. 이 중에는 건전한 문화가 있는가 하면, 유해한 문화도 있고, 또 고사 직전인 문화도 있다. 어떤 경우든, 병든 문화를 고치려면 윗선의 리더부터 솔선수범해야 한다. 그렇지만 문제를 손보길 꺼려 하는 리더가 상당히 많다. 어떤 사람들은 병원 방문을 싫어하는데, 때로는 의사의 손을 거쳐야만 낫는 병이 있다. 조직의 장기적인 건강도 이와 마찬가지다.

　연방검찰청, 대기업, 투자은행, 대학 등 어떤 조직을 운영하든, 우편실부터 대표이사실에 이르기까지 모든 인력이, 그 조직과 조직의 리더가 진정성에 각별히 신경 쓴다는 점을 깨닫고 이를 피부로 느끼도록 알려야 한다. 그것이 각종 기소와 범죄, 여타 문제로부터 조직을 지키는 최선의 방법이다.

14장 발리우드

사건의 파장이 국경을 넘을 때 벌어지는 일

당신이 선택한 직업이 검사처럼 평생 대중의 비난을 받아야 하는 직업이라면, 기쁘지는 않겠지만 그 파장도 끌어안고 가야 한다. 검사가 받는 모든 비난의 여파 중 하나는 피고인과 그 지지자들이 뿜어내는 분노의 함성이다. 확성기가 얼마나 큰지, 변호인단이 얼마나 저돌적인지에 따라 편차가 있지만, 그들은 검사와 법집행 관련 기관에 맹렬한 반격도 가한다. 이런 반응은 일부 예측이 가능하다. 열성적인 옹호세력은 어디나 있기 때문이다. 앞으로 살펴보겠지만, 그런 반발이 열정적인 자기방어를 넘어 사법방해로 이어지는 경우도 있다. 특히 수사표적이 권력자인 경우에는 더욱 그렇다.

그 전형적인 수법은 검사들의 저의를 의심하고 편견이 작용했다고 주장하면서 선의를 공격하는 것인데, 이렇게 검사들에 대한 신뢰를 떨어뜨리면 해당 사건에 대한 의혹과 의구심을 키울 수 있기 때문이다. 이들은 대개 '마녀사냥'이라는 친숙한 표현을 쓰면서 검찰을 공격한다. 닉슨의 워터게이트 사건 때는 이런 식의 비판을 '부인 아 닌 부인non-denial denials'이라고 불렀다. 당시 닉슨 지지자들은 절대 닉슨이 무고하다고 주장하지 않았다. 그저 검찰 측을 무자비하게 비 난했다. 가끔 이런 공격은 혐오스럽게도 윤리적, 민족적, 인종적 색 채를 띤다. 내가 지검장으로 있을 동안 뉴욕남부지검은 누가 기소되 었는지에 따라 다르기는 해도 다양한 곳으로부터 흑인, 라틴 아메리 카, 스위스, 중국, 러시아, 이탈리아 등에 반대한다는 비판을 들었다. 게다가 묘하게도 인도에 반대한다는 비판도 들었다. 때로는 월스트 리트, 민주당, 공화당, 정치인, 심지어는 포커에 반대한다는 비판도 들었다. 그렇지만 긴 시간 동안 뉴욕남부지검이 각양각색의 피고인 과 조직을 기소한 모습을 봤다면, 사람들은 우리가 그저 범죄에 반대 했을 뿐이라는 사실을 충분히 이해했을 것이다.

필요한 비판에만 귀를 열어라

추악한 비판의 목소리에 면역력을 키우는 최선의 방법은, 그저 자 중하면서 천박한 비판들을 무시하는 것이다. 그렇지만 정말 황당한 비판이더라도 기분이 상하는 것은 어쩔 수 없다. 비판은 받아들이기 가 쉽지 않은데, 특히 편견에서 나온 잘못된 주장일수록 받아들이기 힘들다. 연방지검장이 되기 전에는 내가 둔감한 사람이라고 생각했 는데, 이제 보니 비판에 무감각한 편이 못 됐다. 아리스토텔레스는 이렇게 말했다. "비판을 피하려거든 아무 말도 하지 말고 아무 행동도 하지 말고 아무 존재도 되지 마라." 현명한 말이다. 그렇지만 아리스토텔레스는 소셜미디어가 등장한 시대에 살지 않았다.

수많은 비판을 이겨내는 핵심은 자기발전을 위해 마음에 새길 비판과 웃어넘길 비판을 구분하는 것이다. 또 정확한 비판과 어리석은 비판을 구분하는 것이다. 중요한 것은 비판을 무시하는 게 아니라, 비판에 대한 분별력을 기르는 것이다.

피고인들은 검사를 몰아붙이려고 종종 말도 안 되는 꼬투리를 잡는다. 가끔 우리 검찰청이 나와 같은 인도 출신자를 기소했을 때 이를 가장 크게 실감한다. 그런 맥락에서 '마녀사냥'이라는 외침은 나를 더욱 슬프게 하고 상처를 준다. 그런 주장이 성립하려면 내가 인종을 잣대로 결정을 내려야 할 뿐 아니라, 수사요원과 검사들에게 나와 인종적 배경이 같은 사람들을 수사하라고 최선을 다해 지시해야 하기 때문이다. 당시에 나 외에는 인도계 미국인 연방지검장이 없었고 또 인도계 미국인 피고인이 상대적으로 드물어서 뉴욕남부지검이 남아시아 출신자들을 기소하면 매우 기이하게 보는 시각이 있었다.

2009년에 우리가 헤지펀드 CEO인 억만장자 라지 라자라트남을 내부자거래 혐의로 체포한 지 며칠 지나지 않아(덧붙이자면 다수의 백인들도 체포했다), 『월스트리트저널』은 이상한 기사를 실었다. 다음은 그 기사의 첫 문장이다. "이는 발리우드판 법정드라마 같다. 스리랑카 출신 헤지펀드의 핵심인물이, 이웃나라 인도 출신 이민자인 연방지검장에게 기소당했다." 그 연방지검장은 아마 나였을 것이다.

어쩌다 보니, 우리가 기소하고 유죄판결을 받아낸 내부자거래사건 피고인들 중 소수가 남아시아 출신이었다. 그렇지만 사람들은 라지 라자라트남과 그 일당을 맨 처음 수사하고 도청한 것은 라틴계 출신인 내 전임자 마이클 가르시아였다는 사실과 그들이 유죄라는 압도적인 증거가 있었다는 사실에는 주목하지 않는다. 인도 출신 고학력 전문가들이 헤지펀드 업계에서 비중이 높다는 점 역시 주목하지 않는다. 인종적 색채를 띤 몇몇 매체는, 자기혐오에 빠진 내가 인도계 미국인을 기소하는 경향이 있다고 전하면서 비판의 목소리를 높였다. 그들은 라자라트남 외에도 라자트 굽타Rajat Gupta, 아닐 쿠마르Anil Kumar, 사미르 바라이Samir Barai, 매튜 마토마 등 남아시아계 출신 펀드매니저들도 언급했다.

그래서인지 행사장에 가면 나는 이런 '논란'에 대한 질문을 자주 받았다. 그때마다 신경에 거슬렸다. 또 어느 순간부터 검사들이 내 집무실로 와서는 다음 번 피고인이 누구일지 귀띔해주었다. 그러면 나는 인도인 이름이 없는지 확인하고는 과장되게 안도의 한숨을 크게 내쉬었다. 한번은 내부자거래 혐의자들을 체포하기 전날 밤, 검사 한 명이 갑자기 날 쳐다보더니 이렇게 말했다. "그런데 프릿, 아시겠지만 피고인 중 한 명이 인도계 미국인입니다." 나는 깜짝 놀랐는데—물론 이는 문제될 일이 아니며 우리의 체포는 민족이나 인종과 아무런 상관이 없었다—체포자 명단에서 인도계 이름을 보지 못했기 때문이었다. 내가 "누군데?"라고 묻자 "샘 바라이Sam Barai"라고 검사가 답했다. 나는 "샘은 인도인 이름이 아니야"라고 말했다. 그러자 검사가 이렇게 덧붙였다. "그렇긴 하죠. 그렇지만 그자는 샘이라는 이름으로 통해요."

기자들이 이 주제를 지나치게 물고 늘어져서, 한번은 검찰청에서 내부자거래 혐의로 붙잡힌 남아시아계 피고인 수를 실제로 집계해 보기도 했다. 그 수는 우리가 기소한 전체 피고인 중 극히 일부였다. 물론 전체 인도계 인구 대비 비율로 보면 많은 편이긴 했다. 어쨌거나 내 출신과 관련한 이런 황당한 주장들을 접하면, 나는 농담으로 웃어넘겼다. "여기 계신 모든 분들께 참고로 말씀드리자면, 저는 매일 아침 눈을 뜨면 침대에서 일어나 창문을 열어젖힌 후 하늘을 향해 주먹을 휘두르면서 '내게 인도인의 목을 가져오란 말이다!'라고 외치는 그런 사람이 아닙니다."

어떤 이들은 이 교활한 담론을 끝까지 파헤치는 것을 자신의 사명으로 삼은 듯했다. 극단적이고 모욕적이며 근거 없는 발언으로 유명한 작가 겸 평론가 디네시 드수자Dinesh D'Souza는, 2014년에 뉴욕남부지검이 그를 선거자금법 위반 혐의로 기소했을 때 유죄를 인정한 바 있다. 그는 부정환급으로 기부금 세탁을 하면서, 자신이 지지하는 상원후보의 선거자금을 마련했다. 드수자는 자신의 불법행위를 인정하면서도(게다가 그의 변호인은 "변론할 말이 없다"라고 공식적으로 말했다), 자신이 기소당한 것은 인도인과 인도계 미국인들을 기소하려는 인도 출신 지검장의 삐뚤어진 개인적 욕망에서 비롯된 것이라는 황당한 프레임 씌우기를 멈추지 않았다.

드수자는 나를 당시 법무부장관이던 에릭 홀더의 '똘마니'나 오바마 행정부의 꼭두각시라고 부르는 데서 그치지 않았다. 그는 나의 직업, 가족, 외모를 비하했고, (아이러니하게도) 인도인에 대한 고정관념까지 끌어다가 나를 조롱했다. 그는 "프릿 바라라는 인도 억양이 없기 때문에 당신의 컴퓨터를 고쳐주는 수리기사로 써도 손색없다"라는 어처구니없는 트윗을 올렸다.

그는 내가 해임되자 고소해했고, 나를 주변 사람들에게 개인적인 앙갚음을 할 사람처럼 묘사했다. 2018년에 트럼프 대통령이 드수자를 사면해준 후에도, 그는 나를 향해 자기혐오에 빠진 인도인 가설을 계속 주장했다. 자칭 '학자'인 그는 트위터에 이런 글을 남겼다. "자업자득이다. 프릿 바라라는 출세 욕심에 동료 인도계 미국인들의 삶을 망치려고 했다. 이제 그는 해고됐고 나는 사면 받았다." 참으로 품위 있는 인도동료다.

그렇지만 인종주의적 비판은 일부 월스트리트 종사자들을 기소한다고 해서 사라질 거품이 아니었고, 또 어느 인종주의적 선동가의 환각증세로 그칠 문제도 아니었다. 이보다 더 오래 지속된 심각한 사건이 하나 있었다. 내가 연방지검장으로 부임하고 몇 년이 지난 2013년, 미 국무부는 인도 여성 외교관 데비아니 코브라가데를 체포했다. 가정부에게 지급한 시급을 허위신고하고 비자문서에 허위사실을 기재한 혐의 때문이었다. 코브라가데는 가정부에게 시급 9.75달러를 지급하기로 한 비자신청서가 거짓일 경우 위증죄 처벌과 여러 법적 제재를 받기로 동의한 상태였다. 조사 결과 코브라가데는 가정부 상기타 리처드Sangeeta Richard에게 1달러도 안 되는 시급을 지급했으며, 연방노동법을 어기고 여러 건의 부당노동행위를 저질렀다는 사실이 밝혀졌다. 뉴욕남부지검은 국무부의 명백한 요청에 따라 이 사건을 기소하기로 했다.

이는 한 세기를 장식할 만한 범죄는 아니었지만 분명 심각한 위법행위였고, 주미 외교단 내에 이런 문제가 급증하고 있었다. 이런 이유로 국무부는 이 사건을 법정에서 다루기로 했고, 수사에 착수했으며, 국무부 소속 요원들이 우리 검찰청 검사들에게 범죄 혐의를 입증해달라고 요청해왔다.

코브라가데는 체포과정에서 외교관이라는 신분 덕분에 여러 특별대우를 받았지만, 연방보안국의 통상적인 절차에 따라 뉴욕남부지검에서 알몸수색을 받았다. 재판 전 구금을 바라는 사람은 아무도 없다는 점을 고려할 때, 이 절차는 피할 수 있었고 피하는 게 바람직했다.

이 체포사건은 국제적 사건으로 비화됐다. 코브라가데의 모국인 인도에 선거가 있던 해였고, 여당인 국민회의당Congress Party은 민족주의 색채가 짙은 인도국민당BJP에 선거에서 참패할 위기에 놓여 있었다. 훗날 총리가 된 나렌드라 모디Narendra Modi가 이끌던 인도국민당은, 재빠르게 이 체포사건을 인도 주권에 대한 서구세계의 모욕으로 규정하고, 여당인 국민회의당을 위기로 몰아넣었다. 코브라가데의 아버지는 인도에서 나름 정치적 야심이 있던 인물로 딸의 체포에 반발해 단식투쟁을 선언했지만, 그가 진짜 단 1칼로리라도 희생했다는 증거는 전혀 없다. 당시 국무장관이었던 존 케리는 인도 외교관 사건을 철회하라는 압력을 받았다. 인도인들은 뉴델리 주재 미국 대사관에 보복해야 한다며 협박했고, 미국 외교관들의 특권을 박탈하라는 여론이 들끓었다. 어느 순간 인도정부의 분노가 격해지면서, 미국의 가장 덩치 큰 민주 동맹국은 미 대사관 앞의 바리게이트 같은 보안장비를 없애는 등 가장 적대적인 조치를 취하기 시작했다.

나는 이 인도 외교관 체포사건 앞에 떳떳했고, 뉴욕남부지검의 법치주의에 따라 행동했다고 자부했다. 그래서 검찰의 활동을 목청 높여 옹호했다. 연방지검장인 데다 마침 인도 태생이다 보니, 내게 온갖 독설과 분노가 빗발쳤다. 이 사건에 착수하고 수사를 진행한 것은 법집행기관 담당자들이라는 점, 내가 개인적으로 인도 외교관 체포 사실을 알게 된 것은 체포 바로 전날이라는 점 등은 아무도 신경 쓰지 않았다. 인도정부와 언론은 인도계 미국인인 내가 온갖 악랄한 이유로 이 사건을 기소했다고 단정했다.

인도의 토크쇼 사회자들은 나를, 자기혐오에 빠져 고국의 국민들을 어떻게든 잡아넣으려는 인도인으로 부르기 시작했다. 동료검사들과 나는 이 모든 상황이 다소 의아했는데, 이 사건의 **피해자**로 추정되는 사람도 인도인이기 때문이었다. 한 인도 관계자는 TV에 나와 이렇게 물었다. "프릿 바라라, 그는 대체 어떤 작자인가?" 또 다른 프로그램에서 나는 인도에서 가장 미움 받는 사람으로 낙인찍혔다.

에르도안의 끝없는 공격

왜 나는 이 사건을 하나하나 되짚을까? 검사들과 수사관들이 피의자들에게 공격받는 것이 일상적이라는 점을 알리기 위해서다. 검사들은 이러한 공격에 잘 대처해야 한다. 이 공격이 머지않아 법정에서 모두 녹아 없어질 것이라는 사실을 기억하면 다소 위안이 될 것이다. 그러나 상황에 따라서는, 피의자가 사태를 혼란스럽게 하거나 독설을 퍼붓는 것 이상으로 강한 권력을 휘두르기도 한다. 바로 이때부터 노골적인 사법방해가 시작되면서 사태가 악화된다.

형사재판이 한 나라의 대통령의 최측근을 겨냥할 때 어떤 일이 벌어지는가? 한 국가의 최고 수장은 스스로를 독립적이라고 생각하고, 누구도 법 위에 있지 않다고 믿는 성가시고 거슬리며 파렴치한 훼방꾼에게 어떤 권력을 가져다주는가? 검찰보다 큰 확성기를 가진 자는 실제로 수사를 흔들기 위해 어떤 능력을 발휘하게 될 것인가?

우리가 기소했던 단순 범죄가 기이한 국제적 사건으로 확대됐던 사례 하나를 살펴보자.

2016년 3월, 레자 자라브라는 한 남성이 휴가 때 가족과 함께 터키에서 디즈니월드로 놀러왔다. 이란의 금 거래상인 자라브는 이란 시민권과 터키시민권을 모두 갖고 있는 이중국적자였다. 그는 터키 대통령인 에르도안Recep Tayyip Erdogan뿐 아니라, 터키의 여러 고위급 정치인 및 기업가를 든든한 인맥으로 두었는데, 경제장관 자페르 차을라얀Zafer Caglayan과 국영은행 할크방크Halkbank의 전 은행장 술레이만 아슬란Suleyman Aslan도 그들 중 하나였다.

자라브는 몰랐겠지만, 그는 뉴욕남부지검의 대배심에 의해 이란에 대한 미국의 제재조치 위반을 공모한 혐의로 비밀 기소된 상태였다. 이 사건의 수사를 주도한 검사는 마이클 로카드Michael Lockard였다. 마이클은 자라브와 다른 일곱 명의 피고인을 돈세탁 및 미국의 대이란 제재 위반을 공모한 혐의로 기소했다. 이들은 금으로 원유거래를 하기 위해 미국 관계자에게 허위사실을 말하고, 유령회사를 세웠으며, 문서를 위조하고, 터키의 여러 정부 관계자들에게 뇌물을 바치는 등 수십억 달러에 이르는 대대적인 사기행각을 벌였다. 자라브는 이 일을 주도하면서 자국에서 상당한 사회적 자본과 재정적 자본을 쌓았고, 2012년 한해에만 거의 100억 달러에 달하는 거래를 계획한 것으로 알려졌다. 그는 심각한 자만에 빠져 터키의 팝스타인 자기 아내에게 화성을 사주겠다는 약속을 하기도 했다.

하지만 나는 이 사건에 대해 거의 모르고 있었다. 검찰은 때로 비밀 기소를 하는데, 이는 피고인이 방심한 채 위험을 무릅쓰고 미국으로 들어오도록 유도하기 위해서다. 곧 나는 마이클이 맡은 사건과 레자 자라브에 대해 더 많은 사실을 알게 되었다. 자라브가 미국에서 체포된 후, 이에 대한 터키 국민의 반응은 상상을 초월했다. 이는 외교관 데비아니 코브라가데를 체포한 후 인도에서 벌어진 상황과 정반대였다. 인도에서는 미국과 뉴욕남부지검 그리고 나에 대한 비난이 들끓었던 반면, 터키에서는 나를 일약 대스타로 만들며 추앙했다.

왜 이렇게 찬양했을까? 왜 다들 환호했을까? 그 이유는 이렇다. 몇 해 전인 2013년, 터키 검찰도 레자 자라브를 수사했었다. 이때도 터키정부 최고위층 인사들과 함께 사기, 금 밀수, 뇌물제공을 포함한 부패범죄를 주도한 혐의였는데, 자라브는 터키의 무역수출을 늘리기 위해 이란의 천연가스를 금으로 구입하고 미국의 대이란 제재망을 피해왔다. 우리 검찰청이 제기한 혐의와 아주 유사했다.

그러나 자라브는 각종 혐의에서 벗어났고 유죄판결을 받지 않았다. 그렇다고 무죄판결을 받은 것도 아니었다. 그 어떤 재판도 열리지 않았기 때문이다. 자라브에게는 터키 대통령인 에르도안이라는 감옥 탈출 카드가 있었다. 자라브를 수사한 사건에는 에르도안 정부, 여러 명의 내각 각료들과 그의 아들들, 심지어 에르도안의 아들 빌랄Bilal도 연루되어 있었다. 그해 12월 체포 수감된 수십 명의 사람들 중에는 자라브, 환경부장관 아들, 경제부장관 아들 그리고 내무부장관 아들도 포함되어 있었다.

처음 터키 검찰의 자라브 수사 소식을 듣고 에르도안은 그저 격분했다. 대통령의 신분이었지만, 에르도안은 이 사건을 공개적으로 비난했다. 그리고 검사를 공격하고 경찰도 공격했다. 그는 이 사건 수사를 '사법 쿠데타'라고 불렀고, 터키의 명망 있는 이슬람 학자로 고국에서 추방당해 펜실베이니아주에 살면서 이슬람 네트워크를 이끌던 페툴라 귤렌Fethullah Gulen이, 자신을 권좌에서 끌어내려고 이런 수사를 조직했다며 귤렌까지 싸잡아 비난했다. 에르도안은 언론을 이용해 비난하는 수법으로 터키 국민의 관심을 다른 곳으로 돌리려고 했다. 또 자신은 음모에 빠진 것이라고 계속 주장했다. 그렇지만 결국 에르도안은 그 이상의 행동을 했다. 대통령으로서 자신의 권력을 이용하기로 한 것이다.

에르도안은 대통령이라는 지위를 이용해 검사들을 몰아냈다. 또한 경찰관 수천 명을 강등하고 재발령했다. 판사들도 재임명했다. 그리고 70일간 투옥되었던 자라브와 내각 각료의 아들들을 감옥에서 꺼내주었다. 또한 언론이 정부의 행적을 탐사보도하는 것을 가로막았다. 에르도안은 몹시 격분한 상태였다. 이후 한 발 더 나아가 이스탄불의 경찰서장을 비롯해 관련 경찰관들을 모두 해임했다. 검사들의 자격을 박탈하고 체포했으며, 부패수사를 주도하던 검사들을 수사하라는 명령도 내렸다. 경찰관, 판사, 언론인을 막론하고 관련 있는 자들을 모두 수사하고 체포했다. 언론매체도 폐쇄했다. 그는 새로운 검사들을 임명해 그 말 많은 사건에 대한 수사를 영원히 종결시켰다.

에르도안은 여기서 그치지 않았다. 의회의원에 대한 수사개시권한(또는 수사종결권한)을 포함하여, 법무부와 더불어 사법부에 대한 대통령의 권한을 더욱 강화하는 법안을 도입했다. 그리고 터키 전체의 판사들을 임명하고 제명하는 판사 및 검사 고등위원회High Council of Judges and Prosecutors에 위원을 제안하는 대통령의 권한을 더욱 강화했다.

결국 터키에서 레자 자라브 사건은 사라졌다. 그 사건을 기소하려던 많은 이들은 어쩔 수 없이 단념해야 했다. 기본적으로 터키 국민의 절반이 이에 분노했다. 정실주의, 사법방해, 불의에 터키 국민은 분노했다. 수천만 터키 국민은 이를 용납할 수 없었다. 레자 자라브 사건에서 그 누구도 책임을 지지 않았다. 마이클 로카드 검사가 제재 위반 혐의에 대한 자라브의 비밀 기소를 공개하기 전까지는 그랬다. 2013년에 정의가 핍박받는 모습을 지켜본 터키 국민들에게, 이 기소는 인과응보에 따른 처벌이었다. 이제 자라브는 어쩔 수 없이 미국 법정에 출두해야 했다.

하지만 자라브가 미국에서 갑자기 법의 심판을 받게 되었다고 해서 에르도안이 침묵하며 이를 지켜본 것은 아니다. 나토NATO 동맹국인 터키 대통령으로서, 미국 검찰이 기소한 사건에도 영향력을 행사하려고 했다. 그는 공개적으로 나에 대해 거짓말을 했고, 내가 페툴라 귤렌의 추종자라고 했다. 나는 이 기소가 공개된 후 언론에서 귤렌을 언급하기 전까지 그에 대해 들어본 적도 없었다. 에르도안은 또한 내가 2016년에 자신의 정부를 뒤엎으려 했던 실패한 쿠데타를 도왔다며 비난했다. 그런데 나는 터키에 발을 들여본 적도 없는 사람이었다. 아름다운 터키여행을 꿈꿔본 적은 있지만.

이번에도 에르도안은 정도를 넘는 행동을 했다. 언론에서 보도된 대로, 오바마 행정부의 집권 마지막 몇 주 사이에 에르도안은 당시 부통령 조 바이든을 개인적으로 만났다. 이 외국 대통령은 본인이 워싱턴에 오면 현직 연방지검장을 공격하고 미국의 형사절차에 개입해서 자기 뜻대로 수사를 무마할 수 있으리라고 생각했다. 그에게는 두 가지 주요 어젠다가 있었다. 하나는 나를 해고하는 것, 다른 하나는 자라브를 석방하는 것이었다. 보도에 따르면 그는 바이든 부통령과 대화한 90분 중 절반을 자라브 기소에 대한 논의에 할애했다고 한다. 에르도안의 부인마저 조 바이든의 부인과 대화할 때 기소 이야기를 꺼냈다. 또 터키 법무부는 당시 미 법무부장관이었던 로레타 린치Loretta Lynch를 찾아와 자라브의 석방을 요구했다. 에르도안은 오바마 대통령과의 전화통화에서도 자라브 사건을 언급했다. 그 결과는 어땠을까. 나는 해임되지 않았고, 자라브도 풀려나지 않았다.

자라브는 감옥에서 몇 개월을 보낸 후, 입장을 바꿔 유죄를 인정하고, 공동피고인의 유죄를 입증하는 증언을 했으며, 내가 해임된 후에 열린 재판에서 에르도안이 부패사건에 연루되었음을 암시하는 진술을 했다.

깨지기 쉬운 정의

자라브 사건과 이와 연관된 황당한 행동들에서 우리가 얻을 교훈은 무엇일까? 여러 가지가 있겠지만, 여기서는 두 가지만 언급하겠다. 첫 번째는 정의가 깨지기 쉽다는 것이다. 기소된 자들이 기소한 검사를 공격하는 일은 흔하다. 이러한 비난을 감당하지 못하는 검사는 이 일을 그만두어야 한다. 그렇지만 여기에는 넘지 말아야 할 선이 있다. 어느 국가의 대통령이든 국가를 이끄는 자들이 검사 공격에 가담하고, 독설을 내뱉고, 정의를 추구하는 자들을 악마로 몰아붙이면, 정의는 위태로워지고 정의에 대한 신념도 파괴된다. 또 그렇게 선을 넘으면, 단지 비난에서 벗어나 권력을 남용하는 것도 크게 어렵지 않은 일이 된다. 에르도안이 2013년에 자신의 동지들에 대한 수사를 무마하려고 한 이래로, 터키는 점점 더 독재국가로 전락했다. 터키 정부가 언론을 탄압하면서 언론의 자유는 더욱 축소됐다. 아마 에르도안의 편집증과 자기방어는 쿠데타를 겪으면서 더욱 증폭되었을 것이다. 터키가 독재국가로 전락하는 안타까운 과정에서 결정적이었던 사건은, 정당하게 제기된 형사소송에 개인적으로 개입하려한 에르도안의 결정이었다는 점이다. 그리고 이런 일이 미국에서 일어나지 않는다는 보장은 없다.

두 번째 교훈은 사람들이 정의를 갈망한다는 것이다. 그리고 정의가 실현되기를 기대한다는 것이다. 터키 국민이 나에게 믿기 힘든 응원을 보냈던 것은 바로 이 정의에 대한 갈망 때문이었다. 이는 그 누구도 법 위에 있지 않다는 믿음이다. 즉, 권력과 특권이 있다고 해서 책임과 처벌에서 자유롭지 않다는 인식, 부패에 맞서 싸울 수 있다는 기대 그리고 불의에 맞서 용감히 싸우는 사람들이 있다는 희망이다. 이는 정직한 정부와 법치주의에 대한 갈망이 보편적인 것임을 보여준다. 누구도 법 위에 있지 않은 정부, 취임선서를 소중히 여기는 정직한 공직자는 시민의식이 있는 국민이라면 누구나 국가에 기대하는 바이기 때문이다. 부패한 권력자를 법정에 세우는 것은, 크고 작은 **모든** 사건을 막론하고 국민에게 정의에 대한 신념을 심어준다.

그리고 또 하나의 교훈이 있다. 사람들이 검사에게 과도한 기대를 품을 수 있다는 점이다. 그렇지만 검사들은 구세주가 아니라 법을 집행하는 사람들일 뿐이다. 내가 지검장에서 물러나 법조계와 한 발짝 떨어져 지내다 보니, 가끔 다음과 같은 생각을 하며 슬며시 웃을 때가 있다. 검사들은 때로 대중이 그 희망이나 미움을 쏟아 붓는 빈 그릇 같은 존재라는 점이다. 그래서 나는 인도에서는 악당이었고 터키에서는 영웅이었다. 어느 쪽도 나와는 전혀 맞지 않는 꼬리표였다는 것이 아쉽지만.

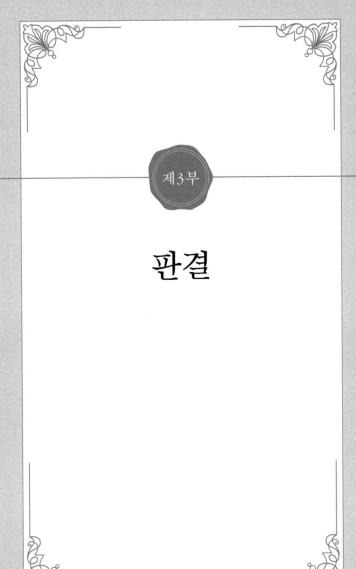

제3부

판결

머리말

   길고 지난한 수사의 과정을 마치고, 마른 침을 삼키며 기소를 했다. 어떤 이에게 강도나 폭행, 사기, 살인 혐의를 제기했다. 정의는 이제 더욱 공개적인(그리고 책임성이 요구되는) 단계로 진입하고, 본격적인 논쟁이 시작된다. 현장에서 법을 집행하던 사람들은 더 이상 등장하지 않는다. 자신의 판단과 의제와 우선순위에 따라 적극적으로 수사하고, 일방적으로 혐의를 제기하며, 나름의 방식대로 일을 진행하던 법집행자들 대신, 이제 다른 다수의 등장인물이 무대 위로 성큼성큼 걸어 들어온다. 판사, 피고인 측 변호인, 배심원들이다. 이제 법정에서 공개적인 조사가 시작된다.

   판결단계에서는 의혹이나 혐의를 심판한다. 이는 궁극적 의문을 해결하는 단계다. 그 선택지는 무한하지 않다. 기본적으로 단 네 가지로 귀결된다. 혐의인정(유죄시인), 공소취소(공소기각), 혐의입증(유죄평결), 증거불충분(유죄 아님 평결) 이렇게 네 가지다. 이 외에도 일부 유죄나 일부무죄를 선고하거나 피고인이 도망가서 재판 자체를 받지 않는 경우도 있겠지만, 기본적으로는 위의 네 가지 결과 가운데 하나로 결정이 내려진다. 주목할 점은 미국의 형사사법체계에서는 무죄선고가 없다는 점이다.

앞서 말한 대로, 이 판결 단계에서는 다수의 이해당사자들이 등장한다. 검사, 피고인, 법정, 대중 등이다. 관계자 중에 때로 홀대받는 집단이 하나 있다. 바로 피해자다. 모든 범죄와 범행에서 신원을 알 수 있는 피해자가 존재하는 것은 아니다. 그렇지만 피해자가 있다면, 다음과 같은 중요한 물음이 제기된다. 피해자는 어떤 대우를 받아야 하는가? 검찰과 법정은 어느 정도로 피해자를 배려하고 보살피고 보호하고 공감해야 하는가? 신뢰할 수 있음에도 다수가 불신하는 힘없는 피해자를 어떻게 해야 법정에 서도록 할 수 있을까? 앞으로 이 문제를, 법정에 서기 위해 분투한 문제가 많았던 여성 수앤SueAnn이 겪은 사건을 통해 살펴볼 것이다. 어떤 면에서 수앤은 형사사법체계에서 홀대받고 이름과 얼굴조차 잊히는 무수한 피해자들을 대변한다.

판사에 대한 생각

최종 판결을 내리려면 감독관이 필요하다. 스포츠로 치면 심판이고, 기업 분쟁에서는 중재자이고, 형제자매끼리 다투는 상황에서는 부모에 해당한다. 그 어떤 국정조사에서도 만족스러운 결과가 안 나오는 이유 중 하나는, 중립적인 중재자가 없기 때문이다. 아무도 그런 역할을 맡으려 하지 않는다. 결국 객관적인 외부인이 공정하게 판정하기보다, 정치권력에 맞춰 결론이 내려지기도 한다.

모두가 알다시피 형사재판에서의 감독관은 판사이고, 이들은 매우 중요한 역할을 한다. 판사는 재판절차와 밀접한 관련이 있고, 재판의 흐름을 좌우하며, 진실 발견과 정의 추구를 앞당기거나 훼방놓을 수 있다. 판사의 존재감, 성품, 성향은 법정에서 펼쳐질 드라마에 녹아든다. 부주의하거나 무신경한 판사는 재판에 부당한 영향력을 손쉽게 행사할 수 있다. 이런 이유로 어떤 소송이 있을 때 검사들이 제일 궁금해하는 것은 "판사가 누구인가?"이다. 판사의 정체성이 중요하지 않다는 통념은 어불성설이다. 합리적인 현직 법조인—기소를 맡든 변호를 담당하든—중에서 이와 다른 소리를 하는 사람은 어디서도 찾아볼 수 없다. 판사 개인의 특성과 성향을 고려하지 않는 재판 관련자는 일종의 법적 과실을 저지르는 것이다.

검사와 마찬가지로 판사 역시 법을 준수해야 한다. 판사는 의뢰인이 없지만 일반 대중이 있고, 특정한 임무는 없지만 정의를 실현해야한다는 암묵적 목표가 있다. 그렇지만 다른 모든 사람과 마찬가지로 판사 역시 기대에 못 미치는 행동을 할 수 있다. 대부분의 판사는 공정한 태도로 원칙에 따라 성실하고 현명하게 재판에 임한다. 그렇지만 판사가 언제나 완벽하거나 오류가 없는 것은 아니다. 이들도 일이 잘 풀리는 날이 있고 아닌 날도 있다. 통찰력을 보여줄 때도 있고 맹점을 보일 때도 있다. 피고인 측에 우호적인 판사도 있고 검사 측에 우호적인 판사도 있다. 검사와 변호사들은 대개 배정된 판사가 누구인지에 따라, 그 공판이 유쾌한 경험이 될지 험난한 시련이 될지 예측 가능하다.

'제3부 판결'에서 내가 말하고자 하는 것은 논문 같은 딱딱한 해설이 아니라 판사의 직업적 특성, 정의 실현에서 판사의 역할, 판사들 그중에서도 까다로운 판사들과 소통하는 법에 대해 내가 관찰한 사실들이다.

법정에서는 합의로 해결할 수 없는 사건이나 혐의를 인정하지 않는 사건이 발생한 경우, 법에 따라 화끈한 주목을 받았다가 시야에서 순식간에 사라지는 한 편의 '공연'이 치러지기도 한다. 바로 형사재판이다. 검사가 누군가에게 죄가 있다고 말하는 것으로는 충분하지 않다. 피고인이 유죄라는 사실을 인정하든지, 아니면 검사가 그 사실을—합리적 의심의 여지가 없도록—12명의 일반인에게 입증해야 한다. 이 일반인들은 검사도 모르는 사람일뿐더러 다들 처음 보는 사이다.

수사와 기소는 검사 자신에게 사건을 입증하는 단계이다. 재판은 검사가 이미 믿고 있는 사실을 남들에게 입증해 보이는 단계다. 그 본질상 재판에서는 고도의 의사소통 능력, 다른 사람의 사고에 대한 고차원적인 이해력, 증거를 논리적으로 설득력 있게 제시하는 절묘한 표현력 등이 필요하다.

또 하나, 형사재판이 진실을 밝히는 효과적이고 공정한 절차가 되도록 만들어주는 것은 모범적인 논쟁의 자세와 더불어 법정 밖에서도 진실을 추구하는 태도이다. 이는 공공광장에서 벌어지는 논쟁에서 심하게 결핍된 요소를 채워준다. 재판과정의 합리성과 엄숙함은, 여기에 현장의 심판이 개입하여, 요즘 정치논쟁이라고 불리는 것들보다 더욱 공정한(그리고 더욱 만족스럽고 받아들이기 쉬운) 결과를 끌어낸다.

15장 법정에 서는 날

피해자다움이라는 함정

어느 해, 나는 우리 검찰청의 강력범죄팀장 로리 코렌바움Laurie Korenbaum을 스팀슨 메달Stimson Medal 수상자로 지명했다. 뉴욕시 변호사협회가 수여하는 이 메달은 전설적인 연방지검장 헨리 스팀슨Henry Stimson의 이름을 딴 상으로, 연방검사가 받을 수 있는 최고로 명예로운 상이다. 로리는 증권사기, 사이버범죄, 공직자부패 사건 등에는 전혀 관심이 없었다. 그녀는 평생을 강력범죄와 조직폭력 범죄 그리고 무엇보다도 살인범죄를 다뤘다. 로리는 스팀슨 메달 수락 연설에서, 강력범죄의 피해자들을 주로 언급했다. 아래는 그 연설내용이다.

검사로 일하면서 살인사건을 해결하는 것도 흥미롭고 보람 있지만, 무엇보다도 뿌듯한 순간은 피해자와 그 가족들에게 정의가 살아 있다는 것을 보여주고, 조금이나마 그들의 상처가 아물도록 해줄 때입니다. 제가 기소한 다수의 살인사건에서 피해자 역시 범죄자인 경우가 있지만, 그렇지 않은 경우도 있습니다. 때로 그 피해자는 암살범들이 라이벌 마약거래상을 노리고 출입구에 불을 지르는 바람에 희생된 14세 소녀였습니다. 또 어린 두 자녀를 둔 마약거래상의 매우 젊은 아내가 남편과 함께 잠들었다가, 살인자들이 침실에 총을 난사하는 바람에 희생되기도 했습니다. 한 세 살배기 남자아이는 침대에서 자다가, 엄마가 살해당하는 장면을 눈앞에서 봐야 했습니다. 슈퍼영웅 속옷을 입고 있던 그 꼬마는, 나중에 엄마의 살해범을 알아볼 정도로 성장하자 엄마처럼 총에 맞아 죽었습니다.

살인 피해자가 범죄자인 경우라도, 그들은 보통 그런 자신을 사랑했던 사람들, 우리는 모르는 그들의 또 다른 면모를 아는 사람들을 남겨두고 떠납니다. 이 남겨진 사람들 역시 피해자이고, 우리는 그들의 억울함을 풀어주기 위해 이 일을 합니다.

우리는 검사이지 판사가 아닙니다. 우리는 피해자를 우리가 본 그대로 받아들이며, 그들이 정의를 누리도록 애씁니다. 그것이 제가 사랑하는 일에 대한 진정한 보상이고, 그런 제 일이 누군가의 삶을 조금이나마 바꿀 수 있길 희망합니다.

매춘부 폭행 및 강탈 사건

수앤은 30대 초반 여성으로, 한 아파트에서 룸메이트와 함께 살았다. 수앤은 개인사업으로 돈을 꽤 벌었는데, 부주의하게도 현금을 집에 보관했다. 어느 평일 아침, 수앤은 꽝 하고 시끄럽게 닫힌 문소리에 놀라 잠에서 깼다. 복면을 쓴 두 남자가 침입했는데, 그중 한 명은 무장을 한 상태였다. 괴한들은 강력테이프로 수앤을 꽁꽁 묶고는 사정없이 때렸다. 권총으로 무자비하게 폭행당한 수앤은 간질 발작을 일으킨 후 기절했다. 범인들은 아파트를 샅샅이 뒤져 현금 1만 1000달러를 찾아낸 다음 이를 챙겨 달아났다. 아파트를 떠나기 전 범인 중 한 명이 수앤을 성폭행했을 가능성도 있었다.

이 폭행사건으로 수앤은 병원 중환자실에 열흘간 입원했고, 이후 엿새 동안 침대에 누워 지냈다. 코뼈가 주저앉고, 갈비뼈가 부러졌으며, 입술이 찢어지고, 목에 골절상을 입고, 얼굴에 심한 멍이 들었다.

범인들은 얼굴을 가리고 있었지만 수앤은 그들 중 한 명의 목소리가 룸메이트의 남자친구였던, 뱀Bam이라는 애칭으로 불리는 라몬트 롤Lamont Rolle이라고 확신했다. 어쩌면 이 사건은 돈을 빼앗기고 심한 폭행을 당한 피해자가 다행히 가해자 중 한 명을 알아본 단순한 사건이었을지도 모른다. 그렇지만 그리 간단히 해결될 사건이 아니었다. 무엇보다도 지문증거나 감시카메라가 없었고, 뱀을 범죄현장과 결부시킬 DNA도 없었다.

게다가 범행의 유일한 증인이 피해자 자신이었다. 증인이 피해자뿐인 이 사건은 에둘러 표현하자면 문제가 좀 있었다. 수앤은 성매매 여성이었고, 빼앗긴 현금 1만1000달러도 성매매로 번 돈이었다. 수앤은 천식, 정서불안, 양극성 장애에 시달리는 데다 약물 중독자였고, 전과기록에는 마약과 매춘으로 체포된 행적이 가득했다. 게다가 수앤은 가석방 상태였다.

수앤 같은 사람들은 손쉬운 범행대상이다. 이들은 범죄 피해자가 되어 잔혹한 행위를 당하는 경우가 잦다. 반면 이들이 가해자를 특정할 핵심증인으로 나서는 경우는 그리 많지 않다. 법정에서 발언할 기회를 좀처럼 얻지 못하기 때문이다. 뱀처럼 졸렬한 인간들은 분명 이렇게 생각했을 것이다. 아무런 처벌 없이 저지를 수 있는 범죄가 있다면, 같이 싸워줄 사람도 없고 기소해줄 검사도 없는 약물 중독자 창녀를 폭행하고 강탈하는 것이라고. 그는 분명 수앤이 용기 내 고소를 하더라도 사람들에게 동정과 신뢰를 얻지 못하리라 생각했을 것이다. 그의 판단은 얼추 옳았다. 수앤은 한 남성을 뱀의 공범으로 오인하는 실수를 했다. 수앤이 말한 인상착의와 일치했던 남성은, 강도사건 직후 사건현장에서 몇 블록 떨어진 곳에서 경찰에 발견됐지만 완벽한 알리바이가 있었다. 결국 브롱스지방검찰청은 공범으로 추정한 남성에 대한 기소를 취하해야 했다. 이 오인 해프닝에, 수앤이 매우 까다롭고 불안정한 증인이라는 평가까지 겹치면서, 해당 사건을 맡은 검사는 뱀에 대한 기소를 단념했다.

검사의 단념에도 불구하고, 브롱스검찰청 강도전담팀 출신인 뉴욕시경 형사 션 버틀러Sean Butler는 이 사건을 포기하지 않았다. 그는 이 사건이 해결하기 힘든 케이스이긴 하지만 해결에 큰 의미가 있다고 생각했다. 그래서 버틀러는 이 사건을 우리 검찰청에 보냈고, 이는 다시 베테랑 마피아 검사 칸 나와다이Kan Nawaday와 당시 마약사건 담당 평검사였던 타티아나 마틴스Tatiana Martins에게로 넘어갔다. 이 사건은 우리 검찰청의 범죄관할권에 해당하지 않았고, 이미 한 지방검찰청에서 거부한 사건이었다. 그렇지만 우리 검찰청 사람들은 두려움이 없는 데다, 버틀러의 진심어린 의지에 설득되어 이 사건을 수사하기로 했다.

이후 타티아나가 만난 수앤은 공격적이고 산만하며 상처가 많은 여성이었다. 또 수앤은 최악의 증인이었다. 말을 걸기가 힘들었고, 차분하지 못했으며, 집중하는 것도 힘들어했다. 게다가 걸핏하면 화를 냈다. 하지만 우리 지검에서 뱀을 기소하면 수앤을 반드시 증인석에 앉혀야 했고, 그러자면 여러모로 분주해질 터였다.

칸과 타티아나는 증거를 더 보강해야 했다. 우선 뱀이 사건현장에 있었다는 결정적인 증거가 필요했다. 이들은 뱀의 휴대폰 서비스 업체에서 제공받은 GPS(위치확인시스템) 정보를 이용해 뱀의 전반적인 동선을 삼각측량법으로 추적했다. 그 결과 사건 당시 뱀의 휴대폰 움직임이 집에서 나와 수앤의 아파트로 이동해 사건을 저지른 후 자기 집으로 돌아오는 경로와 일치했다. 문제는 GPS 위치추적이 몇 블록 내에서만 정확하다는 점이었다. 이는 그런대로 쓸 만한 증거였지만 강력한 증거는 아니었다. 결국 이 사건은 성격이 괴팍한 피해자 겸 증인을 둔 해결하기 힘든 사건이었지만, 그래도 수사팀은 GPS 증거를 바탕으로 뱀에 대한 구속영장을 발부받았다.

뱀은 2014년 1월 9일 구치소에 수감되었다. 우리는 뱀의 휴대폰을 압수하고 바로 압수수색 영장을 발부받았다. 수색 결과 휴대폰에서는 뱀이 돈다발을 쥐고 있는 사진, 침대에 다양한 액수의 지폐―20달러, 50달러, 100달러짜리 지폐―수십 장을 깔아놓고 찍은 사진 등 흥미로운 사진이 쏟아져 나왔다. 메타데이터Metadata(사진에 대한 정보처럼 어떤 데이터를 설명해주는 구조화된 데이터 – 옮긴이)를 확인해보니 그 사진들은 강도짓을 벌인 뒤에 찍은 것이었다. 이때 타티아나에게 기발한 생각이 떠올랐다. 수앤이 **자기** 돈을 사진으로 찍어둔 게 있다면, 그래서 수앤이 범행을 당하기 전 찍은 사진과 뱀이 범행 후 찍은 사진에서 일치하는 지폐가 나온다면, 이는 결정적 증거가 될 수 있었다.

타티아나는 수앤에게 혹시라도 돈을 도둑맞기 전에 찍어놓은 사진이 있는지 물었고, 수앤은 찍어둔 사진이 있다고 답했다. 왜 찍어두었을까? 설명을 들어보면 이 여성이 어떤 사람인지 이해하는 데 어느 정도 도움이 될 것이다. 수앤은 혼자 일하면서 인터넷에서 자신을 홍보했다. 그런데 최근 한 남성이 느닷없이 나타나 자신과 동업을 하면 떼돈을 벌게 해주겠다고 제안했다. 수앤은 여러 성격적 특성이 있었지만 무엇보다도 다소 자존심이 센 여성이었다. 그래서 **내 최고의 포주는 바로 나**라고 혼자 읊조렸다. 그러고는 포주노릇을 하겠다는 사내에게, "나는 포주 따위 없어도 돈 잘 벌어. 내 힘으로 벌 수 있어"라는 사실을 증명해 보이기로 했다. 그래서 다행스럽게도 강도를 당하기 전, 침대보에 최근에 번 돈을 쫙 깔아놓고 사진을 찍은 다음 사내에게 사진을 보냈다.

수앤은 그 사진을 아직 갖고 있었고, 검사들은 이 행운이 믿기지 않았다. 검사들은 뱀의 돈 사진을 강박적으로 확대한 다음 이를 수앤의 사진과 몇 시간 동안 비교해가며, 서로 일치하는 사진이 있는지 필사적으로 찾았다. 타티아나는 모든 지폐마다 선명하게 인쇄된 일련번호와 표식을 유심히 살폈다. 수앤이 보관했던 100달러짜리 지폐

사진 중 하나는 왼쪽 상단 모서리에 '메이MAY'라는 손 글씨가 쓰여 있었지만, 타티아나는 이것과 일치하는 뱀의 지폐사진을 찾아내지 못했다. 타티아나는 눈이 침침해질 때까지 사진을 들여다봤지만, 일치하는 지폐는 나타나지 않았다.

수사력을 총동원해 사건을 파헤치면서, 공판과 배심원 선정을 코앞에 둔 어느 금요일이었다. 그때 누군가의 머릿속에 번뜩 떠오른 사실이 있었다. 체포 당시 뱀의 휴대폰만이 아니라 지갑도 압수했다는 사실이었다. 그 지갑 안에 든 현금 약 1100달러, 결정적인 단서가 될 지폐가 바로 거기 있었다.

당시 뱀의 지갑은 증거물로 압수되어 안전하게 보관돼 있었다. 하지만 범행 발생 한참 후에 뱀을 체포했으므로, 수앤에게서 훔친 지폐가 뱀의 지갑에 여전히 남아 있을 확률은 낮았다. 그래도 켈타 무이 Keltar Mui 요원은 지갑을 찾으러 급히 뛰쳐나갔다. 그가 지갑을 갖고 돌아왔고, 수사요원들은 책상 위에 현금 1177달러를 펼쳐놓았다.

타티아나는 수앤의 지폐사진에 있는 표식과 일련번호를 너무 오랫동안 살펴본 탓에 그 이미지가 뇌에 새겨질 정도였다. 사진을 비교하기 위해 수앤의 이미지 파일을 컴퓨터로 불러오기 전부터, 타티아나의 심장박동이 빨라졌다. 뱀의 지갑에서 나온 지폐 중에서 왼쪽 상단 모서리에 'MAY'라는 글자가 적힌 지폐를 발견한 것이다. 타티아나는 일련번호도 확인했다. L12440340A. "수앤 사진 열어봐!" 타티아나는 외쳤다.

재빨리 확인 작업에 들어갔다. 일치했다. 명백히 일치했다. 뱀의 지갑에서 나온 지폐는 수앤이 강도를 당하기 전 찍은 사진의 가장 밑에 깔려있던 지폐 한 장과 일련번호 및 'MAY'라는 표식이 일치했다. 이 외에도 일련번호가 일치하는 지폐가 세 장 더 나왔다. 강도 사건 이후 두 달이 흘렀는데도, 뱀이 훔친 100달러짜리 지폐 네 장을 지갑에 넣고 거리를 활보했던 것은 천운이었다. 그야말로 대박이었다.

무시당해도 좋은 피해자는 없다

한편 공판 예정일은 월요일이었다. 담당 검사의 머릿속에 맨 처음 떠오른 고민은 이것이었다. 이 엄청난 증거를 피고인 측에 알려줘야 할까? 피고인 측 변호인들도 이미 모든 사진을 갖고 있을 뿐 아니라, 우리가 뱀의 지갑에서 나온 지폐를 증거로 쓰겠다는 사실도 바로 통보받았고, 또 그 증거를 직접 와서 확인해보라는 요청도 받았다. 우리는 지갑에 있던 지폐의 사진도 제공했다. 모든 관련 증거가 피고인 측 수중에도 있었다. 그러니 그들이 해야 할 숙제를 우리가 대신 해줄 그 어떤 윤리적 의무나 이유는 없었다.

하지만 한 가지 고려할 점이 있었다. 피고인 측에 지폐와 관련된 정보를 일일이 알려주면, 피고인이 바로 유죄인정을 할 수도 있었다. 그러면 정식 재판을 할 필요가 없으므로, 수앤이 증언할 필요도 사라진다.

그렇지만 그런 경로를 밟으면 안 될 이유가 있었다. 수앤은 자신과 같은 처지인 여느 피해자들과 달리, 증인석에 오를 순간을 초조하게 기다리고 있었다. 수앤은 두려워하지 않았다. 화가 난 것을 넘어 격분한 상태였다. 피고인 측이 자신의 성품, 신용, 사생활을 공격하며 비열하게 나올 것이 충분히 예상됐지만, 그래도 증언하고 싶었다. 직접 자기 목소리로 말하고 싶었다. 진실을 밝히고 싶었다. **법정에 서고 싶었다.** 자신을 욕보이고, 폭행하고, 돈을 훔쳐 달아난 그 자가 자신의 얼굴을 똑바로 쳐다보게 하고 싶었다. 브롱스지방검찰청에서 불기소 처분을 내리면서, 범인이 아무런 처벌 없이 빠져나갈 뻔했다는 사실을 수앤은 용납할 수 없었다.

티티아나와 칸 역시 이 사건이 정식 재판까지 가야 한다고 생각했다. 이유가 뭘까? 수앤에게 그럴 권리가 있기 때문이었다. 타티아나는 이렇게 표현했다. "수앤은 약물중독에 간질을 앓는 매춘부로 평생을 무시 받으며 살아왔습니다. 사람들에게 신뢰받지 못하고 배척받는 존재였어요. 그런 수앤이 법정에 서고 싶어 했습니다. 우리도 그러길 바랐고요. 수앤이 유죄평결을 끌어내기를 기대했고, 우리 사회에서 수앤과 같은 사람도 정의를 누릴 자격이 있다는 것을 보여주고 싶었습니다." 그래서 검사들은 공판을 진행했다.

모두진술에서 담당 검사인 타티아나가 유죄를 입증하자 법정 안이 술렁였다. 피고인 측 모두진술에서, 연방 국선변호인 제니퍼 브라운Jennifer Brown은 서로 일치한 지폐가 나왔다는 사실에 대해 아무런 말도 하지 않았다. 대신 그들은 예상했던대로, 법정에 선 수앤을 '헤픈 여자로 취급하며 수치심'을 주었고, 2차 가해를 하려고 했다.

피고인 측 변호인들은 수앤이 어울리는 사람들과 수앤의 거주환경 등 사생활에 주목했다. 수앤의 과거 범죄이력과 직업, 약물복용에 초점을 맞춘 모든 질문은 수앤을 또다시 신뢰하기 어려운 피해자로 만들어 승소하려는 전략의 일환이었다.

브라운 변호사는 증인신문에서 수앤이 하는 일과 고객들에 대해 집중적으로 파고들었다. "그러니까 당신은 지금 하는 일에 아주 능숙하다는 거군요. 맞나요? 고객도 많고요. 맞죠? 지금 하는 일에 능숙하려면, 고객들이 만족감을 느끼도록 해야 할 텐데, 그렇죠? (…) 또 고객들이 듣고 싶어 하는 말을 해주나요? 자기가 얼마나 잘 하는지 듣고 싶어 하는 남자들이 있다던데, 맞나요?"

피고인 측 변호인이 뱀과 똑같은 사고방식으로 수앤에게 접근했다고 봐도 비약이 아니다. 즉, 누가 이 여자를 피해자로 보겠느냐는 태도였다. 또 다른 담당 검사인 칸은 배심원단에게 설명했다. "수앤은 피고인에게 손쉬운 먹잇감이었습니다. 수앤은 가석방 상태인 매춘부였습니다. 누가 수앤의 말을 믿어주겠습니까? 그러다 보니 너무나 손쉬운 표적, 쉬운 먹잇감이었습니다."

피해자에게 인신공격과 조롱, 비하하는 표현을 퍼부은 상황에서, 배심원단은 누구의 말을 믿어주었을까? 수앤의 말이었다.

수앤의 배경과 직업을 고려할 때, 편향된 형사사법체계에서 수앤의 말은 신뢰받기 힘들었다. 마침내 유죄평결이 나오자 수앤은 바닥에 무릎을 꿇고 울었다. 수앤은 검사팀에 감사하다며 이렇게 말했다. "지금까지 저를 진심으로 대해준 사람은 아무도 없었어요."

그간 칸과 타티아나는 뉴욕남부지검에서 굵직한 사건들을 많이 맡았다. 특히 타티아나는 뉴욕주 상원 원내대표 딘 스켈로스의 첫 공판에서 유죄를 끌어냈고, 나중에는 뉴욕주 하원의장 셸던 실버의 재심에서도 유죄를 받아냈다. 그렇지만 이 무수한 유죄평결 중에서도 타티아나는 라몬트 롤, 일명 뱀을 기소한 사건이 어떤 면에서는 매우 뿌듯한 판결 중 하나였다고 내게 말했다. 그 판결로 누군가의 인생에 매우 중대한 변화가 생겼기 때문이었다.

고통과 드라마가 일상인 직업에서는, 피해를 입은 일반인이 하나의 인간으로 대우받기보다, 중요도에서 밀리고 마치 하나의 부품처럼 취급될 위험이 있다. 또 이들을 도울 책임이 있는 전문가들이 특정한 고통에 익숙해지고 둔감해질 우려가 있다. 나는 뛰어난 종양전문의라면 암 진단을 받은 첫 번째 환자나 천 번째 환자 모두에게 똑같이 감정이입을 하고 걱정하는 능력이 필요하다고 생각한다. 시간이 흐를수록 일부 의사의 경우, 환자의 손을 잡아주는 연민과 배려, 그리고 환자와 교감하는 자세가 점점 사라지거나 이를 성가시게 여긴다고 생각한다. 실력이 뛰어난 의사여도 질병을 앓는 현실의 인간보다는 추상적인 질병에 더 주목할지도 모른다.

유명한 신경과 전문의 올리버 색스는 저서 『아내를 모자로 착각한 남자Man Who Mistook His Wife for a Hat』 서문에서, 자신은 "질병과 사람에 똑같이 관심을 둔다"라고 밝혔다. 그는 히포크라테스가 의학에 남긴 도구의 한계를 지적하면서 병력the case history에 대해 설명했다. 병력은 임상적으로 살핀 병의 경과를 기술한 것이다. 색스는 이것이 그런대로 괜찮기는 하지만 부족하다고 말하면서, 그 이유를 다음과 같이 지적했다. "병력은 개인과 **그 개인의** 인생에 대해 아무 것도 말해주지 못하기 때문이다. 이는 질병에 걸린 환자가 병에 맞서 살아남고자 할 때 그 사람에 대해, 그가 겪는 경험에 대해 아무 것도 전달하지 못하기 때문이다." 색스는 질병을 그 질병이 뿌리내린 현실의 유일무이한 존재인 인간과 분리해서는 안 된다고 간절한 어조로 말했다.

좁은 의미의 병력에는 '주체'가 없다. 요즘은 병력에서 주체를 '삼염색체성 백색증에 걸린 21세 여성'처럼 피상적으로 언급할 뿐인데, 실험실 쥐도 이런 식으로 표현할 수 있을 것이다. 인간이라는 주체, 즉 고통받고 괴로워하고 병마와 싸우는 인간 주체를 다시 중심에 놓으려면, 우리는 병력을 깊이 파고들어 담화나 이야기로 만들어야 한다. 그럴 때에만 우리는 '어떤 질병'만이 아니라 '어떤 환자'를 바라보게 되고, 질병 그리고 신체와 관련하여 살아 있는 인간, 현실의 환자를 바라보게 된다.

이와 동일한 현상이 **범죄와 인간** 양쪽에 비슷하고 동일하게 관심을 둬야 하는 검사들에게도 일어날 수 있다. 물론 신원을 알 수 있는 피해자가 없는 범죄들도 많다. 그렇지만 피해자를 알 수 있는 경우, 그 역학은 달라야 한다. 변론능력과 수사능력이 매우 뛰어난 검사이더라도 범죄사실 입증에 지나치게 몰두한 나머지, 범죄 피해자를 돌보는 좀 더 부드러운 업무를 망각한다. 통화기록을 샅샅이 훑거나 감시카메라를 검토하거나 밤늦게까지 지루한 수색영장과 감청영장 신청서를 작성할 때, 검사나 수사요원의 머릿속에서 범죄 피해자인 인간에 대한 생각은 사라진다. 그리고 이런 부주의한 태도가 어느 새 몸에 밴다.

물론 공정한 태도를 유지하려면 어느 정도 거리두기가 필요하다. 종양전문의가 심각한 진단 결과를 전해야 할 때마다 또 강력반 형사가 비정한 살인자를 만날 때마다 어쩔 줄 모르고 당황한다면, 그들은 그 일에 소질이 없고 적성에도 맞지 않는 것이다. 의사와 경찰관 모두 피와 죽음 앞에서 흐느끼거나 혼절하는 일 없이 잘 대처할 수 있어야 한다.

한편 전문가라는 미명 아래 피해자와 지나치게 넓은 간격을 유지할 경우, 진취성이 사라지고 올바른 판단에서 이탈할 수 있다. 피해자를 '고통받고 괴로워하며 현실과 싸우는 인간주체'로 계속 인식하지 않으면, 피해자를 법정에 세울지 고민할 때 적당히 타협할 소지가 있다. 특히 검사라면 약점이 많은 피해자, 법정에서 변론할 기회도 얻기 힘든 피해자를 위해 싸우려는 **의지**가 있어야 한다.

피해자를 존중하는 태도

솔직히 말해보자. 피해자들, 특히 연약하고 힘없고 처지가 딱하고 동정 받기 힘든 피해자들에게 깊은 관심이 없으면, 그들에게 법정에 설 기회를 주려 하기보다, 위험을 회피하려는 본능에 사로잡힐 수 있다. 범죄 피해자들은 모든 인간과 마찬가지로 문제를 안고 있다. 그들은 비호감이고, 까다롭고, 멍청하고, 거짓말을 하고, 고집 세고, 과장이 심하고, 감정적이고, 허풍이 심하고, 변덕스럽고, 앙심이 있고 상황을 난처하게 만드는 존재일 수 있다. 또 너무 망설이거나 너무 열정적인 사람일 수도 있다. 두 경우 다 문제다. 이들은 수앤이 뱀의 공범을 잘못 알아본 것처럼 실수도 한다. 이런 면모는 사건을 둘러싼 의사결정에 영향을 주고, 기소가 성사될지 여부에도 영향을 줄 수 있다.

정의에 다가서기가 더 힘든 부류가 있을까? 당연히 있다. 말하기 불편한 사실이지만—사실이 아니길 바라는 사람도 있겠지만—범죄 피해자 사이에도 카스트제도처럼 서열 같은 게 존재한다. 그래서 검사들은 이런저런 고민과 계산을 한다. 일반인이 권력자를 고소했거나 가난한 사람이 특권층을 고소했을 때 대중이 피해자의 말을 믿어줄 것인지 말이다. 검사는 증인의 말을 믿더라도 배심원 역시 믿어줄 것인지 고민할 수밖에 없다. 이는 기우가 아니기 때문에, 때로 불리한 요소가 많은 피해자인 경우, 검사들은 기소를 꺼리거나 기소에 앞서 그 피해자들이—성폭행이든, 강간이든, 강도이든—필요 이상으로 증거를 갖춰야 한다고 생각한다.

다수의 검사들이 위험 회피적 성향을 보이는 데에는 여러 이유가 있겠지만, 비난받기 쉽고 결점이 많은 피해자 겸 증인을 맡았을 때 좀 더 몸을 사리는 경향이 있다. 하지만 이런 경우일수록 피해자들에게 관심을 보여야 한다. 정의에 다가서기 힘든 상황에 놓인 피해자, 권력층에게 일방적으로 당한 이름 없고 나약한 희생자들에게는 각별한 관심이 필요하다.

이런 피해자들은 부유하고 당당하고 아무 문제도 없는 피해자들보다 더 강력하게 정의를 원하고 필요로 하며, 또한 정의를 누릴 **자격이 있다.** 그런 피해자들에게 각별한 관심과 연민을 쏟다 보면, 잘못을 바로 잡기 위해 좀 더 열심히 뛰고 좀 더 깊이 파고들고 싶은 열정, 투지, 분노가 생길 것이다. 이러한 개입이 사건에 대한 해석을 바꾸고, 장애물이 많더라도 계속 일을 추진하는 동력이 될 것이다.

근래에 남성 권력자들에게 성희롱과 성폭행을 당했다는 여성들의 주장을 어느 선까지 믿어야 할지를 놓고, 전국이 논란으로 술렁이는 일이 자주 발생하고 있다. 특정 사건을 놓고 평가하기는 힘들지만 상류층 사람들, 즉 권력과 명성이 있는 남성들이 제대로 처벌받지 않고 빠져 나가는 이유가, 아무 문제없이 피해자를 침묵시키거나 협박할 수 있기 때문이라는 인식에는 어느 정도 진실이 담겨 있다. 숱하게 많은 여성들이 성희롱과 성추행, 성폭행, 그리고 이보다 더 심한 일을 당했지만, 피해자들이 신빙성 있는 주장을 제시한 일부 사건에서조차 정의를 세우지 못한 경우가 많다. 검사들은 양측 주장이 서로 엇갈리는 상황에서 어느 한쪽 말을 믿어야 하는 난감한 결정을 내려야 하고, 소송비용을 얼마든지 댈 수 있는 거물을 상대로 힘겨운 싸움을 해야 할지도 모른다. 또한 배심원단에게 유죄평결을 받아내지 못하면, 세간의 주목을 받는 피고인과 소속 검찰청 양쪽의 명예가 실추될 수 있다.

그래서 양측의 주장이 팽팽히 맞서는 경우, 타당한 근거가 있는 사건에서조차 이전에 크게 당한 경험이 있는 위험회피적인 법집행자들은 굳이 위험을 무릅쓰려고 하지 않는다. 이렇듯 완벽하지 못하고 소심한 인간에게 결정권이 있을 때, 법이나 사실관계만으로는 정의를 이루기 어렵다. 정의를 향한 선의의 **노력**이 있더라도 말이다. 그래서 마음가짐이 중요하다.

법집행자들에게는 이런 물음이 필요하다. 유죄입증을 얼마나 간절히 바라는가? 노력을 얼마나 쏟아 부을 것인가? 위험을 얼마나 감수할 것인가? 내가 믿는 피해자의 정당성을 밝히기 위해 비판을 어느 정도까지 감수할 것인가?

2017년 미국에서 시작된 미투 운동은 한때 기세등등했던 거물들을 여럿 무너뜨렸고, 아쉬운 점이 많긴 했지만 상당한 죗값을 치르게 했다. 그렇지만 미투 운동은 또 다른 명백한 효과도 낳았다. 위험을 회피할 것인지 아니면 피해자들의 진실함을 밝힐 것인지를 놓고 아슬아슬한 줄타기를 하던 검사들의 셈법을 눈에 띄게 바꾸어놓은 것이다.

2015년 경찰의 함정수사로, 하비 와인스타인이 합의 없이 피해자로 추정되는 여성의 몸을 만졌다고 스스로 인정한 발언이 녹음되었다. 이렇게 믿을 만한 증거가 나왔는데도, 맨해튼지방검찰청은 할리우드의 거물인 와인스타인을 성폭행 혐의로 기소하지 않았다. 그렇지만 이후 미투 운동이 벌어지고, 와인스타인의 추악한 행동에 대한 수많은 여성들의 증언이 이어지면서, 그는 영화판에서 몰락했다. 그리고 추방당했다. 이와 유사한 성폭력 및 성희롱 사건이 잇따라 불거져 나왔고―모두 합해 80건이 넘었다―다른 권력층 남성들도 활동 분야에서 물러나는 대가를 치렀다.

미투 가해자를 둘러싸고 비난 여론이 거센 가운데, 맨해튼지방검찰청은 와인스타인 사건에 대한 수사를 재개했고, 2018년 세 명의 여성과 있었던 사건을 토대로 강간 및 성폭행이라는 중범죄 혐의를 적용해 그를 기소했다. 뭐가 달라진 걸까? 증거가 전보다 더 많아졌을까? 물론 그런 것도 있다. 그렇지만 실제로 변한 것은 아마 정의를 추구하려는 의지였을 것이다. 검찰청에서 일의 우선순위, 위험평가,

판단의 초점이 바뀐 것은 전 국민의 들끓는 분노 때문이었는데, 이 정당한 분노는 진즉에 감지됐어야 했다. 그만큼 검사의 정의에 대한 의지는 중요하다.

우리는 가끔 피해자를 잊는다. 그리고 우리는 가끔 그들을 의심하고 재단한다. 그렇지만 궁극적으로 형사사법체계는 그들에게 봉사해야 하고, 그들에게 법정에서 발언할 기회를 주어야 한다. 이것이 정의의 요건에 부합하는 일이기 때문이다.

피해자가 침실에 있던 아무 잘못 없는 세 살짜리 어린아이든, 수앤처럼 문제가 많은 사람이든, 권력자에게 성적으로 학대당한 힘없는 젊은 여성이든 이 원칙에는 변함이 없다.

16장 판사들

법정이라는 우주를 지배하는 자

언젠가 한 행사장에서 어느 유명 영화감독과 대화를 나눈 적이 있다. 그는 내가 누구인지 몰랐다가, 다른 누군가의 소개로 내가 검사라는 사실을 알게 되었다. 정중하고 호기심 많던 그 영화감독은 이렇게 물었다. "법조계는 별 탈 없이 돌아갑니까?"

이유는 기억나지 않지만, 어쩌다 보니 우리의 대화는 판사들에 대한 이야기로 흘러갔다. 그 영화감독은 "형사사건에서 판사를 어떤 식으로 배정하는지" 궁금해했다.

나는 그에게 회전원통에 대해 설명했다. 판사들의 명함이 담긴 회전원통이 있는데, 치안판사가 삐걱거리는 나무원통의 손잡이를 돌려 안에 든 명함을 골고루 섞은 다음, 한 장을 골라내면 명함에 이름이 적힌 판사가 재판을 맡는다는 이야기였다. 내게는 특별할 것 없는 절차에, 감독은 흥미롭고 놀랍다는 표정을 지었다. "아니, 실제로 회전원통이 있다고요?" 그는 머릿속으로 이를 떠올려보는 듯했다.

"정말 있어요." 나는 답했다. 영화감독은 재미있는 생각이 떠올랐는지 슬며시 웃었다. 요즘 시대와 맞지 않는 예스러운 관행에 매료된 듯했다. 드라마 소재로 써도 괜찮다는 생각이 스쳤을지도 모른다. 그는 운명을 가르는 선택의 순간에서부터 이야기가 전개되는, 「회전원통」이라는 제목의 TV 드라마나 영화가 떠오른다고 했다.

나도 그런 장르의 드라마를 떠올려보려고 했지만, 내 상상력으로는 불가능했다. 나는 한 번도 외부인의 시각에서 회전원통을 생각해본 적이 없었다. 판사를 배정하는 회전원통을 드라마 소재로 써볼까 고심하는 이 영화감독을 만나기 전까지는 그랬다. 그는 내 얘기를 듣더니 뭔가 중요한 사실을 깨달은 듯했다. 바로 판사들은 교체될 수 없다는 사실이었다. 경제학 용어로 표현하자면, 판사들은 대체 불가능한 존재다. 따라서 담당 판사가 누구인지에 따라 재판 결과는 달라진다. 특히 형량에서 아주 큰 차이를 보이기도 한다. 판사들의 행동, 태도, 결정에 따라 정당하거나 부당한 결과를 낳기도 하고, 또 재판 참여자들에게 재판의 공정성에 대한 믿음이나 불신을 심어주기도 하는데, 그 경우의 수는 거의 무한하다.

일단 회전원통 이야기로 돌아가보자. 뉴욕남부지방법원에 있는 회전원통은 사실 하나가 아니라 세 개이고, 모두 잠금장치가 되어 있다. 회전원통은 펄 스트릿Pearl Street 500번지에 위치한 근대식 법원 청사 5층, 천장이 낮은 치안법원 주법정의 판사석 바로 뒤에 있다. A, B, C로 표시된 세 개의 원통은 다양한 재판기간에 따라 나눈 것이다. 모든 판사들이 원통을 돌릴 때 참여하는 것은 아니다. 팔각 모양의 회전원통은 짙은 색 목재로 만들어졌고, 오래전부터 그 자리를 지켰다. 판사 개개인의 명함이 담긴 봉투는 보통 단단히 봉하기 때문에, 안에 든 명함을 꺼내려면 편지 칼이 필요할 정도다. 공소장이 제출되면 담당 치안판사가 나무원통을 천천히 돌리는데, 이 돌이킬 수 없는 순간에 사람들의 운명이 결정된다. 우리 검찰청 사람들은 미신에 초연하지 못해서, 나무원통을 돌릴 때면 가끔 '운이 따라주는' 검사를 현장에 보냈다.

흥미로운 점은, 사실 판사를 배정할 때 회전원통 같은 물건이 전혀 필요 없다는 점이다. 무작위로 판사를 고르는 일은 컴퓨터로 해도 충분하다. 뉴욕남부지방법원은 회전원통을 쓰기도 하지만, **민사**소송이 접수되면 무작위 추출을 해주는 컴퓨터 프로그램으로 판사를 배정한다. 민사소송은 수년째 그렇게 해왔다. 그렇지만 형사소송은 말 그대로 '이 정의의 회전원통을 이용해' 배정한다. 물론 판사배정이 필요한 경우—대배심이 기소를 승인했을 때—반드시 공개 법정에서 추첨하는 것을 원칙으로 삼는다. 그런데 왜 회전원통일까? 흘러간 옛 시대의 흔적 같은 이 예스러운 관행이 판사를 선정하는 과정을 더욱 엄숙하게 해주고, 눈에 보이지 않는 정의를 공개적으로 보여주기 때문일 것이다. 형사소송은 신체의 자유를 억압할 수 있는 사안인 만큼 이러한 공정성이 더욱 요구된다.

판사는 법복을 걸친 신탁자로, 신의 목소리를 전한다. 당신의 운명이 판사의 손에 달려 있다면, 판사가 손에 쥔 것은 법봉이라기보다 마법지팡이라 하겠다. 그렇지만 판사와 관련해 꼭 알아두어야 할 점은, 대다수 사람들보다 좀 더 나은 경력을 가졌을 뿐 판사도 똑같은 사람이라는 점이다. 판사도 일진이 좋을 때가 있고 나쁠 때가 있다. 판사도 나름의 관점이 있고, 기질이 있으며, 약점이 있다.

　판사가 누구냐에 따라 재판이 얼마나 호의적일지 예측할 수 있다는 점에서도 판사의 인간적인 면모는 확인된다. 검사들은 어떤 판사가 심리하는지에 따라 법정에 새벽 2시까지 붙들려 있어야 하는지, 남들 앞에서 수모를 겪어야 하는지 등을 미리 가늠할 수 있다. 또 재판이 얼마나 오래 걸릴지도 어느 정도 예측이 가능하다. 이렇게 판사의 정체성이 재판 결과를 결정짓는다고 할 때, 이는 현실적으로 어떤 의미를 가질까?

판사의 중립성

　현직 변호사가 아니더라도, 다들 살면서 판사나 판사와 비슷한 역할을 하는 사람들을 접해봤을 것이다. 교통법규를 위반했거나 이혼을 했거나 소액청구 소송을 해봤다면, 실제 판사와 대면해봤을 것이다. 구속이나 소송을 당해보고 또 누군가를 제소해본 경험이 있다면, 판사라는 불길한 존재와 마주했을 것이다.

　판사는 일상 어디에나 있다. 학생을 처벌하는 교사, 인사업무를 맡은 책임자, 승진 심사를 하는 간부, 자녀들의 싸움을 말리는 부모 등은 모두 판사와 같다. 축구시합과 야구경기의 심판도 마찬가지다. 이들은 모두 판사다. 어떤 대회에 출전했거나 특정 업무를 맡았거나 스포츠 활동을 해봤다면, 역시나 일종의 판사와 마주했을 것이다. 이렇게 우리 모두는 이런 저런 판정을 받으면서, 또 남들에게도 옳으니 그르니 평가를 내리며 살아간다.

이러한 일상 속 판사들의 중립성, 판단, 지혜를 우리는 어떻게 인식할까. 판사를 공정하다고 보는지 아니면 부당하다고 보는지에 따라, 그들이 내리는 판단에 대한 우리의 인식도 달라질 것이다(사람들은 자신에게 불리한 판단을 내리는 사람을 본질적으로 부당하게 보는 경향이 있는데, 이는 자연스러운 편견이다).

판사들에 대한 인식에서 또 하나 중요한 점은, 판사에 준하는 중요 인물들을 대할 때 당신이 어떤 전략으로 맞섰느냐 하는 점이다. 즉, 무례하게 말대꾸를 했는지, 호전적으로 대했는지, 존중을 표했는지, 냉담하게 반응했는지, 그냥 승복했는지에 따라 판사들에 대한 우리의 인식도 달라진다.

변호사가 법정에서 판사를 얼마나 능숙하게 다루는지는, 보통 법률적 지식보다는 상식과 본성이 좌우한다. 판사의 역할은 편견이나 편애, 부당한 영향력의 행사 없이 진실을 밝히면서, 동시에 원고와 피고 양쪽 모두를 존중하고 배려하는 것이다. 재판은 대개 이렇게 진행된다. 그렇지만 재판과정에서 다른 인물, 즉 검사나 피고인 측 변호인 같은 사람이, 이런 가치가 지켜지도록 법정 분위기를 이끌어야 할 때도 있다. 그것이 궁극적 정의를 이루는 길이기 때문이다.

매우 영광스럽게도 나는 미국에서 가장 사려 깊고 지적이며 윤리적인 판사들에 해당하는 사람들을 뉴욕남부지방법원에서 만났다. 내가 상원에서 일할 때 맡은 임무 중 하나는, 뉴욕에서 가장 뛰어난 변호사를 발굴하고 심사해서 연방판사직으로 이끄는 것이었다. 나는 법관의 자질에 특히 신경을 썼고 이것을 검증하기 위해 노력했다. 예로부터 뉴욕남부지방법원은 모체 법정Mother Court이라는 별칭으로 불렸다. 이는 뉴욕남부지방법원이 그 자부심처럼 탁월한 기관임을 보여준다. 이 유서 깊은 법정은 그러한 평판을 듣기에 충분한 자격이 있었다. 그렇다고 뉴욕남부지방법원의 모든 판사들이 완벽하다는 뜻은 아니다.

판사들도 때로 정의추구보다는 자기안위를 위해 행동할 때가 있다. 이는 일반인들에게 뜻밖일 수 있는데, 보통 판사를 어느 쪽에도 이해관계가 없는 대상으로 보기 때문이다. 실제로 판사의 이름은 검사 대 피고인이라는 대결 구도에서 어느 쪽에도 등장하지 않는다. 하지만 판사들 또한 자기 분야에서 성공하기를 바라는 '인간'이기 때문에, 오점을 두려워한다. 따라서 항소법원에서 판결 파기를 받으면 경력에 오점이 생긴다고 믿는 판사의 경우, 그런 상황을 피하려 들 것이다.

한번은 우리 검찰청에서 세간의 이목을 끈, 국가안보와 관련된 사건을 맡은 적이 있었다. 공판과정에서 부장판사는 피고인 측으로부터 어떤 요청을 받은 후, 특정 증거를 배제했다. 피고인이 타국에서 체포된 후 연방수사요원들에게 자백한 진술 중 일부를 증거로 채택하지 않은 것이다. 그 진술은 도움이 될 만한 증거였지만, 다른 증거들도 많았으므로 결정적 증거는 아니었다. 증거배제보다 더 우려되는 점은, 판사가 의견을 제시하면서 해당 사건을 맡은 주요 연방수사요원 두 명에게 이른바 역신뢰성 판결adverse credibility finding을 내렸다는 점이었다. 다시 말해, 신문 당시 피고인에게 위협적 발언을 하지 않았다는 수사요원들의 말을 믿기 어렵다고 판단하고 피고인의 자백 중 일부를 배제한 것이다. 담당 검사들과 마찬가지로 나 역시, 수사요원들이 받은 판결에 명확한 근거가 없는 데다 과도한 불이익을 줄 수 있다고 생각했다. 그 판결 때문에 요원들의 경력에 피해가 생길 수 있었다. 또 그 판결로 인해 수사의 윤리성 문제가 제기될 경우, 이후 재판에서 수사요원들은 증언이 더욱 힘들어질 수 있었다. 게다가 판사는 피고인 측 변호인에게 두 수사요원에게 불리한 폭탄성 대질신문 자료를 건네기도 했다.

증거배제는 받아들일 수 있었다. 그러나 역신뢰성 판결은 혼란스러웠고 그냥 넘어갈 수 없었다. 담당 판사는 수사요원들을 걸고넘어지지 않고도 동일한 판결을 내릴 수 있었다. 게다가 두 명의 수사요원들은 내가 알기로 사적인 이해관계로 피고인을 기소할 사람들이 아니었다. 검사들은 분노했다. 나 역시 마찬가지였다.

그 증거배제 판결은 항소해도 끄떡없는 일명 어필 프루프appeal-proof로, 고의성이 짙었다. 1심 판사가 내리는 신뢰성 판결은 상당히 존중받기 때문에, 항소심 판사들은 이를 뒤집기를 주저한다. 우리는 그 판사가 증거배제에 대한 합리적 근거를 제시한 다음, 이에 대한 방어막을 더 두르기 위해 역신뢰성 판결을 끼워 넣은 것 아닌가 하는 강한 의심이 들었다.

분노가 폭발한 나는 인생에서 전무후무한 매우 이례적인 행동을 했다. 우리 공판팀이 그 판결에 대한 항소를 고려 중이라고 공개적으로 말한 것이다. 이 발언은 해당 판사의 주목을 끌었다.

바로 다음 날, 판사는 당장 면담을 하자고 요청해왔다. 그날 오후 나와 담당 검사팀은 함께 면담 전략을 짰다. 우리는 역신뢰성 판결이 매우 부당하고 문제가 많다는 점을 주장하고, 이 부분만 철회되면 항소하지 않겠다는 뜻을 전달하기로 했다. 수사의 공정성에 모욕적인 근거를 없애달라는 요구에 판사가 망설일 가능성도 있었다. 이런 요구는 마치 흥정하는 듯한 분위기를 풍기기 때문에 보통 판사라면 감히 응할 상상조차 할 수 없는 일이었다.

판사가 망설였을까? 아니었다. 일단 우리가 조건을 내걸고 항소하지 않겠다는 뜻을 분명히 하자, 판사는 흔쾌히 역신뢰성 판결을 제외하고 자신의 판결과 의견을 다시 발표했다. 그것도 하루 만에 다시 했다. 하지만 나중에 다른 판사는 수사요원 중 한 명이 검사 측에 대한 잠재적 편향과 관련해 대질신문을 받을 수 있다고 판시했다. 우리, 즉 검찰 측에서 역신뢰성 판결을 철회해달라며 수사요원을 강하게 옹호했기 때문이었다. 따라서 어느 정도 불이익은 감수해야 했다.

우리는 이 해프닝을 어떻게 평가했을까? 일단 우리는 해당 사건의 판결을 사실관계에 따라, 그리고 수사요원들의 입장에서 바로잡았다고 평했다. 담당 검사팀은 판사가 자신의 판결을 철회했다는 사실에 만족해했다. 한편 두 수사요원의 경력에 오점이 남지 않게 한 판사의 신속한 조치는 애초 그 판결이 얼마나 거래적이고 목적성이 짙었는지를 보여주었다. 하지만 독자 중에는 역신뢰성 판결에 대해, 판사가 나름 확신이 있었고 또 쉽게 철회할 수 없는 판결에 필수라고 본 것 아니었겠느냐고 반문할지도 모른다. 그것은 오해다.

판사들 중에는 자신의 판결이 당사자들의 항소로 이어질 것인지 분위기를 살피는 사람들이 있다. 일종의 탐색전 같은 것이다. 이게 꼭 나쁘다고 할 수는 없다. 협상처럼 모든 사람의 이해관계를 조율하려고 애쓰는 것이기 때문이다. 그렇지만 이 판결에서는 판사라는, 대단히 성공한 전문직 종사자의 자기보호 본능이 어느 정도 작용했다는 인상을 지우기 어렵다. 그렇지만 이것 역시 꼭 나쁘게 볼 일은 아니다.

이 사건의 경우, 항소하지 않는다는 조건으로 역신뢰성 판결를 철회시킨 것이 그리 원칙적인 행동으로 보이지는 않을 것이다. 맞는 지적이다. 그렇지만 그런 상황이 벌어졌고, 검사팀은 이에 대처해야 했다. 검사는 수사관들의 신뢰성을 중시하며, 이를 비판하려면 충분히 숙고해서 해야 한다고 여긴다. 판사가 자신의 결정을 쉽게 거둬들인 것은 애초에 그런 인식이 없었다는 뜻이다.

판사도 인간이다

내가 전하려는 핵심은 판사가 언제나 사익에서 완전히 벗어난 존재는 아니라는 점이다. 그들은 법률을 사실관계에 적용만 하거나, 볼인지 스트라이크인지 외치기만 하는 존재가 아니다. 판사가 사익에 늘 무심한 것은 아니다. 판사도 다른 모든 이들처럼 전략과 전술을 추구한다. 판사들은 주고받는 거래에 늘 초연한 사람들이 아니다. 특정 판사가 파기환송에 신경 쓴다는 사실을 알면 검사에게는 유용한 카드 하나가 생긴 것이다. 여기서 우리가 얻을 교훈은 자각의 필요성이다. 이는 가정, 학교, 직장에서 마주치는 일상 속 판사들에게도 적용되는 것으로, 그들이 왜 그런 행동을 하는지 또 그들의 잠재적 사욕과 독단, 편견을 누그러뜨리려면 어떻게 해야 하는지를 알아차려야 한다.

판사는 법정의 주인이자 지휘자다. 이들은 피고인이 처음 등장하는 순간부터 법정 분위기를 조성한다. 모두가 판사를 우러러본다. 말 그대로 우러러보는데, 판사는 검은 법복을 입고 나무 법봉을 갖추고 높이가 있는 판사석에 앉기 때문이다. 법정의 모든 사람들은 판사가 입장할 때 일어나고, 퇴장할 때 다시 한번 일어선다. 판사들의 무대는 늘 존경과 경의를 표하도록 설계되어 있다. 이러한 권위에 기대 판사들은 다양한 행동을 보여준다. 그런데 소송이 정당한지 부당한지 판단하는 자신들의 유일무이한 권한이 어떤 의미를 갖는지 제대로 인지하지 못하는 판사들이 가끔 눈에 띈다.

한 가지 예를 들어보겠다. 판사들은 보통 검사와 변호인에게 "안녕하십니까, 아무개 씨" 같은 정중한 인사를 건넨 후 재판을 시작한다. 매우 유쾌하고 공손한 태도다. 그런 다음 누구와도 눈을 마주치지 않은 채 말한다. "피고인 참석했습니다." 이 말은 피고인이 자기 변호를 할 수 있고 또 모든 의미 있는 변론절차에 참여할 수 있다는 헌법상의 권리에 대해 판사가 인정한다는 공식적인 표시이다. 그러면 속기사가 이를 기록으로 남기게 된다. 이는 사소해 보일지 모르지만 법정에 모두를 모은 원인을 제공한 사람, 즉 피고인의 존엄성을 해치는 효과가 있다. 피고인은 법정에서 유일하게 자유가 제약될 위험이 있는 사람이고, 유일하게 재판을 받게 될 사람이며, 유일하게 여생과 실존이 위기에 놓인 사람이다. 따라서 '피고인이 참석했다'는 판사의 말은 피고인의 권리에 대한 인정인 동시에 다른 사람들과 피고인을 명확하게 구분 짓는 행동이 된다.

뉴욕남부지방법원장 로레타 프레스카Loretta A. Preska를 비롯한 여러 판사들은 더 나은 태도를 보였다. 프레스카 판사는 늘 깔끔한 옷차림에 단정한 머리, 국왕처럼 위엄 있는 모습을 보였다. 나는 프레스카 판사의 재판을 수차례 참관했다. 프레스카 판사의 재판은 언제나 격식이 있으면서도 호의적이었다. 게다가 언제나 변함없이 검사와 변호인에게 "안녕하세요, 아무개 검사님", "안녕하세요, 아무개 변호사님" 하며 웃음 띤 인사부터 건넸다. 그런 다음 피고인—우리 모두를 법정에 모이게 한 장본인—을 보면서도 "아무개 씨도 안녕하세요"라고 웃으며 인사했다. 프레스카 판사는 피고인을 한 인간으로, 존경받아 마땅한 존엄한 존재로 대우했다.

우리는 피고인이 그런 존재라는 사실을 잊는다. 검사들도 이를 잊을 때가 있다. 판사들도 마찬가지다. 그렇지만 사법체계에 대한 전반적인 신뢰가 생기려면 또한 모두가 동등한 인간이라는 신념이 싹트려면, 올바른 규칙이 있어야 할 뿐 아니라 다른 이를 인간적으로 존엄하게 대우해야 한다.

이는 단지 의례적인 인사말이라고 생각할 수도 있다. 그렇지만 나는 여기에 중요한 사실이 담겨 있다고 본다. 나는 피고인이 부장판사로부터 "안녕하세요?"라는 간단한 인사말조차 듣지 못했을 때, 한 인간으로서 사법체계에서의 자신의 위치와 재판절차의 공정성에 대해 어떤 생각이 들지 종종 궁금했다. 자신을 투명인간이라고 느끼지 않을까? 재판절차에 신뢰가 갈까? 이는 불필요하게 사람을 소외시키는 행동이며, 이런 사소한 행동들이 재판에 대한 신뢰를 떨어뜨린다.

법정은 변화를 거듭하고 있다. 우리는 판사를 떠받드는 반면 피고인은 비인간적 존재로 깎아내린다. 그렇지만 수갑을 찼든 법복을 입었든 둘 다 인간이라는 사실에는 변함이 없다.

판사는 재판절차에 좀 과하게 개입하거나, 스포츠 해설가처럼 지나치게 많은 정보를 주기도 하고 또 심판보다는 진행자처럼 행동할 때도 있다.

2018년 여름이 끝날 무렵, 모든 미국 시민은 2016년 트럼프 대통령의 대선캠프 본부장이었던 폴 매너포트Paul Manafort가 연방법원에서 형사재판을 받는 과정을 유심히 지켜봤다. 이 재판은 여러 가지 이유로 흥미로웠다. 그중 한 가지 이유는 피고인이 현직 대통령의 최측근이기 때문이었다. 그렇지만 이 재판을 담당한 판사에게 쏟아진 관심도 이 사건이 유명해진 계기 중 하나였다. 사람들의 입방아에 자주 오르내린 그 판사는, 이를테면 눈에 확 띄는 그런 인물이었다.

매너포트 사건의 부장판사는 엘리스 3세T. S. Ellis III로, 오래전 레이건 대통령이 임명한 78세의 판사였다. 프린스턴과 하버드, 옥스퍼드대학교에서 학위를 받았을 뿐 아니라, 괴팍한 노인 분야에서 독보적인 명성을 갖고 있었다.

『뉴욕타임스』가 당시 재판을 참관하며 쓴 논평을 보면 다음과 같다. "엘리스 판사는 피고인을 심문하는 과정에서 습관적으로 말을 끊고, 증거를 제한적으로 허용했으며, '신속히 하라'며 변호인들을 다그쳤다. 그러면서도 자신의 나이, 아내, 해군 복무 시절 이야기, 이메일 주소가 없는 이유, 배심원들의 점심 메뉴, 판사석에서 나누는 얘기를 엿듣지 못하게 소음을 발생시키는 기계 등 재미있는 여담으로 방청석을 즐겁게 했다."

혹자는 판사가 법정에서 직무를 수행하는 사람이라도, '법정을 장악'하면 안 된다고 생각한다. 그렇지만 판사를 포함해 재치가 넘치는 사람들은 그 재치를 뽐내려 하며 특히 관중들을 사로잡고 싶어 한다.

그런데 사람들의 관심을 한몸에 받으려 하고 재판과정에 지나치게 개입하는 판사에게는 어떻게 대처해야 할까?

엘리스 판사는 어느 정도 자기인식self-awareness 능력이 있었다. 그는 언젠가 이렇게 말했다. "나는 나만의 로마에 있는 시저Caesar다." 그는 여기에 겸손의 말을 적절히 덧붙였다. "하지만 그것은 매우 작은 로마다." 일부 다른 판사들처럼 그 역시 자신의 작은 세계를 위대한 인물들처럼 지배했다.

판사들에게는 일종의 소유욕이 있다. 그래서 종종 "이곳은 **나의 법정**"이라는 표현을 쓴다. 판사들 사이에는 서열이 있어서 법정을 배정할 때도 연공서열로 한다. 후임 판사들은 더 좋은 법정을 얻으려고 자기 순번을 간절히 기다린다. 뉴욕남부지방법원에서 종신직 판사들끼리 제일 좋은 법정을 놓고 벌이는 경쟁은, 로펌이나 일반 기업에서 널찍한 고급 사무실을 서로 노리는 것과 다를 바가 없다. 안락함과 위신은 결국 누구에게나 중요하다.

매너포트의 재판이 열리기 전부터, 엘리스 판사는 화가 난 표정이었다. 자신이 특별검사의 권한이 어디까지인지를 문제 삼으며 늘어놓았던 장광설 때문에, 매너포트 지지자들이 엘리스 판사가 조만간 공소기각 결정을 내릴 분위기라며 열광하고 있었기 때문이다. 판사석에서 그는 진지한 목소리로 이렇게 말했다. "우리는 이 나라에서 어느 누구도 제약 없는 권한을 누리는 것을 원치 않습니다. 따라서 특별검사가 뭐든 하고 싶은 대로 할 수 있는 무제한의 권한을 누려야 한다는 주장을 납득할 수 없습니다." 하지만 매너포트를 수사한 특별검사는 전혀 그런 권한을 요구한 적이 없었다. 엘리스 판사는 가끔 이런 식으로 자신의 감정을 발산하긴 했지만, 피고인 측의 공소기각 요청을 기각하고 사건을 신속하게 재판으로 넘겼다.

엘리스 판사는 변호인들과 티격태격 싸웠다. 그는 남들을 무시했고, 쉽게 흥분했고, 다 들리도록 혼잣말을 했다. 이런 모습은 좋은 판사의 표본이 아니다. 판사는 전면에 나서지 않는 게 더 낫다. 판사가 자기가 맡은 재판으로 유명해지면, 이는 보통 나쁜 신호다. 그 예가 오 제이 심슨 사건 재판을 맡은 랜스 이토Lance Ito 판사다. 최고의 판사는 신스틸러scene-stealer가 아니다. 판사가 화면을 장악하면 어느 한쪽의 옹호자로 여겨질 수 있는데, 검사나 변호사와 달리 판사는 절대로 어느 한쪽을 지지해서는 안 된다.

엘리스 판사는 특히 검사 측을 괴롭혔다. 일례로 그는 검사들에게 "네"나 "넵"이 아니라, "네, 그렇습니다"라고 대답하도록 지시했다. 이는 그런대로 받아들일 만했다. 그렇지만 논쟁이 격해지다 보면, 얼굴 표정 같은 하찮은 것으로 실랑이가 오가기도 했다. 실제로 엘리스 판사는 매너포트 재판 첫 주에 검사에게 '표정관리를 하라'는 지적을 했다.

판사 내게 말할 때는 내 얼굴을 보세요.

검사 죄송합니다만, 판사님. 저는 판사님 얼굴을 보고 있었습니다.

판사 아니오, 안 봤어요. 아래를 내려다보고 있었잖아요.

검사 표정 때문에 난처해지기 싫어서 그렇습니다. 저는 피고인의 유죄를 입증하고 있을 뿐 아무 잘못도 없는데, 표정이 이상하다고 판사님께 또 호통을 듣고 싶지는 않습니다.

기이하게도 어느 순간 엘리스 판사는 냉정하고 노련한 그레그 안드레스Greg Andres 검사에게 법정에서 눈물을 보인다며 질책했다.

판사 음, 얼마나 답답한 심정인지 알겠군요. 사실 지금 검사님 눈에 눈물이 고였어요.

검사 제 눈에는 눈물이 고이지 않았습니다, 판사님.

판사 음, 눈가가 촉촉하다니까요. 그런데 검사님, 혐의입증에 제대로 집중해주세요. 그리고 이 온갖 질문이 유죄입증과 무슨 상관이 있는지 모르겠군요.

안드레스는 마피아 조직 보나노 패밀리의 우두머리인 빈센트 바스치아노를 감옥에 보낸 후, 충분히 실현 가능성 있는 살해협박 때문에 한동안 무장경호를 받았다. 그는 이런 협박을 한 번도 아니고 열 번쯤은 받았지만, 개의치 않을 정도로 강인한 검사였다. 또 그는 쉽게 눈물을 보이는 사람이 아니었다. 눈물 공방으로 법정 공기가 싸늘해지자, 엘리스 판사는 분위기를 무마하고 싶었는지 자신을 되돌아보는 듯한 태도를 보였다. 그는 변호사와 검사 양측에게 말했다. "판사는 인내심이 있어야 하는데, 저를 연방판사로 인준한 것은 실수였어요."

쉽게 이해가 가진 않지만, 이런 뜬금없는 행동은 때로 배심원과 언론인들에게 엘리스 판사를 진솔한 사람처럼 보이게 했다. 이런 언행이 단조로움을 깨뜨리고 삭막한 분위기를 전환시키고, 재판을 진척시키며, 따분함을 덜어주기 때문이었다.

방청객들은 판사가 변호사와 증인을 난처하게 만들면 즐거워한다. 하지만 변호사들에게는 끔찍한 일이다. 재판이 더욱 험난해지고 스트레스가 커지며 상황 예측이 힘들어지기 때문이다. 변호사들과 금융시장은 비슷한 점이 있다. 둘 다 안정적인 것을 좋아하고 불확실한 상태를 싫어한다. 판사는 이 증거들을 놓고 어떤 판결을 내릴까? 판사의 기분이나 변덕이 판결을 좌우할까? 어제 자신이 한 말을 잊고 유죄판결을 뒤집지는 않을까?

재판이 진행되던 어느 날 어이없는 일이 벌어졌다. 검사들이 전문가 증인을 증인석에 앉혀 달라고 요청한 것이 문제의 발단이었다. 그 증인은 재판 첫날 엘리스 판사로부터 특별 허락을 받아, 재판이 진행될 동안 법정에서 대기하고 있었다. 보통 판사는 증인들이 증거를 짜 맞추는 일이 없게 하려고 법정에 들어오는 것을 막는다. 그래서 검사들은 그 전문가 증인에 대해 예외 요청을 분명히 해두었다.

그런데 그 전문가가 법정에 미리 들어와 있던 모습을 본 엘리스 판사는 대노하며, 검사 측을 힐난했다. 검사들은 엘리스 판사에게 재판 첫날 증인의 출입을 허락받았으니 "재판 기록을 확인해보라"고 일러주었다. 그런데도 정부 측 특별검사들은 배심원들이 바라보는 자리에서 호된 질책을 들었다.

이 일이 있은 후, 검사들은 연방법원에 요청서를 제출해 엘리스 판사의 행동으로 뮬러 특검팀에게 '부정적인 이미지'가 생겼다고 언급하면서, 엘리스 판사가 직접 배심원들에게 검사들은 아무 잘못이 없었음을 해명하라고 요구했다. 이는 판사의 잘못을 정정하기 위한 조치였다. "연방법원이 8월 8일 배심원단 앞에서 정부 측 특별검사팀을 호되게 질책한 것은 (…) 잘못된 행동이다. 재판과정에서 실수가 나오기 마련이지만, 이번 실수는 연방정부 측 특별검사들에 대해 안 좋은 선입견을 심어줬다."

엘리스 판사는 자신의 행동을 돌이켜보고 기록을 검토한 끝에 이를 받아들였다. 그리고 자신의 실수를 뉘우쳤다. 그는 배심원단에게 말했다. "검사 측에 대한 그 어떤 비판도 기억에서 지워주세요."

한결 누그러진 엘리스 판사는 이 사실을 공개 법정에서도 언급했다. 매우 진실한 어조였다. "법복을 걸친다 해도 전 그저 사람일 뿐입니다." 고집 센 판사들도 겸손한 모습을 보일 때가 있다.

온갖 시련과 엘리스 판사의 감정폭발을 겪으면서도 특별검사들은 주장을 굽히지 않았고, 판사에게 맞섰으며, 엘리스 판사가 잘못된 행동을 하면 이를 지적하면서 오롯이 재판에 집중했다. 전문가 증인 에피소드만 놓고 보면, 특별검사들은 부당한 질책에 대한 기록을 정정시켰고, 보기 드물게도 판사의 사과를 받아냈으며, 이보다 훨씬 더 보기 드문 경우로 판사가 자신의 오류 가능성을 인정하게 하는 성과를 올렸다.

폴 매너포트는 여덟 가지의 혐의에 대해 유죄판결을 받았다. 얼마 후 워싱턴에서 예정된 두 번째 재판을 앞두고, 그는 또 다른 혐의들에 대해 유죄를 인정했다. 특별검사팀은 자신들이 할 일을 했다. 판사가 잘못된 행동을 하거나 기억에 오류가 있고 잘못된 정보를 전달하더라도, 검사로서 묵묵히 본분에 충실하고 원칙대로 행동하면 정당하고 올바른 결과를 끌어낼 수 있다. 이것이 사법체계의 힘이다.

판사와 검사 사이의 기싸움

때로 상황만 적절하다면, 판사와 팽팽한 신경전을 벌이더라도 인간적이고 재치 있는 민첩한 대응으로 자신을 방어하는 것이, 긴장된 법정 분위기를 누그러뜨리고 재판 진행에 도움을 준다.

두 가지 짧은 예를 들어보겠다. 둘 다 내가 뉴욕남부지검에서 일하기 전에 있었던 일이다.

케빈 더피Kevin Duffy 판사는 놀랍게도 39세라는 젊은 나이에 판사직에 임명됐는데, 권태로움 때문인지 수십 년 사이에 아주 심술궂은 판사 중 하나로 변했다. 그는 자신의 법정에서 검사들을 마치 고양이가 겁에 질린 쥐를 가지고 놀듯 대했다. 하루는 연방검사 하나가 증인신문을 하다가 질문의 방향을 틀었는데, 더피 판사가 이를 자신의 규율 중 하나를 어긴 것으로 여기고는 불같이 화를 냈다. 판사의 날카로운 목소리가 공기를 가르면서 공개 법정의 분위기가 험악해졌다. "한번만 더 그렇게 하면 당신 불알을 따버릴 거요!" 법정이 침묵에 잠겼다. 그 연방검사가 여성이었으므로 이는 좀 묘한 협박이었다. 연방검사는 여유로운 표정으로 판사를 돌아보며 답했다. "저기요 판사님, 찾아서 나오면 따버리시든가요." 순간 법정을 채웠던 긴장감이 풀렸다. 더피 판사가 웃음을 터뜨렸다. 그때부터 그 여검사는 더피 판사가 인정하는 검사 중 하나가 되었다.

또 다른 일화도 있다. 고집불통 검사로 유명한 앤드루 매카시Andrew McCarthy(이후 미국 보수잡지 『내셔널리뷰National Review』의 날카로운 칼럼니스트가 되었다)가 한번은 재판 도중 위트먼 냅Whitman Knapp 판사와 열띤 논쟁을 주고받았다. 그 자리에 배심원은 없었다. 어느 순간 냅 판사가 이렇게 쏘아붙였다. "매카시 검사, 지금 당신은 엿 먹고 있어요." 그러자 매카시 검사가 재빠르게 그의 말을 바로잡았다. "아닙니다. 저는 지금 당신께 엿을 먹이고 있습니다. **존경하는 재판장님.**" 냅 판사가 웃음을 터뜨렸다.

이 일화들의 핵심은 판사들이 웃었다는 점이다. 천만다행이었다. 물론 웃음과 농담은 특정 상황, 이를테면 중대한 재판이나 수술실, 군사임무 중일 때는 터무니없고 황당하며 부적절하고 무례한 일이 될 수 있다. 개인적으로 늘 그렇게 긴장감으로 꽉 찬 재판은 없길 바란다. 왜냐고? 증기배출이 안 되는 압력솥은 터지기 때문이다.

앞서 말한 대로 판사들이 경솔한 모습을 보일 때도 있지만, 대부분의 판사들은 공개 법정에서 매우 진지한 분위기를 연출한다. 훌륭한 판사들은 자기의 본모습을 드러내지 않아야 한다는 압박감을 갖는다. 그래서 너무 격이 없거나 지나치게 편안한 모습을 보이지 않으

려고 하는데, 모든 재판절차가 하나같이 중요하고 모든 재판은 어느
정도 엄숙해야 하기 때문이다. 그들은 높은 단상에 앉아 법복을 입고
법봉을 준비해놓는다. 그러나 대중이 판사가 그저 인간이라는 사실
을 잊을 때가 있듯이, **판사들 자신도** 때로 그 사실을 잊는 것 같다.

초임검사 시절 내가 뉴욕남부지검 화이트 플레인스White Plains 연
방법원에서 연수를 받을 때, 유난히 참견하기 좋아하는 마크 폭스
Mark D. Fox라는 치안판사가 있었다. 그는 검사들에게 고함을 지르곤
했다. 또 법정 뒤편에 걸린 시계에 철저히 맞춰 행동했는데, 그 시계
는 정시보다 몇 분 빠르게 설정되어 있었다. 이는 곧 정시에 도착하
면 늦는다는 뜻이었다.

연수 2년차에 접어든 해의 3월 어느 월요일에 나는 마약 관련 재
판을 진행해야 했다. 그 전주 금요일, 밤늦게 모두진술 초안을 마무
리한 나는 휴식이 필요했다. 그래서 아내를 데리고 집 근처에 있는
근사한 식당에 가서 저녁을 먹기로 했다. 식사를 마치고 시계를 보
니, 밤 11시 30분이었다. 집에 오는 길에 우리는 길모퉁이에 있는 한
은행의 현금인출기에 들렀다. 우리 집에서 두 블록 떨어진 곳이었다.
당시 아내는 7개월 반에 접어든 임신부였다. 그때 갑자기 두 남자가
뒤에서 우리를 덮치더니, 다른 건물로 통하는 콘크리트 계단을 내려
가게 했다. 내가 돈을 인출하는 모습을 본 그들은 칼로 우리를 협박
하며 돈을 요구했다. 그때 강도들에게 머리를 맞아 나는 두개골에 살
짝 금이 갔고, 아내는 그날 밤부터 진통을 겪기 시작했다. 우여곡절
이 있었지만, 결국 모든 일은 잘 마무리되었다. 아내는 무사했고 나
도 회복됐다. 어여쁜 딸 마야도 6주 후 건강한 아이로 태어났다. 다

만 나는 일주일 동안 일을 쉬어야 했다.

일을 쉬고 있던 어느 날, 아내가 우편물을 가져왔다. 편지더미에는 그 힘든 시기에 내가 받은 가장 감동적인 편지가 섞여 있었다. 꾹꾹 눌러 쓴 손편지였는데, 내용마저 따뜻하고 다정했다. 바로 폭스 판사가 보낸 편지였다. 평소 알고 지내는 판사가 많았지만, 그렇게 개인적으로 진심 어린 글을 써서 보낸 판사는 폭스 판사가 유일했다. 나는 그 편지를 오랫동안 서류가방에 넣어 다녔다. 그가 베푼 작은 친절을 기억하기 위해서이기도 했지만, 인생을 살면서 판사를 비롯해 우리 모두가 인간이라는 사실을 잊지 않기 위해서였다.

한번은 우리 검사들이 까다로운 화이트칼라 범죄사건을 다뤘는데, 그 과정에서 나는 한 판사에게 불만을 품게 되었다. 나는 우리 검사들이 부당한 대우를 받고, 잘못된 판결이 많으며, 부당한 영향력이 행사되었다고 느꼈다. 이런 이유로 불일치 배심으로 재심에 들어갈 경우 그 판사를 피할 방법이 없을지 고민했다. 그러나 결국 피고인에게 무죄가 선고됐다. 재판이 끝나고 얼마 후에 공판팀 검사들과 가진 비공식off-the-record 회식자리에서 나는 어리석게도 그 판사의 자질을 두고 짓궂은 농담을 했다. 열심히 변론했지만 결국 패소한 공판팀의 기를 세워주기 위해 한 말이었고, 그 발언이 회식자리 바깥으로 공개될 거라고는 전혀 생각지 않았다. 그러나 내 발언이 언론에 보도되고 말았다. 몹시 당황한 나는 해당 판사에게 사과문을 써 보내고, 동시에 다른 판사들에게 관계 회복을 위한 조언을 구했다.

그러다 내가 매우 존경하는 판사 한 분을 찾아갔다. 그는 사려 깊고 솔직한 여성이었다. 그는 이 사건으로 나를 심하게 질책하지는 않았지만, 내가 타인의 마음에 상처를 주는 큰 실수를 한 것은 분명하다고 했다. 그러고는 몇 가지 인상적인 말을 덧붙였다. 그는 판사들이 법정에서는 상당한 권위가 있지만, 다른 면에서는 매우 무력하다고 말했다. 판사들은 부당한 비난여론이 빗발쳐도 이에 맞설 힘이 없다고 했다. 실제로 자신 또한 언론에서 수차례 비판을 받았고, 최근에는 다소 과격한 어조의 비난을 듣기도 했다고 전했다. 하지만 법정 밖에서 판사들은 어떤 비난을 당하더라도 전통과 판사윤리에 따라 사실상 침묵을 지켜야 한다.

"그런 일을 겪을 때 어떻게 대처하세요?" 내가 물었다. 판사는 미소를 짓더니 이렇게 답했다. "글쎄, 프릿. 나는 친한 친구들을 부르고 소파에 앉아 화이트 와인 큰 병을 하나 따서 마셔. 그러고는 다음 날 출근해. 다른 날들과 똑같이."

나는 판사들에게 경외심을 느낀 적도 있고 실망한 적도 있다. 대중들은 판사에게 많은 요구를 한다. 판사들에게 공정하라고 요구하고, 가장 공정한 판결이 무엇인지 모를 때도—이를테면 양형선고의 경우—공정하게 판결하라고 요구한다. 또 사람들은 판사에게 인간의 운명을 결정하라고, 자유를 억압하라고, 생계를 박살내라고 요구한다. 감정에 치우치지 말라고, 언제나 무표정한 얼굴을 하라고, 완벽한 행동으로 모범을 보이라고, 비난여론에 침묵으로 견디라고, 언제나 사태를 바로잡으라고 요구하기도 한다. 그러나 판사들도 그저 인간일 뿐이다. 아무리 그들에게 초인적인 모습을 기대하더라도 이 사실에는 변함이 없다.

17장 재판

정의로운 판결을 위한 필수 조건

공공담론과 정치논쟁에서 정의의 위기가 여전하다. 이 위기는 상
스럽고 야비하며 국민의 정서에 둔감하다. 진실은 사리사욕과 극
단적인 당파주의에 희생되는데, 예의와 배려 역시 희생됐다. 교양
civility이라는 개념과 그 필요성조차 뜨거운 논쟁의 대상이다. 한편,
정치집단은 그 어느 때보다 고립되었다. 또 사람들은 그 어느 때보다
자기와 뜻이 맞는 목소리, 듣기 편한 견해만 찾고, 이의제기와 논쟁,
불편한 진실을 피한다. 이들은 어떤 증거가 나오더라도 자신들의 주
장을 고집한다. 견해를 바꾸는 열린 자세는 드물 뿐 아니라, 왠지 나
약하고 배신하는 듯한 인상을 준다. 케이블 TV든 인터넷이든 논쟁이
붙기만 하면 욕설, 빈정거림, 인신공격이 정당한 논리와 합리성보다
전술적으로 더 선호된다.

믿기 어렵겠지만, 이런 점에서 형사재판은 우리에게 어떤 가르침

을 준다. 재판과정이 설득과 진실, 심지어 교양이 무엇인지 보여주는
좋은 본보기이기 때문이다.

재판의 여러 측면

그렇지만 형사재판에는 우스꽝스런 면도 있다. 공개 재판은 진실
을 찾는 과정이라고 말한다. 맞는 말이지만, 역설적인 면도 존재한
다. 일례로 형사재판에는 교묘하게 은폐하는 작업의 흔적이 수두룩
하다. 재판할 때 판사, 검사, 변호사는 배심원들에게 많은 것을 숨긴
다. 피고인의 범죄이력을 숨기고, 어떤 형벌을 받을 가능성이 있는지
숨기며, 특정 증거를 배제하기도 한다. 피고인이 수감된 상태일 때,
이 사실도 배심원에게 숨긴다. 피고인이 법정에 끌려와 쇠고랑을 풀
고 나서야 배심원은 그가 구속된 상태라는 것을 알게 되기도 한다.

변호사는 피고인을 유죄로 보는지 무죄로 보는지, 또 증인을 신뢰
할 수 있는지에 대한 개인적 견해를 보통 드러내지 않는다. 배심원들
은 법정 한쪽에서 진행되는 법적 논쟁을 듣지 못하며, 변호사들의 수
임료도 알지 못한다.

또한 배심원에게 판사를 임명한 당이 민주당인지 공화당인지, 검
사가 기부한 당이 공화당인지 민주당인지 알려주지 않는다. 부적절
한 정보이기 때문이다. 특히 공직자부패 사건에서는 더더욱 부적절
하기 때문에 그런 정보들을 알려주지 않는다. 또 판사의 판결이 항소
심에서 종종 번복되는지 아니면 한 번도 뒤집힌 적이 없는지 말해주

지 않는다. 배심원들은 어떤 식으로든 정보를 찾아보지 말라고, 사건이나 당사자들에 대해 별도로 조사하지 말라는 당부를 듣는다. 이는 무엇보다도 배심원들이 피고인이나 증인에 대한 여과되지 않은 견해, 허위정보, 편파적인 사실에 물들지 않게 하려는 조치다.

정의(와 진실)는 선의로 하는 은폐로 실현된다. 블라인드로 시험지를 채점하는 경우를 생각해보라. 교수들에게 학생의 신원을 숨기면 점수에 선입견이 작용하지 않고, 오직 실력으로만 평가하게 된다. 블라인드로 의료용 약물을 시험하는 사례도 있다. 이는 편견과 부정직한 요소가 진실한 연구조사에 영향을 주지 못하게 차단하려는 것이다. 이렇게 부차적 정보를 숨기는 일은 주요한 목적에 기여한다. 바로 공정성이다. 어떤 증거는 관련성이 있고 어떤 논의는 주제와 무관하다고 강력히 주장하는 것은 정당한 결과를 도출하는 일에 필수다. 이는 당신이 진실에 초점을 맞출 수 있도록 그와 무관한 것들을 시야에서 가리는 것이다.

법정을 지배하는 것은 대개의 경우 엄격한 규칙이다. 규범norm이 아니라 **규칙**rule이다. 증거 규칙, 절차 규칙, 직업윤리 규칙 등이 이에 속한다. 권투 경기에서 벨트 아래를 가격하면 안 되고, 미식축구 경기에서 리시버receiver에게 홀딩holding을 하면 반칙인 것처럼, 법정에도 스포츠와 같은 구체적인 규칙이 있다. 법정에서는 그 규칙들을 판사가 집행할 수 있고 이를 위반할 경우 모욕죄 적용, 변호활동 제재, 불리한 판결 등의 불이익을 받을 수 있다. 재판에서 변호사가 고의로 거짓말을 하면 심각한 결과를 초래할 수 있는데, 아주 심한 경우 변호사 활동이 금지될 수도 있다. 물론 스포츠 심판처럼 법정에서도 규칙위반을 판단할 때 상당한 재량권이 발동된다. 특히 양측이 서로 팽팽히 맞서는 사건인 경우 더 그렇다. 그렇지만 무엇보다도 규칙이 중요하며, 보란 듯이 규칙을 위반하는 행위는 좀처럼 용납되지 않는다. 즉 규칙과 규약을 심하게 위반한 경우 재판 참여자들에게 항의를 받을 뿐 아니라, 외부 참관인들에게도 비난을 받는다. 이는 일상에서 전개되는 논쟁과 질적으로 다른 점이다.

일상적 논쟁과 또 다른 점이 있다. 법정 내부 규칙은 명확한 결정을 내리기 위해 고안됐다는 점이다. 법정에는 반드시 끝이 있다. 즉, 판결이나 평결(또는 합의)이 늘 등장한다. 이렇게 **판단**을 내리면 사건이 완결된다. 반면 의회를 한번 살펴보자. 입법행위(투표로 끝나는 경우도 있다)가 아닌 다른 사안으로 열리는 의회청문회는 매우 불만족스럽다. 명쾌하게 끝나지가 않는다. 의원들은 횡설수설하고, 주제와 무관한 사실들을 늘어놓으며, 인신공격을 하고 장광설을 늘어놓는다. 증인들도 의사진행 방해를 하고 쟁점을 회피하면서 시간을 질질 끈다.

배심원들을 설득하기 위하여

유죄판결을 받아내는 모든 검사들은 이야기를 설득력 있게 전달한다. 뛰어난 설득가들처럼 말을 한다. 명확한 사실관계와 수치, 통계를 확보했어도 흥미롭고 수긍 가는 이야기로 엮어내지 않으면 이 자료들은 무기력하고 설득력이 없다. 유능한 검사들은 자료를 체크리스트 식으로 나열하면서 논고하면 안 된다는 사실을 잘 안다. 재판은 나열된 항목을 읊기만 하는 행위가 아니기 때문이다.

많은 소설과 영화, 드라마에서 범죄의 동기에 집착하다 보니, 사람들은 범죄 뒤에 숨은 **동기**motive가 대개 범죄를 구성하는 요소가 **아니라**는 사실을 알게 되면 깜짝 놀란다. 앞서 말한 대로 의도intent는 유죄와 관련이 있지만 보통 입증하기가 어렵다. 의도는 방아쇠를 당긴다든지, 피해자를 죽이는 것 등 어떤 행동을 하겠다고 마음먹은 것이기 때문에 사고나 실수가 아니다. 반면 동기는 **왜** 그 행동을 하려고 했는지를 뜻한다.

왜 은행을 털려고 했는지, 왜 어떤 사람을 죽이려고 했는지, 왜 장부를 조작하려고 했는지는 보통 법에서 말하는 유죄개념과 무관하다. 그렇지만 유죄 여부를 가리는 배심원들에게는 동기가 유죄개념과 매우 밀접하게 느껴지는 듯하다. 동기를 다루지 않으면 이야기가 불완전하고, 불완전한 이야기는 설득력이 떨어지기 때문이다. 이런 이유로 검사들은 탐욕과 권력과 질투와 복수를 언급하는데, 이는 배심원들이 법률적인 측면, 즉 머리로서가 아니라 가슴으로 사건을 **이해**해야 하기 때문에 필요하다. 일단 동기를 이해하고 나면 배심원은 평결을 내리는 두려운 임무를 수행할 수 있게 된다. 또 이런 이유로 유능한 검사들은 일화와 비유, 때로는 은유를 활용하기도 한다. 그리고 처음부터 끝까지 단순한 표현을 쓴다.

피고인 측도 마찬가지 전략을 쓴다. 그들도 단순하게 이야기를 전한다. 이를테면 이런 식이다. "정부가 열의가 지나쳐서 엉뚱한 사람을 잡았다, 협조자들이 위기를 모면하려고 거짓말하고 피고인에게 누명을 씌웠다, 아버지가 아들을 도우려던 것뿐이다"와 같이 단순한 표현으로 변론을 한다.

그렇다고 논리를 폐기 처분하라는 뜻은 아니다. 이야기에는 논리도 갖춰져 있어야 한다. 효과적인 이야기는 사람들을 특정 방향으로 끌고 가면서 깨달음을 줘야 한다. 피고인 측에서 썩 괜찮고 이해하기 쉬운 이야기 구조를 갖췄다면, 검사 측은 더 나은 이야기로 맞서야 한다.

공판에서 검찰의 전략은 앞서 말한 제약조건을 갖추면서도 최대한 요점을 잘 전달할 방법을 찾는 것이다. 수사와 기소의 과정은 사건의 기소 정당성을 대개 검사 자신에게 입증하는 단계로, 엄밀하고 열린 자세로 편견 없이 내부검토를 거치게 된다. 그러면 검사들은 피고인이 유죄라는 것을 의심의 여지없이 확신한다. 내가 제대로 피의자를 잡았고, 제대로 혐의를 제기했으며, 제대로 증거를 확보했다고 자신한다.

이제는 피고인이 유죄임을 **다른 사람들에게** 입증하는 작은 일만 남았다. 그 상대는 바로 배심원이다. 물론 검사 측에 충분한 근거가 있다는 사실을 판사에게도 설득시켜야 한다. 이때 다른 사람 입장에 서서 생각해볼 필요가 있다. 또 다른 사람, 즉 변호인의 논거도 예측해봐야 한다. 물론 탄탄한 증거, 빈틈없는 수사, 공판 전 신청pretrial motion에서 보인 설득력 등 모든 것이 하나하나 모여 어떤 결과를 낳겠지만, 법정에서 근거를 어떻게 제시하는가는 각별히 중요하다. 특히 팽팽한 사건이거나 감정적 문제가 얽힌 사건의 경우 유무죄의 판단 근거가 매우 중요하다.

이런 사건에서는 반대 의견에 대해 피상적인 이해 수준에서 그치면 안 된다. 다시 말해, 상대편 입장에 서보아야 한다. 세상을 상대방의 시각과 신념체계와 선입견과 이해관계와 목적에서 바라봐야 한다. 상대방의 관점과 가정을 나의 관점과 가정 못지않게, 아니 그 이상으로 잘 알아야 한다. 아주 오래 전 뉴욕남부지검에서 연방검사로 일했던 대법관 펠릭스 프랑크푸르터Felix Frankfurter는 자신이 존경했던 연방지검장 헨리 스팀슨을 회고하며 이렇게 말했다. "스팀슨은 애초부터 내게 가르쳤지. 상대방의 논거를 적어도 내가 준비한 논거만큼 파악하고 있어야 한다고. 보통은 내 것보다 더 잘 파악하고 있어야 한다고 했어. 그래서 예기치 못한 상황이 전혀, 전혀 생기지 않아야 한다고 말이야."

적어도 내가 준비한 논거만큼 상대방의 논거에 대비하라. 그 정도로 준비하는 작업은 꽤나 복잡할 수 있다. 상대방이 감성을 자극하는 이야기를 들고 나올 때 이에 어떻게 대처할지 준비하는 것 역시 어려운 일이다.

권력형 비리 vs 부성애

2015년, 한 세대를 통틀어 가장 중요한 두 건의 뉴욕 공직자 범죄 재판이 뉴욕남부지검에 다가오고 있었다. 하나는 뉴욕주 하원의장 셸던 실버를 다수의 연방법을 위반한 혐의로 기소한 사건이었다. 또 하나는 이와 유사하게 공직자의 청렴의무를 저버린 혐의로 뉴욕주 상원 원내대표 딘 스켈로스를 기소한 사건이었다. 두 사건 모두, 2015년 말경 거의 비슷한 시기에 재판이 열릴 예정이었다. 그해 여름 우리 검찰청에서 이 사건들의 논거를 효과적으로 제시할 방법을 고민할 때 내가 가장 신경 썼던 부분은 충분한 근거나 관련 법의 해석이 아니었다. 법적 근거는 이미 탄탄했다(적어도 첫 번째 공판에서 유죄평결을 받은 후 대법원이 관련 법을 수정하기 전까지는 그랬다). 문제는 우리가 딘 스켈로스를 자신의 아들과 공모한 혐의로 기소했다는 사실에 있었다.

간단히 말하면, 우리는 뉴욕주에서 가장 막강한 권력을 가진 세 명의 인물 중 한 명이자, 밀실 속 세 남자 중 한 명(밀실 속 세 남자는 공개 석상이 아닌 자리에서 주요 현안을 합의했던 뉴욕주지사 앤드루 쿠오모 Andrew Cuomo, 주 의회의원 셸던 실버와 딘 스켈로스 세 사람을 가리킨다 - 옮긴이)인 주 상원의원 딘 스켈로스가 자기 아들 애덤Adam을 노쇼 자리 no-show job(직함만 걸어 놓고 급여를 받는 자리 - 옮긴이)에 앉혀 부당한 급여를 제공하기 위해 여러 업체에 불법적인 요구를 한 혐의가 있다고 주장했다. 우리는 증거서류와 강력한 증언뿐 아니라 도청증거까지 확보했다. 특히 아주 결정적인 통화녹음이 하나 있었다. 검찰에서 부패 혐의를 철저히 수사한다는 사실이 알려지자, 점점 압박감을 느낀 애덤은 아버지에게 전화를 걸어 이렇게 불평했다. "젠장, 프릿 바라라 놈이 모든 통화를 엿듣고 있는 것 같아요. 진짜 짜증나 죽겠어요." 글쎄, 우리가 모든 통화내용을 엿들은 것은 아니었지만 그 통화내용을 듣고 있던 것은 확실했다. 우리 검사팀은 이를 일컬어 유죄인식을 보여주는 강력한 증거라고 생각했다.

우리에게는 탄탄한 증거가 있었다. 반면 피고인 측은 아무 것도 아닌 일에 야단법석이라고, 딘 스켈로스는 그저 아들을 도와주려 했던 것뿐이었다고 주장했다. 피고인 측 주장은 결국 뉴욕주 상원의원 중 가장 위세가 높았던 딘 스켈로스가 그저 좋은 아버지 역할을 한 것뿐이라는 것이었다. 나는 이것이 터무니없는 주장이라고 생각했는데, 우리 부모님의 양육방식에서 영향을 받은 때문인지도 몰랐다. 인도 이민자로 엄격했던 우리 아버지는 아들을 돕겠다고 남들에게 부적절한 압박을 행사하느니, 차라리 아들과 연을 끊을 사람이었다.

그렇지만 그러한 피고인 측의 옹호논리가 혹자의 우려대로 공감을 얻을지, 아니면 반발을 일으킬지 알 수 없었다. 사실관계와 법률은 우리 편이었지만, 재판에서는 그 이상의 것이 필요했다. 재판은 상식적 정의를 다룬다. 재판에서 검사는 일반인이 유죄표결을 하도록 호소력 있게 이야기를 제시해야 한다. 특히 검사들은 배심원들의 상식과 그들이 일상에서 보여주는 실용적 판단 그리고 인간애에 기대야 한다. 그렇지만 이 사건의 이례적인 성격과 부정父情이라는 묘한 논리를 고려할 때, 배심원들의 개인적 경험은 우리와 다를 수도 있었다. 또한 자녀를 도와주려는 심리는 모든 부모의 보편적 욕구라는 점도 무시할 수 없었다.

그래서 여러 검사가 모여 뇌물법의 범주, '공무행위'의 정의, 증거능력 여부 등 평소 재판을 앞두고 나누던 법률적 논의 대신, 대립되는 양육철학에 대해 논쟁했다. 자녀를 애지중지하면서 응석을 받아주는 양육태도와 자립심을 길러주는 엄격한 양육태도를 둔 논쟁이었다. 자녀가 원하는 것을 다 해주는 부모가 있는가 하면, 자녀 혼자 힘으로 얻게 하는 부모도 있다. 현실에서 각자 나름의 양육방식이 있더라도, 이 재판에서 배심원들이 사실관계와 법률, 권력남용에 주목하는 대신 아들에 대한 아버지의 명백한 사랑이라는 양육태도를 놓고 찬반투표를 하게 될까 봐 우리는 걱정했다.

재판이 자신의 관점을 남들에게 설득하는 과정인 만큼, 실제로 다른 사람 입장에서 생각해보고 또 내가 제시하는 사실과 주장이 타인의 머리와 가슴에서 어떻게 받아들여질지 예측해보아야 한다. 고백하자면, 당시 나는 이런 과정을 생략하고 싶었던 것인지도 모른다. 지나치게 내 관점에서, 내가 자라온 환경에서만 사건을 바라봤는지도 모른다. 내가 부모님께 배운 가치관으로 판단하자면, 딘 스켈로스가 좋은 부모라는 생각은 추호도 들지 않았다.

나는 우리가 피고인 측의 논리를 제대로 파악했는지, 그들보다 더 설득력 있는 논거를 갖췄는지에 대해 확신할 수 없었는데, 내 기억으로 그런 경우는 처음이었다. 그 순간 기발한 생각이 떠올랐다. 나는 우리 검찰청 사무장인 에드 티렐Ed Tyrrell에게 만나자고 부탁했다. 에드는 단순한 사무장이 아니라, 검찰청 내에서 훌륭한 가교 역할을 하는 사람이었다. 그는 수많은 직원과 예산을 관리하고, 검사 업무를 지원하는 수백 건의 잡다한 업무를 도맡아 처리했다. 에드는 모든 직원들에게 친구이자 코치이며 속내를 터놓을 수 있는 사람이었고, 아마도 뉴욕남부지검에서 가장 사랑받는 사람이었을 것이다. 희끗희끗한 턱수염을 멋지게 기른 그는 언제 봐도 유쾌한 사람이었다. 에드는 괄괄할 때도 있지만, 대개는 주변에 에너지를 불어넣는 사람이었다.

에드에게 나는 검사들과 모여 스켈로스 사건에 대해 논의한 내용을 설명하면서, 피고인 측의 부자父子 옹호논리를 깨뜨리기 위해 배심원 컨설팅을 해봐도 좋을지 물었다. 이 사건이 유난스럽기도 했고, 검찰청에 그럴 만한 재정적 여유가 있는지도 궁금했다. 에드는 몇 해전 마사 스튜어트Martha Stewart('살림의 여왕'으로 유명했지만 주식 내부자거래와 관련, 사법방해 및 허위진술 혐의로 유죄평결을 받고 수감생활을 했다─옮긴이) 재판 때 우리 검찰청에서 마지막으로 배심원 컨설턴트에게 의뢰한 적이 있다며, 예산도 충분하다고 했다. 그래서 배심원 컨설팅을 받아보기로 했다.

그해 여름 어느 금요일 이른 아침, 우리는 맨해튼에 있는 한 빌딩 내에 창문 없는 사무실이 죽 늘어선 곳으로 무리지어 들어갔다. 그곳은 방 여러 개를 모의법정이나 배심원 토의실로 개조한 곳이었는데 마이크 시설과 단방향 투과성 창문까지 설치돼 있었다. 모의 배심원들이 함께한 그곳에서 연방검사 한 명이 검사 측 주장을 요약해 제시했고, 또 다른 검사는 스켈로스 측 주장을 대변했다. 모두진술과 증거제시, 최종논고까지 모든 절차를 마쳤다. 다 끝내고 나니 한나절이 걸렸다. 그때 든 생각이, 일이 늘어나긴 하겠지만 이런 방식으로 모든 사건마다 검사들이 배심원에 대한 변호인의 변론에 대비하면 유용할 것 같았다. 말 그대로, **적어도 내가 준비한 논거만큼 상대방 논거에 대비하자**는 전략이다.

검사 측은 딘 스켈로스가 아들을 위해 저지른 모든 부패행위를 요약했다. 그가 업체 세 곳을 어떤 식으로 압박했는지, 어떻게 자격증도 없고 보험판매도 안 하는 그의 아들 애덤이 연봉 7만8000달러(의료보험 포함)를 받는 보험회사에서 일하게 됐는지, 부동산회사에서 갈취한 돈 2만 달러를 어떻게 딘 스켈로스가 애덤에게 보냈는지 등을 설명했다. 또 '왜 1시간만 일하고 35시간을 일했다고 하냐'며 추궁하는 상관에게 애덤이 '두개골을 깨부수겠다'고 협박한 사건도 추가했다. 모의 피고인 측은 각종 혐의를 부인하며 반박했지만, 동시에 이는 열성적인 아버지가 자식을 위해 한 일이라는 주장도 펼쳤다.

모의재판을 마친 후 우리는 가죽의자에 앉아 단방향 유리 너머로 들려오는 모의 배심원들의 '토의' 내용을 엿들었다. 딘이 좋은 아버지라서 그런 것이라는 진술에 대한 동정론도 언뜻 들렸지만, 동시에 상당한 반감도 있었다. 일부 '배심원들'은 다른 배심원들에게 딘 스켈로스의 아들 애덤이 부양이 필요한 어린애나 청소년이 아니라 다 큰 서른다섯 살 남자로, 직장도 있고 적지 않은 수입도 있다는 점을 상기시키면서, 그 행위를 부모의 자식사랑이 아닌 권력남용으로 해석했다. 이는 고무적이었다. 한 나이 지긋하고 언변 좋은 모의 배심원은 교통공단에서 감독관으로 일하는 분이었는데, 자리에서 일어나더니 나지막하지만 단호한 목소리로 이렇게 말했다. "내게 그러한 권한이 있더라도 난 절대 남한테 내 자식 일자리를 부탁하지 않을 겁니다. 왜냐면 부모라면 그런 행동을 해서는 안 되는 것이니까요." 나는 그가 이를 개인의 윤리문제뿐만 아니라 진정한 양육원칙의 문제로도 바라보고 있음을 알 수 있었다.

이 모의재판으로 대단한 깨달음이나 통찰을 얻은 것은 아니었지만, 명확한 유죄논리를 파고드는 자식사랑 논리의 숨은 맥락을 확인할 수 있었다. 검사들이 실제 재판에서 애덤이 다 큰 남성이고 '신체 건강한 성인 아들'이라고 애써 강조한 것은 우연이 아니었다. 검사들은 배심원단에게 딘 스켈로스가 평범한 부모가 아닌 엄청난 권력자라는 점을 열심히 상기시켰고, 딘 스켈로스가 스스로의 능력만으로 자녀를 돕고자 했다면 훌륭한 부모였을 것이라고 덧붙였다. 단, 딘 스켈로스의 명백한 자식사랑을 조심스럽게 인정하고 존중하면서, 이를 무시하거나 폄하하거나 의심하지 않으려고 노력하는 모습도 보였다. 담당 검사는 피고인 측 논리를 반박하며 이렇게 말했다. "그 누구도 아들에 대한 아버지의 사랑을 의심하지 않듯, 이 법정의 그 누구도 아들 애덤에 대한 아버지 딘의 사랑을 의심하지 않습니다. 그렇지만 아들에 대한 사랑이 범죄를 무마하는 정당한 이유가 될 수는 없습니다." 이어 그는 모의 배심원들 중 몇몇의 반응을 그대로 전하듯이 말했다. "그런 주장은 그 자체로 모욕적입니다."

결국 딘 스켈로스와 애덤 스켈로스는 기소된 혐의 중 두 건에 대해 유죄평결을 받았다(첫 번째 공판 이후 연방대법원이 부패한 공무행위의 요건에 대한 법조항을 수정하면서 이들은 재심을 받아야 했다). 자식사랑을 계속 강조한 것은 재판에서 통하지 않았고, 양형심리에서도 역효과를 낳았다. 스켈로스 부자는 각각 징역 51개월과 징역 48개월을 선고받았다.

신뢰성이라는 무기

앞서 말했듯이, 변호사는 그 어떤 전문직보다도 다른 사람들이 무슨 생각을 하고 어떤 감정을 느끼는지 잘 파악해야 한다. 현실을 회피해서는 안 되며, 궤변이나 허술한 논리, 모욕, 조롱, 불합리한 추론을 늘어놓아서도 안 된다. 내 편이 아닌 사람, 즉 판사와 배심원으로부터 내 주장에 대한 신뢰를 얻기 위해 고민해야 한다.

이는 기본적이고 당연한 소리처럼 들릴 것이다. 그렇지만 근래 대부분의 사회적 소통, 특히 요즘 벌어지는 논쟁과 비교해보면 이러한 설득과정은 근본적으로 성격이 다르다는 것을 알 수 있다. 일상에서 우리는 나와 다른 견해를 차단해도 된다. 언제든 논쟁이 없는 레인을 따라 헤엄칠 수 있으며 나와 생각이나 배경, 경험이 다른 사람을 피해가도 된다. 억지로 그런 사람들의 말을 듣거나, 그들이 쓴 글을 읽거나, 그들과 얼굴을 마주하거나, 그들과 교류를 할 필요가 전혀 없다. 언제든 그냥 채널을 돌리면 된다. 요즘은 은둔할 권리, 자기만의 작은 반향실echo chamber(생각이 비슷한 사람끼리 모여 편향된 인식이 증폭되는 공간 – 옮긴이)에 안주할 권리, 뜻이 맞는 사람끼리 소규모로 뭉칠 권리를 누리는 사람이 아주 많아졌는데, 이들은 자료조사와 활발한 논쟁, 열린 대화를 통해 애써 자기 신념의 타당성을 검증하지 않는다.

그러나 형사재판은 그런 호사를 누리지 못한다. 형사재판을 진행하는 검사의 경우, 벙커에 몸을 숨긴 채 자신의 생각에만 골몰할 수가 없다. 시민권 서약에 따라 **일당을 받고 헌법**의 부름에 응한 12명의 사람들이 있기 때문이다. 이들의 역할은 검사가 제기한 모든 의혹과 주장을 하나하나 '엄청난 열의를 갖고' 공격하는 것이다. 이 세계에서 검사는 언제나 자신의 주장에 비판적인 사람들과 교류를 해야만 한다. 그것도 사실과 진실, 논리를 활용해 교류해야 한다. 그저 "나는 이 사실을 믿는다"라든가 "이것이 나의 대안적 사실이다"라고 말해서는 안 된다. 이러한 교류에서 핵심은 솔직함이다.

게다가 이러한 교류는 매우 흥분되는 일이기도 하다. 흔히 사람들은 변호사를 소송을 좋아하고 전투적이라고 헐뜯는데, 보통은 타당한 지적이다. 그렇지만 나는 서로 배려하면서 교류하고 싸우는 쪽을, 요즘의 사회풍경―이의제기나 반대의견을 피하고, 실제 마주보며 논쟁하는 일 없이, 자기만족과 자기확증에 빠진 모습―보다 훨씬 더 선호한다.

법정에서 승리하는 핵심은 무엇일까? 만반의 사전준비, 유창한 언변, 설득력은 물론 필수이다. 어느 하나 빠뜨릴 것 없이 모두가 중요하다. 그렇지만 법정에서 승리하는 핵심은 신뢰성이다. 신뢰가 있어야 사람들이 내 이야기를 믿어준다. 약점을 인정하는 것은 나약함이 아닌 강인함의 표시인데, 이를 통해 신뢰도가 높아지기 때문이다. 언제나 약점을 자진납세 하는 것이 상대방에게 지적당해 드러나는 경우보다 낫다. 나는 후배들에게 늘 다음과 같이 조언했다. "유죄를 입증하려는데 증거테이프가 없으면 없다고 해라. 우리 쪽 증인의 증언이 앞뒤가 안 맞으면 안 맞는다고 인정해라. 조력자가 바보짓을 할 것 같으면 그렇다고 말해라."

피고인 측 변호인도 이런 사실을 알고 있다. 유명 형사변호사인 벤 브라프먼Ben Brafman은 근래 들어 미국에서 가장 미움 받은 피고인 중 한 명인 마틴 슈크렐리Martin Shkreli를 변호했다. 슈크렐리는 투자자들을 사취한 혐의로 기소됐지만, '미국에서 가장 미움 받는 남자'라는 특별한 별명을 갖고 있었다. 그가 HIV/AIDS(인체면역결핍바이러스/후천성면역결핍증) 치료제로 쓰이는 다라프림Daraprim의 가격을 올렸기 때문인데, 무려 5000퍼센트나 약값을 올렸다. 이 천문학적인 가격 인상으로 다수 환자가 자신의 목숨 줄이나 마찬가지인 이 약을 구입할 수 없게 되었다. 그런데도 이 제약왕Pharma Bro은 소셜미디어에서 여성 언론인을 희롱하고, 할 수 있다면 다른 많은 의약품의 가격도 올리겠다고 떠벌리는 등 온갖 비난에도 개의치 않는 모습을 보였다. 그야말로 혐오스러운 인간이었다.

이에 변호인인 브라프먼은 의식적으로 자신의 의뢰인이 성품에 문제가 있다고 인정했다. 그는 선고공판에서 가끔 자기 의뢰인의 얼굴에 주먹을 날리고 싶을 때가 있다고 말하기도 했다. 이 무례하면서도 솔직히 인정하는 태도는 변호인에 대한 신뢰를 높였고, 브라프먼을 의뢰인과 다소 분리해서 보게 했다. 또한 법정에 있던 사람들은 브라프먼과 유대감을 느꼈고, 그가 변호인으로서 의뢰인의 입장에서 이런저런 주장을 할 수 있는 여지를 만들어주었다.

많은 피고인 측 변호인들은 검사 측의 모든 주장과 모든 혐의를 공격한다. 심지어 반박하기 힘들고, 관련이 없으며, 모호하고, 역효과를 낳을 수 있는 쟁점까지도 모두 물고 늘어진다. 그러나 이는 강한 게 아니라 나약한 것이다. 재판에서 다른 사람을 제대로 배려하지 않는 태도는 어떻게 드러날까? 내 생각에는 주로 불명확한 의사소통을 통해 드러나는 것 같다.

나는 젊은 변호사들에게, 변호사로서 가장 중요한 일은 말을 하는 게 아니라 듣는 것이라고 말하곤 한다. 좋은 변호사가 되고 싶은

가? 말하는 것에 신경 써라. 위대한 변호사가 되고 싶은가? 남의 말을 듣는 것에 신경 써라. 이 두 문장에서 '변호사' 대신 '리더'를 집어넣으면 훨씬 더 보편적인 진실을 파악할 수 있다. 효과적인 직접신문을 위해 검사들이 해주는 가장 중요한 조언이 무엇인지 아는가? 바로 증인의 말을 경청하는 것이다. 대질신문의 경우는? 이것도 증인의 말을 주의 깊게 듣는 것이다.

컬럼비아대학교 법대 3학년 공판실습 수업 때, 나를 가르쳤던 교수는 뉴욕남부지방법원 판사 마이클 머캐시Michael Mukasey와 연방검사 댄 나르델로Dan Nardello였다. 이 두 스승은 수업에서 아무리 많이 준비했어도 증인의 말을 듣는 게 절대적으로 중요하다고 늘 강조했다. 그때 들었던 적절한 실화를, 25년이 지난 지금도 기억한다.

자신이 운영하던 사회복귀시설에서 어린 소년들을 성적으로 학대한 피고인에 대한 양형심리가 열렸다. 연방검사는 피해자에게 증언 요령을 성실히 알려주면서, 피고인이 정확히 어떤 말과 행동을 했는지를 저질스러워도 정확히 진술하는 것이 법정에서 중요하다고 강조했다. 그는 피해자에게 그 어떤 사실도 순화해서 표현하지 말라고 계속해서 당부했다. 그들은 증언을 여러 차례 검토했는데, 증인이 공개 법정에서 증언하는 것을 불안해했기 때문이었다.

심리가 시작되었다. 모두가 정장을 갖춰 입었고, 판사도 법복을 입고 등장했다. 어린 피해자 겸 증인은 초조하게 증인석에 앉았다. 검사가 무슨 일이 있었는지 물었고, 증인은 자신이 받은 성적 학대를 묘사했다. 피고인과 단 둘이 있게 된 과정, 피고인이 바지 지퍼를 내린 상황을 설명했다. 그러자 검사가 물었다. "그 다음에 무슨 일이 있었지요?" 그 순간, 증인은 자기가 겪은 일을 순화해서 표현했다. "피고인이 오랄 섹스를 해달라고 했습니다." 그렇지만 그것은 증인이 검사와 준비한 내용이 아니었다. 그런데 검사는 증인이 하는 말을 듣지 않고 있다가, 미리 써온 후속 질문을 기계적으로 읽었다. "피고인이 증인에게 좆을 빨아달라고 한 다음에 어떤 일이 있었습니까?"

남의 말을 귀담아 듣지 않으면 돌이킬 수 없는 사태가 벌어지며, 법정에서는 단지 당황스러운 정도에서 끝나지 않을 수도 있다.

재판의 의미와 역할

나는 재판과정과 재판의 상징성을 찬양하는 사람이다. 미국에서 공개 재판을 중요하게 여기는 이유는, 변호사들이 종종 보여주는 통쾌한 활약 때문이기도 하지만, 공개 재판이 일반 대중을 위한 민주주의의 중요한 상징이자 그에 대한 보증이라고 여겨지기 때문이다. 결국 재판과정은 미국의 사법체계와 법치주의를 고스란히 보여준다. 재판은 정의가 실현되어야 할 뿐 아니라, 그 과정이 투명하게 **드러나야** 한다는 원칙을 따라야 한다. 여러 면에서 재판은 미국 민주주의의 시금석으로, 모든 국민에게 가장 직접적이고도 피부에 와 닿는 형태로 정의를 실현한다. 재판이 사라지면, 시민권도 위협받는다. 일반인이 잠시 일반적이지 않은 임무를 수행하는 곳도 바로 이 법정이다.

우리 편은 늘 옳고 상대편은 늘 틀리다는 신념이 확고한 시대에, 법정은 일반적으로 진실과 정의를 추구하는 과정의 이상적인 모습을 보여준다. 법정은 증거와 사실을 바탕으로 진실을 추구하는 거의 유일무이한 곳이다. 그래서 신문과 대질신문에 의존하고, 억측과 암시를 배격한다.

또 양측 모두 주장을 전개하고, 그 주장에 맞설 권리를 보장받는다. 또 어느 한 쪽의 목소리가 묻히거나 침묵을 강요당하는 일 없이, 모두가 공평하게 주장을 피력하게 해준다. 단, 배려와 예의를 갖춰서 타당한 의견을 제시하고 편견이나 두려움, 감정에 부당하게 호소하지 않아야 이런 권한을 보장해준다. 그 어느 쪽도 거짓말이나 그릇된 진술, 그리고 진실을 진실이 아니라고 우기는 주장이 허용되지 않으며, 만약 그런 주장을 내세울 경우 양쪽 모두 판사에 의해 제지**당할 것**이다. 상대방을 '저능아'라고 부르거나 험담해서도 안 되고, 기소에 정치적 의도가 숨어 있다고 주장해서도 안 된다. 또 멕시코인은 강간범이라든가, 어떤 증인이 '거지소굴 같은 국가' 출신이라는 등의 선입견이 가득한 진술을 해서도 안 된다. 법정은 진실을 요구하고 무가치한 말을 금지하는 것을 규칙으로 삼는다.

재판의 모든 단계에서, 배심원들은 거듭 주의를 받는다. 어떤 주의사항일까? 바로 열린 자세를 보이라는 것이다. 매일같이 판사들은 배심원단에게 열린 자세를 보이라고, 무죄추정의 원칙을 기억하라고 상기시킨다. 양쪽 주장을 전부 들을 때까지, 모든 사실이 다 제시될 때까지, 모든 타당한 주장이 전개될 때까지 열린 자세를 보이라고 상기시킨다.

미국의 사법체계에서 배심원들은 불쾌한 심기를 드러내도 된다. 검사들의 외모나 복장을 못마땅해해도 된다. 노트필기를 해도 되고 안 해도 된다. 물론 여러 가지 규정을 위반하면—계속 지각하거나, 인터넷으로 사건을 검색한 경우—배심원 자격을 박탈당할 수 있다. 그렇지만 그중에 주목할 만한 배제근거가 하나 있다. 바로 신중하게 고민하지 않는 것이다.

어느 사회나 마땅히 그래야 하겠지만, 이는 미국 사법체계가 당신의 견해를 인정해주되 시간을 들여 다른 사람과 문제를 논의했고, 반대의견을 들어봤고, 의미 있는 방식으로 그 문제와 씨름했고, 적어도 열린 자세로 접근했고, 다른 사람의 말을 경청한 경우에 한해 인정해준다는 뜻이다. 그렇게 하지 않았을 경우 당신은 배심원단에서 배제된다. 제대로 숙고하지도 않은 채 결정을 내리고, 모든 논쟁에서 눈과 귀를 닫으며, 토론자리에 빠지면, 그 사건에 대해 판단을 내릴 자격이 없다. 그 경우 당신의 견해는 배제되고, 당신은 집으로 돌려보내진다.

이것이 미국 헌법이 진실을 찾아내고 정의를 이루기 위해 택한 최선의 방법이다. 이 방법은 뭔가 특별하다. 독자들은 이 방법이 사회에서도 진실과 정의를 찾는 일에 어떤 지침이 될 수 있지 않을까 하는 생각이 들 것이다. 사회 구성원들이 서로를 배려하면서 열린 자세로 논쟁해 완전한 소통이 이루어지는 방식으로 작동한다면, 서로를 증오하는 대신 더 나은 법과 더 나은 정치를 갖춘 사회가 되리라고 기대할 수 있다.

효과적인 스토리텔링의 힘

앞서 말했듯이, 재판의 핵심은 효과적인 이야기 전달로 내가 이미 납득한 사실을 남들에게도 납득시키는 과정이다. 또 이는 판정을 내리는 배심원들의 입장에 충분히 공감하면서, 가급적 흥미롭고 이해하기 쉬우며 설득력 있게 자기주장을 표현할 방법을 찾는 것이다. 때로 검사들은 피고인 측에서 얼핏 설득력 있어 보이는 허술한 논리로 자신들의 이야기를 포장하는 것을 보게 된다.

한 가지 예를 들어보겠다. 우리 검찰청 공판팀은 미국 사법 역사에 하나의 이정표가 된 내부자거래 혐의 관련 첫 재판에서, 어느 정도 예측 가능한 변호인 측의 피상적 논리를 어떻게 꺾을지 고심했다. 라지 라자라트남의 헤지펀드인 갤리언그룹 사건에서, 우리 공판팀은 수십 건의 주식거래가 비공개 정보와 불법정보를 바탕으로 이뤄졌다는 증거를 상당수 확보했다. 그렇지만 다른 수백만 건의 주식거래는 실제 시장조사를 바탕으로 진행된 완벽히 정당하고 합법적 거래임이 분명했기 때문에, 변호인 측이 이를 파고들 것이라 예상했다. 우리의 예상대로 피고인 측은 방대한 조사 자료를 배심원단 앞에서 흔들면서, 피고인들의 거래가 얼마나 탄탄한 분석을 토대로 한 것인지 주장했다. "이 모든 자료를 보십시오!"라고 피고인 측 변호인이 외쳤다. 그 산더미처럼 많은 자료들이 피고인들이 피땀 흘려 노력했다는 증거라는 것이었다.

물론 이는 자세히 들여다보면 얄팍한 주장이지만—평소 제한속도 이내로 운전한다고 해서 한 번도 과속한 적이 없다는 증거가 되지는 않는다— 형편없는 **이야기도** 아니었다. 잘 짜인 이야기는 타당한 주장을 압도하기도 한다. 따라서 타당한 주장이면서 **동시에** 잘 짜인 이야기를 갖추면 매우 이상적이다. 2011년 봄, 나는 공판팀과 함께 창문도 없는 5층 회의실 탁자에 둘러앉아, 이 얄팍한 논리를 명쾌하게 쳐낼 반박논리를 고심했다. 그러는 사이 공판일자가 다가왔지만, 뭔가 뾰족한 수가 떠오르지 않았다.

공판팀이 주요 협조적 증인의 증언을 준비하고 있던 어느 날, 공판팀을 이끄는 조너선 스트리터Jonathan Streeter 검사가 뭔가를 발견해냈다. 조너선은 변호인 측 역할을 맡아 모의 대질신문을 이끌었는데, 피고인 측이 퍼부을 맹공에 증인을 대비시키기 위해서였다(조금 역설적인 사소한 정보 하나, 금융시장 왜곡을 다룬 이 사건에서 증인 이름은 애덤 스미스Adam Smith였다). 조너선은 열변을 토하면서 조사 자료가 수두룩하지 않느냐는 피고인 측 논리를 대변했다. **"그렇지만 당신이 조사를 한 것은 사실이지 않습니까? 그 모든 조사 자료가 여기에 이렇게 놓여 있지 않습니까?"** 조너선의 맹공에 몹시 화가 났지만 명석한 증인은 침착함을 잃지 않다가 마침내 입을 열었다. "이보세요, 갤리언에서는 각자 숙제도 했지만, 커닝도 했습니다."

바로 그거였다. 조너선은 이것이야말로 모두진술의 핵심이고, 배심원을 설득할 간결하고도 명쾌한 논리임을 바로 깨달았다. "피고인들은 각자 숙제를 했습니다. 그렇지만 시험에서 부정행위도 저질렀습니다." 단 여덟 마디였지만 정곡을 찔렀다. 이 여덟 마디는 특정 사실을 인정하면서(상당수의 거래가 합법적이고, 명확한 조사를 토대로 이루어졌다는 점) 동시에 또 다른 사실(엔비디아Nvidia, 인텔Intel, 인터실Intersil

같은 반도체 기업들처럼 법을 어겨 투자한 경우도 있다는 점)을 지적했다. 이 것은 망치이자 방패로, 쟁점을 명확히 드러내주었다. 우리는 피고인 측이 온갖 조사 자료를 들먹이며 언성을 높일 때마다, 이 여덟 마디 가 배심원들의 귓가에 맴돌기를 원했다. 피고인들이 정당한 숙제도 했지만 **부정행위도 저질렀다**는 검사들의 주장이 계속 아른거리길 기대했다.

생각해보면, 세간의 주목을 받은 많은 부정행위자들이 합법적 행 동도 많이 한 경우를 우리는 자주 봤다. 그들은 좀 더 유리해지려고 부정행위를 저질렀다. 야구스타 배리 본즈Barry Bonds는 약물을 복용 하지 않은 상태에서도 당대에 매우 뛰어난 선수 중 하나였다. 랜스 암스트롱도 마찬가지였다. 이들은 엄청난 재능이 있었다. 이들은 열 심히 연습했고 훈련했고 또 노력했다. **이들은 숙제를 열심히 했지만 부정행위도 저질렀다.** 라지 라자라트남과 갤리언그룹의 직원들도 마찬가지였다. 그리고 우리의 논리는 효과가 있었다.

스켈로스 부자 사건으로 다시 돌아가보자. 아버지의 자식사랑이 라는 옹호론 말고도, 우리가 격파해야 했던 얼핏 호소력 있어 보이는 옹호논리가 또 하나 있었다. 혹시 모르는 독자를 위해 덧붙이자면, 당시 딘 스켈로스를 공갈 혐의로 기소한 사건들이 상당수 있었다. 스 켈로스는 주 의회의원이라는 자신의 권위에 휘둘렸던 사람들에게서 아들에게 줄 급여와 보험금을 갈취했다. 흔히 일반인들은 공갈이라 고 하면 야구방망이를 마구 휘두르는 마피아들의 위협적인 행동만 을 떠올린다. 그렇지만 공직자부패에서 공갈은 말 그대로 '직권을 남용해 갈취'하는 것이다. 이는 공직자라는 자신의 권위를 이용해 다른 사람을 내 뜻대로 부리는 것을 점잖게 표현한 것일 뿐이다. 역사상 공직자부패 사건에서 직접적으로 위협한 경우는 드물다. 그럴 필요가 없기 때문이다. 왜 그럴까? 호의를 요구하는 모든 대화마다 부당한 정치권력이 깔려있기 때문이다. 늘 그 자리에 있는 '방 안의 코끼리'인 셈이다(방 안의 코끼리는 다들 알고 있으면서도 말하지 않는 문제를 뜻한다 – 옮긴이).

딘 스켈로스 소송의 최종논고를 앞두고, 주말에 준 킴과 조안 러프넌Joan Loughnane, 댄 스타인과 나는 공판팀과 함께 8층 도서관에 모였다. 나는 이 사건의 재판이 잘 풀리고 있는 상황에서 어떤 최종논고가 나올지 몹시 궁금했다. 마지막 논고를 맡은 사람은 제이슨 마시모어였다. 나는 제이슨을 응시하다가 그가 수줍게 웃는 모습을 봤다. 이유를 물었더니, 제이슨은 마지막 진술 때 시를 인용해볼까 생각 중이라고 했다.

나는 미심쩍은 표정을 지었다. 검사의 최종변론은 시를 읊는 자리가 아니었다. 내 표정을 읽었는지 제이슨은 자신이 인용하려는 시는 **동화책**에 나오는 것이라고 했다. 그냥 동화책이 아니라, 셸 실버스타인Shel Silverstein이 쓴 유명한 시집 『골목길이 끝나는 곳Where the Sidewalk Ends』에서 한 편을 인용한다고 했다. 그 책은 우리 애들에게도 읽어준 적이 있었다. 나는 눈썹을 치켜 올렸다. 제이슨은 퇴짜맞을까 봐 걱정하는 눈치였다. 그는 내게 논고 초안을 건넸고, 나는 그의 시선을 느끼며 원고를 읽었다.

나는 제이슨을 다시 바라보며 입을 열었다. "아주 마음에 드는데요." 내용이 색다르거나 창의적이어서가 아니었다. 배심원들에게 딘 스켈로스 사건에서 노골적인 협박이 필요 없던 이유를 단박에 구체적으로 이해시킬 수 있기 때문이었다. 우리는 모두 열렬히 찬성표시를 했다. 제이슨의 최종변론 초안은 피고인 측의 허황된 주장을 **다른** 사람들이 바로 깨닫게 하려면 무엇이 필요한지 정확히 이해하고 쓴 것 같았다. 그것은 피고인 측 이야기보다 더 뛰어나고 더 진실한 이야기였다.

제이슨이 공판에서 한 마지막 진술은 다음과 같았다. "이 책 마지막 부분에는 특별한 시가 나옵니다. 한쪽 페이지에는 삽화가 실려 있습니다. 여기 작은 꼬마가 있습니다. 행복해 보이지요. 꼬마는 거대한 고릴라의 등에 올라타 있습니다."

제이슨은 이 인상적인 고릴라를 묘사했다. "이 놈은 몸집이 큽니다. 거대하죠. 무섭습니다. 걸을 때면 주먹으로 바닥을 말 그대로 꾹꾹 누르며 걷습니다. 고릴라 등에 올라탄 책 속의 아이는 웃고 있습니다. 행복해 보입니다." 책에서 고릴라 등에 올라탄 아이는 아주 즐거워하며 학교까지 간다. 이 대목에서 제이슨이 말했다. "그렇지만 이 이야기의 핵심은, 아이의 관점에서 하는 말 속에 있습니다. '어라, 학교에 고릴라를 데리고 오니까 다들 나한테 정말 잘해주네. 학교에 고릴라를 데리고 오니까 애들이 나한테 선물을 주네. 수업시간에 껌을 씹어도 선생님들이 뭐라고 안 하네. 다들 나한테 칭찬을 하네. 시험 때 커닝해도 괜찮네. 학교에 고릴라를 데리고 오니까, 전 과목에서 만점을 받았네.'"

제이슨은 수사적으로 물었다. "왜 이런 일이 일어났을까요?" 그는 답했다. "다들 고릴라가 자신에게 달려들까 봐 두려웠던 겁니다. 그래서 아이는 모든 시험에서 만점을 받고 그 모든 것을 얻었던 것입니다. 또 사람들이 고릴라를 두려워할 수밖에 없던 이유는 고릴라가 학교에 있어서는 안 되는 존재이기 때문입니다." 이어 제이슨은 핵심으로 넘어갔다. "이 이야기는 배심원 여러분이 이 사건에서 들은 주장과 비슷합니다. 이 사건에서 고릴라는 바로 상원 원내대표라는 공직의 권력입니다." 딘 스켈로스는 바로 권력이 있었기 때문에 기업을 자기 의도대로 주무르고 또 영향력을 행사할 수 있었다.

배심원들은 바로 이해했다. 이 똑똑하고 산뜻한 은유가 호소력 있게 전달되면서, 구구절절한 주장보다 더 큰 효과를 낳았다.

나는 이 재판을 여러 번 참관하면서 늘 법정 뒤편, 눈에 안 띄는 자리에 앉아 있었다. 제이슨의 재치 있는 진술이 끝나자마자, 나보다 한참 앞쪽에 앉아있던 기자 하나가 고개를 들어 두리번거리더니 나와 눈이 마주치자 고개를 끄덕였다. "압도적이었다"라고 말하는 듯했다. 정말 그랬다. 이는 아홉 살짜리 조카도 쉽게 이해할 수 있는 명쾌한 반박논리였다.

18장 밀실 속의 세 남자

권력자들의 부정부패를 다루는 법

공개 발언은 연방지검장에게 여러 이유로 중요하다. 연방검사들은 범죄를 저지른 자에게 책임을 물을 뿐만 아니라 범죄를 예방해야 한다. 검사들이 연단에 올라 사건을 직접 설명하는 것은 대중을 안심시키고 정확하게 상황 설명을 하며 정보를 주기 위한 것이다. 정부기관에 대한 신뢰가 (그 어느 때보다) 전반적으로 부족한 상황에서, 내게는 오래된 격언을 고수하는 것이 중요했다. 그 격언은 바로 '정의는 실현해야 할 뿐 아니라, 그 과정이 눈에 보여야 한다'는 것이다. 대중은 경찰이 순찰하고 있는지, 흉악범이 적절한 처벌을 받는지, 그리고 모든 형사처벌 과정이 공개적으로 투명하게 집행되는지 눈여겨본다. 때로 이 격언은 범죄 및 공공안전, 즉 시민의 삶에 실제 영향을 주는 사안들에 대해 검사가 거리낌 없이 발언해야 한다는 뜻이기도 하다.

나는 범죄 혐의를 발표하는 기자회견장에서 거침이 없었다. 나는 동일한 범죄를 다른 사람들이 저지르지 않도록 차단하는 범죄 억제를 중시했다. 특히 똑똑한 특권층이 옳지 않다는 것을 알면서도 저지르는 화이트칼라 범죄를 예방하기 위해 고심했는데, 동료들의 기소 사실이 언론을 통해 공개되면 자신도 저지를지 모를 범죄에 대한 비용편익분석에 영향을 주고 경종을 울릴 수 있다고 생각했다. 나는 공개 발언을 할 때 가끔 미사여구를 동원하기는 했지만, 즉흥적인 발언을 삼가고 공개된 사실 외에는 언급하는 일이 없도록 조심했다. 또 준비된 발언에서 내뱉는 모든 단어는 부지검장, 홍보실, 혐의를 제기한 담당 검사들에게 검토를 받았다. 사실 대부분의 경우 초안은 사건을 맡은 검사들이 작성했다.

나는 일반적인 체포발표가 아닌 내용도 종종 다뤘다. 한번은 오피오이드opioid(마약성 진통제) 사건에 대해 발표했는데, 사태가 심각했기 때문이었다. 마피아 사건도 발표했는데, 이것 또한 문제가 심각했다. 그리고 공직자부패에 대해서도 발표했다. 왜 그랬을까? 이 문제 역시 심각했기 때문이었다. 검사가 살인이나 강도, 마약밀매, 기업사기에 대해 맹비난할 때 이에 대해 항의할 사람은 아무도 없다. 또한 나는 뉴욕주 의회의 고질적인 부패행위가 다른 범죄들보다 덜 중시되거나 덜 주목받을 이유는 없다고 생각했다. 말도 안 되는 부패행위가 만연했기 때문에, 나는 이에 대해서도 공개적으로 발언했다. 기자회견장 및 학술기관을 막론하고 공직자부패에 대해 경종을 울리고 싶었다.

공개 발언의 파장 혹은 효과

나는 부패 혐의에 대한 기소뿐 아니라 이러한 공개 발언이 계기가 되어, 뉴욕주지사 앤드루 쿠오모가 부정부패 일소를 위해 모어랜드 공직자부패조사위원회Moreland Commission를 만들었다고 생각한다. 이 위원회는 각종 부조리를 조사하고 예방하기 위한 목적으로 설치됐다. 그런데 쿠오모 주지사가 뭔가 석연치 않은 이유로 이 위원회를 조기해산했다. 그때도 나는 이 사실에 대해 발언했다. 그 후 우리 검찰청은 모어랜드 위원회의 파일을 압수하고, 부패수사를 이어가면서, 모어랜드 위원회의 조기해산을 둘러싼 수사를 본격적으로 시작했다.

우리가 모어랜드 위원회의 파일을 넘겨받은 바로 다음 날, 나는 인기리에 방송되는 라디오 프로그램인 WNYC(뉴욕공영라디오방송)의 브라이언 레러 쇼Brian Lehrer Show에 출연하기로 되어 있었다. 나는 그 방송에 나가 거침없이 말했다. "명백한 사실은 때가 무르익기도 전에 위원회가 해체되었다는 것입니다. 보통 아기가 태어나려면 9개월 정도 임신기간이 필요하지요. 그런데 검찰이 보기에, 아직 공직자 부패 수사가 무르익을 만큼 시간이 흐르지도 않았는데 위원회가 해체되었습니다."

나는 지금껏 거침없이 발언한 것에 대해 그리고 오피오이드나 마피아, 내부자거래, 공직자부패 등의 사건 발표로 대중의 이목을 끈 것에 대해 사과한 적이 없다. 나는 공개된 공소장의 내용에서 벗어난 발언을 하지 않았고, 사족도 달지 않았다. 때로 발언이 신랄하고 거침없고 냉소적인 경우도 물론 있었을 것이다. 어쩌면 조용히 침묵하는 것이 더 나았을지도 모른다. 나는 그런 지적에도 나름 일리가 있다고 본다.

공개 발언에 대한 입장은 검사의 임무와 그것의 잠재적 여파를 어떻게 보느냐에 따라 조금씩 달라진다. 그것이 순전히 범죄를 처벌하거나 예방하기 위해서인지, 대중에게 널리 알리기 위해서인지, 경고를 하기 위해서인지, 아니면 범죄를 억제하기 위해서인지에 따라 달라진다. 중요한 점은 피고인이 공정한 재판을 받을 권리를 조금도 침해하지 않아야 한다는 점이다. 나는 내 발언으로 인해 그런 일이 벌어진 적은 결코 없었다고 장담할 수 있다.

언젠가 우리 검찰청에서 뉴욕주 하원의장 셸던 실버를 기소한 바로 다음 날 아침에 강연을 한 적이 있다. 그 강연은 대중의 엄청난 주목도 받았지만 법조계의 신랄한 비판도 받았다. 사실, 1월 23일에 열린 2015년 뉴욕대학교 법대 조찬 강연은, 내가 실버 의원의 정확한 기소날짜를 알기 한참 전에 계획한 강연이었다. 당시 나는 지금은 기억나지 않는 전혀 다른 주제로 강연을 준비했었다. 그렇지만 뉴욕주 최고 권력자 중 한 명을 구속시켜 세간의 이목이 집중된 상황에서, 바로 다음 날 열린 강연 자리에서 이런 사실을 전혀 언급하지 않는 게 오히려 이상하다고 생각했다.

강연 전날 밤, 준 킴 검사와 나는 검찰청 인근 식당에서 간단한 식사와 함께 술을 한잔 하며 하루를 곱씹었다. 이는 중요한 자리였다. 우리는 공개 기소한 하원의장의 부패 혐의와 관련된 특정 사실을 논의했을 뿐 아니라, 그런 뿌리 깊은 부패를 가능케 한 정치권력의 역학에 대해서도 토론했다. 이른바 '밀실 속의 세 남자'에 대한 것으로, 이들은 뉴욕 시민과 관련된 모든 중요한 사안을 대부분 비밀리에 결정내린 것으로 유명했다. 그 삼인방은 바로 뉴욕주지사 앤드루 쿠오모와 뉴욕주 상원 원내대표 딘 스켈로스(그는 몇 주 후 부패 혐의로 구속됐다), 뉴욕주 하원의장 셸던 실버였다. 우리는 이 세 사람이 만들어낸 부조리하고 기이하며 코미디 같은 관행에 대해 이야기를 나눴다. 나는 준 킴 검사와 나눈 대화 중 일부를 메모하면서, 뉴욕주에서 이렇게 비상식적으로 공무가 이뤄진다는 사실에 쓴웃음을 지을 수밖에 없었다.

다수의 뉴욕 시민과 마찬가지로 나 역시 이렇게 부패한 현실에 화가 났다. 당시 뉴욕주 상원 윤리위원회는 의원들에 대한 수없이 많은 의혹이 제기되었음에도 한 번도 청문회를 열지 않을 정도로, 전혀 자체 감시를 하지 않았다. 사실 윤리위원회의 자문위원은, 연방 우편사기 법령을 위반하지 않으려고 주 의회의원들에게 재산공개 양식을 직접 제출하도록 통보한 것으로 한때 악명이 높았던 인물이었다. 앞서 언급했지만, 부패 의혹을 받던 뉴욕주 상원의원은 선거에서 패배할 확률보다 기소될 확률이 더 높았다. 그게 당시 분위기였다. 정치인들은 부패문제를 비판하기보다 대개 같은 공무원인 검사들을 공격했다. 많은 시민들이 밀실 속 세 남자에게 분노했다. 그래서 나는 이 문제에 대해 공개 발언을 하기로 결심했다.

다음 날 오전 8시에 뉴욕대학교 법대 건물 2층에 있는 대형 강연장에 들어섰다. 서 있는 공간만 빼고 객석이 가득 찰 만큼 성황이었다. 법대에서는 미처 들어오지 못한 참석자들을 위해 별도의 공간에

스크린을 설치해야 했다. 아침 강연이 그렇게 생기 넘치는 경우는 처음이었다. 보통 아침 강연은 나른한 분위기로 가득하다.

나는 무대에 올라가 뉴욕주의 정치행태를 가차없이 비판했다. "정치인은 시민의 세금으로 급여를 받는 사람들입니다. 부유층의 특수한 이익을 위해 행동하는 비밀스런 가신이 아닙니다. (…) 보통 문제의 핵심은 돈입니다. (…) 뉴욕주의 권력이 극소수 사람들에게 지나치게 쏠려 있습니다. 혹자는 단 세 명의 손아귀에 있다고 하더군요. 제가 헤아려보니 뉴욕주 의회의원은 213명인데, 이 중 단 세 명이 모든 권력을 휘두른다는 게 누구나 다 아는 상식처럼 되어버렸습니다. (…) 2000만 뉴욕 시민이 언제 로마시대처럼 삼두정치를 하자고 동의했습니까?"

이어 나는 농담을 했다. "저는 '밀실 속 세 남자'라는 표현이 잘 이해되지 않아서 애를 좀 먹었습니다. 그건 아마 제가 자란 배경 때문일 겁니다. 저는 인구가 많은 인도 출신 이민자입니다. 그래서인지 밀실 속에 10억 명쯤은 있어야 할 것 같은데요. (…) 왜 세 남자여야 합니까? 여성은 안 됩니까? 왜 늘 백인이어야 합니까? 방이 얼마나 좁기에 세 사람이면 꽉 찹니까? 벽장 속 세 남자가 아닐까요? 시가는 없었답니까? 쿠바산 시가였겠죠? 잠시 후에 썩은 내가 진동했겠죠?"

객석 반응이 좋아 보이자 나는 한발 더 나아갔다.

"당신이 그 밀실 속 세 남자 중 한 명이고, 당신에게 모든 권력이 있고, 늘 그 권력을 쥐고 있는 데다, 모두가 이 사실을 알고 있다고 해봅시다. 그러면 당신은 반대의견을 허용하지 않을 겁니다. 그럴 필요가 없으니까요. 논쟁도 허락하지 않을 겁니다. 그럴 필요가 없으니까요. 변화에 호의적이지도, 개혁을 추진하지도 않을 겁니다. 조금도 그럴 필요가 없고 현상 유지가 당신에게 늘 이득일 테니까요. 한편으로, 당신이 그 밀실 속 남자 중 한 명이라면, 당신은 이 모든 사실을 시민들에게 비밀로 할 겁니다. (…) 왜냐하면 그렇게 할 수 있으니까요. 주체적으로 사고하는 사람이 있으면 그를 처벌할 겁니다. 그렇게 할 수 있으니까요. 당신은 한결같은 충성을 요구할 겁니다. 그렇게 할 수 있으니까요. 권력에 취해 그 권력을 남용하는 이유는 아무도 이의제기를 하지 않기 때문에, 애초에 누구 덕에 그 자리에 앉았는지를 쉽게 망각하기 때문입니다."

당시 나는 내가 어떤 발언을 해도 실버가 공정한 재판을 받을 권리에 영향을 주지 않는다는 점을 잘 알고 있었다. 그의 행동은 매우 잘못된 것이었고, 배심원 선정과정에서 누구든 실버와 연관 있는 사람은 제외되었을 것이다. 그럼에도 나는 비판의 목소리를 낼 시점을 더 현명하게 고민해야 했는지도 모른다. 또 충격적인 기소 다음 날 사람들을 격분시키기보다 미리 준비한대로 강연을 하는 것도 괜찮았을 것이다. 혈기를 조금 누르는 것도 좋았을 것이다. 3년이 지난 지금 당시 강연 내용을 돌이켜보면, 마치 이제는 들고 일어나야 한다며 대중을 자극하는 정치적 선동처럼 들렸을 수도 있겠다 싶다. 물론 내 의도는 그게 아니었다. 시궁창 같은 정치판이 너무 답답해서 한 말이었고, 모든 뉴욕 시민의 답답한 심정을 대신해 한 발언이었다. 그렇지만 검사가 그런 감정을 느끼고 발산해도 되는 것일까? 그 강연에서 만족감을 느끼고 기분이 좋았다면, 그것은 분명 문제가 있다는 신호였을 것이다. 그리고 내 연설에 문제가 있다는 뜻이었을 것이다.

언론플레이라는 비난

내가 한 발언에 대해 이렇게 경계하는 이유 중 하나는, 내가 어떤 식으로든 실버의 재판에 영향을 주지 않았다는 점을 확실히 하기 위해서이다. 실버의 재판은 발레리 카프로니Valerie Caproni 판사에게 배정됐다. 그는 전 FBI 국장 로버트 뮬러의 자문위원을 맡았던 인물로, 아마 현직 판사들 중 언론을 가장 싫어하는 사람이었을 것이다. 실버의 변호사들이 공판 전 보도를 근거로 공소기각을 끌어내기 위해 전혀 무의미한 마지막 승부수를 띄웠을 때, 그 중심에는 나의 공개 발언이 있었다. 그렇다고 카프로니 판사가 소송을 기각할 가능성은 없었지만, 검사 측에서는 소송적요서를 통해 내 발언을 두둔해야 했다. 어쨌거나 가장 중요한 사실은, 카프로니 판사가 피고인 측에 불리한 판결을 내렸다는 것이다. 그렇지만 판사는 나를 모질게 질책하면서 내가 '언론플레이'를 했다고 책망하는 것을 잊지 않았다.

나는 비행기를 타고 이동하다가 재판 결과를 들었다. 카프로니 판사는 검사 측 손을 들어주었지만, 그 언어는 매서웠다. 나는 배를 주먹으로 가격당한 기분이었다. 그렇지만 바람직한 효과도 있었다. 그 후로 나는 더 신중해졌고, 훗날 한 뉴스기사의 표현에 따르면 '좀 더 차분'해졌다.

아이러니하게도 2018년 카프로니 판사가 실버에게 최종선고를 내릴 때, 단 한 사람에 대한 형량선고였음에도 그 내용은 한 개인의 범죄를 넘어 부패사건 전반을 폭넓게 겨냥했다. 판결문의 내용은 이러했다. "부패사건들은 직접적으로든 간접적으로든 밀실 속의 파렴치한 세 남자와 관련이 있었다. 게다가 모어랜드 위원회가 활동을 중단하도록 합의한 것도 이들 세 남자였다. (…) 이런 관행은 사라져야 한다. 뉴욕주 의회는 다시 조직을 정비하고 제도적으로 부패의 싹을 잘라내는 조치를 해야 한다." 전적으로 동의하는 바였다.

공직자부패는 우리가 기소한 여느 범죄에서는 보기 힘든 대중의 공분을 자아내는데, 이는 지극히 당연한 일이다. 검사는 이러한 대중의 분노를 이용하지 않도록, 즉 군중심리를 조장하지 않도록 조심해야 한다. 또 하나 주목할 점은 무자비하고 악의적인 기소의 희생자라고 스스로를 옹호했던 사람들이, 사실은 지역사회의 가난하고 탄압받는 약자가 아니었다는 점이다. 그들은 뉴욕 시민들이 직접 뽑아 세운 가장 막강한 지도자들이었다. 그들은 공직자로서 엄수해야 할 성실한 임무수행 맹세를 어겼고, 유권자를 배신했으며, 공직을 이용해 부를 축적하는 일이 매우 잦았다. 그래서 이들은 터럭만큼도 두둔해줄 가치가 없었다.

19장 배심원 평결

결과를 알 수 없는 호사

때는 2011년 5월이었다. 우리는 헤지펀드 CEO인 억만장자 라지 라자라트남 사건의 재판을 한창 진행하고 있었다. 우리 검찰청은 그를 내부자거래 혐의로 기소했고, 그의 헤지펀드 사업모델 전체가 부패의 온상이라는 의혹을 제기했다. 이는 한 세기를 통틀어 가장 주목받는 내부자거래 사건이었다. 우리가 내부자거래 사건에서 도청장치를 활용한 것도 이번이 처음이었다. 적극적으로 수사한 만큼 성과도 좋았던 뉴욕남부지검의 경고성 짙은 내부자거래 소송은 헤지펀드 업계에 엄청난 충격을 던졌다.

그렇지만 한편으로 이는 우리에게도 대단히 큰 시험대였다. 법정은 매일 사람들로 붐볐고, 재판 관련 소식은 신문의 비즈니스 섹션과 금융뉴스 채널을 통해 대대적으로 보도됐다. 라자라트남의 투견 같은 변호사 존 다우드John Dowd — 그렇다, 도널드 트럼프의 개인변호사였던 사람이다—와의 싸움은 대단히 격렬했다. 그는 법정에서 이 형사사건을 맹렬하게 공격했을 뿐 아니라 소송 내내 나에 대한 개인적인 공격도 서슴지 않았다.

그렇지만 우리 공판팀이 대단히 잘해주면서, 소송은 아주 순탄하게 흘러갔다. 우리는 평결이 곧 나오길 기대했지만 그렇게 쉽게 풀릴 리가 없었다. 배심원들은 매일 리처드 홀웰Richard Holwell 판사의 법정에 와서는 알 수 없는 표정을 지었고, 때때로 증거물이나 증언 검토를 요청했으며, 다음 날 아침이면 다시 전날의 상태로 돌아가 뚜렷한 결정을 내리지 못하는 일을 반복했다. 나는 가끔 법정을 찾아가 공판팀이 잘 하고 있는지 확인했다. 내색은 안 했지만, 공판팀은 다들 압박감에 시달리고 있었다. 또다시 주말이 왔지만 배심원 평결은 나오지 않았다. 왜 이렇게 지체되는 것일까?

배심원 심의가 열흘(무려 열흘!)째 이어지던 날, 나는 워싱턴으로 가서 컬럼비아대학교 법대 동창회에서 연설을 해야 했다. 배심원 평결을 놓칠까 봐 떠나고 싶지 않았지만, 연설을 취소할 수가 없었다. 어쨌든 나는 연설 일정을 무사히 마쳤고, 수요일 아침 다시 비행기를 타고 돌아갈 채비를 했다. 호텔방을 나서려는데 보이드에게 전화가 왔다. 평결이 곧 나온다는 소식이었다.

나는 스스로도 놀랄 정도로 긴장하고 있었다. 수년 전 내가 직접 맡았던 사건의 배심원 평결을 기다릴 때, 한 부장검사가 내게 해준 조언이 떠올랐다. "기억하게, 어떤 결과가 나오든 집에는 돌아가야 한다네. 그리고 피고인이 어떤 심정일지 헤아려보게나." 나는 호텔방에서 TV를 켰다. 앵커들이 숨 가쁘게 평결을 앞둔 법정 분위기를 뉴스속보로 전하고 있었다. 언론에서는 내부자거래 혐의를 제기한 사람뿐만 아니라, 프릿 바라라 지검장 역시 개인적으로 상심이 클 것이라고 떠벌리며 평결 결과를 무죄 쪽으로 넘겨짚었다. 나는 라자라트남의 무죄석방과 그에 뒤따를 실망과 비난을 모두 받아들일 마음의 준비를 했다.

마침내 보이드가 법정에서 내게 문자를 보냈다. "모든 혐의에서 유죄랍니다." 1분 후, 뉴스 앵커들이 이 소식을 공식적으로 전했다. 다음 날 『뉴욕타임스』는 유죄평결 소식과 더불어 이런 제목의 기사를 실었다. "연방지검장, 월스트리트에 경고 메시지를 날리다." 매우 우쭐해지는 기사였다. 퇴근할 때 네 부 정도 더 사갈까 생각했다.

예측 불가능한 평결 결과

형사재판에서 배심원 평결을 기다리는 과정은 몹시 고통스럽다. 이는 피고인뿐만 아니라 검사도 마찬가지로, 피고인만큼 인생이 걸린 사안은 아니지만 괴롭기는 마찬가지다. 초조함을 못 이기고 서성거리는 것은 피고인 측 변호인만이 아니다. 예로부터 검사들이 매우 높은 기소 성공률을 자랑했다는 점을 감안할 때, 검사들도 불안해한다는 사실이 이상해 보일지 모르겠다. 일례로 뉴욕남부지검이 공판에서 유죄판결을 받아낼 확률은 늘 100퍼센트에서 조금 모자라는 정도였다.

그런데도 검사들이 불안해하는 이유는 매우 중요한 진실을 알기 때문이다. 일단 사건 심리가 12명의 일반 미국 시민에게 넘어가면, 어떤 일이든 생길 수 있다. 속내를 알 수 없는 데다 검사에게도 가장 기본적인 정보만 알려져 있는 12명의 결정권자들은, 배심원이 따라야 할 법률지침이 있다 해도 자신이 택한 기준에 따라 판단을 내릴 수 있다. 따라서 특정한 결과를 절대로 장담할 수 없고, 모두를 놀라게 하는 예상 밖의 결론을 내릴 수도 있다. 나 역시 의외의 결과에 놀란 적이 있다.

때로 배심원들은 검사들의 주장에서 치명적인 결함을 발견해내기도 한다. 또한 검사 측 협조적 증인의 말을 믿지 않거나 그냥 경멸할 때도 있다. 사건 자체를 혐오하고, 피고인에게 동정심을 느끼거나, 피고인 측 변호인에게 매력을 느끼기도 한다. 그러면 배심원단은 무죄평결을 내린다. 아니면 유죄평결 쪽인 배심원들이 그 반대 입장인 배심원들보다 소심해서, 또 논의가 길어지면서 유죄평결 쪽 집단이 그저 힘든 상황에서 벗어나고 싶은 마음에 다른 의견에 그냥 굴복해버릴 때도 있다. 그러면 결과는 무죄평결이다.

가끔은 모든 배심원들이 자기주장을 굽히지 않아 논의가 교착상태에 빠지면서 뚜렷한 평결을 내리지 못하는 일도 생긴다. 이 경우는 미결정심리가 된다. 그러면 검사들은 매우 고통스러운 재판의 모든 과정을 처음부터 다시 거쳐야 한다. 단, 다음번에는 피고인 측 변호인이 검사 측 증인의 강점과 약점을 모두 파악하고, 검사 측 주장의 장단점을 모두 아는 상태에서 재판에 임한다는 것만 다르다. 재심은 보통 검사 측에 유리하지 않다. 다수의 검사들은 정의를 위해서든 아니든 속으로 몰래 기도한다. '주여, 부디 배심원들이 의견일치를 보

게 하시어 제가 이 과정을 다시 겪는 일이 없게 하소서.'

나는 어떤 혐의로 유죄평결이 나올 수 있다는 사실 자체가 예전부터 놀라웠다. 배심원 각자의 이해관계와 증거 기준, 만장일치라는 조건을 고려할 때 이는 놀라운 결과가 아닐 수 없다. 어떤 피자를 주문할지를 놓고 12명의 사람들에게 합의를 끌어내보라. 메뉴 선택에서조차 만장일치를 보려면 분란이 생긴다. 그러다 보니 평결발표 순간이 다가올수록, 검사들 역시 초조해지고 결과를 확신할 수가 없다. 물론 증거가 매우 탄탄한 사건도 있다. 그렇지만 세상에 확실한 일은 없다.

진실의 순간이 다가왔음을 알 수 있는 방법이 있다. 판사는 연방부보안관이나 법원서기를 통해 평결이 나온다는 소식을 공지해준다. 이 공지를 들으면 곧 나올 평결 소식에 다들 진지해진다. 법정 안에 있던 사람들은 자세를 가다듬고 발표를 기다린다. 법정 뒤편에서 통화 중이던 사람들은 얼른 전화를 끊고 서둘러 착석한다. 점심을 먹던 사람들은, 입안에 있는 음식을 마저 삼키고 서둘러 법정으로 돌아온다.

사람들이 모인다. 연방정부를 대변하는 검사, 피고인 측 변호인, 부보안관과 서기 같은 법원 관계자들이 다 같이 모이는데, 보통 법원 서기들은 최종선고에 대비해 판사석 근처에 앉는다. 만약 언론에 보도될 만한 사건이면, 작은 수첩을 지참한 기자들이 법원 방청석에 들어온다. 유죄 가능성을 고려해 기사를 미리 작성해두었을 수도 있다. 보통 피고인 측은 배우자, 아이들, 부모, 형제자매, 친구, 성직자, 직장동료, 이웃주민 등 응원하러 온 사람들이 많다. 또 응원단 없이 피고인과 변호인만 자리를 지키는 경우도 있는데, 이들은 배심원 대표가 발표를 할 때까지 짐짓 태연한 척한다. 보통 연방 부보안관이 벽쪽에서 조용히 보초를 선다. 드물긴 하지만 폭력 사태가 언제라도 발생할 수 있으므로 이들은 그에 대비해 무장한다.

마침내 부보안관이 배심원 토의실 안쪽에서 출입문을 주먹으로 세 번 두드리는 순간이 온다. "배심원단이 입장합니다!" 법정에 배심원이 줄지어 입장하면 모두 기립한다. 이제 법정에는 기대와 두려움이 교차하고 기도하는 모습도 보인다. 스웨터, 청바지, 단화, 스니커즈 등 편안한 차림으로 배심원석을 향해 걸어가는 평범한 사람들의 행렬에 모두의 시선이 고정된다. 대개 배심원들은 엘리베이터에 탄 사람들처럼 무심하게 정면을 바라본다. 이들을 응시하던 법정 안의 모든 이해관계자들은 순간적으로 포착한 단서나 얼굴표정으로 곧 발표될 평결 결과를 예측해보려고 애쓴다. 가끔 눈물을 흘리는 배심원들도 있다. 또 드물게는 이 순간을 즐기는 배심원들도 있다.

이때 검사들은 의도적으로 무표정한 얼굴을 해야 한다. 내가 처음으로 검사석에 앉아 배심원 대표가 발표하는 순간을 기다릴 때, 공판 파트너가 내 쪽으로 몸을 기울이더니 귀에 대고 조용히 속삭였다. "명심해, 감정을 드러내면 안 돼. 아무 반응도 하지 마. 어떤 결과가 나오든." 유죄평결이든 무죄평결이든, 무표정한 얼굴은 필수다. 나는 이것이 예의의 문제이자, 존중과 겸허의 자세를 뚜렷이 보여준다고 생각한다.

검사가 스스로 공판을 제대로 수행했고 또 피고인이 유죄라고 믿었더라도, 배심원도 그렇게 믿을지 또 배심원에게 검사 측 주장이 호감을 주었을지는 알 수 없다. 평결 결과를 듣기 직전 최고의 장면과 최악의 장면이 스쳐 지나간다. 이제는 마음의 준비를 할 때다. 나는 내 첫 공판에서 배심원이 유죄평결을 내렸을 때 깜짝 놀랐고, 또 다섯 번째 공판에서 무죄평결을 내렸을 때 다시 한번 놀랐던 기억이 있다. 관타나모 수용소 수감자로, 군사법정이 아닌 민간법정에서 처음으로 재판을 받게 된 알카에다의 아메드 할판 가일라니 사건에서, 배심원들이 내린 평결을 듣고 당시 내가 법정에서 느낀 감정은 단지 놀라웠다는 표현만으로는 부족했다. 케냐와 탄자니아에 있는 미 대사관에 끔찍한 폭탄공격을 가해 224명을 살해한 사건에서 285개의 혐의로 기소된 그는, 284개의 혐의에 대해 무죄평결을 받았고 미국의 재산과 건물을 파괴하기 위해 모의한 혐의 단 한 건에 대해서만 유죄평결을 받았다. 내게는 불합리하다고 할 만큼 납득이 안 가는 평결이었다. 배심원 토의실에서 극비리에 모종의 균형 잃은 합의가 이뤄졌다는 짐작 외에, 지금까지도 우리는 이에 대해 그 어떤 논리적인 설명도 하지 못한다.

모두가 초조하게 발표를 기다리는 재판 결과—만장일치 심판—는, 법복을 입은 판사가 내리는 판단이 아니라 해당 사건이 일어난 지역에서 특별임무를 수행하기 위해 뽑힌 일반 시민이 내리는 판단이다. 마침내 배심원 대표가 배심원석에 서서, 미동도 없는 법정을 향해 평결 결과를 발표한다. 그러면 재판은 마무리된다.

'유죄'가 발표되는 순간, 정신이 멀쩡한 검사가 기쁨을 느끼지 못한다고 하면 뜻밖일 것이다. 이후 몇 시간이 지나야 술자리가 벌어지고, 서로 흐뭇해하며, 칭찬과 격려를 주고받을 것이다. 유죄평결이 나오는 순간은 일반 시민으로서 가장 엄숙하고 진지해지는 순간이다. 이를 능가하는 순간은 없다. 삶의 그 어떤 순간도 내가 형사사건에서 매번 배심원 평결을 기다릴 때 느끼는 긴장감에는 미치지 못했다. 평결 결과는 정당하게 나오더라도 엄숙하고 음울하다.

뉴욕남부지방법원에 있는 다수의 법정은, 피고인 측 변호인석이 검사석 뒤에 있어서 가장 위태로운 사람의 반응을 살피는 것이 불가능하다. 검사 본인의 심장박동 소리 너머로 들리는 것이라고는 한숨 소리나 깊은 절망에서 비롯된 탄식뿐이며, 대개는 아무 소리도 들리지 않는다.

그렇지만 방청석은 사정이 좀 다르다. 유죄평결 결과가 나오면 피고인의 배우자는 오열하고 아이는 울부짖는다. 피고인은 이제 자신의 운명을 알았다. 무죄추정의 원칙은 이제 적용되지 않는다. 검사들이 그 자리에서 재수감을 요청할 경우, 피고인은 수갑을 차고 옆문을 통해 법정을 빠져나가 곧장 구치소로 향한다.

증거가 아주 확실하거나 매우 불확실할 때는 평결 결과가 어느 정도 예상된다. 사실관계가 중요한 만큼, 적어도 검사들이 보기에 어느 정도 확률이 감지된다. 그렇지만 확률은 확실한 것이 아니며, 우리가 감지할 수 있는 것은 언제나 불확실성이다. 그러한 불확실성은 어떤 사태가 확정되지 않았고 조작되지 않았다는 증거다. 이러한 불확실성이 재판 결과에 신뢰성을 준다. 선거 결과의 불확실성이 민주주의를 신뢰하게 하는 것과 마찬가지다.

제4부

처벌

정의와 관련된 가장 당혹스럽고 중대한 질문은 형벌과 관련된 질문일 것이다. 어떤 형량을 선고해야 정의로운 사회가 추구하는 바를 충족하되 필요한 선을 넘지 않을까? 다시 말해 처벌이 재활로 이어지고, 사회로부터의 격리incapacitation가 범죄 억제 효과를 달성할 수 있을까? 양형의 일관성을 유지하는 것과 각 사건에 맞는 개별적 정의를 실현하는 것 사이에서 어떻게 균형을 이룰 것인가? 우리는 범죄행위에만 주목해야 하는가 아니면 가정환경, 양육과정, 범행동기 등 범인의 특수한 상황까지 고려해야 하는가? 최종적으로 범죄를 저지른 한 사람의 자유를 정확히 몇 주, 몇 달, 몇 년 동안 박탈해야 정의에 부합하는 것일까? 사실 그 답은 아무도 모른다.

따라서 정의의 마지막 단계인 형벌은 아무리 수치로 환산하려고 해도 도덕적, 정서적, 심지어 종교적인 색채를 짙게 띨 수밖에 없다. 가장 유명한 형벌이론은, 미국 법률체계에서는 오래 전부터 거부해 온 것이지만, 성서에 나오는 '눈에는 눈'이라는 형벌법이다. 일반인들은 도청과 관련된 세부조항, 공모에 관한 법률, 대배심의 업무, 난해한 재판절차를 잘 알기 어렵다. 이러한 수단과 규율의 공정성은 일반인에게 어렴풋한 영역이다. 그런데도 사람들은 형벌에 대해 잘 알고 있다고 믿는다. 특정 형벌에 대해, 그 처벌이 너무 가볍든 무겁든 본능적으로 반응한다. 아이의 외출금지, 부하직원의 징계, 특정인에 대한 무시 등 우리 모두 누군가를 처벌했거나 처벌받아본 경험이 있기 때문이다. 개인이든 지역사회든 형벌에 대한 반응은 즉각적이다.

지금도 그런 곳이 있지만, 형벌은 오랜 세월 시민들의 구경거리로 소비된 공개 행사였다. 군대의 영창, 교수대, 단두대, 십자가형이 바로 그런 용도였다. 이교도에게 돌팔매질을 하거나 도둑에게 채찍질을 한 것도 이에 해당했다. 이러한 행위는 지역주민의 분노를 상징하면서 동시에 공동의 카타르시스와 숙청을 위한 행사였다. 그리고 미래의 범법자에 대한 강력한 경고이기도 했다.

하지만 오늘날에는 형집행과정이 예전만큼 눈에 띄지 않는다. 우리 시야에서 어느 정도 사라졌다. 사회는 공공광장에서 형을 집행하던 관행을 없앴다. 감옥 역시 눈에 보이지 않다 보니 기억에서 잊혔다. 예전에는 교정시설을 도시 한복판에 세웠다. 미국 최초의 근대적 교도소인 이스턴주립참회소Eastern State Penitentiary는 1829년에 필라델피아 본토에 세워졌다. 그러나 오늘날 유죄판결을 받은 중죄범은 먼 곳으로 가서 형을 사는데, 일반인들과 동떨어진 곳이나 친인척이 면회 가기도 쉽지 않은 곳으로 실려 간다.

형벌이 예전처럼 공개적으로 집행되지 않더라도, 형의 선고는 여전히 법정에서 공개적 절차에 따라 이뤄진다. 이때 판사는, 때로 엄청난 고심 끝에 양형지침을 참고해 형을 선고한다. 현행 양형체계는 범죄 유형, 손실액, 범죄 이력, 가중처벌 요소, 정상참작 요인을 고려해 점수를 매기는 방식으로, 모든 양형을 계량화하려고 노력한다. 정형화된 도표로 표현되는 이 투박하고 냉정한 계산법은, 현실의 인간을 고려한 정의로운 처방법보다는 빙고게임 카드처럼 보인다.

정의로운 양형의 어려움

양형은 처벌의 핵심인 만큼 깊은 고뇌를 낳는다. 인간이라는 존재가 그 중심에 있기 때문이다. 현실의 인간이 개입됐을 때 어떻게 해야 양형원칙에 따르면서도 정의에 기여할 수 있을까? 범죄 피해자는 인간이지만 가해자 역시 인간이므로, 무엇이 공정하고 정의로운지 또 무엇이 원칙이고 비례성에 부합하는지를 판단하는 것은, 그 어떤 판사에게도 명쾌하고 쉬운 일이 아니다. 판사도 인간이기 때문이다. 각 사건마다 유죄가 확정되면, 적절한 형량을 확정해야 하는 마지막 단계가 온다. 집행유예인가 징역형인가, 그 기간은 몇 달인가 몇 년인가, 또 종신형인가 사형인가를 놓고 판사는 고심을 거듭한다.

때로 검사들은 최소의무형량이라는 법령을 이용해 엄청난 영향력을 행사할 수 있는데, 이는 사실상 판사처럼 형량을 결정하는 것이다. 앞으로 읽게 되겠지만, 우리는 오랜 기간 미제사건이었던 안타까운 영아유괴 범죄에서 형량을 놓고 난관에 빠졌다. 어린 피해자를 다시 한번 지옥으로 밀어 넣지 않기 위해 우리가 고민한 적정 형량은 공식적 형량과 멀어졌다. 당시 검사들의 판단이 적절했는지는 독자들이 직접 판단해보기 바란다.

형량이 선고되면 사건이 완성되고 종결된 기분이 든다. 나는 전에 검사들의 관심이 바로 이 지점, 즉 감옥 언저리에서 끝나는 게 맞다고 생각했다. 수사가 공정했고 기소가 타당하며 재판이 제대로 수행되었다면 형벌은 적절하게 부과될 테고, 그러면 다음 사건으로 넘어가면 그만이라고 생각했다. 그렇지만 검사가 정의 전반에 신경을 쓴다면 그것으로 끝이 아니다. 구치소와 교도소가 우리의 시야에서 사라지면서, 그 내부에 만연한 물리적·도덕적 부패도 우리의 눈에 보이지 않게 되었기 때문이다. 이 역시 정의가 다뤄야 할 또 하나의 영역이다. 교도소에 가둘 만큼 위험하거나 타락했다고 보는 인간을 어떻게 다룰지 고민하는 것은 검사를 비롯한 우리 모두의 도덕적 의무다.

정책적 차원에서 우리는 징역기간, 최소의무형량, 양형재량권, 현금보석 등 여타 많은 것을 재고해야 한다. 때마침 최근 미국에서 중대한 형사사법개혁안이 통과됐다.

그렇지만 우리는 이와 더불어 수감 조건을 인간적으로 바꿀 필요가 있다. 뉴욕시의 한 교도소인 리커스아일랜드의 뿌리 깊은 폭력은—뉴욕남부지검에서는 그 폭력사건을 철저히 수사해 처벌했고 교도소 내부의 폭력을 줄이기 위해 애썼다—잔인한 감금과 부패한 교도관의 악행을 보여준 구체적인 사례로, 가장 어두운 곳에서도 인간애와 희망이 필요하다는 사실을 일깨워주었다. 이러한 교훈을 배우는 것은 그곳에 갇힌 사람들을 구원하기 위해서만이 아니라 우리 모두를 위해서도 필요한 일이다.

20장 사라진 아기

양형의 기준이 명확하지 않을 때

공정하고 효과적인 형벌의 요건을 놓고 도덕적 난관에 빠지는 사람은 형사재판을 심리하는 판사만이 아니다. 이는 다수의 사람들에게도 익숙하면서 성가신 일일 것이다. 악덕기업을 처벌해야 하는 규제자, 부정행위를 한 직원을 징계해야 하는 상관, 심지어 제멋대로인 아이를 바르게 양육해야 하는 부모들도 이런 곤란한 상황에 빠진다. 어떻게 해야 적절한 처벌일까? 어떻게 해야 효과적인가? 어떻게 해야 특정 인물과 다른 모든 이들이 미래에 부당한 행동을 못 하게 차단할 수 있을까? 어떻게 해야 충분하되 필요한 선을 넘지 않는 조치가 될까?

앞서 말한 대로 이런 질문들에는 명확하거나 정해진 답이 없다. 그런데도 질서정연한 사회에서는 그 답을 일상적으로 요구한다. 그리고 사람들은 일상적으로 그러한 요구에 최대한 도전한다.

카를리나 납치사건

카를리나 르네 화이트Carlina Renae White는 1987년 어느 온화한 여름날, 뉴욕 할렘병원Harlem Hospital에서 이 세상에 나왔다. 태어날 때 몸무게가 3.6킬로그램이었던 카를리나는 밝은 갈색 피부에 곱슬머리, 오른팔에 몽고반점이 있는 건강하고 예쁜 아기였다. 카를리나를 얻은 젊은 미혼 부모는 예정에 없던 임신이었지만, 서로 사랑하는 사이여서 함께 딸을 기르기로 했다. 카를리나의 엄마 조이 화이트Joy White는 겨우 열여섯 살로 아직 고등학생이었다. 아기 아빠인 칼 타이슨Carl Tyson은 스물두 살로, 낮에는 트럭을 몰로 밤에는 주차장에서 일하며 투잡을 뛰고 있었다. 부유한 형편은 아니었지만 엄마 조이와 할머니 엘리자베스가 카를리나를 맡아 기르기로 했고, 그들은 카를리나를 애지중지하며 사랑으로 보살폈다.

카를리나는 태어난 지 19일째 되던 날 열병을 앓았다. 부모는 8월 4일 밤 지체 없이 할렘병원에 아기를 데려갔다. 의사는 카를리나의 상태를 우려해 하룻밤 동안 병원에 입원시켰고, 카를리나의 발에 정맥주사를 놓았다. 엄마 조이는 카를리나를 병원 의료진에게 맡기고는, 밤 12시 30분에 집으로 달려가 병원에서 밤샘할 때 필요한 물건들을 챙겼다.

그렇지만 조이는 딸의 병명을 결코 알 수 없었다. 다음 날인 8월 5일 동트기 몇 시간 전에, 카를리나가 할렘병원 17층 소아병동에서 납치당한 것이다. 유괴범은 정맥주사 바늘을 뺀 다음 아기를 끌어안고는 조용히 어둠 속으로 사라졌다. 훗날 어느 뉴스매체의 표현에 따르면 "구멍가게에서 물건을 훔치듯 간단하게" 범행을 저질렀다.

카를리나의 젊은 부모는 이루 말할 수 없는 충격에 빠졌다. 하지만 그들은 아기가 돌아올 것이라는 희망을 버리지 않았다. 훗날 아빠인 칼은 이렇게 말했다. "저는 늘 우리 딸이 돌아올 것 같은 느낌이 들었습니다." 그렇지만 며칠이 몇 주로, 몇 주가 몇 달이 되도록 경찰 수사에는 아무런 진척이 없었다. 조이는 깊은 슬픔에 잠겼다. 조이는 아이를 얻은 기쁨을 단 19일만 느낄 수 있었다. 19일 동안 "딸을 목욕시키고, 머리감기고, 우유병을 물리고, 흔들어 재우는 것"이 허락된 축복의 전부였다. 조이는 우울증에 빠졌고, 신경안정제를 복용했으며, 정신과 치료를 받기 시작했다. 다니던 학교를 중퇴했고, 상실의 무게를 견디지 못해 결국 칼과 헤어졌다.

어린 카를리나에게 무슨 일이 있었던 것일까? 카를리나를 빼앗아 간 그 잔인한 납치범은 누구였을까? 이 수수께끼가 풀리기까지는 무려 23년이라는 세월이 필요했다.

카를리나가 사라진 그날 밤, 경범죄로 체포된 전과가 있는 앤 페트웨이Ann Pettway라는 여성이 할렘병원 복도에 숨어 있었다. 페트웨이가 간호사 복장을 하고 있었다는 보도도 있었지만, 그녀는 간호사가 아니었다. 그저 아기를 가지려고 애썼지만 여러 번 유산을 겪으면서 깊은 절망에 빠져 있던 여성이었다.

소아병동에 있던 페트웨이는 조이가 아픈 아기를 끌어안고 들어오는 모습을 보았다. 그녀는 초보엄마인 조이에게 다가가 모든 일이 다 잘 될 것이라며 걱정하고 위로하는 척했다. 잠시 후, 카를리나가 보호자 없이 홀로 남겨지자 페트웨이는 아기를 납치했다. 아무도 그녀의 범죄를 막지 못했다. 결국 뉴욕시를 상대로 의료과실 소송이 제기되었지만, 그 어떤 법적 조치를 취하고 수사력을 총동원해도 카를리나와 유괴범을 찾으려는 노력은 허사였다. 페트웨이는 카를리나를 자기 집으로 데려가 이름을 네즈드라Nejdra로 바꾸고는 자기 딸로 키우기로 결심했다. 이제 네티Netty로 불리게 된 카를리나는 처음에는 코네티컷주에서 나중에는 조지아주에 살면서 페트웨이의 손에 자랐다.

카를리나 유괴사건을 수사한 경찰은 수십 년 동안 난항을 겪었다. 고열을 앓던 카를리나를 앤 페트웨이가 데려간 지 23년이 넘게 흐른 후, 결국 이 사건을 해결한 사람은 다름 아닌 카를리나 자신이었다. 카를리나는 자라면서 엄마와 닮지 않았다는 말을 주변에서 자주 들었다. 같은 아프리카계 미국인이었지만 둘은 닮은 구석이 없었고, 카를리나는 밝은 갈색 피부인 반면 페트웨이는 검은색 피부였다. 하지만 카를리나는 이런 사실을 대수롭지 않게 여겼다. 자신이 열여섯 살에 임신하면서 산전검사 신청에 필요한 출생증명서 발급을 시도하기 전까지는 그랬다.

페트웨이가 자신의 출생증명서를 발급받지 못하자, 그 순간부터 카를리나의 의심은 깊어졌다. 결국 이 중년 여성은 울음을 터트리며 범죄를 일부만 자백했다. 카를리나에게 자신이 친엄마가 아니라고 시인한 것이다. 그렇지만 어떤 낯선 사람이 젖먹이 카를리나를 자기에게 주고 사라졌다는 뭔가 석연치 않은 주장을 했다. 사실 페트웨이가 할 수 있는 말은 그게 전부였다.

이후 몇 년에 걸쳐 카를리나의 의심이 증폭됐고, 자신이 진짜 누구인지 궁금했던 카를리나는 1980년대 실종 아동 명단을 인터넷으로 검색하기 시작했다. 결국 2010년 성탄절 무렵, 카를리나는 전미 실종 및 피학대 아동센터National Center for Missing and Exploited Children, NCMEC에 연락했다. 나이, 몽고반점 및 여타 세부정보를 토대로, 아동센터는 순식간에 두 건의 유괴사건으로 검색 범위를 좁혔다. 그중 하나가 카를리나 화이트 사건이었다. 신생아 카를리나의 사진을 '네티'의 아기 때 사진과 비교해본 순간, 모든 것이 명확해졌다. 지금까지 네티로 알고 살아온 자신이 사실은 유괴됐던 아기 카를리나 화이트였다.

한편, 20년이 넘도록 조이는 잃어버린 카를리나 생각을 단 한순간도 멈추지 않았다. 결국 다른 남자와 결혼해 자식들까지 낳았지만, 조이는 한밤중에 낯선 사람에게 빼앗긴 딸이 떠오를 때면 깊은 슬픔에 잠겼다. 조이는 카를리나의 아기 때 사진을 액자에 넣어 화장대에 올려두었고, 심지어 카를리나의 이름을 자신의 이메일 주소로 쓰고 있었다. 그렇지만 조이는 아동센터로부터 자신의 아기가 무사히 살아 있다는 전화를 받으리라고는 전혀 예상하지 못했을 것이다.

DNA 검사 결과가 나오기 전부터, 애틀랜타에 살던 카를리나는 조이에게 연락하기 시작했다. 두 사람은 곧 뉴욕에서 만났다. 둘의 재회는 가슴 벅차도록 감격적이었다. 카를리나는 생모와 생부, 친할머니, 형제자매 등 존재조차 몰랐던 가족들을 만났고, 그 외에 외부에 밝혀지지 않은 이모와 사촌들도 만났다.

오래전에 잃어버린 아기라는 비극적이고 곡절 많은 사건이 뉴욕 남부지검장으로 있던 내게 도착한 시점은 2011년 1월이었다. 이 사건을 담당한 검사는 안드레아 슈라트Andrea Surratt로 우리 검찰청에서 떠오르는 신예 검사였다.

아기 카를리나의 실종 수수께끼는 풀렸다. 이제는 페트웨이가 정의와 마주할 시간이었다. 맨해튼지방검찰청이 이 사건을 브리핑하긴 했지만 공소시효가 오래전에 만료된 사건이었으므로, 연방검찰청에서 기소하는 것 말고는 달리 처벌할 방법이 없었다. 그래서 뉴욕남부지검에 사건이 이관되었다. TV에서 자신의 모습을 본 페트웨이는 머지않아 FBI에 자수했다. 그녀는 FBI특수요원 마리아 존슨Maria Johnson에게 범행을 자백하면서, 1980년대에 여러 차례 유산을 겪었고 사무치게 아이를 원했으며 카를리나를 할렘병원에서 데려왔다고 털어놓았다. 페트웨이는 자백진술서에 "진심으로 미안하다"라고 적었다.

페트웨이에 대한 형사소송은 매우 간단했다. 검사 측이 보기에, 페트웨이가 법을 어긴 것은 부인할 수 없는 사실이었다. 그렇지만 페트웨이의 변호인 로버트 바움Robert Baum은 짐짓 승소에 자신 있는 척했다. 페트웨이의 진술을 변경할 수 있다는 둥, 페트웨이의 자백을 배제할 수 있다는 둥, 또 그날 밤 페트웨이가 카를리나를 안고 병원을 떠났다는 사실을 분명히 증명할 만한 믿을 수 있는 목격자가 없다고도 했다. 그렇지만 모든 사실을 고려해도 검사 측의 패소 가능성은 낮았고, 유죄 여부에 대해 재판에서 신속하고 확실한 답을 얻을 가능성이 커보였다.

이 사건에서 유죄입증은 우리에게 쉬운 편이었다. 반면, 페트웨이의 극악무도한 행위에 대해 적정한 형량을 정하는 것은 법이나 도덕과 완전 별개의 문제로, 한동안 우리는 이 문제로 고심하고 논쟁해야 했다.

내가 아는 대다수 검사들은 형량 구형보다 유죄를 받아내는 일에 더 능숙하다. 검사 입장에서 유죄는 비교적 입증하기 쉬운 편이다. 보통 도덕적으로 명확하기 때문이다. 공소장에 있는 각각의 혐의에 대해, 유죄인지 유죄가 아닌지 둘 중 하나를 선택하면 된다. 중간은 없다. 여성이 조금 임신할 수가 없듯이, 피고인도 조금 유죄일 수는 없다.

사실 형사사법체계에서는 회색지대를 배제한다. 배심원단이 유죄 평결을 내리려면 유죄임이 거의 확실해야 하고, 그 어떤 합리적 의심도 없이 질문에 대한 답을 얻은 경우에만 유죄라고 선언해야 한다. 유죄 여부를 가리는 문제에서, 정의는 매우 확신할 수 있고 성취 가능한 대상으로 보인다. 분명 유죄로 보이는 사람이 무죄석방됐을지라도, 배심원단이 제 역할을 했고 판사가 부당한 영향력을 행사하지 않았으며 변호사가 법적으로 유능했다면 배심원단이 제대로 평결했고 정의가 실현되었다고 볼 수 있으므로, 검사는 이 결과를 받아들이고 넘어가야 한다.

양형의 윤리적 쟁점

하지만 양형은 이와 다르다. 문제가 유무죄 판결에서 형량을 정하는 일로 넘어가면, 하늘에는 흐린 구름이 끼고 땅에는 자욱한 안개가 낀다. 이제 선택은 둘 중 하나가 아니라, 굉장히 다양한 선택지 중에 하나를 고르는 일이 된다. 최소의무형량이 없는 중죄를 저질렀을 경우, 방대한 종류의 형벌 중에서 하나를 고르게 된다. 유기징역과 종신형, 그리고 그 사이에 놓인 그 어떤 형벌도 선택할 수 있다. 피해배상, 벌금형, 형기만료 후 제한처분까지 고려하면 형벌의 종류는 더욱 다양해진다.

나는 많은 검사들이 특정 형벌을 구형하는 일에 덜 집중하고 확신이 약한 모습을 보이는 것은, 신경을 쓰지 않아서가 아니라 그 자체로 결정하기 매우 힘든 일이기 때문이라고 생각한다. 다행스럽게도, 검사들은 최종적인 판단 부담이 판사에게 돌아간다는 사실을 잘 알고 있다. 검사들은 피고인의 유죄인정 혹은 재판으로 유죄를 입증하고 나면, 자유를 정확히 얼마나 박탈할 것인지 결정하는 신의 판단 같은 일은 기꺼이 다른 사람에게 맡긴다. 내가 판사에 뜻을 두지 않은 것도 이런 요인이 작용했다. 나는 절대로 그런 신과 같은 역할을 맡고 싶지 않았다. 적정 형량이 70개월인지 80개월인지 어떻게 확신한단 말인가? 며칠이나 몇 주 더 오래 수감시키면, 갱생 효과가 더 커질지 아니면 더 약해질지 어떻게 안단 말인가?

판사의 중대한 임무는 형벌이 필요할 때 적정한 형량을 부과하는 것이다. 판사는 범죄이력, 범죄의 성격, 가중처벌 요소, 정상참작 요소 등을 토대로 산정한 각종 점수와 정해진 수치에 따라 형량을 정하지만, 결국 법이 요구하는 것은 단 하나다. 판사가 '충분하되 필요한 선을 넘지 않는 선에서' 정하라는 것이다.

형량을 칼같이 정하는 것이 극히 어려운 일이라고 생각한다면, 그 짐작은 맞았다. 대다수 판사들은 판사로서 가장 부담스러운 일이 '충분하되 필요한 선을 넘지 않는 선에서' 형량을 계산하는 것이라고 솔직하게 속내를 밝힐 것이다. 다수의 판사들은 자신들의 선택지가 최소의무형량으로 제약될 경우 당연히 짜증을 내겠지만, 다른 인간의 인생과 자유를 놓고 마음껏 재량권을 발휘하게 되더라도 이 역시 달갑지 않을 것이다.

형량을 정확히 '산출'할 수 있다는 생각은 범죄와 형량에 대한 오래된 맹신 중 하나다. 인종, 종교, 여타 차이를 고려해 공정한 잣대를 마련하고 그 일관성을 유지하는 한에서만, 계량화에 대한 집착은 정의에 중요한 의미를 가질 것이다. 그렇지만 오류를 저지를 수 있는 인간이 양형에서 완벽한 정의를 이룰 수 있다고 환상을 품어서는 안 된다. '충분하되 필요한 선을 넘지 않는 것'은 모자라지도 넘치지도 않는 골디락스Goldilocks의 상태로, 이는 본질적으로 불가능한 것이다.

페트웨이에 대한 양형

그렇다면 페트웨이 사건은 어떻게 처리해야 할까? 공교롭게도, 기소결정이 일찍 이뤄지면서 페트웨이의 운명을 놓고 여러 차례 토론과 토의를 할 기회가 마련되었다. 관련 법률의 하위항목에 따르면 우리는 최소의무형량을 따라 구형해야 했다. 즉, 유괴 피해자가 미성년이고 유괴범이 친인척이 아닐 경우 징역 20년에 처해야 했다. 이는 이 사건에 부합하는 조건이었고, 우리의 공소장에 담긴 내용이기도 했다. 또한 만약 페트웨이가 유죄판결을 받을 경우, 판사가 20년 미만으로 형량을 조정할 재량권이 없기 때문에, 페트웨이가 가석방 없이 적어도 그 기간 동안 감옥에서 보내야 한다는 뜻이었다.

나는 이러한 사실에 전혀 기이하다거나 부당하다거나 지나치다는 생각이 들지 않았다. 최소의무형량의 공정성과 적정성을 놓고 많은 논쟁이 있지만, 이번 사건 같은 경우는 피고인에게 안타까움을 느끼기가 힘들었다. 페트웨이가 조이와 칼에게 안긴 자녀를 잃어버린 고통만으로도 그 형벌은 정당화될 수 있었다. 게다가 조이와 칼은 여전히 고통받고 분노에 휩싸여 있었다. 아울러 범죄 억제 같은 전통적인 고려요인까지 생각하면, 이는 공정한 결과로 보였다. 그래서 처음에 우리는 이에 따라 기소를 진행했다.

얼마 후 약간의 문제가 발생했다. 페트웨이의 변호인은 의뢰인이 유죄인정 협상을 준비하고 있지만, 최소의무형량 20년이 협상의 걸림돌이라고 말했다. 그렇지만 페트웨이가 다른 법조항에 대해서는 유죄인정을 할 수도 있다고 했다. 그렇게 되면 검사는 자유롭게 구형을 할 수 있고, 판사 또한 페트웨이에게 20년이든 아니면 그보다 훨씬 많든 적든, 자유롭게 형량을 선고할 수 있게 된다.

이는 내가 기억하는 수많은 결정 중에서도 특히 어려운 결정이었다. 한편으로 낳아준 부모인 조이와 칼이 겪은 고통이 있었다. 그들은 페트웨이에게 가혹한 처벌이 내려지길 원한다는 점을 분명히 했다. 즉, 카를리나를 자신들에게서 23년간 빼앗아갔으므로 페트웨이에게도 23년이라는 징역형을 내려주길 원했다. 눈에는 눈이었다.

그렇지만 이 사건에는 또 다른 피해자가 있었다. 부모와 똑같은 처지는 아니어도 기본적으로 피해자인 카를리나였다. 카를리나는 낳아준 부모와 키워준 페트웨이 사이에서 매우 심란한 상태였고, 모든 재판에 증인으로 참석해야 했다. 피해자들은 억울함을 풀어야 할 사람들이지만, 전체 드라마로 보면 단연코 감정적으로 가장 치우쳐 있고 가장 갈등하는 사람들이다. 게다가 피해자들 사이의 이해관계도 각자 다르다. 이러한 이해관계는 조율이 까다롭다. 그리고 카를리나가 원했던 것은 친부모가 원했던 것과 달랐다.

카를리나는 페트웨이와 함께 살면서 좋을 때도 있고 나쁠 때도 있었다. 카를리나는 학교에서 인기 있고 사교적이었으며, 언젠가 유명해져서 무대 위에서 공연하는 것이 꿈이었다. 훗날 카를리나의 말에 따르면 페트웨이는 종종 마약을 하고 '괴물'처럼 돌변했다. 흉기를 든 모습을 보인 적도 있었다. 때로 페트웨이는 카를리나를 때렸지만, 카를리나는 자신이 학대받았다고 여기지는 않았다. "페트웨이가 최고의 엄마였다고는 말할 수 없지만, 지금의 저로 키우기 위해 해야 할 의무는 다 했습니다."

페트웨이와 함께 한 삶이 결코 완벽하다고 할 수는 없지만, 자신의 정체성에 대한 진실을 발견했고 또 자신을 길러준 여성을 가족으로서 사랑했으므로, 카를리나는 페트웨이를 감옥에 평생 가두는 것에 관심이 없었다. 게다가 카를리나에게는 동생이 있었다. 그는 페트웨이의 또 다른 자녀로 아직 열네 살 미성년이어서, 페트웨이의 형량이 과중할 경우 부수적인 피해를 입을 수 있었다.

우리는 여러 번 회의를 했다. 쟁점은 분명했지만, 답은 명확치 않았다. 명백하고 적합한, 최소의무형량이 규정된 혐의를 적용해 재판을 했다가 무죄평결이 나와 정의가 훼손되는 것은 아닌지, 그리고 재판을 통해 유괴 피해자에게 한층 고통을 가하게 되는 건 아닌지 고민이 깊었다. 그렇다고 다른 하위항목에 대한 유죄인정을 받아들여 너무 가벼운 형량이 선고되면 이것 역시 정의를 훼손하는 것은 아닐지 우려됐다.

토론을 벌일 때마다 우리는 온갖 가능성을 고려하고 참석자 모두의 의견을 들었다. 그때나 지금이나 내 머릿속을 맴도는 생각이 하나 있다. 옳든 그르든, 나는 자꾸 우리 아이들이 떠올랐다. 당시 열 살, 여덟 살, 여섯 살이던 아이들이 태어난 날은 내 인생에서 단연코 가장 행복한 날이었다. 나는 아이들과 함께 살아온 날을, 그리고 앞으로 아이들과 함께 살아갈 날을 떠올려보았다. 그러고는 내가 아빠로서 느끼는 기쁨을, 카를리나의 부모들이 앤 페트웨이 때문에 느껴야 했던 공허함 및 상실감과 비교해보았다. 만약 단 5분이라도 아이들을 잃어버리는 일을 겪게 된다면, 카를리나의 부모가 겪은 엄청난 고통과 분노가 충분히 전해질 것이다. 당신이 어떤 사람이든, 그런 감정은 당신의 정의관에 영향을 미칠 것이다.

한편으로 이런 의문을 제기할 수 있다. 검사가 이렇게 범죄 피해자에게 공감하는 것은 자연스럽고 적절한가, 아니면 편향되고 위험한 것인가? 검사들이 이런 사고를 하고 이런 감정을 느끼는 것이 바람직할까? 정의를 열정적으로 추구하되, 특정 사건에서 냉철하고 공정한 태도를 보여야 한다는 것은 무슨 뜻일까? 우리는 어느 쪽이 올바른 행동인지 고민하며 많은 시간을 보냈지만, 이는 우리 모두에게 선뜻 선택하기 어려운 부담스러운 주제였다.

이 논쟁에는 또 하나 숨겨진 쟁점이 있었다. 페트웨이가 카를리나를 어떻게 길렀는지가 중요한 문제인지, 페트웨이의 양육방식이 이 사건과 관련이 있는지, 훔쳐온 아기를 어떻게 부양했는지에 따라 유괴범의 양형을 달리 판단하는 게 맞는지, 페트웨이가 모범적인 엄마여서 카를리나를 장학생으로 길렀다면 결과가 달라져야 하는지도 우리의 고민이었다.

고민이 깊어질수록 결론을 내기도 점점 더 어려워졌다. 어느 날 나는 이 사건의 구형을 두고 평검사, 부장검사, 부지검장까지 여덟 명의 검사에게 투표를 하자고 제안했다. 투표 결과는 한쪽으로 쏠렸다. 대다수가 최소의무형량 20년에 표를 던졌고, 일부는 매우 가벼운 형량이 선고될 수 있는 유죄인정 협상을 받아들이는 쪽에 투표했다. 나는 이렇게 의견이 갈라진 요인이 무엇인지 금세 파악했다. 그것은 직급이나 성별도, 강경함과 온화함 같은 성품도 아니었다. 내가 파악하기로, 자녀가 있는 검사들은 모두 최소의무형량 20년에 표를 던졌고, 아이가 없는 검사들은 유죄협상 쪽에 투표했다. 그렇다면 어떻게 해야 할까? 집에 가서 아이를 더 꼭 끌어안아준 다음 이 문제를 더 고민해보는 수밖에 없었다.

시간이 다소 걸렸지만 나는 결국 좀 더 관대한 쪽에 힘을 실어주기로 했다. 결국 피해자의 안녕well-being이 우선이었기 때문이다. 우리는 카를리나가 증인석에 앉아야 하는 재판을 강요해서, 이 가련한 피해자에게 또다시 정신적 충격을 안기고 싶지 않았다. 솔직히 전술적인 문제도 있었다. 카를리나는 더 이상 검사 측에 우호적인 증인이 아니었다. 어느 순간부터 카를리나는 FBI와 검사들에게 협조하지 않았다. 재판이 잡히면 정식으로 증인소환장을 보내라고 요구했고, 변덕스럽고 종잡을 수 없는 행동을 보이는 등 바람직하지 않은 증인의 태도를 보였다. 아마도 정신적 충격으로 다시 한번 고통을 겪는 듯했다.

우리는 최소의무형량 20년 구형을 주장하되, 피고인이 유죄를 인정할 경우 20년 구형을 고집하지 않기로 했다. 이제 판단은 판사의 몫이었다. 우리의 결정이 바람직했다고 볼 사람들도 분명 있을 것이다. 어쨌거나 우리는 이 사건을 확실하게 매듭짓고 카를리나의 고통을 덜어주고 싶었다.

페트웨이는 유죄를 인정했고, 조이와 칼은 검사 측의 결정에 상심했다. 양형심리 때 조이와 칼은 위엄 있고 나지막한 목소리로 증언했는데, 그 말 한마디 한마디에 처절한 고통이 묻어났다. 칼이 먼저 말했다. "제가 드리고 싶은 말씀은 앤이 나를 고통스럽게 한 기간이 23년이라는 겁니다. 내 가슴에는 깊은 상처가 생겼습니다. 당신은 내게서 가장 소중한 것을 빼앗았으니까요. 나는 내 딸에게 첫 번째 생일파티를 열어줄 기회가 없었습니다. 내 딸이 학교 가는 모습을 바라볼 기회도 없었습니다. 딸을 통학버스에 태울 기회도 없었습니다. 당신은 내게 아주 깊은 상처를 남겼습니다. 내 딸에게 첫 번째 생일파티도, 열여섯 번째 생일파티도 해주지 못했습니다. 당신은 내게 이런 고통을 주었습니다. (…) 당신이 받아야 할 벌은 징역 23년, 당신이 내게서 빼앗아간 23년입니다." 이는 반박하기 힘든 주장이었다.

이 사건은 그 무엇으로도 메울 수 없는 상실감을 안겨주었고, 이 사건으로 삶이 짓밟힌 사람들은 카를리나의 부모만이 아니었다. 조이는 이렇게 말했다. "이 비극은 내 인생과 내 딸의 인생, 우리 가족,

카를리나의 할머니, 이모, 그리고 모든 형제자매들에게 영향을 주었습니다. 우리 모두의 삶은 카를리나가 사라진 그날부터 완전히 달라졌습니다. (…) 우리 딸은 나를 찾았습니다만, 나는 아직도 우리 딸을 찾지 못했습니다." 이들은 어떤 존재를 영원히 잃어버렸고, 그 빈자리는 절대 채워지지 않을 것이다.

케빈 카스텔Kevin Castel 판사는 페트웨이의 양형선고를 하면서 자신에게 폭넓은 재량권이 있어서, 매우 다양한 형벌의 선고가 가능하다고 언급했다. "법원은 이 피고인에게, 기본적으로 지금까지 복역한 기간을 처벌로 간주하는 것부터 가석방 없는 종신형까지 선고할 수 있는 권한이 있습니다."

그래서 판사는 어떤 결정을 내렸을까? 징역 12년을 선고했다. 조이와 칼은 매우 큰 충격을 받았다. 카를리나는 그 자리에 없었다. 판사는 문제의 근원인 유괴과정을 자세히 되짚었다. 그렇지만 판사는 성적 학대를 비롯해 페트웨이의 힘겨웠던 어린 시절, 약물복용, 정신질환, 몇 번의 유산 경험도 거론했다. 이어 카를리나의 친부모가 유괴로 겪어야 했던 이루 말할 수 없는 슬픔이 '연속범continuing crime'에서 비롯됐다고 표현하면서, 유괴라는 단 하나의 범죄가 23년에 걸쳐 친부모의 유대관계, 가족관계 그리고 카를리나의 정체성을 빼앗았다고 설명했다.

판결문에서 가장 인상적인 대목은 다음이었다. "본 재판관은 적절한 형벌의 필요성을 고려했습니다. 이는 탐욕에서 벌어진 범죄도, 복수심에서 벌어진 범죄도 아니었습니다. 이는 이기심으로 벌인 행위, 이기심이 낳은 범죄였습니다."

미국 사법제도가 성서에 나오는 '눈에는 눈'이라는 오래된 정의 관념을 의도적으로 배격한 데에는 그만한 이유가 있다. 판사가 특정 사건에서 형량을 얼마나 완벽히 계산해내는가와 상관없이 정당한 형벌에는 피해자에 대한 공감뿐 아니라, 그 방식과 정도에 차이는 있겠지만 가해자에 대한 공감도 필요하다. 또 정당한 형벌은 범죄를 저지른 동기도 헤아려야 하며, 감형이든 가중처벌이든 간에 피고인에 대한 모든 것을 고려하고 감안하고 두루 살핀 후에 결정되어야 한다. 이렇게 균형을 유지하는 것은 불가능해 보이지만, 균형을 유지하는 것이 판사의 업무라고 나는 생각한다.

카를리나 유괴사건에 대한 판결 결과는 옳았을까? 정의는 실현된 것일까? 당시 나는 확신할 수 없었다. 그리고 영아유괴라는 비통한 사건에 대해 계속 고민해봐도 그 결과를 결코 확신할 수 없을 것 같다.

21장 파리대왕

법집행자들의 범법 행위를 다루는 법

내가 매우 좋아하는 인물 중 한 명은 스티브 마틴Steve Martin이
다. 내가 뉴욕남부지검에서 퇴임하기 2, 3년 전부터 알게 된 스티브
마틴은, 교도소 안팎에서 46년간 일해온 베테랑이다. 처음에는 무
질서한 텍사스 교정기관에서 간수로, 나중에는 텍사스 교정국Texas
Department of Corrections의 법률 자문위원으로, 그리고 아주 최근에는
교정시설의 뿌리 깊은 폭력과 과도한 물리력을 해결하는 데 일조하
는 똑똑하고 사려 깊은 개혁가로 활약했다. 마틴은 법원에서 임명한
감시관 자격으로 리커스아일랜드라고 하는 뉴욕시 교도소 시스템을
개혁하는 일을 돕다가 나와 교류하게 됐다.

나는 교도소나 교도소 개혁을 잘 아는 전문가가 아니다. 대다수
검사들도 나처럼 잘 모른다. 검사들은 유죄를 입증하고, 가볍거나 무
거운 형량을 구형하고, 이어 다음 사건으로 넘어간다. 그래서 검사는

자신이 기소한 피고인이 머나먼 감옥으로 이송된 후에 어떻게 지내는지 거의 생각해보지 않는다.

내가 수감자의 권리를 옹호해본 적이 딱 한 번 있는데, 20년도 더 된 오래전의 일이다. 아주 젊은 시절 개인변호사로 일할 때, 내가 속한 로펌의 다른 변호사들과 함께 무료로 폴 졸리Paul Jolly라는 남성의 변호를 맡았다. 졸리는 한 남자를 그의 자녀 다섯 명이 보는 앞에서 총살한 죄로 종신형을 선고받고 아티카Attica 교도소에서 복역 중이었다. 우리는 졸리의 형사사건을 변호한 것이 아니라, 그가 라스타파리안교Rastafarian(흑인해방사상을 표방한 자메이카의 신흥 종교 – 옮긴이)의 교리에 따라 수감생활을 할 권리를 옹호했다. 이는 철창에 갇혔어도 그가 누릴 수 있는 법률적·헌법적 권리였다. 그는 종교적인 이유로 잠복결핵 검사를 거부했기 때문에 일주일에 한 번 10분 동안 샤워할 때를 빼고는 늘 '의료적 격리' 차원에서 독방에서 지내야 했다.

당시 로펌의 내 비서는 우리가 이 사건을 맡자, 의뢰인이 무슨 죄목으로 아티카에 가게 됐는지 물었다. 나는 살인죄라고 답했다. 그러자 비서는 이 사건에 대한 업무를 거부했고 그 바람에 나는 복사, 출력, 메일 회신 등 온갖 일상적인 업무를 직접 해야 했다. 업무 강도에 놀라긴 했지만, 비서의 소신을 존중했다.

나는 졸리가 저지른 짓—끔찍하고 입에 담기도 싫은 범죄—을 그가 교도소에서 적절한 대우를 받을 권리, 또 그가 헌법에 따라 영구적으로 보호받을 권리와 구분지어 사고할 수 있었다. 내 생각에 그 둘은 별개였다. 졸리의 변호에는 일이 엄청나게 많았지만 내 인생에서 아주 중대한 경험이었다. 증언 녹취(처음 해본 일이었다), 법원에 대한 각종 요청, 예비적 금지명령, 그리고 관련 사건의 재판들까지 두루 경험했다. 우리는 승소했고 졸리는 독방에서 풀려났다.

악의 평범성

20년 후, 두 연방검사 에밀리 도트리Emily Daughtry와 제프 포웰Jeff Powell은 리커스아일랜드(이하 리커스)의 청소년 수감자 처우에 관한 획기적인 조사를 진두지휘했다. 그들이 알아낸 충격적인 사실 덕분에 나는 뉴욕의 가장 악명 높은 교정시설과 교도소에서 벌어지는 악질적인 문제들에 눈을 떴다. 그 조사 결과는 물론 리커스에 한정됐지만, 그 안에 담긴 교훈과 경고는 다른 모든 교도소, 또 인간에게 자유를 박탈하는 모든 곳에서 새겨들을 만한 것이었다. 지검장으로 부임한 지 한참 지나 리커스에 관한 실태조사를 접하면서, 나는 재소자들의 수감환경을 고민하게 되었고, 교정시설의 실태에 관심을 가져야 할 도덕적 이유를 찾게 되었다.

우리는 바르고 공정한 사회의 이상적인 모습에 늘 관심을 두어야 한다. 바르고 공정한 사회에서는 '건강한 사람이 아픈 사람에게 관심을 갖는다. 부유한 사람이 가난한 사람에게 관심을 갖는다. 강한 사람이 약한 사람에게 관심을 갖는다. 그리고 검사가 재소자에게 관심을 갖는다.' 리커스의 실태는 우리가 공정함이란 무엇인가에 대해 교훈으로 삼아야 할 생생한 사례였다.

나는 대학 1학년 때, 집단학살 현상에 대한 강의를 들은 적이 있다. 그 강의는 내게 적잖이 충격이었다. 그 강의를 필수과목으로 지정해 모든 학생이 수강하도록 해야 한다는 주장이 있을 만큼, 인간이 같은 인간에게 가할 수 있는 잔인함의 극치를 일깨워준 수업이었다. 강의계획서에 적힌 참고도서에는 내 인생에서 가장 중요하다고 여기는 책 세 권이 적혀 있었다. 바로 스탠리 밀그램Stanley Milgram의 『권위에 대한 복종』, 조지프 콘래드Joseph Conrad의 『어둠의 심연Heart of Darkness』, 필립 짐바르도Philip Zimbardo의 악명 높은 스탠퍼드 감옥실험 보고서였다. 또 나는 수천 명의 학생들과 마찬가지로, 한나 아렌트Hannah Arendt의 저작을 읽고 악의 평범성 이론에 대해 공부했다. 그 책들은 제시카 부모님의 친구 부부가 두 아들의 손에 살해당한 사건만큼 나를 흔들어놓았고, 『권위에 대한 복종』은 그중에서도 가장 압권이었다. 나는 그 책을 대학 시절부터 여러 번 읽었고, 연방 지검장이 된 후에도 몇 번이고 읽었다.

잘 모르는 독자를 위해 설명하자면, 밀그램 교수는 1960년대에 다른 사람을 해치는 명령에 인간이 어느 정도까지 복종하는지 알아보는 실험을 여러 번 실시했다. 실험 결과 일반인들은 학술실험이라는 평범한 조건 아래에서도, 실은 가짜였던 고강도 전기자극 스위치를 태연하게 눌러 다른 사람에게 상당한 고통을 가했다. 그 모습에 밀그램 박사도 깜짝 놀랐다. 이들은 왜 이렇게 행동했을까? 실험실 가운을 입은 권위자가 그렇게 하도록 옆에서 종용했기 때문이었다.

밀그램 교수는 50년 전에 이런 글을 남겼다. "우리 연구가 보여준 가장 근본적인 교훈은, 단지 자기가 맡은 일을 했을 뿐 특별한 적의가 없는 평범한 사람도 끔찍한 파괴적 과정의 주체가 될 수 있다는 점일 것이다."

수십 년 후, 나는 검찰청에서 아렌트의 유명한 표현 '악의 평범성'을 스티브 마틴의 입을 통해 다시 한번 듣게 되었다. 그가 이 표현을 쓴 이유는, 선량한 사람이라도 폐쇄되고 긴장이 고조된 감옥 같은 환경에서 비인간적 규율에 따라 움직일 경우, 같은 인간에게 매우 잔인하게 굴 수 있다는 사실을 설명하기 위해서였다.

20세기의 매우 유명한 심리학 실험 중 하나인 스탠퍼드 감옥실험에서, 필립 짐바르도 교수와 그의 조교들은 외관상 차분해 보이는 스탠퍼드대학교 학생 24명을 모두 남자로만 뽑은 뒤, 동전 던지기를 해서 간수와 죄수 역할을 무작위로 맡겼다. 이 실험은 원래 2주간 진행할 예정이었으나 엿새 만에 취소되었다. 왜 그랬을까? 간수 역할을 맡은 학생들이 갈수록 가학적 성향을 보였기 때문이었다. 이들은 죄수들에게 '심리적 압박'을 가했고, 새벽 2시에 죄수들을 깨웠으며, 이들을 '독방에 감금'했고, 신체적으로 굴욕적인 행동을 하도록 강요했다. 짐바르도는 훗날 의회에서 증언하면서, 실험을 조기 종결한 이유가 "누구나 가장 잔혹한 간수나 가장 나약한 죄수가 얼마든지 될 수 있다"는 점을 깨달았기 때문이라고 설명했다. 수년에 걸쳐 '간수'에게 특정 행동을 강요하거나 지시했다는 증거를 들어 이 실험 결과를 의심하는 글들이 나왔지만, 무장한 스탠퍼드대학교 학생들이 동료 학생들을 학대하고 비인간적으로 대우하는 일에 주저하지 않았다는 끔찍한 사실에는 변함이 없다.

그 실험이 과장됐든 결함이 있든 간에, 스탠퍼드 감옥실험이 50년 동안 대중의 머릿속에 각인된 이유는 실험 결과로 알려진 사실들이 믿기지 않을 만큼 충격적이었기 때문이다. 부당하게 유죄판결을 받고 10년 넘게 수감생활을 한 러시아의 석유재벌 미하일 호도르코프스키Mikhail Khodorkovsky는 『내 동료 수감자들My Fellow Prisoners』이라는 옥중 회고록에서 이렇게 밝혔다. "감옥은 대다수 죄수와 간수 모두에게 끔찍한 영향을 주는 곳이다. 사실 어떤 집단에 더 악영향을 주는지는 아직 확실하지 않다. 사회는 이러한 인류의 비극을 막기 위해 대책을 마련해야 한다. 그리고 우선 사람들이 이런 사실을 인지해야 한다."

마틴도 감옥에서 벌어지는 이런 인간의 비극을 막기 위한 조치를 모색하고자 했다. 그는 인도적인 감금이 가능하고, 감옥이 폭력과 부패에 찌든 치명적인 악의 소굴이 될 필요는 없다고 믿었다. 그래서 그는 이러한 청사진을 실현하는 일에 자신의 모든 인생을 바쳤다.

어떤 환경이 조성됐을 때 인간은 야만적이고 잔혹한 모습을 보이게 될까? 그 답은 문화와 개인 모두와 관련이 있다. 모든 수감시설은 그 본질상 매우 견디기 힘든 곳이다. 수감자들은 어떤 혐의가 있거나 범죄를 저질러서 갇혔고, 정신적으로 문제가 있는 경우가 많으며, 법원의 명령에 따라 자유를 박탈당한 상태다. 이렇게 시작부터 인간 이하의 조건에 놓인 곳이다. 그렇다고 수감시설이 개념적으로 비인간적이거나 불필요하다는 말은 아니다. 적법한 형벌을 선고받은 사람, 지역사회에 위협적이거나 도주의 우려가 있는 용의자는 감금이 필요하다.

핵심은 수감자가 처음부터 화약고를 끌어안고 가야 한다는 점이다. 감옥과 교도소는 인간성 말살을 견뎌야 하는 곳이다. 짐바르도의 실험에서 구체적으로 드러났듯이 감옥은 복종을 합리화하고 복종에 보상을 하면서 굴러가는 곳이다. 효율성과 안전을 위해 택한 정책과 관행으로 인간성이 쉽게 파괴된다. 마틴에 따르면 감옥에는 인간성을 파괴하고 수감자들을 짐승처럼 다루는 방법이 숱하게 많다고 한다. 감옥은 개인성을 완전히 박탈한다. 똑같은 칙칙한 재소복을 입히고, 숫자로 개인을 구분하며, 식사 때 무리지어 이동시킨다. 수감자들은 기본적으로 무기력한 상태에서 교도관들이 지닌 무한한 힘을 자각하게 된다.

게다가 안이함도 한몫한다. 지옥으로 가는 길은 게으름으로 포장되어 있다. 수감자에게 징벌을 내릴 때 교도관은 머리를 쓸 필요가 없다. 물리적 힘은 행사하기 쉬운 반면 자제하기는 어렵다. 저항하는 자에게는 바로 주먹이 날아간다. 규율을 위반하면 독방에 가둔다. 대부분의 문제는 폭력으로 쉽게 해결된다. 다수의 교도소 문화에는 무력 행사에 보상이 뒤따른다.

마틴은 스물두 살에 텍사스에서 교도관으로 일하기 시작했다. 그에 따르면, 교도소에서 일할 당시 비탈길에서 계속 미끄러지는 기분이 들었고 날이 갈수록 폭력성이 커지는 자신의 모습을 발견했다고 한다. 스물네 살이 되자 원래의 자신은 어디론가 사라졌고, 더 폭력적으로 변했으며, 실제 직업이라는 점만 빼면 스탠퍼드 실험의 간수들과 다르지 않다고 느끼게 되었다고 한다. 결국 마틴은 교도관을 그만두었지만, 대신 교도소를 인간적인 곳으로 바꾸는 일에 매진했다. 그는 내게 이런 말을 한 적이 있다. "내가 더 난폭하게 굴었다면 아마 꽤 높은 자리까지 올라갔을 겁니다."

남에게 해를 입히는 모든 사람들이 처음부터 잔혹한 의도를 품고 있는 것은 아니다. 또 모든 교정기관이 수감자들을 괴롭힐 목적으로 잔인한 관행을 묵과하지는 않는다. 모두가 그런 범의犯意와 악의를 갖고 행동하는 것은 아니다.

일례로 이스턴주립참회소Eastern State Penitentiary를 살펴보자. 이곳은 1829년에 처음 문을 연 미국 최초의 현대식 교도소로, 퀘이커 교도들이 설립했다. 이곳에 갇힌 수감자들은 모두 잔인한 독방 감금을 견뎌야 했다. 그렇지만 이는 단지 처벌을 위해서가 아니라 갱생을 위한 조치였다. 이를 옹호한 사람들 중 한 명인 벤저민 러시Benjamin Rush 박사는, 죄수들이 홀로 사색하며 진정한 반성을 하도록 '참회의 독방'을 만들자고 제안했다. 이는 마음의 상처를 치유하기 위해서, 또 인도적인 조치로서 고안된 것이었다. 이를 뒷받침한 논리는 수감자들이 혼자 조용히 사색할 때 반성하고 후회하는 경우가 많다는 것이었다. '참회소penitentiary'의 어원도 결국 '죄를 뉘우친다penitent'에서 나온 것이어서, 이것은 일종의 사회적 실험이었다. 그러나 결국 사람을 혼자 가두는 조치의 폐단이 세상에 알려졌다. 1913년 무렵 이스턴주립참회소는 독방 수감이 잔인하고 비인간적인 처벌임을 자각하고 독방 수감 관행을 없앴다. 시작은 선의였지만, 결국 폐단이 드러나고 만 것이다.

무능함과 얕은 사고는 다수의 끔찍한 사례에서 보여주듯 악영향을 끼친다. 여느 때처럼 회의를 하던 어느 날 마틴이 내게 또 다른 인상적인 이야기를 들려주었다. 2000년대 초반에 마틴은 오하이오주 청소년범죄예방부Ohio Department of Youth Services와 함께 오하이오주 사이오토Scioto에 있는 여성청소년 교정시설의 폭력남용 실태를 조사했다.

마틴은 이 시설에 수감된 사람들이 유독 손목, 팔꿈치, 어깨 골절 등 팔 부상률이 높다는 사실을 발견했다. 마틴이 수년 동안 여러 곳을 돌아다녀봤지만 이렇게 부상률이 높은 경우는 보지 못했다. 그렇지만 그의 지론대로, "어떤 관행을 파헤쳐보면 그 이유가 나오는 법"이었다. 마틴은 현장에 가서 관찰을 했다. 그리고 금세 원인을 파악했다. 교도관이 수감자를 다른 곳으로 호송하는 방식에 문제가 있었다. 그는 한 교도관이 수감자의 팔에 꽉 끼는 C자형 그립C-grip을 이용해 팔의 움직임을 통제하는 것을 보았다. 수감자들이 팔을 쭉 뻗게 한 다음 단단한 C자형 그립을 팔꿈치에 끼워 팔을 못 움직이게 했다. 이렇게 하면 사실상 팔의 모든 관절에 상당한 압박이 간다.

마틴에게 내 몸에 한번 시범을 해달라고 했다. 마틴은 나를 꽉 붙잡더니 팔꿈치를 못 움직이게 고정시켰다. 그 상태로는 장거리 이동은커녕 제대로 몇 발자국 걷기도 힘들었다. 심리적으로 흥분한 상태라면 더욱 걷기 힘들 것 같았다. 조금이라도 잘못 움직였다가는 어딘가에 부상을 당할 것이 뻔했다. 이런 관행에 대해 마틴이 교도소장에게 문의하자, 이런 답이 돌아왔다. "우리는 그냥 그렇게 호송할 뿐입니다. 다른 이유는 없어요."

마틴은 말문이 막혔다. 팔을 그렇게 고정시킨 채로 어떻게 장거리를 이동한단 말인가? 이는 기본적으로 '고통으로 사람을 굴복시키는' 방식이었다. 말들도 그런 상태로는 움직이지 못했다. 특히 우려되는 점은 고정 그립이 싸움을 말리거나 반항을 막는 도구가 아니라,

호송과정에서 **일상적으로** 쓰이는 도구였다는 점이다. 마틴은 조사보고서를 제출하기 전에 교도소장을 찾아가 팔꿈치 그립을 사용하는 관행을 바꿔야 한다고 조언했다. 즉, 팔꿈치를 묶지 말고 손목을 결박해 호송하라고 권했다. 권고대로 손목만 결박하자 골절은 단숨에 사라졌다. 물론 문제의 근원이 악의 없는 무능에 있지 않은 경우도 있다. 부패한 문화의 비호 아래 취약한 시스템에서 끔찍한 환경에 휩쓸려 악행을 저지르는 사람들도 분명히 존재한다.

폭력에 물든 교도소, 리커스아일랜드

리커스는 망가진 지옥이다. 뉴욕시의 주요 교도소이자 미국에서도 대형 교도소로 손꼽히는 리커스는 성인 남녀와 청소년을 수용하는 10여 곳의 수감시설로 이루어져 있다. 이곳 수감자들은 대부분 아직 유죄판결을 받지 않은 미결수들이다. 수감자들 중 유색인종 비율이 높은 편이고, 그중 40퍼센트는 정신질환을 앓고 있다(청소년 수감자의 경우는 그 수치가 51퍼센트에 달한다는 사실을 확인했다).

1930년대에 문을 연 이래로, 리커스는 뿌리 깊은 폭력적인 문화로 유명했고 최악의 교정시설 중 하나로 악명을 떨쳤다. 리커스에서는 헌법에 보장된 수감자들의 권리를 위반하는 관행이 아무렇지도 않게 행해졌다. 우리는 리커스가 폭력을 최후의 수단으로 사용하는 게 아니라 충동적으로 쓰는, 철저히 망가진 곳이라는 사실을 발견했다. 이곳에서는 욕설을 하면 신체적 부상이 돌아왔다. 구타는 어쩌다 있는 처벌이 아닌 일상적 행위였다. 모두가 침묵의 규약을 지키는 가운데 폭력적인 문화가 계속 이어졌다. 우리가 2014년에 리커스의 수감자 실태조사 발표를 준비할 때, 리치 자벨은 리커스의 현실을 여실히 보여주는 문학작품을 인용하자고 제안했다. 그것은 바로 『파리대왕Lord of the Flies(무인도에 고립된 소년들의 모험담으로, 인간성을 상실해가는 과정을 우화적으로 그렸다 - 옮긴이)』이었다.

앞에서 언급한 대로 2014년에 우리 검찰청에서는 리커스의 폭력문화를 상세히 싣고 그 과오를 낱낱이 밝힌 두툼한 보고서를 공개했다. 보고서에는 모두가 깜짝 놀랄 조사 결과와 사실들, 통계수치가 가득했다. 우리는 이 자료를 근거로 뉴욕시에 문제를 제기했고, 동의판결consent decree을 통해 리커스의 문제를 시정하라는 판결을 받아냈다. 이 판결을 따르기 위해서는 교도관들의 과잉폭력을 줄이고 수감자들의 안전과 권리를 지킬 새로운 정책이 필요했다. 이를테면 폭력행사에 대한 실태조사, 2018년까지 7800대의 감시 카메라 설치, 교도관 몸에 부착하는 바디캠(동영상 증거를 수집하는 데 사용하는 촬영장치 - 옮긴이)을 시범운영하는 프로그램 개발, 새로운 교도소 운영 계획 수립 및 인력채용 기준안 마련, 교도소 직원 연수, 19세 미만 수감자를 위한 새로운 지침 마련 외에도 독방 수감 중지 그리고 리커스가 아닌 다른 수감시설 물색 등의 정책이 필요했다. 우리는 외부기관의 감시와 정기적인 경과 보고서를 통해 이 개혁안들의 이행 상황을 계속 주시하기로 했다.

아무리 신랄한 통계수치가 등장하더라도, 실제 벌어진 일화만큼 대중에게 직접적으로 충격을 주는 것은 없을 것이다. 다음 두 가지 사례는 좀 자세히 소개할 필요가 있다. 수감자들이 구타로 사망한다는 보고서로는 그 실상을 제대로 전달하지 못하기 때문이다. 리커스를 결코 벗어나지 못했던 두 남자의 비참한 최후를 한번 눈여겨보기 바란다.

다음은 연방검사 라라 에쉬케나지Lara Eshkenazi가 리커스의 교도관 테런스 펜더그래스Terrence Pendergrass의 형사재판에서 낭독한 모두진술의 첫 문장이다. "제이슨 에체바리아Jason Echevarria는 리커스의 작은 독방에서 몇 시간 동안 고통을 받으며 숨을 헐떡이고 구토하고 도움을 요청하다가 홀로 죽어갔습니다." 이는 한 문제 많은 영혼의 쓸쓸한 마지막 순간이었다. 에체바리아는 강도 및 절도 혐의로 기소된 스물네 살의 브롱스 주민이었다. 그는 2011년 9월에 체포되어 리커스에 수감된 채 재판을 기다리고 있었다.

에체바리아는 조울증에 시달렸는데, 정신질환은 수감자들 사이에 흔한 질환이었다. 『뉴욕타임스』가 2014년에 보도한 기사에 따르면, 리커스 수감자 중 정신질환자 수는 "뉴욕주 정신병원 24곳의 입원환자 수를 모두 합한 것"보다도 많았다. 에체바리아는 사망할 무렵, 규율위반 재소자를 수감하는 구내 정신병동MHAUII의 독방에 감금되어 있었다. 그는 다른 병동에서 계속 문제를 일으키다가 감시가 한층 강화된 11A병동으로 옮겨졌다. 수차례 자살시도를 했기 때문이었다.

2012년 8월 18일에 리커스의 처참한 물리적 환경을 적나라하게 보여주듯, 11A병동에 있는 변기들이 역류해 정화되지 않은 하수가 방마다 흘러넘쳤다. 이에 경험이 부족한 한 교도관은 '비누볼soap balls'을 수감자들에게 나눠주고 각자 방을 청소하게 했다. 이 비누볼은 처방전 없이도 구매 가능한 제품이었지만, 고농축 독성세제여서 물에 희석한 후 나눠주어야 했다. 그러나 이 교도관은 그렇게 하지 않았다.

제정신이 아닌 데다 독방생활로 울분이 쌓였고 의무실 재수감을 노렸던 에체바리아는 비누볼을 삼켰다. 순수표백제를 먹은 것이었다. 그는 일부러 독을 삼켰다. 8월 18일 오후 4시 30분이었다.

이후 18시간에 걸쳐 에체바리아는 근무태만이 낳은 안타까운 희생자가 되었다. 화학물질을 삼키자마자 상태가 급속도로 나빠졌다. 입안, 목구멍, 위장이 화학물질로 인해 타들어가면서 그는 극심한 구토증세를 보였다. 에체바리아는 그날 11A병동 순찰을 맡은 젊은 교도관 레이먼드 카스트로Raymond Castro에게 도와달라고 외쳤다. 에체바리아는 미친 사람처럼 숨을 헐떡이며, 비누볼을 삼켜서 숨을 쉴 수 없으니 의사를 불러달라고 있는 힘껏 외쳤다. 카스트로는 겨우 몇 달 전에 리커스에 온 신참 교도관이었다. 이런 위급상황을 다뤄본 경험이 전혀 없었던 그는, 도움을 주기 전에 먼저 상관에게 보고했다.

그날 당직근무였던 교도소 보안과장은 당연히 장기근속자로, 리커스에서 16년째 일한 테런스 펜더그래스였다. 그에게는 에체바리아에게 도움을 줄 권한과 책임과 의무가 있었다. 그러나 그는 그렇게 하지 않았다. 부하의 보고에 펜더그래스는 이렇게 대꾸했다. "살아 숨 쉬는 몸뚱이면 내게 전화 하지 마. 독방에서 끌어내야 하거나 시체가 생기면 그때 전화해."

에체바리아의 독방으로 돌아온 카스트로 교도관은 그가 격하게 구토하는 모습을 봤다. 교도관은 펜더그래스에게 수감자의 상태가 위급하다고 **두 번째로** 알렸다. 두 번째 보고에도 펜더그래스는 돕기를 거부하며 에체바리아가 "참고 버티게 내버려두라"고 말했다.

오후 5시 35분, 약사보조원과 또 다른 교도관 엔젤 라자르테Angel Lazarte가 병동에 도착해 에체바리아의 독방을 들여다보았다. 그들 역시 에체바리아가 구토하는 모습을 보았다. 에체바리아는 얼굴이 시뻘게졌고 몸을 웅크린 채 가쁜 숨을 내쉬고 있었다. 그는 간신히 "도와 달라"라고 내뱉었다. "저러다 죽을 수도 있어요." 약사보조원이 라자르테에게 말했다.

라자르테와 카스트로는 함께 펜더그래스에게 가서 에체바리아의 상태를 알렸다. **세 번째** 보고였다. 펜더그래스는 교도관들의 우려를 다시 한번 묵살하고는 라자르테에게 보고서를 작성하라고 지시했다. 꽤 오랜 시간이 흐른 후, 마침내 펜더그래스가 에체바리아의 독방으로 천천히 걸어가 처음으로 상태를 살폈다. 하지만 그는 독방 안을 슬쩍 들여다보고는 다시 가버렸다. 펜더그래스는 라자르테가 하던 보고서 작성을 중단시켰고, 라자르테가 전화로 의료지원을 요청하려 하자 전화를 끊으라고 명령했다.

다음 날 오전 8시 35분, 에체바리아는 시체로 발견됐다. 그의 독방은 오물로 가득했다. 에체바리아의 입 주변에는 흰 거품과 피가 묻어 있었고, 목 주변은 시퍼렇게 변색되었으며, 독방 변기에는 토사물이 묻어 있었다. 침대 시트와 입고 있던 셔츠, 발목에는 핏자국이 가득했다. 시체는 차갑게 식어 있었다. 에체바리아는 혓바닥과 입안, 목구멍, 위장과 기도에 화상을 입었고 폐에는 체액이 가득 고여 있었다. 이 가련한 수감자의 몸은 화학물질을 빼내려고 발버둥쳤지만 온 몸에 독이 퍼지면서 고통스러운, 그렇지만 막을 수 있었던 죽음을 서서히 맞이했다. 훗날 검시관은 에체바리아의 사인을 '의료처치 태만'으로 인한 살인이라고 결정했다.

2014년 3월에 우리는 펜더그래스를 체포했다. 리커스의 교도관이 시민권 유린 혐의로 기소된 것은 10여 년 만에 처음이었다. 라라 검사와 그의 공판 파트너는 배심원단에게 에체바리아에게 긴급 의료조치가 필요했으나 펜더그래스가 고의적 무관심으로 그를 방치했다며 유죄평결을 내려달라고 호소했다.

나는 재판이 끝난 후 제이슨 에체바리아의 아버지 레이먼과 만났다. 체구가 왜소한 레이먼은 자분자분하면서도 빠르게 많은 말을 쏟아냈다. 레이먼은 의자에 앉아, 믿을 수 없다는 듯 고개를 수차례 가로저었다. 그는 내게 이렇게 말했다. "왜 우리 아들한테 구급차를 불러줄 수 없었던 겁니까? 그렇죠, 우리 아들은 죄수지요. 수감자였어요. 그렇지만 우리 아이도 인간입니다. 그 아이도 인간이라고요."

윤리적이지 않은 동료애

이제 두 번째 사례다. 이 책의 앞부분에 등장했던, 수사관 스티브 브라치니가 리커스의 교도관 안토니 토레스의 마음을 돌려세웠던 이야기를 독자들은 기억할 것이다. 다음은 그 이야기의 나머지 부분이다.

브라이언 콜은 리커스 의무실에서 야간조로 근무하는 중년의 교도관이었다. 이곳은 만성질환이나 중증질환을 앓는 수감자를 수용하는 곳이었다. 2012년 12월 18일 성탄절을 일주일 앞둔 날, 콜의 근무시간은 오후 11시부터 이튿날 오전 7시까지였다.

로널드 스피어는 콜이 관리하는 수감자 중 한 명이었다. 에체바리아와 마찬가지로 스피어 역시 건강에 문제가 많았다. 절도 혐의로 기소되어 재판을 기다리던 그는 쉰이 넘은 나이로 당뇨와 심장병이 있는 데다 주기적으로 투석이 필요한 신장병 말기 환자였다. 그는 안경을 써야 사물을 식별했고 지팡이에 의지해야만 걸었다. 또 '낙상위험'이라고 새겨진 팔찌를 차고 있었다.

리커스에 머무른 지 석 달 가까이 된 스피어는, 적절한 의료처치가 부족하다는 불만을 끝없이 제기해서 직원들과 다른 수감자들 사이에서 유명했다. 실제로 고통이 심했던 그는 리커스에서 고혈압 약물치료를 거부당했다며 소송을 제기했다. 권리를 철저히 박탈당한 곳에서 자신의 권리를 주장했던 탓에, 그는 교도소 내에서 표적이 되었다. 리커스처럼 황량한 곳에서 말썽꾼들은 표적이 되기 십상이었다.

2012년 12월 18일, 콜이 근무를 서고 있을 때 스피어가 다가와 진료실로 들어가려고 했다. 투석치료를 받은 지 엿새가 지난 스피어는 약이 필요했다. 그러나 콜은 스피어에게 나중에 다시 오라고 말했고, 둘 사이에 격한 실랑이가 벌어졌다. 스피어는 매우 공격적으로 나왔지만 별 수 없이 돌아갔다. "정말 성가신 새끼네." 쇠약한 스피어를 두고 콜은 가까이에 있던 교도관에게 이렇게 말했다.

12월 19일 새벽 5시가 되기 직전 스피어가 다시 진료실을 찾았고, 콜은 다시 한번 그를 가로막았다. 약물치료가 절실했던 스피어는 콜을 밀치고 진료실에 들어가려고 했다. 자신이 무시당했다고 느껴 분노가 폭발한 콜은 스피어의 얼굴과 배를 주먹으로 수차례 때렸다. 소란스러운 소리에 토레스 교도관이 나타나 스피어를 몸으로 감싸 폭행을 제지했다. 토레스는 스피어를 꼼짝 못하게 한 다음 바닥에 그를 엎어뜨렸다. 이 모든 광경을 지켜보던 수감자들이 외쳤다. "간수들이 사람을 죽인다!" 그 후, 브라이언 콜이 로널드 스피어를 죽였다.

사건이 터지고 거의 2년 후에 열린 재판에서, 검사는 저항을 멈추고 완전히 저지당한 스피어가 그 후로 어떤 일을 당했는지 모두진술에서 이렇게 묘사했다.

그해 12월 사건 당일 아침 교도관 두 명이 로널드 스피어 씨를 바닥에 쓰러뜨려 움직이지 못하게 했습니다. 피고인은 스피어 씨를 짓밟았습니다. 피고인은 묵직한 작업용 부츠를 신고 있었습니다. 그는 발을 뒤로 뺀 다음 힘껏 스피어 씨의 머리를 걷어찼습니다. 그리고 이런 발길질을 수차례 반복했습니다. 너무 심하게 가격해서 스피어 씨의 두개골 안쪽에서 출혈이 발생했습니다. 그러자 피고인은 무릎을 꿇고 앉아, 스피어 씨의 머리채를 잡아 들어 올리고는 이렇게 말했습니다. "네가 날 엿 먹이니까 이런 험한 꼴을 당하는 거야. 내가 널 이렇게 만들었다는 것 기억해." 그런 후 피고인은 스피어 씨의 머리를 딱딱한 타일 바닥에 내던지듯 떨어뜨렸습니다. 스피어 씨는 결국 감옥 바닥에서 사망했습니다.

사망한 스피어의 몸이 식기도 전에 사건은폐가 시작됐다. 현장에 있던 교도관들은 재빨리 거짓말을 만들어냈다. 콜은 지팡이를 휘두르며 난폭하게 구는 스피어에게 단지 정당방위를 한 무고한 교도관일 뿐이었다. 교도관들은 자기들의 거짓말을 뒷받침하기 위해 스피어가 사망한 지 5시간 후 비품창고에 가서 지팡이를 구해오기까지 했다.

교도관들은 리커스를 담당하는 감독관들에게 거짓말을 했고, 브롱스지방검찰청에서도 거짓진술을 했으며, 대배심 앞에서도 거짓증언을 했다. 브롱스지방검찰청은 기소를 단념했는데, 이들이 단체로 무죄라고 주장하는 태도를 봤을 때, 합리적 의심의 여지없이 유죄를 입증하는 것이 힘들다고 판단했기 때문이었다.

기소 중지 처분을 받은 콜은 자신이 혐의에서 벗어났고 앞으로도 그럴 것이라고, 그래서 자신이 관리하는 수감자들 중에 나약한 자들을 때리고 학대할 수 있을 것이라고, 또 다른 수감자를 죽여도 괜찮을 것이라고 생각했을 것이다. 그러나 앞에서도 설명했지만, 뉴욕남부지검 수사관 스티브 브라치니가 한 식당에서 토레스 교도관과 대면한 순간부터 상황은 바뀌기 시작했다. 토레스는 마음을 바꾸었고, 2012년 12월 19일 스피어의 죽음을 둘러싼 진실을 결국 털어놓았다. 법정에서 토레스는 콜이 엎어져 있던 스피어의 머리를 어떻게 걷어찼느냐는 질문에 이렇게 증언했다. "콜은 필드골field goal(미식축구에서 패스받은 공을 세워놓고 골대를 향해 공을 차는 것 - 옮긴이)을 차듯이 스피어의 머리를 찼습니다."

검사 측은 배심원들에게 브라이언 콜이 유죄임을 입증했다. 이

틀 간 토의한 끝에 배심원단은 로널드 스피어 살해 혐의와 범죄은폐를 통한 사법방해 혐의에 대해 콜에게 유죄평결을 내렸다. 그는 징역 30년을 선고받았다.

헌법을 준수하겠다고 맹세한 법집행관들의 이러한 잔인함과 가학성을 어떻게 설명할 수 있을까? 조직문화가 어느 정도 영향을 미쳤을 것이다. 즉, 한 기관의 문화가 이러한 악행을 조장할 수 있다.

테런스 펜더그래스는, 검사의 입장에서 봤을 때 꼭 악한이라고 단정할 수는 없었다. 고의적 무관심으로 유죄선고를 받은 펜더그래스를 구제불능의 악한으로 보기는 힘들었다. 리커스에 근무한 16년 동안 그는 과잉폭력으로 보고서에 이름이 올라온 적이 한 번도 없었다. 에체바리아에게 특별히 악감정이 있던 것도 아니었다. 그는 에체바리아를 맨주먹으로 죽이진 않았지만, 그렇다고 목숨이 경각에 달린 수감자를 살리기 위해 최소한의 노력을 기울인 것도 아니었다. 펜더그래스는 오랜 세월에 걸쳐 지독하고 냉담한 무관심을 키워왔는지도 모른다. 16년 동안 리커스에서 긴장감, 트라우마, 정신질환, 적대감을 일상적으로 접하다 보니 무신경해진 탓인지도 모른다. 그가 수감자들이 보낸 도움 요청을 무시한 것은 그들을 더는 인간으로, 자기와 같은 인류로 보지 않았기 때문이었다.

독방에서 에체바리아가 죽어갈 때, 펜더그래스는 딱 한 번 겨우 몸을 일으켜 그의 상태를 보러 갔다. 에체바리아가 독이 온몸에 퍼져 구토하고 각혈한다는 보고를 들은 후에도, 독방 창문으로 걸어가는 그의 발걸음에는 전혀 다급함이 없었다. 사실 법정에서 펜더그래스가 독방 창문으로 걸어가는 영상 자료를 틀었을 때 그 동작이 너무 느린 나머지, 변호인 측에서는 검사들이 일부러 재생속도를 늦췄다며 항의하기도 했다. 펜더그래스의 굼뜬 동작과 느릿한 발걸음에서 드러나는 무관심은, 당시 상황을 조용히 환기시키면서 그가 유죄임을 입증해주는 증거였다.

한편 브라이언 콜은 전혀 다른 경우였다. 신체적으로 왜소한 콜은 키가 작고 배가 나왔으며 인상이 퍼그 같았다. 그는 재판 내내 멍한 표정으로 앉아 있었다. 자기 변호인과도 거의 말을 섞지 않았다. 그의 가족 중 누구도 법정에 나오지 않았고, 그의 보석금 또한 준비하지 않았다.

콜 교도관은 소시오패스로 구제불능이었을 가능성이 있다. 그에게 인격장애가 있음을 보여주는 매우 확실한 증거가 있었다. 재판에서 증거로 제출했듯이, 그는 주간지 『빌리지 보이스The Village Voice』에 실린 로널드 스피어의 죽음을 다룬 기사를 오렸다. 자기가 죽인 바로 그 남자였다. 기사에는 다른 수감자가 스피어의 사망 소식을 그의 누이에게 맨 먼저 알렸고, '간수들이 때려서 죽인 사실'을 전했다는 내용이 담겨 있었다. 기사 한쪽에는 건강한 모습으로 웃고 있는 스피어의 사진도 실렸다. 콜은 그 기사를 오려 액자에 넣은 다음, 침대 머리맡에 걸어두었다. 마치 잔혹한 사냥꾼들이 사냥감을 박제해 벽에 걸어두듯이 했다. 대체 어떤 인간이 이런 행동을 한단 말인가? 사이코패스가 아니면 힘들 것이다.

그렇지만 불의와 타협한 동료들과 부패한 문화가 그를 감싸고 보호해주지 않는 한, 사이코패스라도 죄를 짓고 그냥 넘어가지는 못한다. 콜은 잔혹성이 극단적으로 높은 사람일 수도 있겠지만, 그 전에 이미 그가 범죄를 저지르고도 빠져나가도록 비호해주는 조직문화가 교도소 내에 존재했다. 그는 자신에게 안전망이 있다는 사실, 즉 공모자들 사이에 침묵의 맹세가 존재한다는 사실과 모든 교도관들에게 든든한 뒷배가 있다는 사실을 알았다. 또 모두들 그러한 안정망이 있다고 믿었다. 바로 그런 생각이 부패를 키웠다. 또한 바로 그런 생각이 더 큰 부패였다.

펜더그래스가 어떤 행동을 하지 않아서 죄를 지은 경우라면, 콜은 의도적으로 잔혹한 행동을 해서 죄를 지은 경우였다. 그렇지만 두 범죄 모두 똑같이 끔찍한 결과를 낳았다. 재판을 기다리던 한 인간이, 정당한 판결을 받지 못한 채 죽었다는 사실이었다.

우리 검찰청에는 한 가지 전통이 있다. 배심원 앞에서 모두진술을 하는 날이면, 공판팀 검사 중 한 명이 전체 동료 검사들에게 이메일을 보내, 법정에 와서 자신을 지켜보고 응원해달라고 부탁을 한다. 콜 사건에서 최종변론을 맡은 검사는 이메일에 이런 문구를 써 보냈다. "이 세상은 복잡한 문제로 가득차 있지만, 솔직히 가끔은 다들 정의가 불가능하다고 여긴 곳에서 정의가 실현되는 모습을 지켜보고 싶습니다. 우리에게 정말 필요합니다."

진정한 갱생을 위한 노력

때로 희망의 빛과 개혁의 흐름이 리커스처럼 싸늘한 곳에 침투하기도 한다. '**당신은 당신이 저지른 최악의 행동보다는 나은 사람이**

다.' 이는 수감자의 사회복귀를 돕는 혁신적인 비영리단체 디파이 벤처스Defy Ventures의 기본 신조다. 디파이가 하는 일은 수감자들이 사회에 성공적으로 복귀할 수 있도록 적절히 준비시키고 그들이 겪는 특유의 문제들에 대해 교육하는 것이다. 이 단체는 수감자들이 출소 후 미래에 대비할 수 있도록 많은 일을 해왔다. 기본적인 구직 요령과 이력서 작성법을 가르쳤고, 특히 흥미로운 활동을 통해 수감자들의 사업가 기질을 발굴해 좋은 계획안이 있으면 사업자금을 마련할 수 있도록 도왔다.

2016년 12월, 나는 리커스가 법원의 동의판결대로 시설을 잘 개선하고 있는지 점검하기 위해 그곳을 방문했다. 분명 감찰업무임에도, 조용히 수행할 수 있는 방법이 없어 보였다. 대규모 수행단과 함께 다단계의 보안시설을 거치고 보니, 한 독재국가를 방문한 외국의 고위 공직자가 외빈이 올 경우에 대비해 마련된 깨끗하고 흠결 없는 최고의 장소로만 안내받는 기분이 들었다. 우리가 구내식당 한 곳을 지나가는데, 식탁 위에 나와 다른 방문객들을 위해 준비한 당근케이크가 놓여 있었다.

리커스를 둘러보면서, 나는 디파이의 워크숍 프로그램 중 하나에 참여했다. 무장 경비원들에게 이중으로 둘러싸인 채 교도소라는 공간에서 수감자들과 끌어안고 악수하는 일은 우리에게 충격적이고 경이로운 체험이었다.

그런 후 우리는 마치 「샤크 탱크Shark Tank(성공한 사업가들에게 사업 아이템 설명하고 투자자금을 지원받는 리얼리티쇼 - 옮긴이)」에 나오는 사업가들처럼 장차 사업가를 꿈꾸는 수감자들의 야심찬 사업계획서를 심사했는데, 나는 이 심사업무를 맡기려고 사업 감각이 뛰어난 내 동생을 데려갔다. 탁자에 앉은 우리에게 수감자들이 다가와 공들여 작성한 사업계획서를 보여주었다. 자물쇠 사업에 뛰어들겠다는 사람도 있었고, 음악가나 래퍼 지망생을 위해 이동 녹음실을 구상했다는 사람도 있었다. 이런 사업계획들을 검토하다 보니, 내가 리커스에 와 있다는 사실을 잠시 잊었다.

그렇게 하루가 끝나갈 무렵, 모두가 참가하는 감동적인 프로그램이 진행됐다. 바로 '한 발 앞으로 Step to the Line'였다. 가운데에 통로를 두고 한편에는 수감자가, 다른 편에는 자원봉사자가 서로 마주보고 섰다. 누군가가 지시문을 읽어주면, 자신의 인생이나 살아온 환경에 해당된다고 생각할 경우 통로 쪽으로 한 발짝 걸어 나오는 프로그램이었다. 핵심은 자신의 인생을 투명하게 보여주면서 서로에 대한 공감을 끌어내는 것이었다. 그때 다양한 지시문을 읽어줬는데, 지금도 기억나는 몇 가지 가슴이 찡했던 지시문을 나열해보겠다.

> **대학에 진학한 사람, 한 발 앞으로 나오세요.**
> **부모를 잃은 사람, 한 발 앞으로 나오세요.**
> **어릴 때 동네에서 총성을 들어본 사람, 한 발 앞으로 나오세요.**
> **총에 맞아봤거나 칼에 찔려본 사람, 한 발 앞으로 나오세요.**
> **죄를 짓고 수치심을 느껴본 사람, 한 발 앞으로 나오세요.**

어떤 지시문에는 거의 모든 수감자들이 한 발 앞으로 나왔다. 또 어떤 지시문에는 모든 자원봉사자들이 앞으로 나왔다. 또 어떤 지시문에는 양쪽이 골고루 움직였다. 또 이런 지시문도 있었다.

구속될 행동을 하고도 구속되지 않았던 사람, 한 발 앞으로 나오세요.

그러자 자원봉사자와 수감자 가릴 것 없이 모두가 한 발 앞으로 나왔던 것 같다. 지시문이 울려퍼질 때마다, 그 자리에 있던 사람들은 다른 사람과 자기 자신에 대해 깨닫는 바가 있었다. 또 내가 남들과 얼마나 다르고 또 남들과 얼마나 비슷한지도 깨달았다.

많은 법집행관과 정치인 중에, 인도적인 정책은 일종의 감싸주기라는 고정관념이 머릿속에 각인된 자들이 있다. 이들은 폭력을 최소화하고 안전도를 높이며 사회복귀율이 증가하는 현명한 프로그램을 두고도, 수감자를 위로해주거나 친절을 베푸는 분위기가 느껴지면 무시하고 비웃는다. 한편 똑똑한 사회복귀 프로그램을 진행하려면 고민과 노력이 필요하다. 수감생활은 힘들어야 하고 그런 고통이 수감자들을 강하게 할 뿐 아니라 필수적인 통과의례라고 믿는, 일종의 마초적인 사고방식과 매우 자주 충돌하기 때문이다.

수감자와 교도관 사이에는 기본적으로 늘 긴장감이 흐르는데, 이러한 논의에서 좀처럼 언급되지 않는 사실이 하나 있다. 바로 교도관이 견디기 힘들 만큼 매우 가혹한 직업이라는 점이다. 내가 보기에 교도관은 모든 법집행업무를 통틀어 가장 힘겨운 직업 같다. 긴장이 지속되고, 스트레스가 심하며, 위험하고, 단조롭고, 폭력적이고, 저임금이다. 게다가 사회적으로 크게 인정도 못 받는다.

상황이 이렇다 보니 교도소가 교도관들에게 힘든 곳인 만큼, 수감자들에게는 훨씬 더 힘들어야 한다는 주장을 딱히 이해 못할 바는 아니다. 또 수감자는 특혜를 받을 자격이 없다는 단순한 사고에도 일리가 있다. 교도관들은 '왜 **수감자들이** 공짜로 수업을 듣게 해주지? **내가** 듣는 대학 강의는 공짜가 아닌데?'라며 의아해할지도 모른다. 수감자들에게 베푸는 그 어떤 배려도 교도관들에게는 불쾌하게 느껴질지도 모른다. 이러한 긴장과 갈등은 실제로 존재하는 것이어서, 그 어떤 선의의 프로그램도 교도관들이 받아들이지 않으면 진행할 수가 없다. 그만큼 교도소는 분노가 자연스럽게 도사리고 있는 곳이다.

'인간에게 가장 좋은 친구를 기르게 해보자.' 리커스 로버스Rikers Rovers라고 부르는 이 새롭고 독특한 프로그램은 간단한 발상에서 시작되었다. 청소년 수감자들이 유기견을 훈련시키고 입양될 때까지 보살피게 하자는 것이다. 뉴욕시 동물보호소에 있던 유기견들을 리커스의 수감시설에 데려와, 프로그램에 참여를 신청한 수감자들에게 맡기고 9주 동안 양육하게 했다. 주기적으로 바뀌는 일정에 따라 임무를 나누고 개들의 상태를 공유하면서, 수감자들은 다양한 책임을 돌아가며 맡았다. 이들은 아침 6시 전에 기상해 각자 맡은 유기견에게 먹이를 주고, 별도로 마련된 트랙을 따라 하루에 여러 번 산책을 시켰다. 또한 개를 씻겼고, 훈련장에 데려가서 '앉아, 가만히 있어, 물어'와 같은 기본적인 명령어를 가르쳤다. 이렇게 함께 시간을 보내다 보니 개들과 유대가 싹트지 않을 수가 없었다. 수감자들이 훈련시킨 견종 중에 핏불이 압도적으로 많았는데, 핏불은 감옥처럼 혹독하고 냉기가 흐르는 곳에서도 기질적으로 잘 주눅 들지 않았다. 하지만 푸들처럼 기질이 약한 강아지들은 이 프로그램에서 제외시켜야 했다. 전혀 적응을 하지 못했기 때문이다.

이 유기견 양육 프로그램이 처음 도입됐을 때, 교도관들은 비웃고 코웃음치고 조롱했다. 이러한 강한 반감은 두 가지 본능적 반응에서 나왔다. 첫째, 이 프로그램이 거친 사내를 연상시키는 감옥 이미지와 맞지 않는다는 점이었다. 개와 함께한다니, 이는 수감생활에서 선뜻 떠올리기 힘든 지나치게 자애로운 그림이었다. 둘째, 이 프로그램은 교도소에 늘 존재했던 자기소모적 분노를 부추겼다. 죄를 짓고 감옥에 온 사람에게 개를 기를 기회를 주는 것은 마치 보상처럼 보였다. 교도관들은 수감자들에게 왜 그런 선물을 주어야 하는지 이해하지 못할뿐더러, 이 프로그램이 자기들에게 또 하나의 부담을 안긴다고 생각했다. 수감자들이 개를 잔혹하게 죽일지도 모른다는 우려에서였다. 회의적 시각과 분노가 뒤섞인 반응이었다. 교도관들의 전반적인 정서를 요약하면 이렇다. **'그래서 지금 수감자들에게 개를 주자고? 그럼 다음은 조랑말을 줄 건가?'** 그렇지만 당시 교정국 Department of Correction 국장이었던 조셉 폰트 Joseph Ponte는 교도관들의 회의적인 반응에 아랑곳하지 않고 프로그램을 밀어붙였다.

프로그램의 긍정적인 효과는 곧장 나타났다. 개와 시간을 보낸 수감자들은 모두 전보다 기분이 좋아 보였다. 인간의 가장 좋은 친구는 어린 수감자들의 심성에 변화를 일으켰다. 각자 그리고 함께 관심 갖고 돌봐야 할 대상이 생겼기 때문이었다. 폭력전과가 있는 청소년들은 단지 이 프로그램의 참여 자격을 갖추기 위해 전과 달라진 태도를 보였다. 서로 긍정적인 방향으로 교류하기 시작했을 뿐 아니라, 개에게 쏟아 부은 개인적 투자가 실제 결실을 맺는 과정을 지켜봤다. 즉, 유기견이 성공적으로 입양되면 이는 각 참가자들이 노력한 덕분이었다. 프로그램 참가자들은 가르침도 얻고 자극도 받았다. 특히 고무적인 점은 이 버림받은 청소년들이 버려진 개들을 키우며 자신들의 삶을 바로세울 기회를 찾았다는 점이다. 어린 수감자들은 자신과 비슷한 처지의 유기견들에게 책임감을 길러주고 규율과 헌신의 가치를 가르치면서, 스스로 더 큰 깨달음을 얻었다.

이 특별할 것 없던 유기견 양육 프로그램이 수감자들에게 미친 영향이 놀라웠다면, 이 프로그램을 거부했던 교도관들에게 끼친 영향은 더욱더 놀라웠다. 냉소적이던 교도관들도 시간이 흐를수록 이 프로그램의 참된 가치를 알아봤고, 스스로 유기견들을 보살피고 먹이를 챙기는 일에 기꺼이 동참했다. 어느 순간 교도관들은 회의적 시각을 거두고 이 프로그램에 적극 동참했다. 대개 수감된 양육자들과 똑같이 개를 보살폈고, 때로는 개들을 몰래 데리고 나가 산책을 더 시키기도 했다.

이 글을 쓰는 시점에 적어도 40여 마리의 개가 리커스에서 훈련을 받았다. 그렇다면 이 프로그램에서 훈련받은 유기견들을 압도적으로 많이 입양해간 사람들은 누구였을까?

바로 이 프로그램을 비웃었던 교도관들이었다. 그해 12월에 리커스를 방문했다가, 나는 이 교도소의 최고참 교도관 중 한 명에게 슬쩍 다가가 말을 붙였다. 그는 키가 크고 체격이 건장한 사람이었다. 나는 그에게 리커스의 미래를 어떻게 전망하는지 물었고(그는 아주 낙관적인 편은 아니었는데, 리커스의 역사를 봐도 그렇게 희망을 품을 상황은 아니었다), 그에게서 매우 인상적인 이야기를 들었다. 그는 처음에 유기견 양육 프로그램을 시작했을 때, 완전히 비관적이었다고 했다. "이렇게 멍청한 프로그램은 난생 처음 본다고 생각했어요. 전 농담인 줄 알았다니까요. 그런데 말입니다, 지금은 제가 그 누구보다도 이를 지지합니다. 작은 정책이지만 그 효과는 엄청납니다."

뉴욕남부지검이 리커스의 실태조사를 발표한 지, 그리고 이 교도소의 개선에 관한 동의판결을 놓고 뉴욕시와 열띤 협상을 벌인지 4년이 흐른 시점에도 리커스 내부의 폭력은 크게 줄어들지 않았다. 이는 실망스러운 소식이다. 모든 노력을 투입했는데도 크게 나아진 게 없었다. 이미 굳어버린 문화는 고치기가 쉽지 않아 보였다. 폭력이 교도소 콘크리트 벽에 석면처럼 스며들기라도 한 듯, 리커스를 폐쇄하고 처음부터 다시 시작하라는 요구가 빗발쳤다.

오늘날 리커스의 문화는 브라이언 콜처럼 구제불능일지도 모른다. 우리는 인간애를 일깨우고 폭력성을 누그러뜨리며 수감자들을 미래에 대비시키기 위한 개혁과 프로그램을 수차례 도입했고, 그 모든 노력들은 바람직했다. 그리고 그런 노력들 덕분에 리커스의 문제가 다소 줄었는지도 모른다. 유기견 양육도 흐뭇한 정책이었다. 그렇지만 솔직히 말해, 리커스 같은 곳에 진정으로 필요한 것은 과거의 흔적을 완전히 없애고 처음부터 다시 시작하는 것은 아닐지 고민해볼 필요가 있다.

22장 정의를 넘어서

용서가 만들어내는 기적

법적 개념에서 그리고 형사정의라는 공식적 개념에서, 신이나 은 총을 찾는 사람은 없을 것이다. 특정 가치와 이상은 정의의 영역을 넘어선다. 여기에 해당하는 것은 자비, 용서, 구원, 존엄성 그리고 사랑이다.

이제부터 소개할 범죄 이야기는 단순한 절차적 정의보다 더 큰 가치를 다룬다. 이 우여곡절 많은 사연을 내가 처음 접한 것은 2011년 『뉴욕타임스』에서였고, 나중에 이 이야기는 작가 아난드 기리다라다스의 책 『더 트루 아메리칸The True American』의 주제가 되었다. 끔찍하지만 결국 훈훈하게 마무리되는 무수한 이야기들처럼, 이 이야기 역시 2001년 9월 11일 아침에 시작되었다.

그날은 모두가 알다시피 뉴욕시와 버지니아주, 펜실베이니아주에 공포가 비 오듯 쏟아진 날이었다. 그날 이후로 세상은 완전히 바뀌었다. 수많은 목숨이 사라진 그 끔찍한 날의 여파 때문인지, 똑같은 행동으로 테러에 복수하겠다며 그릇된 판단을 한 자들이 우후죽순처럼 생겨났다. 그리고 안타깝게도 무분별한 증오범죄가 이어졌다.

분노와 증오가 만든 살인

9·11테러가 발생한 후 사흘째 되던 날, 프랭크 로크Frank Roque라는 남자는 한 술집에서 '래그헤드ragheads'(두건머리라는 뜻으로 아랍인을 비하하는 말 – 옮긴이)를 죽여버리겠다며 공공연하게 말했다. 결국 그는 시크교도인 미국인 발비르 싱 소디Balbir Singh Sodhi를 총으로 쏴 죽였다. 세 아이의 아빠로 애리조나주에서 주유소를 운영했던 그는, 주유소 주변에 꽃을 심다가 이런 변을 당했다. 9·11테러 후 나흘째 되던 날에는 세 남자가 캐나다에 있는 이슬람 사원과 힌두 사원에 화염병을 던졌다. FBI는 연례보고서에서 9·11테러 이후 증오범죄가 증가했다고 언급했다.

마크 앤서니 스트로먼Mark Anthony Stroman 역시 잘못된 판단을 한 사람이었다. 댈러스에서 석공으로 일했던 이 31세 남성은 자신이 백인우월주의자라고 주변에 밝히고 다녔다. 9·11테러 이후 그는 아랍인을 죽이는 것을 자신의 임무라고 여겼다. 2001년 9월 15일, 댈러스의 한 편의점에 들어간 스트로먼은 파키스탄 이민자인 40대 남성 와카르 하산Waqar Hasan을 발견했다. 스트로먼은 햄버거를 굽고 있던 가게주인 하산의 머리에 총을 쏴 숨지게 했다.

그로부터 몇 주가 흐른 10월 4일, 스트로먼은 텍사스주에 있는 한 주유소에 들어갔다. 그의 눈에 띈 사람은 인도에서 온 이민자로 힌두교 신자였던 와수데브 파텔Vasudev Patel이었다. 스트로먼은 44구경 권총을 근거리에서 발사해 파텔을 죽였다. 파텔은 아내와 10대 아들을 남기고 먼저 세상을 떠났다. 다행히 스트로먼은 체포되었고, 이듬해 그는 파텔을 살해한 혐의로 재판을 받았다.

보도에 따르면, 그는 법정에서 전혀 뉘우치는 기색이 없었다. 2002년 4월, 스트로먼은 1급 살인죄capital murder로 유죄판결을 받고, 이틀 후에 사형선고를 받았다. 한편 스트로먼이 저지른 광란의 살인극에는 세 번째 희생자가 있었고, 그 희생자는 기적적으로 살아남았다. 그리고 내가 하려는 이야기는 바로 세 번째 피해자에 대한 것이다.

2001년 벌어진 두 건의 살인사건 사이에, 스트로먼은 텍사스주에 있는 또 다른 작은 상점에 들어가 라이스 부이얀Rais Bhuiyan이라는 남자를 발견했다. 부이얀은 방글라데시에서 온 이민자로 이슬람교도였다. 스트로먼의 손에는 쌍발식 산탄총이 들려 있었다.

이후 벌어진 상황을 부이얀은 이렇게 설명했다. "손님이 별로 없었어요. 비가 억수같이 내리는 날이었죠. (…) 저는 강도가 든 줄 알았습니다. 그래서 이렇게 말했어요. '제발 쏘지 마세요. 돈은 몽땅 가져가세요.' 그러나 그가 말했습니다. '너 어디서 왔어?' 그는 내게서 단 1.5미터 떨어진 거리에 총을 들고 서 있었어요. 등골이 오싹해졌습니다. 저는 '뭐라고요?'라고 되물었어요."

부이얀은 당시 보고 느낀 것을 계속 설명했다. "그건 쌍발식 총이었어요. 갑자기 벌 100만 마리가 얼굴에 일제히 벌침을 쏘는 것 같았어요. 이어 폭발음이 들렸지요. 그때 부모님, 형제자매, 약혼녀의 모습이 어른거렸고 뒤이어 묘지가 떠오르기에 '오늘 내가 죽나 보다' 생각했습니다. (…) 바닥은 제 머리에서 흘러내린 피로 흥건했어요. 저는 뇌가 움직이지 않게 양손을 머리에 대고 비명을 질렀어요. '엄마!'"

스트로먼은 부이얀이 죽게 내버려두고 그 자리를 떴지만, 부이얀은 죽지 않았다. 하지만 상처는 심각했다. 부이얀의 얼굴, 두피, 안구에 무려 38개의 탄알이 박힌 것이다. 부이얀은 수차례의 수술을 견뎌냈지만, 한쪽 눈은 거의 실명했다. 그러나 다행히 목숨을 건졌다.

부이얀은 하루에 다섯 차례 기도를 올리는 독실한 무슬림이었다. 그런데 탄알 하나가 이마 쪽에 깊숙이 박혀서, 기도를 올리려고 머리를 바닥에 댈 때마다 통증이 몰려왔다. 스트로먼은 라이스 부이얀을 죽이지는 않았지만, 그에게 수년간 지속되는 신체적 고통과 정신적 고통을 남겼다. 부이얀은 오랜 시간이 지나서야 정상적인 생활을 할 수 있었다. 그 후로 수년이 흐른 뒤, 흥미로운 일이 벌어졌다.

부이얀은 자신에게 이런 짓을 저질렀던, 현재는 사형선고를 받고 형 집행을 기다리는 사람에 대해 생각해보았다. 또 그에게 남편을 잃은 두 여성과 아빠를 잃은 아이들에 대해, 그리고 이 증오로 가득 찬 인물이 초래한 온갖 고통에 대해 생각해보았다. 그런 후 부이얀은 나를 포함한 대다수 사람들은 결코 하지 못할 행동을 했다. 자신을 죽이려고 했던 자를 용서하기로 결심한 것이다. 그리고 그 이상의 행동을 보였다. 2010년, 부이얀은 스트로먼의 사형집행을 막는 활동을 시작했다.

한 잡지는 부이얀에 대한 기사를 실으며 이런 물음을 던졌다. "당신이라면 내 얼굴에 총을 쏘고 죽게 내버려둔 사람의 목숨을 구하겠다고 나설 수 있겠는가?" 이는 바로 부이얀이 한 행동이었다. 부이얀은 자신의 마음을 들여다보며 신앙에 의지했는데, 신의 말씀 속에서 자기 사랑과 연민, 은총을 발견했다. 그 후로 부이얀은 스트로먼의 목숨을 구하기 위해 2년이라는 시간을 쏟았다. 온라인 청원을 시작했고, 사형집행을 정지해달라는 소송을 제기하고 준비서면을 제출했다. 그리고 텍사스주 법무부를 상대로 싸웠다. "그도 나와 같은 또 하나의 인간입니다." 부이얀은 종종 이렇게 말했다.

그는 사형이 집행되면 아빠 없이 남게 될 스트로먼의 아이들을 걱정하고 안타까워했다. 또 스트로먼이 피해자의 아이들에게 그런 감정을 내비치지 않았다는 사실에 대해 애석해했다. 라이스 부이얀이 피해자에서 가해자의 옹호자로 거듭났을 때, 그런 존재론적 각성을 겪은 이가 또 한 명 있었다.

용서만이 가져올 수 있는 변화

부이얀을 죽이려 했고 이제 사형집행을 기다리는 그 남자는, 부이얀이 자신을 위해 애쓰고 있다는 사실을 뉴스를 통해 알았다. 스트로먼은 사형집행일을 며칠 앞두고 『뉴욕타임스』 기자에게 이런 질문을 받았다. "지금 어떤 생각이 듭니까?" 스트로먼은 서면으로 이렇게 답했다. "오늘 제가 느끼는 감정을 전하자면 이렇습니다. 저한테 목숨을 빼앗길 뻔했는데도 제 목숨을 구하겠다고 나선 라이스 부이안 씨의 노력에 진심으로 감사드립니다."

증오와 살의로 가득했던, 그래서 법정에서도 피해자들에 대한 연민과 자신의 행동에 대한 반성을 전혀 보이지 않던 그는, 자신이 죽이려고 했던 사람 덕분에 서서히 변화하고 있었다. 그는 사형 집행 전날 이런 말을 남겼다. "모두에게 좋은 일이 있길 바랍니다."

그는 마지막으로 이런 말도 남겼다. "세상에 퍼진 증오는 사라져야 합니다. 증오는 평생 고통을 낳습니다." 스트로먼이 살인을 저지른 지 10년 가까이 지난 2011년 7월 20일 오후 8시 53분, 결국 형이 집행되었고 스트로먼은 죽음을 맞이했다.

검사 입장에서 말하자면, 이로써 이 사건은 형식적 정의formal justice를 이루었다고 할 수 있다. 배심원단이 토의했고, 법에 따라 선고했으며, 법정 최고형이 내려졌다. 그렇지만 미국 시민이자 한 인간으로서 말하자면, 여기에는 훨씬 더 큰 교훈이 담겨 있다. 우리는 이 사건에서 법의 체계성과 엄밀성에 존경심을 표하지만, 증오범죄의 피해자가 대중에게 관용을 가르친 모습 그리고 그 과정에서 자신을 죽이려고 했던 가해자를 변화시킨 사실에 훨씬 더 경이로움을 느낀다는 점이다. 따라서 나는 이 책을 시작했던 구절로 끝을 맺고자 한다.

법은 놀라운 도구이지만 한계가 있다.

반면 선량한 사람들에게는 한계가 없다.

법은 용서나 구원을 그 목적으로 하지 않는다.

법은 우리가 서로 사랑하거나 존경하도록 강제하지 못한다.

법은 증오를 없애지도 악을 정복하지도 못한다.

은총을 가르치거나 격정이 사라지게 하지도 못한다.

법 그 자체로는 이런 것들을 이루지 못한다.

이것을 이루는 것은 **인간**이다.

용감하고 강인하며 보기 드문 인간들이 이것을 이뤄낸다.

감사의 글

이렇게 두툼한 분량에도 불구하고, 이 책은 내가 전달하고 싶었던 정의의 실현에 대한 생각과 13년간 최선을 다해 임했던 뉴욕남부지검의 활동에 대해 겨우 겉핥기 정도만 다루고 있다. 나는 이 책에서 내가 겪은 이야기, 정의에 대한 교훈 그리고 처참한 실패를 전부 다루지는 못했다. 그럼에도 이 책에는 내가 겪고 보고 듣고 파헤치고 지켜봐왔던 사건들 중에, 현명한 판단과 어리석은 판단 사이에서 정의를 위한 최선의 선택을 할 수 있는 기준과 깨달음을 얻게 해주었던 사건들의 핵심이 충분히 담겨 있다. 이 책은 수많은 이들의 조언과 노력 속에 탄생했지만, 책 속에 등장하는 모든 오류는 오롯이 나의 부족함에서 비롯된 것임을 밝힌다.

이 책을 편집할 운명이었다고 믿고 있는 뛰어난 편집자 피터 게더스Peter Gethers에게 가장 먼저 감사의 말을 전해야 할 듯하다. 피터가 뜬금없이 연락해 농담처럼 먼저 출판을 제의하지 않았더라면 그리고 나를 잘 이끌어주지 않았더라면, 아마도 이 책은 세상 빛을 보지 못했을 것이다. 고맙게도 피터는 나를 공직자로서 먼저 신뢰해주었고 그다음 작가로서 믿어주었는데, 이 순서는 바람직했다. 그는 편집자의 연필을 친절하지만 무자비하게 휘둘렀고, 덕분에 이 책은 내 기대치를 훨씬 뛰어넘었다. 또한 이 책에 담긴 이야기가 분명 사회에 중요한 가치를 제시할 거라며 응원해준 소니 메타Sonny Mehta와 크노프Knopf 출판사의 모든 뛰어난 직원들에게도 감사의 말을 전한다.

연방지검장에서 물러난 후 개인 팟캐스트를 운영할 수 있도록 도와준 팟캐스트 운영 플랫폼 '카페CAFÉ'의 동료들에게서도 많은 도움을 받았다. 내 동생이자 보스로 두 가지 역할을 했던 비니트Vinit는 물심양면으로 나를 도와주며 용기를 북돋워주었다. 마타라 세퍼Tamara Sepper, 줄리아 도일Julia Doyle, 비네이 바스티Vinay Basti, 재레드 밀프레드Jared Milfred 등 다른 직원들도 각종 사례를 조사하고, 기록을 샅샅이 찾고, 원고를 교정하면서 큰 도움을 주었다.

뉴욕대학교 법학과의 여러 연구자들과 학생들에게도 매우 고맙다는 말을 전한다. 그곳에서 나는 저명 학자Distinguished Scholar in Residence라는 과분한 타이틀을 내걸고 강의를 했다. 사라 보드너Sara Bodner, 루핀더 가르차Rupinder Garcha, 라비 싱Ravi Singh 등 법대 조교들은 이 책의 원고를 검토하며 놀라운 통찰력과 엄밀함과 예리함을 발휘해 오류를 잡아주었다. 또한 내가 뉴욕대학교 법대에 개설한 '정의' 세미나를 수강해준 학생들에게도 빚이 있다. 수업시간에 학생들과 토론한 다양한 사건과 난제를 한층 다듬어 이 책에 실었기 때문이다. 마지막으로 친구이자 법대 학장인 트레버 모리슨Trevor Morrison이 내게 해준 용기와 격려의 말을 깊이 새길 것이다. 고맙다.

이 지면을 빌어 고백할 사실이 있다. 나는 이 책에서 하지 말라고 경고한 온갖 잘못을 가끔씩 저질렀다. 어리석게도 내가 알고 있는 것들의 진위를 끝까지 의심하는 일을 포기하기도 했고, 업무의 압박으로 엄밀함을 놓치기도 했으며, 너무 오래 특정 견해에 집착했고, 명확하지 않은 질문들을 배제하기도 했다. 이런 잘못을 저지르면서도 내가 잘못된 판단을 내리지 않았던 것은 주변의 가장 성실하고 이상주의적인 사람들이 탁월함과 진정성을 발휘해 나를 도왔기 때문이다. 그들은 바로 뉴욕남부지검 안팎의 동료들이다. 이 책은 어찌 보면 그들을 위한, 그들에 관한 책이다.

나와 함께 일했던 부지검장들인 보이드 존슨과 리치 자벨 그리고 준 킴은 내게 가장 소중한 친구이자 조언자이며, 내게 큰 영향을 준 사람들이다. 또한 세 사람은 내가 책을 집필하는 동안 최고의 편집자로서 영감을 주고 방향을 제시해주었다. 물론 이들 외에도 많은 친구와 동료들이 도움을 주었다. 모두에게 깊은 감사를 전하고 싶다.

내가 이 책에서 뉴욕남부지검 수사관을 여러 명 언급한 이유는, 그들이야말로 뉴욕남부지검을 빛내는 숨은 영웅들이기 때문이다. 그 밖에도 다 언급하기 힘들 만큼 수많은 특수요원, 경찰관, 조사관, 분석가들이 사건을 해결하기 위해 애써주었다. FBI와 뉴욕시 경찰청, 마약단속국, 국세청, 국토안보수사국을 비롯한 여타 기관들에서 성실히 일하는 영웅들에게도 빚이 있다. 그들의 우정과 리더십, 노고에 언제나 감사하고 있다는 점을 밝힌다.

내가 연방지검장이 될 수 있었던 것은, 전적으로 슈머 의원이 나를 오바마 대통령에게 추천했기 때문이다. 내가 아는 가장 성실한 사람인 슈머 의원은 연방지검장이라는 묵직한 직책을 수행할 역량이 내게 있다고 보고, 깊은 믿음과 신뢰를 보여주었다. 그의 믿음에 늘 감사하고 있다.

이제 우리 가족에게 감사의 인사를 전해야겠다. 아내 달야는 초고를 빠짐없이 읽었고, 수정본이 나올 때마다 날카로운 지적으로 수많은 문제를 교정하면서, 18개월이 넘는 기간 동안 나와 함께 고생을 했다. 달야는 내게 당근과 채찍을 번갈아 쓰면서 원고의 완성도를 높이는 데 큰 도움을 주었다. 아내에게 정말 고맙다고 말하고 싶다. 어여쁜 세 아이들인 마야, 제이든, 람은 내게 자라는 세대에게 공정하고 정의로운 사회를 물려줘야 한다는 의지를 북돋워주었다. 이 책에 미래지향적인 부분이 있다면 그것은 내 아이들을 생각하며 쓴 것이다.

마지막으로 감사와 축복을 보낼 가족은 내 아버지 재그디시 바라라Jagdish Bharara와 어머니 데시 바라라Desh Bharara이다. 부모님은 아기였던 나를 데리고 인도에서 먼 미국 땅으로 건너왔고, 나의 성장을 위해 모든 지원을 아끼지 않으셨다. 부모님은 정의, 공정함, 원칙의 중요성을 늘 강조하셨고, 언제나 이런 덕목과 가치를 몸소 말없이 실천하면서 가르침을 주셨다. 부모님의 가르침이 있었기에 내가 올바른 법조인으로 살아갈 수 있었다고 확신한다. 깊은 감사와 사랑을 전한다.

DOING
JUSTICE

정의는 어떻게 실현되는가

초판 1쇄 발행 2020년 12월 8일
초판 3쇄 발행 2024년 1월 26일

지은이 프릿 바라라
옮긴이 김선영
펴낸이 유정연

이사 김귀분
기획편집 신성식 조현주 유리슬아 서옥수 황서연 정유진 **디자인** 안수진 기경란
마케팅 반지영 박중혁 하유정 **제작** 임정호 **경영지원** 박소영

펴낸곳 흐름출판(주) **출판등록** 제313-2003-199호(2003년 5월 28일)
주소 서울시 마포구 월드컵북로5길 48-9(서교동)
전화 (02)325-4944 **팩스** (02)325-4945 **이메일** book@hbooks.co.kr
홈페이지 http://www.hbooks.co.kr **블로그** blog.naver.com/nextwave7
출력·인쇄·제본 프린탑 **용지** 월드페이퍼(주) **후가공** (주)이지앤비(특허 제10-1081185호)

ISBN 978-89-6596-417-9 03300